일제의 조선 관습조사 자료 해제 I

부동산법조사회·법전조사국 관련 자료

A collection of Data Interpretation relating to custom investigation on Choson(朝鮮) by Japanese imperialism 1

Material Documents of the Code Investigation Agency(法典調査局) and the Research Institute of Real Estate Act

Wang Hyeon Jong, Lee Seung Il, Chae Kwan Shik

이 저서는 2011년 정부(교육부)의 재원으로 한국학중앙연구원(한국학진흥사업단)의 지원을 받아 수행된 연구임(AKS-2011-EBZ-3107)

일제의 조선 관습조사 자료 해제 I

부동산법조사회·법전조사국 관련 자료

왕현종 / 이승일 / 채관식 편

혜안

서언

일제는 조선 관습조사사업(1906~1938)을 추진하면서 한국사회의 전통과 관습을 일본식으로 크게 왜곡했을 뿐만 아니라 일제의 식민지기 법제의 제정에 기초자료로 활용하였다. 본 연구팀은 근대시기 한국인의 법 생활과 법 의식의 원형을 복원하기 위하여 일제의 관습조사 보고서류를 종합적으로 수집, 분류, 정리하는 것을 목표로 삼았다.

본 연구팀은 2011년부터 3년 동안(2011.12.1.~2014.11.30.) 『일제의 조선관습자료 해제와 DB화 작업』 연구과제로 한국학중앙연구원에서 지원을 받았다. 제1~3차년도 연구는 1906년부터 1938년까지 일제가 한국을 침략하면서 생산한 한국인의 각종 관습, 민속, 제도, 일상 생활 등에 관한 자료들을 종합적으로 조사, 수집, 정리하였다. 이 자료 중에서 핵심 자료를 대상으로 DB 구축, 해제, 자료 복사 및 디지털화를 단계별로 수행하였다. 본 사업은 크게 〈조사·분류·정리〉, 〈해제·역주〉, 〈기초자료 및 자료집 간행〉 분야로 진행되었는데, 다음 4부분으로 나뉘어 진행되었다.

첫째, 관습조사자료 약 7,700여 책 중에서 약 3,850책을 전수 조사하고 이 중에서 핵심적인 관습조사자료를 선별하여 목록 DB에 등재하였다. 제1차 년도에는 국사편찬위원회와 수원박물관 소장 자료를 중심으로 등재하고 국립중앙도서관 및 일본의 도쿄 지역 대학도서관에 소장된 자료를 정리하였다. 제2차 년도에서 미국 하와이 대학 등 추가 조사 및 기존 목록 수정 작업을 수행했다. 최근 기록학 연구 방법에 따라 최종 목록 DB를 구축한 것은 2,784책이다.

둘째, 부동산법조사회 및 법전조사국의 생산기록물 중에서 700책을 대상으로 해제작업을 수행하였다. 현재 관습조사자료들이 관련 학계에서 잘 활용되지 못하는 이유로 해당 자료의 사료적 성격이 제대로 소개되지 못한 측면이 있다는 점을 감안하여 부동산법조사회 기록물, 법전조사국 생산 기록물 중에서 부동산, 친족, 상속 등에 관한 자료를 중심으로 해제 작업을 수행하였다. 기본정보, 내용정보, 가치정보 등으로 나누어 상세하게 해제하였다.

셋째, 관습조사자료들 중에서 실지조사서, 특별조사서, 풍속조사서, 제도조사서 등을 중심으로 700책에 대한 복사 및 디지털화 작업을 수행하였다. 본 연구팀의 목표가 관련

연구자들이 손쉽게 관습조사자료에 접근할 수 있도록 관련 시스템 등을 구축하려고 하였다. 이 중에서 가치가 높은 주요 자료를 선별하여 별도로 원문 자료 DB와 영인본 작업을 수행하였다.

넷째, 본 관습조사자료의 대부분이 해당 연구자조차도 해독하기 어려운 초서로 작성된 것이 많았다. 이에 따라 본 연구팀에서는 핵심 자료를 선별하여 탈초 작업을 수행하고 색인어 추출에 필요한 기초작업을 수행하였다. 탈초 대상은 부동산법조사회와 법전조사국에서 생산한 입법 관련 자료 및 핵심적인 관습조사자료 중에서 약 6만여 자를 탈초하였으며, 탈초 색인서 1권으로 정리하였으나 사정상 간행하지는 않았다.

본 연구팀의 활동은 원래 한국역사연구회 토지대장 연구반에서 기획되었다. 이 작업에는 연구책임자 왕현종을 비롯하여 일반공동연구원으로 이영학, 최원규, 김경남, 한동민, 마리킴과 전임연구원으로 이승일, 원재영, 그리고 연구보조원으로 이순용, 채관식, 류지아, 김성국, 김달님, 이예슬, 함승연, 최서윤, 황외정, 전소영, 하영건, 유지형 등 대학원 및 학부생이 참여하였다. 이외에도 정용서, 심철기, 요시카와 아야코(吉川絢子) 등이 도왔다.

본 연구의 협조기관으로는 수원박물관, 국사편찬위원회, 서울대학교 규장각한국학연구원, 연세대학교 학술정보원 한국학자료실, 고려대학교 학술정보원, 한국학중앙연구원 장서각도서관, 국립중앙도서관, 국회도서관, 일본 호세이(法政) 대학 도서관, 호세이 대학 이치가야 캠퍼스 도서관 귀중서고 및 현대법연구소, 교토(京都) 대학 도서관, 가쿠슈인(學習院) 대학 동양문화연구소(東洋文化硏究所, 友邦文庫), 도쿄 게이자이 대학 도서관(四方博文庫, 櫻井義之文庫), 도쿄(東京) 대학 도서관, 게이오(慶應義塾) 대학 후쿠자와 연구센터, 와세다(早稻田) 대학 도서관, 일본 국립국회도서관, 오사카 시립대학 학술정보센터, 미국 하버드 대학 하버드옌칭연구소 도서관, 하와이 대학 해밀턴 도서관, UCLA, USC 도서관 등이었다. 지난 3년 동안 번거로운 방문과 열람 요청에도 조선 관습조사에 관한 귀중한 자료를 열람, 복사, 활용하게 해 주신 여러 관련 기관에 감사를 드린다. 또한 어려운 여건에도 불구하고 원고 자료를 잘 정리하여 편찬해 주신 오일주 사장님 이하 혜안출판사 여러분께 감사의 말씀을 드린다.

앞으로 이번 일제의 조선 관습조사에 대한 기초연구로 모아진 자료와 DB화 작업을 계기로 하여 향후 공동연구로 이어져 조선의 독자적인 관습의 재발견과 더불어 일제의 식민지 연구 및 법사학·민속학·사회학·경제학 등 근대한국학의 연계학문간 활발한 토론과 교류를 기대해 본다.

2016년 11월 30일 공동연구팀이 쓰다

일러두기

1. 이 책은 『일제의 조선 관습조사 자료 해제Ⅰ-부동산법조사회·법전조사국 관련 자료-』과 『일제의 조선 관습조사 자료 해제Ⅱ-법전조사국 특별조사서·중추원 관련 자료-』와 『일제의 조선 관습조사 자료 해제Ⅲ-조선총독부 중추원 관련 자료-』으로 이루어져있다.

2. 각 책별 관습조사 자료 번호는 "①-②-③-④-(제목)"으로 표기되어 있는데, 첫 번째(①)는 제1~3책으로 해제 책의 권수를 말하며, 두 번째(②)는 해당 기관의 기호 "1=부동산법조사회, 2=법전조사국, 3=조선총독부 중추원" 등이며, 세 번째(③)는 주제 분류이다. 네 번째(④)는 자료의 수록 순서를 가리킨다. 예컨대 "Ⅰ-1-1-01 한국부동산에 관한 조사기록"은 "해제집Ⅰ권-부동산법조사회-일반민사-첫 번 문서"를 가리킨다.

3. 이 책에 수록된 자료의 주제 분류 기준 번호는 다음과 같다.

분류번호	분류내용	관련 사항
1	일반 민사	일반 민사 관습 사항
2	민사(친족)	친족, 상속, 유언
3	민사(혼인)	혼인
4	제도조사	국제, 구역, 관직, 관원, 향약 제도 등
5	구관조사	구관습조사, 노비, 호적 등
6	법규	이조법전고, 경국대전, 이조 법전 등 등
7	풍속, 제사, 위생	관혼상제, 의식주, 미신, 오락, 유희 등
8	물권, 채권, 상사	종교 등 기타 사항 포함
9	왕실자료	종묘연혁, 왕가혼례, 황족 소송 등

4. 해제의 구성은 먼저 원자료 관련 설명 박스로 원문 첫장, 관리기호/기록번호/자료명/작성자/생산기관/생산연도/지역/언어/분량/소장기관/키워드 등으로 되어 있다. 인명은 한국인 및 일본인 모두 한자로 표기한다.

I-1-1-01 한국부동산에 관한 조사기록

概言	관리기호	기록번호	자료명	
(本文 세로쓰기)	朝21-B21	-	韓國不動産ニ關スル調査記録	
	작성자	생산기관	생산 연도	
	中山成太郎, 川崎萬藏	부동산법조사회	1906년 8월	
	지역	언어	분량	소장기관
	-	일본어	93면	국립중앙도서관
	키워드	부동산법조사회, 조사자, 토지소유권제도, 부동산관련 조사사항		

本書ハ韓國ニ於ケル不動産上ノ慣例調査ニ就キ
會長梅博士ノ質問ニ對スル各地理事官觀察使及
ヒ府尹ノ應答ヲ記録シタルモノニシテ右調査ニ
隨從シタル補佐官中山成太郎ノ補佐川
崎萬藏ノ執筆委員石鎭衡ノ通譯ニ依リテ成レリ
一調查ノ個所ハ京城理事廳仁川理事廳開城府平壤
觀察府同理事廳水原觀察府大邱觀察府釜山理
廳及ヒ馬山理事廳ノ五理事廳三觀察府及ヒ一府

5. 본문 내용 해제는 [기본정보], [세부목차], [내용정보], [가치정보]로 구성되어 있다. 단 세부목차가 없는 경우도 있다.

6. 본문의 문서 표기는 『　』(책 표시), '　'(문서표시), 〈　〉(법령표시) 등으로 표기하였다. 문장을 인용할 때는 "　"으로 표기하고, 중요 단어나 어절의 경우 '　'으로 표기하였다. 원문 제목을 풀어썼을 경우 [원제]를 추가하였다.

7. 본문 서술의 용례로는 인명은 한글(한자), 일본인 인명 발음(한자) 표기를 원칙으로 하였으며, 연도 표시는 한국과 관련되면 '1909년(융희 3)', 일본과 관련되면 '1909년(명치 42)' 등으로 표시하였다. 책의 이름이 처음 등장한 것은 가급적 한글(한자)로 표기하고 계속해서 반복해서 나오는 것은 한글로만 표기하였다. 지명일 경우 현대 외국어 표기에 따랐다.

8. 원 자료의 쪽수 표시는 한쪽이나 양쪽 면일 경우 '면'으로 표시하는 것을 원칙으로 하였다.

9. 해제 작성자는 초고본 및 수정 과정에서 공동으로 맡았기 때문에 별도로 표기하지 않았다.

목 차

I.

총괄해제

1. 부동산법조사회의 설립과 조사활동

한국의 통감으로 부임한 이토 히로부미(伊藤博文)는 1906년에 부동산법조사회를 설치하여 부동산법 제정을 추진하였다. 이토가 부동산법조사회를 설치한 이유는 한국에 거주하는 일본인들의 재산을 법률로써 보호하기 위해서였는데, 부동산 관련법을 제정하기에 앞서 한국 관습의 조사를 추진하였다. 이토는 일본 민법의 기초자이자 민법학의 대가였던 우메 겐지로(梅謙次郎)를 초빙하여 한국의 부동산 관련법의 기안(起案)과 관습조사를 맡겼다. 부동산법조사회는 지방의 노유석사(老儒碩士) 가운데 연혁이나 관습에 정통한 한국인 관료를 위원으로 임명하였으나 실제적인 조사는 일본인이 직접 수행하였다. 야마구치 게이이치(山口慶一)를 비롯한 일본인 조사자들은 대체로 호세이 대학(法政大學) 출신이었으며 나카야마 세타로(中山成太郎)는 대만 구관조사에도 직접 참여한 바가 있었다.

우메는 일본의 '민사관례조사(民事慣例調査)'를 모방하여 관습조사를 지휘하였는데, 부동산법조사회는 미리 조사사항을 작성하여 각 관아에서 응답을 준비할 수 있도록 하였고 각 관아는 응답자를 선정하였다. 이 같은 조사방식은 일본에서도 채택·시행된 바가 있었고 관습조사가 한국에서는 처음이었기 때문에 조사의 수행상 또는 조사사항의 신속한 답변을 얻는데도 도움이 되었다.

부동산법조사회는 한국을 대표하는 지역을 선정하여 조사하고 보고서를 작성하였다. 조사지역은 경기도, 충청남북도, 황해도, 평안남북도, 함경남북도, 경상남북도 등의 지역이었다. 우메가 직접 참여한 조사를 살펴보면, 조사지역은 경성이사청, 인천이사청, 개성부, 평양관찰부, 평양이사청, 수원관찰부, 대구관찰부, 부산이사청, 마산이사청 등 5개 이사청, 3개 관찰부 및 1개 부 등이었다. 우메가 참여한 관습조사는 조사 기간이 짧았고 피조사자의 수도 매우 적었다. 응답자는 일본인 이사관이나 한국인 군수 등 1~2명에 불과하였고 인터뷰 시간도 2~3시간 정도였다. 그리고 응답자가 군수, 관찰사 등의 관료들만으로 구성되어 있는 점도 한계라고 할 수 있다. 한국인 외에도 일본인 이사관도 포함되어 있었다. 이후 가와사키 만죠(川崎萬藏)와 야마구치 게이이치(山口慶一), 히라키 간타로(平木勘太郎) 등이 우메의 조사방법을 그대로 따라서 1906년 8월부터 제2차 조사를 시행하는 등 한국의 주요 지역의 부동산 관습을 조사한 후에 관련 조사보고서류를 작성하였다. 『조사사항설명서(調査事項說明書)』, 『토지가옥증명규칙요지(土地家屋證明規則要旨)』, 『한국부동산에 관한 관례 : 황해도 중 12군. 제2철(韓國不動産ニ關スル慣例 : 黃海道中拾貳郡. 第二綴)』, 『토지급가옥의 매매, 증여, 교환 및 저당의 증명에 관한 규칙 및 지령 등 요록(土地及建物ノ賣買,

贈與, 交換及典當ノ證明ニ關スル規則及指令等要錄)』 등이 있다.

서울대도서관과 규장각에는 부동산법조사회 관련 공문서류를 소장하고 있다. 부동산법조사회의 직제, 직원의 임면 사항, 예산, 출장 및 조사 방침 등을 상세히 기록한 부동산법조사회관계서류(不動産法調査會關係書類), 부동산법조사회안(不動産法調査會案) 등이 있다. 이 공문서는 본회(本會)가 설치되어 있던 기간 동안, 회장 일인(日人) 우메 겐지로가 의정부 참정대신(대신 박제순, 후에는 내각총리대신 이완용)에게 보내는 협조요청과 이에 따른 조치를 밝히는 것이다. 즉 본회(本會)에서 조사원을 지방에 파견하면서 지방관의 협조를 요구하는 것과 그 조치로서 의정부에서 지방관에게 내린 훈령으로 구성되어 있다.

2. 법전조사국의 설립과 조사활동

1907년에 이토의 계획 하에 법전조사국에서는 민법, 상법, 형법 등 주요 법률들을 제정하려고 하였다. 법전조사국은 부동산법조사회에 비하여 조사 지역 및 피조사자, 조사 일정 등에서 규모가 대단히 컸다. 관습조사 방법으로는 실지조사와 문헌조사가 있었는데 실지조사는 일반조사와 특별조사로 나뉘어 진행되었다. 일반조사는 전국을 대표하는 48개 지역을 선정하여 수행되었는데, 법전조사국은 조사의 편의를 위하여 전국의 48개 지역을 제1관 지역과 제2관 지역으로 나누어 조사를 수행하였다. 제1관 지역은 1908년에 경기도, 충청도, 경상도, 전라도 등의 한반도 중남부 26개 지역이고, 제2관 지역은 1909년에 황해도, 평안도, 함경도, 강원도 등의 한반도 중북부 22개 지역이었다.

일반조사와 특별조사는 실지조사의 방식을 취하였는데 실지조사는 각 지역에서 관습조사에 응할 수 있는 사람을 미리 선발하고 해당 관청으로 불러서 질문을 하고 그 답변을 기록하는 방식으로 수행되었다. 1910년에는 일반조사뿐만 아니라 특수사항에 관해서 9개 도 38개 지역을 선정하여 별도로 특별조사를 실시하였다. '지역조사서'가 48책, '특별조사서'가 111책이 작성되었다. 이외에, 법전조사국의 관습조사 과정에서 다양한 형식의 기록물들이 대량으로 생산되었다. 예컨대, 각종 조사보고서류 외에 법전조사국의 직제 및 예산(안) 및 직원의 임면, 출장 협조에 관한 공문서들이 생산되었는데 이 기록물들은 서울대학교 규장각에 소장되어 있다. 법전조사국의 조사자료들은 매우 방대한 양으로 남아 있는데 식민지 재판에서 법원(法源)으로서 기능을 한 것이 '관습조사보고서'이다.

〈표〉 법전조사국의 관습조사지역

지역	일반조사지역(48개)				특수조사지역
	행정 중심지	구개항장 (개시장)	구 중심지	기타	
경　　성(제1관 지역)	경성				
경 기 도(제1관 지역)	<u>수원</u>	인천	<u>개성</u>	안성	여주, 풍덕, 장단, 파주, 연천
충청남도(제1관 지역)	<u>공주</u>			예산, 온양, 은진	강경, 연산
충청북도(제1관 지역)	청주		충주	영동	
경상북도(제1관 지역)	<u>대구</u>		상주, 안동, <u>경주</u>		성주, 포항
경상남도(제1관 지역)	진주	동래(부산) 창원(마산)		<u>울산</u>	밀양, 김해, 용남
전라남도(제1관 지역)	<u>광주</u>	무안(목포)	제주		나주, 법성포, 순천
전라북도(제1관 지역)	<u>전주</u>	옥구(군산)	남원		금산
황 해 도(제2관 지역)	해주		황주		재령, 서흥, 안악, 봉산
평안남도(제2관 지역)	<u>평양</u>	진남포(삼화)	안주	덕천	숙천
평안북도(제2관 지역)	<u>의주</u>	용천(용암포)	강계, 영변		정주
함경북도(제2관 지역)	경성	경흥, 성진, 회령			
함경남도(제2관 지역)	함흥	덕원(원산)	갑산, 북청		
강 원 도(제2관 지역)	춘천		원주 강릉	금성	
계	14	11	15	8	48개 지역(중복 16개) *밑줄은 중복지역 표시

3. 관습조사보고서의 편철과 간행

이 '관습조사보고서'는 최종적으로 출판된 것으로서, 이 출판물을 만들기 위해서 별도로 기록물을 생성하였다. 예컨대, '지역조사서'를 해철하여 각 문제별로 새롭게 작성한 '문제별조사서'가 600여 책이 만들어졌다. 각 지역간 관습의 차이를 일목요연하게 정리한 '각지관습이동표'는 5책이 만들어졌다. 수원박물관에는 약 300여 책의 '문제별조사서'가 있다. '문제별조사서'는 제1관 및 제2관 지역으로 나누어서 각 문제별로 초서본과 정서본을 별도로 작성하였다. 제1관 지역과 제2관 지역으로 묶어서 부책을 새롭게 만들었기 때문에 각 1개 문항당 최대 4책(제1관 지역 초서본 및 정서본, 제2관 지역 초서본 및 정서본)이 생산될 수 있었다. 하지만 모든 문항을 대상으로 정서본을 전부 작성한 것은 아니었기 때문에 총 660책만이 생산되었다. 현재 '문제별조사서'는 수원박물관에만 소장되어 있는 특이한 자료이다. '지역조사서'가 현재 10여 책밖에는 남아 있지 않기 때문에 이 '문제별조사서'를 복원한다면 '지역조사서'의 내용을 일부나마 파악할 수 있을 것이다.

한편, 법전조사국의 관습조사 활동도 상세히 파악할 수 있는 대한제국 공문서류가 남아 있다. 약 200여 건에 달하는 공문서류가 있는데, 유형별로 구분하면 첫째, 법전조사국과 지방관아 간의 관습조사와 관련된 협조요청 공문서이다. 이 공문서에서는 해당 지방 관습의 출장일, 출장자(일본인 및 통역)가 명시되어 있다. 둘째, 법전조사국 내부의 직제 개편과 직원의 임면 사항을 알 수 있는 공문서이다. 이 자료를 통하여, 1907년에 법전조사국 조직과 구체적인 사무분장을 파악할 수 있으며 1908년 1월 1일부터 1910년까지의 직원 변동 사항과 조사기구의 변천을 파악할 수 있다. 일본인 조사관들의 이력서가 일부 포함되어 있어서 일본인 조사관들의 학맥과 경력 사항을 파악할 수 있다. 셋째, 법전조사국 조사활동과 관련된 상훈 사항과 예산, 회계 관련 공문서이다. 이상의 자료들을 분석하면 법전조사국이 수행한 관습조사 활동을 상세히 복원해 낼 수 있다.

조선총독부가 관습법 선명(宣明)의 법원(法源)으로 삼고 있었던 것은 1910년에 발행된 『한국관습조사보고서(韓國慣習調査報告書)』였다. 『관습조사보고서』는 비록 일본인들이 일본민법적 개념을 기초로 준비하기는 했지만, 한국 역사상 최초로 전국 단위로 한국인들의 각종 관습에 대하여 실지조사(實地調査)·전적조사(典籍調査)를 했다는 점에서 매우 중요한 자료적 가치를 갖고 있다. 『관습조사보고서』의 조선관습이 일본의 식민정책의 일환으로 추진되었다는 점에서 일본민법적 개념의 투영은 불가피했다고 볼 수 있다. 그러나 일본민법적 개념에 의한 변형이라는 구도뿐만 아니라, 또 하나 고려해야 할 것은 전통적 관습법 체제가 근대적 법전체제로 이행하는 과정에서의 변형도 동시에 진행되었다는 점이다. '관습'은 안정적 형태를 갖추지 못하고 있기 때문에 조선민사령 제11조와 제12조 관습의 실체와 내용을 확인하는 작업도 역시 관습조사 결과에 매우 큰 영향을 받고 있었다. 이 때문에 『관습조사보고서』와 함께 한국병합 이후 계속된 관습조사사업은 대단히 중요한 의미를 띠고 있다.

Ⅱ. 부동산법조사회 관련 자료

1. '부동산법조사회' 관련 자료 개관

한국의 부동산 관련 법제 조사를 위해 설치된 부동산법조사회는 1906년 7월 24일에 출범하였다. 원래 초대 통감 이토 히로부미는 1906년 7월 한국 정부내 의정부 산하에 부동산에 관한 연혁과 관습을 조사하기 위해 '부동산법조사회'를 설치할 것을 강력하게 요구하였다. 이에 따라 회장으로 도쿄제국대학 우메 겐지로(梅謙次郎)를 위촉하여 한국의 토지소유에 관한 종래 제도 및 관습을 조사하고 신구를 참작한 법률을 제정하도록 했다. 그런데 조사회의 조사위원을 임명하고 출범하는 과정에서 혼선이 있었다. 한국정부는 1906년 7월 13일 '토지소관법 기초위원회'를 별도로 설치하고 한국인으로 6명의 위원을 임명하였으나 일본은 다시 이를 교체하여 기존의 위원 중 이건영(李健榮), 김낙헌(金洛憲), 이원긍(李源兢), 정인흥(鄭寅興), 김택(金澤) 등 5명과 새로 석진형(石鎭衡), 김량한(金亮漢), 원덕상(元悳常) 등으로 부동산법조사위원을 교체하여 7월 24일 새롭게 출범하였다. 여기에는 일본인 보좌관으로 나카야마 세타로(中山成太郎) 등 일본인도 여러 명 참여하였고, 일부 한국인도 임시촉탁이나 고용인으로 참여시켰다.

부동산법조사회는 1907년 7월말 부터 우메 겐지로가 작성한 관습조사 조사사항에 따라 전국적으로 주요 지역을 9곳으로 나누어 부동산 관련 조사 활동을 벌였다. 부동산법조사회는 1907년 12월 23일 칙령 제60호, '법전조사국관제'가 공포되어 해체되었다.

다음 자료 해제는 부동산법조사회의 2차례에 걸친 조사의 결과 산출된 결과물에 대해 해제한 것이다. 여기에 당시 부동산법조사회 관련 서류들을 모은 각종 문서에 대한 해제를 추가한 것이다.

<表> 부동산법조사회 관련 자료

순서	제목	저작자	발행년도	청구기호	면수	소장처
1	한국부동산에 관한 조사기록	부동산법조사회 편, 나카야마 세타로(中山成太郎), 가와사키 만죠(川崎萬藏)	1906년(광무 10) 8월	조22-B21	93	국립중앙도서관
2	부동산신용론	부동산법조사회 편, 나카야마 세타로(中山成太郎)	1906년(광무 10) 11월	4-10	256	국립중앙도서관
3	조사사항설명서	부동산법조사회	1906년(광무 10)	조21-43	18	국립중앙도서관
4	자오저우만[膠州灣] 점령의 당초에 독일국 정부의 시설	부동산법조사회 편	1906년(광무 10)	3-95	57	국립중앙도서관
5	한국부동산에 관한 관례 : 제1철	부동산법조사회 편, 가와사키 만죠(川崎萬藏)	1907년(광무 11)	4371-2	76	일본 교토대학도서관
6	한국부동산에 관한 관례 : 제2철	부동산법조사회 편, 의정부 부동산법조사회, 히라키 간타로(平木勘太郎)	1907년(광무 11)	조21-33	144	국립중앙도서관
7	한국에서 토지에 관한 권리일반	부동산법조사회 편, 나카야마 세타로(中山成太郎)	1907년(광무 11)	조22-B55	89	국립중앙도서관
8	한국토지소유권의 연혁을 논함	히라키 간타로(平木勘太郎) 저, 내각부동산법조사회 편	1907년(광무 11)	조21-33	72	국립중앙도서관
9	토지 및 건물의 매매, 증여, 교환 및 전당 증명규칙 및 지령 등 요록	부동산법조사회	1907년(융희 1)	조22-B23	116	국립중앙도서관
10	속령제도에 관한 학설 및 실제	부동산법조사회 편, 나카야마 세타로(中山成太郎)	1907년(광무 11) 2월	4-53-21	53	국립중앙도서관
11	유신후부동산법	우메 겐지로(梅謙次郎) 저, 내각부동산법조사회 편	1907년(융희 원) 8월	3-22-7	56	국립중앙도서관
12	조선황실 및 민족변천의 경요	히라키 간타로(平木勘太郎) 저, 내각부동산법조사회	1907년(명치 40)	조50-57	33	국립중앙도서관
13	잡서철	법부 법무보좌관실	1907년(융희 1)	규20112	15	규장각
14	청원서	한성부	1906년	B-1-707	6	수원박물관
15	부동산법조사회안	의정부 외사국	1906(광무 10)~1907년(융희 1)	규18029	35	규장각
16	의정부신축공사관계서류, 부동산법조사회 관계서류	내각	1907(광무 11)~1910년(융희 4)	규20907	120	규장각

2. '부동산법조사회' 관련 자료 해제

Ⅰ-1-1-01 한국부동산에 관한 조사기록

관리기호	기록번호	자료명	
朝21-B21	-	韓國不動産ニ關スル調査記錄	
작성자	생산기관	생산 연도	
中山成太郎, 川崎萬藏	부동산법조사회	1906년 8월	
지역	언어	분량	소장기관
-	일본어	93면	국립중앙도서관
키워드	부동산법조사회, 조사자, 토지소유권제도, 부동산관련 조사사항		

概言

一 本書ハ韓國ニ於ケル不動産上ノ慣例調査ニ就キ會長梅博士ノ質問ニ對スル各地理事官觀察使及ヒ府尹ノ應答ヲ記錄シタルモノニシテ右調査ニ隨從シタル補佐官中山成太郎ノ補佐官補佐官補川崎萬藏ノ執筆委員石鎭衡ノ通譯ニ依リテ成レリ

二 調査ノ個所ハ京城理事廳仁川理事廳開城府平壤觀察府同理事廳水原觀察府大邱觀察府釜山理事廳及ヒ馬山理事廳ノ五理事廳三觀察府及ヒ一府

[기본정보]

이 책은 부동산법조사회가 1906년 7월부터 부동산 관례에 관한 현지조사를 착수하여 한국의 대표적인 도시 8곳의 9개 기관에 대한 조사기록이다. 조사자는 일본인과 한국인을 한 조로 구성하여 각 지역 이사청과 관찰부의 지방관과 면담을 통해 부동산에 관한 관행을 조사하여 기록하였다. 1906년 8월 부동산법조사회 보좌관으로 대장서기관 나카야마 세타로(中山成太郎)와 보좌관, 보좌관보 가와사키 만죠(川崎萬藏)에 의해 집필되었고, 위원 석진형(石鎭衡)의 통역에 의해 작성되어 발간한 것이다. 표지를 포함하여 93면으로 되어 있다.

[내용정보]

이 책은 한국의 주요 도시에 대한 부동산의 관례조사를 수록한 것으로 책의 표지 다음에 조사활동을 소개하는 개언(槪言)과 조사사항 10조항 및 세목 10항목이 제시되어 있으며, 이하 각 지역별 조사내용이 조사항목별로 정리되어 있다. 대상지역은 경성, 인천, 평양,

부산, 마산 등 5개 지역의 이사청과 평양, 수원, 대구 등 3개 관찰부 및 개성부 등 9개 기관이었다. 각 지방을 순회한 날짜는 1906년 7월 26일 경성을 출발하여 인천에 도착한 것을 시작으로 하여 28일 개성, 29일 평양, 31일 경성으로 돌아왔고, 다시 8월 1일에 수원, 2일 대구, 3일 부산, 5일 마산에 도착하고 6일 경성으로 돌아오는 모두 12일간의 짧은 일정이었다.

〈표〉부동산법조사회의 각 지방 기관 조사 현황(1906.7~8)

순서	지역	조사일 및 조사시간	응답자
1	경성이사청	1906.7.23. 11 : 00~13 : 30	이사관 미우라 야고로(三浦彌五郎)
2	개성부	1906.7.28. 18 : 00~20 : 05	부윤 한영원(韓永源)
3	평양관찰부	1906.7.30. 10 : 00~12 : 30	관찰사 이용선(李容善) 군수 이중옥(李重玉)
4	평양이사청	1906.7.30. 17 : 30~18 : 00	이사관 키쿠치(菊地武一)
5	수원관찰부	1906.8.1. 10 : 45~12 : 40	군수 이용선(李完鎔)
6	대구관찰부	1906.8.3. 09 : 40~11 : 40	군수 박중양(朴重陽)
7	부산이사청	1906.8.4. 09 : 40~11 : 35	이사관 아리요시 아키라(有吉明)
8	마산이사청	1906.8.5. 17 : 45~19 : 25	이사관 미마시(三增久米吉)
9	인천이사청	기간 알 수 없음	내용 알 수 없음

주요 질의와 응답사항은 우선 ① 경성이사청의 경우에는 토지의 종류에 대하여 토지는 거주에 따라서 5종으로 구별되며, 1) 각국 거류지, 2) 전관 거류지, 3) 잡거지, 4) 거류지 또는 잡거리 밖 1리 이내의 토지, 5) 일반지, 인민의 토지소유권은 일반으로 인정되며 납세의 사실에 의해 확보된다고 하였다. 또한 토지소유권을 인정한 연대는 분명치 않으며, 토지를 저당하는 것으로 전당이라는 말을 쓰고 문기 또는 지계를 작성하는 것이 통상적이며, 토지의 질입(質入)은 인정하지 않는다고 하였다. ② 개성부의 경우에는 토지소유권은 고래의 관습에 따라서 스스로 인정되어진 것 같고, 부윤으로부터 지계, 가계를 발행한 것이 있고, 인삼밭에 대해서도 지계를 발행하였다고 하였다. ③ 평양관찰부의 경우에는 인민의 토지소유권은 개벽 이래 인정하고 있으며, 경계선에 접하여 건물을 지을 때는 서로 지척으로 3척의 공지(空地)를 두며, 차지권 가운데 소작, 수확량을 지주와 소작인이 절반으로 하는 경우 지주가 납세 의무가 있으며, 지주 3분, 소작인 7분의 경우 소작인이 지세를 부담한다고 하였다. ④ 평양이사청의 경우에는 지상권은 옛날 절대적으로 행해져 토지의 위에 있는 건물을 세울 수 없다고 하였으며, 이제는 점차 제한이 없어졌다고 한다. 소작권은 극히 박약하다고 하였다. 인천, 부산 등지에서 지권을 발행하고, 양도의 경우 지권을 써서 교환할 수 있다고 하였으며, 금후 그곳에서는 문권을 발행하여 토지와 가옥을

구분하였다고 하였다. ⑤ 수원관찰부의 경우에는 옛날에는 인민의 토지소유권을 인정하지 않아서 토지는 전부 국가의 소유하였으나, 점차 각인이 소유하여 매매 또는 대차가 이루어졌으며, 정부의 인민 토지 징수도 시가를 보상하는 관행이 있다고 하였다. ⑥ 대구관찰부의 경우에는 토지소유권은 개벽 이래 존재하는 것으로 생각하고, 토지 부담은 결세이고, 연도의 토지소유자에게 도로를 수선하는 의무를 부과하지 않고 주로 소작인에게 부담시킨다고 하였다. 만일 쌍방의 강계선(疆界線)에 담을 세우는 경우에는 일방의 승낙을 받아 당연한 권리로 주장하고, 농지의 진흙구덩이의 준설은 지주가 준설비를 부담하는 것으로 하였다. 질권은 없고, 저당권은 있으며, 민유지에 지권이나 가권은 작년 7월초에 군아로부터 발행했음을 밝혔다. 소유자를 달리하는 토지는 양안이나 문기 중의 동서남북 4표로부터 권리자를 정하여 측량한다고 하였다. ⑦ 부산이사청의 경우에는 토지소유권은 일찍부터 인정하고, 문기도 이미 이전의 것을 사용한다고 하였다. 조세부담에서 일본인과 한인과의 경중의 차가 있어 일본인 중에는 불복하는 자가 많아서 속히 개정을 요한다고 하였으며, 궁내부 소유인 절영도에서 공지를 개간한 때 5년 동안 소유권 취득하고 조세를 납부하였다고 하였다. 제주도 부근에는 어업 입회(立會)의 사례가 있다고 하였다. ⑧ 마산이사청의 경우에는 토지소유권이 명백히 인정된 최초의 것은 조선시대에 들어와서 각 지방의 결수와 인구의 정도를 계산하여 인민의 소유를 인정하여 점차 전매하는 방법이 시행된 것이라고 하였다. ⑨ 인천이사청의 경우에는 조사일정과 조사항목의 질의 응답의 내용 일체가 누락되어 있다.

전국 주요 도시에서의 토지관습에 대한 조사의 결과, 토지소유권은 기자조선이나 이후 일찍부터 인정되었으며, 적어도 조선시대에 들어와서 민간에서 자기의 소유라는 생각이 충분히 있어왔으며, 현재는 지계와 가계를 통해 매매와 양도가 이루어지는 경우가 있어 토지와 가옥을 거래할 때 문권을 발행한다고 하였다. 또한 토지 가옥의 저당에 대해서는 전당(典當)있다는 것을 인정하면서도 일본과 같은 질권은 없다는 것을 확인하였다.

1906년 당시 토지소유제도와 매매 양도의 거래 등에 대해 개괄적인 조사를 통해 부동산 거래의 연원과 현실을 파악한 것이다. 그런데 전국 각지에서 수행된 한국 부동산에 대한 면담은 비록 질문 사항이 사전에 배포되기는 했지만 불과 2~3시간에 걸쳐 짧게 진행되었다. 더구나 질문 사항에 따라 간단한 대답이 이루어졌을 뿐이었다. 대담의 응답자로 관찰사, 군수 등 각 지역 이사청 관련 지방 관리에게 국한되어 있어 현지 향촌에서의 실태조사를 통해 토지제도의 관행과 실제를 파악한 것은 아니었다.

이 자료는 1906년 7월 부동산법조사회에서 설정한 10개 항목의 조사지에 대한 대면조사와 그 결과를 담고 있다. 당시 토지소유권제도와 관행을 조사한 부동산법조사회가 작성한 최초의 실제조사 문건이라는 의의를 가지고 있다. 그렇지만 당시 주요 도시의 지방관행에 대한 조사가 조사관들과 지방관들 사이에 불과 2시간여에 걸친 조사였기 때문에 간단한 질문과 대답이 이루어질 뿐이어서 전반적인 상황에 대한 조사를 기대할 수 없다.

I-1-1-02 부동산신용론

관리기호	기록번호	자료명	
4-10	-	不動産信用論	
작성자	생산기관	생산 연도	
中山成太郎	부동산법조사회	1906년 11월	
지역	언어	분량	소장기관
-	일본어	256면	국립중앙도서관
키워드	부동산, 토지신용, 조합, 저축은행, 동산, 저당, 채권		

[기본정보]
이 자료는 부동산법조사회의 나카야마 세타로(中山成太郎) 보좌관이 1906년에 작성한 것으로 모두 256면에 달하는 저서이다. 한국 부동산 입법에 필요한 참고자료로서 작성하였다.

[세부목차]

[내용정보]

　이 자료는 한국의 부동산신용에 관한 내용을 조사 기록한 것이 아니라, 일본과 유럽의 관행 및 제도를 조사 기록한 것으로 매우 방대한 분량이다. 주요 내용으로는 토지신용의 종류 및 형식, 토지신용기관, 토지신용 개량에 관한 문제, 토지신용에 관련된 개별 문제 등 4개 항목을 중심으로 기술하고 있다. 세부적인 조사항목으로는 개인적 신용기관, 조직적 신용기관, 대지주 토지신용조합, 토지개량은행, 토지저당은행의 연혁과 성격, 조합조직제신용기관, 공공영조물제신용기관, 저축은행식신용기관 등이다. 토지신용의 종류 및 형식에서는 토지취득적 신용과 토지개량적 신용 및 토지의 영업적 신용, 대물적 토지신용 및 대인적 토지신용, 동산질과 저당, 유통성을 가지는 저당제도, 저당증권 토지채무증권 및 정기토지채무증권, 저당채권 등을 기술하였다. 토지신용의 개량에 관한 문제에서는 토지신용폐쇄주의, 토지신용의 강제적 제한주의, 토지신용의 자연적 제한주의 등을 기술하였다. 토지신용에 관련된 개개의 문제에서는 저당채권에 관한 문제, 저당채권의 할증권 발행에 관한 문제, 할증채권의 가치 등을 기술하였다. 부동산신용론은 유럽의 부동산의 학설과 실제를 소개하고 있어서 매우 전문적인 내용으로 구성되어 있다.

이 자료는 부동산권에 대한 일본 및 선진 유럽의 각종 제도를 상세히 조사한 것으로 한국의 관행 및 제도와 비교 검토할 수 있다. 경제학적 측면에서 각종 제도를 분석 소개하여서 경제사학의 관점에서 보면 도움이 될 수 있다.

Ⅰ-1-1-03 조사사항설명서

관리기호	기록번호	자료명	
朝21-43	-	調査事項説明書	
작성자	생산기관	생산 연도	
-	부동산법조사회	1906	
지역	언어	분량	소장기관
-	일본어	18면	국립중앙도서관
키워드	부동산법조사회, 조사자, 梅謙次郎, 토지소유권제도, 부동산관련 조사사항		

[기본정보]

이 자료는 1906년 7월에 설립된 부동산법조사회에서 우메 겐지로(梅謙次郎) 박사가 1906년 9월 한국의 부동산에 관한 조사사항에 대해 조사할 항목과 유의사항을 작성하여 배포한 책이다. 부동산법조사회에서 발간한 문서로 일본어로 작성되어 활자로 인쇄되었으며, 표지를 포함하여 18면으로 되어 있다. 이 책자는 이후 1938년(소화 13) 도장이 찍힌 것으로 보아 조선총독부에서 보존한 문건으로 보인다.

[내용정보]

이 자료의 서문에는 "본서는 (부동산법조사회) 회장 우메 박사가 조사위원을 모아 시험하여 설명한 것의 요록을 작성한 것으로 참고로 하기 위해 각 관계 관아(官衙)에 배부하라고 생각한 것이다"라고 하였다. 부동산법조사회에서 배포한 본 책자에서는 한국 토지에 관한 각종 조사사항에 대해 각 항목의 제목과 구체적인 설명을 부가하였다. 1조에서는 토지에 관한 권리의 종류, 명칭 및 그 내용에 대하여 질문 항목을 작성하였다. 또한 그 이하 토지소유권에 대한 10가지 세부 항목의 질문 사항을 구체적으로 설명하였다. 그리고 나머지 9개 조항의 토지 소유권 제도에 관한 제반 사항에 대한 질문 항목을 담았다.

〈표〉 부동산에 관한 조사 질문 항목

	항목
1	토지에 관한 권리의 종류 명칭 및 그 내용
	1. 인민의 토지소유권을 인정하는가, 안하는가. 만약 인정한다면 어느 시기부터 이를 인정했는가
	2. 토지소유권의 제한 및 부담
	3. 국가는 어떠한 조건으로 인민의 토지소유권을 징수하고 있는가
	4. 소유권은 토지의 상하에 미치는가, 아닌가
	5. 토지의 강계에 있어 쌍방의 소유자의 권리의 한계
	6. 공유지의 처분 및 관리에 관한 관습
	7. 차지권의 종류 명칭 및 그 내용 중 건물소유자의 권리
	8. 지역권(地役權)이 있는가 만약 있다면 그 종류 및 효력
	9. 입회권이 있는가 만약 있다면 그 종류 및 효력
	10. 질권, 저당권의 설정 조건 및 효력
2	관, 민유 구분의 증거
3	국유 및 제실유와의 구별 여하
4	토지대장 또는 그것과 비슷한 물이 있는가. 만약 있다면 그 장부는 어떠한 사항을 기록하는가
5	토지에 관한 권리의 양도는 모두 자유인가, 또는 그 조건, 수속 여하
6	지권 및 가권이라는 것을 가지는 것으로 들었다. 이는 어떠한 토지, 어떠한 건물에 붙어 있는가. 또는 그 연혁 및 기록 사항 여하
7	토지의 강계는 항상 명확한가, 아닌가. 만약 명확하지 않는 것이 있다면 동일한 토지에 붙어 2인 이상 동일한 권리를 주장하는 경우가 적지 않을 것인바, 이 경우에는 어떠한 표준에 거하여 정당한 권리자를 정하는가
8	토지의 종목은 어떻게 이를 구분하는가. 일본의 예는 전, 연, 택지, 산림, 원야(原野) 등
9	토지장량(土地丈量)의 방법 여하
10	이상 각항에 있어 시가지와 기타 다른 것이 있다면 그 차이, 기타 지방에 의한 관습을 달리하는 것이 있다면 그 구별.

토지소유권 제도에 관한 질문 항목에서는 1조항 1세목의 경우, 주로 "한국의 현상은 어떠한 상태에 있는가는 이미 인민에게 토지소유권을 인정하는가 하지 않는가. 이는 한국의 토지에 관한 권리를 명확하게 하는데 당연히 먼저 조사를 요하는 것이 된다"고 하면서 한국의 토지소유권을 인정한 것이 과연 어느 시대부터 '공인(公認)'되었는지를 명확하게 조사할 것을 주문하고 있다. 특히 "인민에게 토지소유권을 인정한다는 것도 국가는 공익상 필요로부터 인정한다는 것은 인민으로부터 그 소유권을 증수하는 권리를 갖는 것이고, 이는 실제로 그치게 한다는 것이므로 일본 및 구미 문명국의 법률이 모두 인정하는 바로부

터 한국에 있어서 반드시 이를 해당되는 것이고, 한국에서 인민으로부터 토지소유권을 징수하는 것이 당연히 어떠한 조건으로 되는가, 특수하게 국고, 기타로부터 반드시 보상금을 지급하는 것인가, 장차 이를 지급할 것인가" 하는 점을 중시하였다. 또한 1조항 5세목으로 토지의 강계와 쌍방 소유자의 권리의 한계 등에 대하여 "문명국의 법률은 상린자(相隣者) 상호의 권익을 짐작안(斟酌案)을 배격하고 상린자 간에 적당한 권리 행사의 한계를 설정해야 하는데, 한국의 경우에는 이에 관해서 법령의 정함이 있는가, 또는 법령의 규정을 결여하고 있다면 자연의 필요에 임박하여 관습상에서 상린자의 권리행사상에 붙이는데 한하는 것인가" 등 일본 법률의 인정 예를 거론하여 사례를 붙여 조사하도록 하였다.

1906년부터 부동산법조사회는 한국의 소유권 법률의 존재와 관습상의 권리 등을 조사하면서 문명국의 법률기준과 일본의 법률 사례에 비추어 조사하도록 하는 원칙을 세웠다. 그래서 조사원들에게 내린 지침의 주요 내용은 일본의 법률에서 통상 규정하는 소유권, 공유, 차지권, 입회권, 질권, 저당권 등 일본 민법상의 용어를 그대로 사용하였다. 더욱이 제1조 7항 차지권의 종류, 명칭 및 내용 중에서 거론된 지상권(地上權), 영소작권(永小作權), 임차권(賃借權), 사용차권(使用借券) 등은 전적으로 일본의 법률에서 통상 규정하는 4종의 차지권 정의를 가지고 조사하였다. 그러므로 한국 각지의 토지소유권의 용어와 개념과는 다른 일본식 법률개념에 따라 조사한 내용이므로 현지의 실제 사정과 차이가 있을 수 있었다.

[가치정보]

이 글은 토지에 관한 권리의 종류, 명칭 및 그 내용, 관·민유 구분의 증거, 국유와 제실유의 구별 여하 등에 대하여 조사원에게 세부적으로 설명한 것이다. 당시 한국에서는 토지소유권이라는 용어가 일반적으로 사용되지 않았고, 토지에 부속되어 있는 권리가 무엇이고, 그 권리가 어떠한 용어로 표현되었는지에 대해 기왕의 조사가 없었으므로 자세하게 항목을 설명한 것이라고 하지만, 부동산법조사회의 토지소유권에 관한 질문 항목에서 국유와 제실유, 공유지의 처분 관리 등과 차지권의 종류와 명칭을 조사하면서 일본 법률에서 통상 규정하는 개념을 원용하여 작성하였다. 한국의 토지 관습조사에 대한 지침은 한국의 토지제도만큼은 국적에 차별이 없도록 해야 한다는 부동산법조사회 회장 우메 박사의 생각을 반영하고 있다. 따라서 1906년부터 활동하기 시작한 부동산법조사회의 토지소유권 조사항목 설정의 특징과 한계를 고려하여 당시 현실 소유권제도의 실태를 이해해야 한다.

I-1-1-04 자오저우만[膠州灣] 점령의 당초에 독일국 정부의 시설

관리기호	기록번호	자료명	
3-95	-	膠州灣占領ノ當初ニ於ケル獨乙國政府ノ施設	
작성자	생산기관	생산 연도	
-	부동산법조사회	1906	
지역	언어	분량	소장기관
-	일본어	57면	국립중앙도서관
키워드	청국, 자오저우만[膠州灣], 조차지, 독일, 제국재판소		

[기본정보]

이 자료는 작성자 등의 서지 사항이 전혀 기록되어 있지 않다. 국립중앙도서관에는 발행연도를 1906년으로 기록하고 있으나 해당 자료에는 발행연도가 표시되어 있지 않다. 국립중앙도서관에서 1906년으로 표기한 이유는 부동산법조사회의 설립시기가 1906년이기 때문이거나 별지가 있었던 것은 아닌가 생각된다.

[세부목차]

제1장 중국 해안에서 자오저우만[膠州灣]의 지위

제2장 자오저우만의 가치

제3장 자오저우만 점령의 역사

제4장 독일정부의 시설

제5장 자오저우만의 행정

[내용정보]

이 자료는 자오저우만[膠州灣]의 지리적 조건과 독일 행정제도 및 식민정책을 기술한 것이다. 1897년 독일 선교사가 산동지역의 폭동으로 살해되자 독일군은 자오저우만을 점령하고, 1898년에 조차하였다. 독일의 자오저우만 점령을 계기로 하여 광저우만[廣州灣](프랑스), 주룽반도[九龍半島], 웨이하이웨이[威海衛](영국), 뤼순[旅順], 다롄[大連](러시아)

등이 열강에 의해서 차례로 조차되는 등 중국 분할이 본격화되었다.

　이 자료는 제1장부터 제3장까지는 자오저우만의 지리 환경적인 특징과 자오저우만의 전략적 가치, 독일 점령의 역사적 배경 등을 상세히 서술하였다. 부동산법조사회가 이 책에 관심을 가지고 기술한 부분은 제4장 자오저우만의 시설과 제5장 자오저우만의 행정이다. 제4장 독일정부의 시설에서는 자오저우만에서 시행한 독일의 주요 산업정책을 세 가지로 구분하여 소개하고 있다. 첫째는 철도부설이고 둘째는 광산채굴, 셋째는 축항 및 시구계획(도시계획)이다. 철도부설에서는 철도부설의 경위, 산동철도회사, 철도 선로와 노선, 관련 경비 등을 기술하였고, 광산채굴 및 축항과 시구계획 등의 배경과 과정 등에 대하여 기술하였다. 제5장 자오저우만의 행정에서는 토지제도와 사법제도를 중심으로 설명하고 있다. 이 중에서 부동산법조사회는 자오저우만의 토지제도정리사업을 가장 참고할만한 가치가 있다고 서술하였다. 토지에 관하여 매우 독특한 청국 영토를 유럽적 법률 관념으로 처리한 새로운 관례라고 보았다. 즉, 청국에서는 고래로 인민에 대하여 거의 인격(人格)을 인정하지 않았기 때문에 권리사상이 발달하지 못하였으며, 토지에 관해서도 인민은 단지 사실상의 처분을 인정할 뿐이었다. 법리상에서는 국토의 완전한 소유권은 정부에 귀속하고 인민은 사실상의 토지에 대해 이익을 점유하는 것에 불과하다고 본 것이다. 그러나 자오저우만 점령 후 외국인이 거주하면서 토지문제가 발생하였기 때문에 독일 정부는 자오저우만에서의 토지제도의 원칙을 수립하였다. 첫째, 자오저우만에서는 청국인은 결코 외국인에게 토지를 매매 대차할 수 없다. 동일한 지역 내의 청국인 간에는 가능하지만 이 경우에도 역시 정부의 인가를 요한다. 둘째, 독일정부는 청국인의 토지에 대하여 선매권을 가진다. 필요하다고 인정될 때는 언제라도 토지를 매매 또는 기타 처분을 할 수 있다. 단, 이 경우에 자오저우만 점령 전의 토지의 가격을 표준으로 정부는 상당한 금액을 지급한다는 것이다. 셋째 원칙으로서 토지의 공매제도를 설치하였다. 자오저우만에서는 외국인은 토지를 직접 인민으로부터 매매 대차할 수 없었기 때문에 외국인에게 토지를 부여하기 위하여 공매제도를 설치하고 절차, 방법, 법률적 효과 등을 기술하였다.

　자오저우만의 사법제도는 독일계통의 사법제도를 직접 시행하는 것이 아니라 일종의 식민지적 사법제도를 운용하였다. 예컨대, 실체법의 경우, 자오저우만의 주민은 동일한 실체법 하에 지배되는 것이 아니라 인종에 따라서 적용 법률을 달리하였다. 청국인과 청국인 이외의 자 등 두 종류로 나누고 청국인에 대해서는 오로지 구관에 의하여 통치하고, 특정 범위에 한정하여 독일법을 적용한다. 예컨대 형사에 관해서 청국의 혹형을 폐지하고 독일 형법에서 인정하는 형벌만을 채용한다. 청국인 이외의 자에 대해서는 이에 반해서 모두 그 국적 여하를 불문하고 완전히 독일법을 적용하였다. 자오저우만의 재판기관도 역시 그 주민의 인종에 따라서 두 종류의 기관을 설치하였다. 첫째는 제국재판소이다. 제국재판소는 자오저우만 지역의 유일한 재판소로서 그 조직은 판사 1인 배심관 2인 이상 4인으로 구성한다. 판사는 독일황제가 임면한다. 배심관은 재판관이 총독의 인가를 거쳐서 임명하되, 자오저우만에 거주하는 상인 및 행정문관 중에서 선임한다. 제국재판소에서는 자오저우만에 거주하는 청국인 이외의 자에 대한 사건은 민사와 형사를 불문하고 모두 전담한다. 지방재판청은 자오저우만의 청국인에 관한 일체의 재판을 담당한다. 그 구성은 1인의 판사 및 1인의 통역관으로 충원하고 자오저우만령 중에서 중요지역에 둔다. 그 수는 모두 3곳으로 하였다. 제국재판소는 순수한 유럽 재판소이고 그 심리 절차 및 적용 법률도 모두 유럽의 법리 또는 법률에 의한다. 그러나 지방재판청은 중국 재판소는 아니라도 유럽풍 재판소와 중국 재판소간의 절충적인 재판소라고 말할 수 있다.

[가치정보]

부동산법조사회가 독일의 자오저우만 통치체제를 조사한 특별한 이유가 있을 것으로 보인다. 통감부가 한국의 외교권만을 박탈하는 보호국 체제로 만족하지 아니하고 독일 등 외국의 사례를 모방하여 한국을 식민통치하려는 정책을 구상한 것으로 보인다.

Ⅰ-1-1-05 한국부동산에 관한 관례 : 제1철

관리기호	기록번호	자료명		
4371-2	-	韓國不動産ニ關スル慣例 : 第1綴		
작성자	생산기관	생산 연도		
川崎萬藏	부동산법조사회	1907		
지역	언어	분량	소장기관	
-	일본어	40면	일본 교토대학도서관	
키워드	부동산법조사회, 관습조사응답자, 충청남도, 황해도, 평안남도			

[기본정보]

1906년 10월부터 부동산법조사회에서 충청남도 중 12개군과 황해도 중 3개군, 평안남도 중 1부 7군 1방 등 24개 지역을 대상으로 조사하여 기록한 책이다. 한국에서 부동산 관례에 대하여 우메 겐지로(梅謙次郎) 박사의 조사 원칙을 기본으로 하여 가와사키 만죠(川崎萬藏) 보좌관보가 주도한 것이다. 각 부윤, 군수, 주사, 면장 및 서기 등의 응답이 있으면 모두 편철한 것이다. 조사 기간은 1906년 10월에서 1907년 4월까지 대개 1일 혹은 2일간 짧은 기간 동안 면담조사가 이루어졌다. 표지를 포함하여 40면이며, 일본어 활자로 인쇄되어 간행되었다.

[내용정보]

1906년 부동산법조사회에서 조사한 충청남도, 황해도, 평안남도 등지 24개 지역의 토지제도 관행을 조사한 것이다. 본서의 구성은 먼저 개언(槪言)에서 각 지방의 조사일시와 응답자의 성명과 직위 등이 기록되어 있다. 다음으로 한국부동산에 관한 10개 조항과 10개 세목의 질문이 수록되어 있으며, 충청남도 12개군이 조사사항과 황해도 3개군, 평안남도 1부 7개군 1방의 조사내용이 순서대로 수록되어 있다.

〈표〉 한국 부동산에 관한 조사철(1) 수록 지역

지역	연도	응답자	비고
직산군	1907.3.6	군수 곽찬(郭璨), 주사 이호성(李浩性)	
천안군	3.11~12	군수 김용래(金用來), 서기 맹원술(孟元述)	
온양군	3.9	군수 권중억(權重億), 주사 정석호(鄭奭好)	
신창군	3.13~14	군수 서병익(徐丙益), 주사 이기경(李起鏡)	
예산군	3.19	군수 이범소(李範紹)	
홍주군	3.22	주사 최학연(崔學淵), 수서기 한영륜(韓永崙), 군수 결임(郡守欠任)	
대흥군	3.23	서기 이한영(李漢榮), 군수부재(郡守不在)	
청양군	3.26	수서기 모(某), 북상면장 강성서(姜聖瑞), 남하면장 방한모(方漢模), 군수 결임(郡守欠任)	
정산군	3.27~28	군수 이인용(李寅用), 주사 최원재(崔元在)	
공주군	3.31	군수 김갑순(金甲淳), 주사 이지현(李支鉉)	
노성군	4.3	수서기 양주학(梁柱學), 면장 윤상익(尹相益), 서기 이춘우(李春雨), 군수부재(郡守不在)	
은진군	4.6	군수 이상만(李尙萬)	
금천군	1906.10.29~30.	군수 유승동(柳昇東), 수서기 정기중(鄭基重)	
서흥군	11.1	수서기 김성대(金聲大), 군수 결임(郡守欠任)	
황주군	11.4	서기 김병순(金秉順), 군수 결임(郡守欠任)	
중화군	1906.11.6	군수 신대균(申大均), 수서기 강영걸(康永杰), 하도면 집강 김종린(金鐘麟)	

시족방 (柴足坊)	11.11	방내 장로 2, 3인	원산가도(元山街道)에 접한 평양 군내의 1촌락
강동군	11.12, 11.14	군수 오형택(吳漢鐸), 서기 최의종(崔義鐘)	
성천군	11.16	경유사(卿有司) 김두현(金斗鉉), 이방 박종근(朴宗根), 군수부재(郡守不在)	
은산군	11.19	군수 장덕근(張悳根), 주사 김규석(金圭錫), 면장 임진옥(林鎭玉), 수서기 김윤제(金允濟), 향교장 김관호(金寬鎬)	
자산군	11.21	군수 홍순구(洪淳九), 원경장(元卿長) 김양직(金養植), 면장 임세환(林世煥), 수서기 김래운(金來雲)	
강서군	11.27	군수 이종영(李宗榮), 원경장 김기섭(金基燮)	
용강군	11.28	군수 윤기원(尹起元), 원경장 모(某), 수서기 김연식(金淵植)	
삼화부	11.29	부윤 변정상(卞鼎相), 서기 임종환(林宗煥)	

이때 조사와 질문 및 응답은 통역 이방협(李邦協)과 유진혁(柳鎭爀)이 담당하였다. 유진혁은 1882년생으로 1892년 3월 경성 일본공립심상고등소학교 일어과에 입학하여 1895년 3월 졸업하였으며, 1906년 7월 27일 부동산법조사회 임시통역으로 촉탁으로 근무하였다.

조사사항은 우메 겐지로 박사의 조사원칙에 따라 작성된 '조사사항설명서'를 기본으로 하였으며, 해당 지방의 군수, 주사, 수서기, 면장 등 지방관리들에게 질문하여 대답한 내용을 수록한 것이다. 그런데 각 지방별로 답변서를 수록한 것이 아니라 부동산법조사회의 항목, 세목별로 다시 모아서 정리한 것이다. 따라서 각 지방별 사항은 비교적 간단하게만 언급되어 있는데, 조사 기간이 1906년 10월에서 1907년 4월까지 대개 1일 혹은 2일간 짧은 기간 동안 면담조사가 이루어졌기 때문이었다. 따라서 황해도, 평안남도, 충청남도 등 각 군의 일반적인 추세는 알 수 있지만, 각 지방별 특징을 정확히 판별하기는 어렵게 되어 있다.

주요 내용은 토지소유권에 대해서 개벽초기 이래 인민이 토지를 경작하고 소유권을 가지고 왔다고 생각하였다는 답변이 대다수를 차지하고 있으며, 인민의 토지소유권의 매매 등은 문기에 의해 인증되며, 토지소유권의 획득과 관련하여 개간경작의 사례를 소개하고 있으며, 토지소유권의 제한으로 광물 등 채광, 임야, 건물, 분묘 등의 이용을 거론하고 있다. 또한 토지소유권의 부담으로 결세를 거론하여 각 지방별 부과 방식과 차이에 대해 소개하였다. 강계의 분쟁이나 공유지, 지상권의 여부, 토지임차권, 산림 입회권, 토지 가옥의 저당권 등 토지소유제도에 관한 상세한 질문과 대답을 수록하고 있다. 그리고 나머지 토지의 종류와 구분, 이용에 관한 9개의 항목에 대해서도 각 지방별로 조사사항에 대한 답변을 간단하게 수록하고 있다.

[가치정보]

이 자료는 1906년과 1907년에 걸쳐 부동산법조사회에서 충청남도, 황해도, 평안남도 지역을 대상으로 부동산의 관행에 대한 상세한 조사사항을 수록하여 편철한 문건으로 당시 부동산법조사회의 조사활동과 각 지역에서의 응답내용을 구체적으로 파악할 수 있다. 다만 조사항목별 분류에 치우쳐 각 지방의 개별 상황을 구체적으로 알 수 없는 한계를 가지고 있다.

Ⅰ-1-1-06 한국부동산에 관한 관례 : 제2철

관리기호	기록번호	자료명	
朝21-33	-	韓國不動産ニ關スル慣例 : 第2綴	
작성자	생산기관	생산 연도	
平木勘太郎	부동산법조사회	1907	
지역	언어	분량	소장기관
-	일본어	144면	국립중앙도서관
키워드	부동산법조사회, 관습조사응답자, 황해도, 平木勘太郎, 한국부동산		

[기본정보]

이 자료는 부동산법조사회에서 황해도 12개 군과 세무서, 농공은행 등을 방문하여 한국부동산에 관한 관례를 조사한 내용을 수록한 책이다. 1907년 6월 부동산법조사회 촉탁 히라키 간타로(平木勘太郎)가 정리한 것으로 각 조항 항목 말미에 '부언(附言)'이라고 하여 자신의 견해를 첨부하고 있다. 표지를 포함하여 144면으로 되어 있으며, 일본어 활자체로 간행되었다.

[내용정보]

이 자료에는 우선 서언(序言)과 조사사항 10항목 및 10개 세목을 제시하고 있으며, 각 항목별 조사지역의 질문과 답변서, 각 항목 말미에 부언 등의 순서로 수록되어 있다. 조사

40

지역은 황해도 안악, 재령, 해주, 신천, 문화, 은율, 풍천, 송화, 장연, 장련, 연안, 배천 등 각 군 및 세무서, 농공은행 등의 순서로 각 항목마다 상세하게 조사 기록하였다. 조사대상은 각 군수, 군주사, 세무주사, 은행취체역 등이 대상이었다. 각 지역의 응답자의 상황은 1철과는 달리 번잡을 피하기 위해 일일이 열기하지는 않아 답변자의 신상을 알 수 없다.

주요내용으로는 우선 부동산에 관한 질문 항목에 따라 "1. 인민은 토지의 소유권을 가지는가, 그렇지 않은가, 2. 토지소유권의 기원 여하, 소유권의 취득 방법 등"에 대한 질문에 대해서는 은율군(殷栗郡)의 경우에는 "인민은 토지의 소유권을 가지고 있지만 소유권이란 것이 어떠한 의의를 지니는가를 알지 못한다. 다만 통례 소유권이라고 하기 때문에 그렇게 말할 뿐이다"는 반응이고, 토지소유권의 기원은 "알 수 없지만, 개국 이래 이를 가지고 있으며, 다만 인민들 사이에 문기(文記)를 작성하여 거래에 활용하는 것이 일반적인 사항"이라고 대답하였다.

또한 토지소유권의 방법에 대해서는 (가) 법률행위 : 매매의 경우에 매주(賣主)가 가지고 있는 구문기(舊文記)와 함께 신문기(新文記)를 작성하여 그것을 매주(買主)에게 교부한다는 내용으로 설명하였다. 관의 허가 또는 관의 장부에 기입하거나 등록하는 것은 필요하지 않으며, 인민이 가지고 있는 문기(文記)가 그 소유권을 증명하는 유일한 증거이므로 만약 그를 분실하거나 소실했을 때는 관청에 그 교부를 신청한다고 하였다. (나) 상속 ① 가독상속(家督相續)의 경우에는 장자상속(長子相續)을 행하며 상속인은 전호주(前戶主)가 지닌 전(全) 재산을 취득하며, 상속인이 자신의 의사로 형제자매에게 그 재산을 분여하는 경우가 있다고 하였다. 그렇지만 강제적으로 분여하게 하는 것은 아니라고 하였다. ② 유산상속의 경우에는 유류재산(遺留財産)은 유자(遺子)가 아직 어린 경우에 관리자를 정하고, 장성하기에 이르러 그것을 분배하는 것이며, 그 분배의 방법은 명확하지 않다고 하였다. (다) 시효(時效)라는 관념은 명확하지 않지만, 관유지나 기타 공지(空地)를 개간하여 조세를 부담하기에 이르렀을 때에는 그 토지의 소유권을 취득한 것으로 한다고 하였다. (라) 첨부가공(添附加功)의 경우에는 이를 통해 토지의 소유권을 취득하는 것이겠지만, 이 경우에도 해당 지방관청의 허가를 얻고 또 수확을 얻기에 이른 때에는 조세를 부담한다고 한다. 그리고 조세부담은 소유권 취득의 요건은 아니라고 조사되었다.

황해도 12개 조사지역 중에서 은율군의 조사내용을 가장 자세하게 소개하였으며, 반면에 여타 지역은 대동소이하다고 간단하게 소개하였다. 다만 일부 특이사항에 대해 자세히 소개하였다. 신천군의 경우에는 단군 이래 시작되고, 기자(箕子), 위만, 삼한, 삼국, 고려, 조선에 이르기까지 점차 변천하였다는 설명에 아울러 인민의 토지소유권은 기자(箕子)의

'정전구일세(井田九一稅)' 제도에서 기원하였다고 강조하였다. 또한 흥선대원군 시대에 1871년 종래 양안을 개정 증보하였지만, 1894년 동학당에 의해 탈취된 이후 양안이 존재하지 않는다고 하였다. 또한 해주의 사례에서는 1905년과 1906년에 황해도 관찰사에서 행해진 토지소유권의 재판사례를 소개하는 등 사례를 보충하여 소개하고 있다.

이 편철자료에는 부동산의 관례 조사 중 1항목 1세목 말미(27~40쪽)와 7세목 말미 (82~86쪽), 10세목 말미(104~112쪽) 등에 촉탁 히라키 간타로(平木勘太郞)의 평가가 들어 있다. 우선 토지소유권의 유무에 대해 일반적으로 "인민에게 토지소유권이 존재한다"고 대답하지만, 종래의 관습에 따라 매매, 증여 기타의 행위로 이루어지는 부동산관례에 대해 법률상 직접, 또는 간접으로 규정한 법규가 존재하지 않기 때문에 이것을 용인할 수 없다고 단정하였다. 또한 토지소유권의 근거로서 주장하는 장부가 양안이기는 하지만, 이는 종래 일본의 메이지 유신 이전 봉건시대 무가(武家)에서 영민(領民)으로부터 징수한 일종의 소작료 수취와 거의 일치하고 있으며, 양안은 조세 징수에 필요한 장부라고 한정하여 이해했다. 물권과 채권의 관행에 관해서도 "한국에는 일본의 질권, 또는 저당권에 해당하는 권리를 설정한 사실은 존재하지 않지만, 전당의 명칭을 붙여 채권을 담보하는 일종의 권리를 설정"하고 있다고 하면서, 토지의 소유권자임을 증명하는 유일한 증거재료로서 "문기(文記)는 소유권의 징표[化体]"라고 간주되며, 전당은 매매 기타 법률 행위에 의해 남에게 소유권을 이전하지 않겠다는, 소극적으로 그 처분권 행사를 스스로 제한한다는 관념"을 가졌다고 하였다. 결국 그는 토지소유권의 증거인 문기가 가진 효력이 법률적으로 제한되며, 더욱이 전당도 마찬가지로 법적 보호를 받지 못하고 있다는 점을 들어 토지소유권의 실재에 대해 앞으로 더욱 연구하여 보고되기 바란다면서 유보적, 내지 부정적인 입장을 취했다.

[가치정보]

이 자료는 부동산법조사회에서 수행한 황해도 12개 지역 부동산에 관한 관행을 조사 기록한 것으로 다른 조사자료보다 풍부한 내용을 갖고 있다. 다만, 자료를 재정리한 부동산 법조사회의 촉탁 히라키 간타로(平木勘太郞)의 평가가 수록되어 있어 제한적으로 사용되어야 한다. 그가 한국의 토지소유권의 유무를 법률적 제도의 미비로 부정하고, 구래의 관행에 의거해서 현실의 토지소유권을 부정하고 일본의 새로운 제도 도입의 필요성을 주장했다는 점에서 한국의 부동산 관행 자체를 객관적으로 조사했다고 보기 어렵기 때문이다.

Ⅰ-1-1-07 한국에서 토지에 관한 권리일반

	관리기호	기록번호	자료명
第一章 韓國人ノ權利觀念 韓國人ノ權利ニ對スル觀念ハ頗ル幼稚ニシテ嚴格ニ云フトキハ權利ノ思想ハ未タ發達セズト云フヘシ蓋シ韓國ノ政綱弛廢ノ結果官吏ノ專檀甚シク人民ノ利益ヲ啻ヲ保護スル念願ナキノミナラズ加之ノ官ノ有爲ハ人民ヲ壓抑シ人民ニ對シ不服ヲ申立ツルヲ許サズ故ニ韓國ニ於テハ官ニ對抗スルヲ得ルノ餘地ヲ有スルノ權利ノ存在ハ絶對ニ無シ唯人民ハ相互間ニ正当シテ此点ニ於テノ利益範圍ヲ認識シ之ニ對シ人民相互ニ不法ナル暴横ヲ許サザルモノアリ此点ニ於テハ權利ノ觀念アリト云フヲ得ヘキモ亦一般行政ノ腐敗ハ官吏ノ專横ヲ其ノ最高トシコロトナリ弱者及貧者ニ到底ノ強者及富者ノ暴横ヲ甘シセサルベカラザルニモルモノ少カラス故ニ従来ノ狀態ニ於テハ韓人ニ對シテ法律ノ保護ナルモノ完全ニ存在セス従テ權利ノ思想ハ存スルコトアルモ未タ權利ノ形體ヲ爲サスシテ權利ノ質ノ即チ無シ	朝22-B55	-	韓國ニ於ケル土地ニ關スル權利一班
	작성자	생산기관	생산 연도
	中山成太郎	부동산법조사회	1907
	지역	언어	분량	소장기관
	-	일본어	89면	국립중앙도서관
	키워드	부동산법조사회, 中山成太郎, 용익물권, 차지권, 병작, 문기		

[기본정보]

1907년 6월 부동산법조사회 보좌관 나카야마 세타로(中山成太郎)가 한국 남부 지역에 출장 조사하여 서술한 한국 토지제도에 관한 보고서이다. 그는 한국인의 권리관념을 비롯하여 토지에 관한 권리, 토지소유권, 토지소유권의 취득 및 상실, 토지용익권, 토지에 관한 담보물, 문기 등 당시 한국의 토지제도와 토지에 관한 제반 권리에 대해 총괄적으로 조사하여 보고하였다.

[세부목차]

제1장 한국인의 권리관념
제2장 토지
    1. 토지의 의의
    2. 일필(一筆)의 관념
    3. 집합지(集合地)의 관념
    4. 토지의 정착물(定着物)의 관념
    5. 토지면적의 표시
    6. 토지의 종목
제3장 토지에 관한 권리
제4장 토지소유권

제1절 총설

제2절 토지소유권의 한계

　갑. 당연(當然)의 한계

　을. 공법상의 제한

　병. 상린자간(相隣者間)의 제한

　　1. 권리의 남용을 허락하지 않는 것

　　2. 경계의 근방에 있어 인지간(隣地間)의 제한

　　3. 유수(流水)에 관한 제한

　　4. 인지(隣地)의 통행에 관한 제한

제3절 토지소유권의 취득급상실(取得及喪失)

　제1. 소유권의 취득

　갑. 토지소유권의 원시적 취득방법

　　1. 기경(起耕)

　　2. 시효

　　3. 첨부

　을. 토지소유권의 계승적 취득어방법(取得於方法)

　　1. 양도

　　2. 상속

　제2. 소유권의 상실

　　1. 목적물의 상실

　　2. 포기

제5장 토지용익권(土地用益權)

　제1절 지상권(地上權)

　제2절 지역권(地役權)

　제3절 채권적차지권(債權的借地權)

　제1. 도지(睹地)

　제2. 병작(倂作)

제6장 토지에 관한 담보권(擔保權)

　제1절 전당

　제1. 저당

44

[내용정보]

　나카야마는 한국에서 토지에 관한 권리를 로마법의 '통일주의(統一主義)'를 따라 소유권, 기타 물권, 채권적 차지권으로 정리하였다. 그는 "한국에서는 고래로 여러 종류의 권리를 혼립(混立) 발생시키지 않아서 그 권리의 종류가 매우 간단하고, 전적으로 통일주의에 의하는 것이 명백하다"고 보았다. 여기서 통일주의란 "토지 위에 1개의 통할적(統轄的) 지배권을 인정하여 이에 의하여 토지의 이익을 통일시키며, 기타의 권리는 모두 이 권리의 부분적 제한 또는 부담으로 성립하는 것"으로 정의하였다. 그는 토지의 권리를 조사하기 위해서는 구체적으로는 토지의 의의, 1필지의 관념, 집합지의 관념, 토지 정착물의 관념, 토지 면적의 표시, 토지의 종목[기간지, 기지(基地), 삼림원야, 도로제방 기타 공용지, 미기간지], 토지 소유권의 주체로서 민유지와 국유지, 궁내유지(宮內有地), 공유지(公有地) 등을 대상으로 하여 분석해야 한다고 하였다.

　한국에서 토지에 관한 권리에 대하여 나카야마는 조선의 종래 관습에서는 물권을 인정하는 범위가 작고 용익물권(用益物權), 즉 지역권(地役權), 지상권(地上權), 영소작권(永小作權), 담보물권(擔保物權)의 관념 같은 것은 구관(舊慣)에서는 전혀 찾아볼 수 없다고 서술했다. 또한 토지소유권의 기원에 대해서는 토지국유로 인하여 인민의 토지소유권을 인정하지 않았다가 조선시대부터 인민의 토지소유권을 인정하였다고 보았다. 조선시대에 들어와서 이미 인민의 사유를 공인하고 여러 차례 양전(量田)을 행하고 전안(田案)을 작성하여 여기에 민의 토지를 등록하여 부세의 기초로 삼았다고 보았다. 또한 토지소유권의 취득으로 인정되는 것은 원시적 취득과 승계적 취득(양도, 상속)이 있으며, 토지소유권의 상실 원인으로서는 토지의 멸실과 소유권의 포기가 있다고 정리하였다.

한편 한국의 토지용익권을 물권적인 것과 채권적인 것으로 나누고, 전자의 예로는 지상권, 지역권 등 두 가지 종류가 있다고 보았다. 반면에 영소작권은 한국에서는 거의 존재하지 않고, 근대 외국인 가운데 이 권리를 설정하는 것이 있는데, 이는 외국법을 주입한 것이고, 구관에 있는 것은 아니라고 보았다. 따라서 한국에서 채권으로서 토지용익권만 활성화되어 있다고 하였다. 소작인의 토지에 대한 권리를 '채권적(債權的) 차지권(借地權)'으로 규정하였다. 채권적 차지권 중에서도 소작인이 일정한 소작료를 지불하고 조세, 종자, 비료 등을 부담하는 도지(賭地)와 지주가 조세, 종자, 토지를 제공하고 소작인이 비료, 기구, 노동력을 제공하여 공동으로 토지를 경작하는 병작(절반타작)의 2종류로 구분하였다. 병작(竝作)은 중부유럽에서 시행되는 '타일바우(タイルバウ)' 제도와 동일한 것으로 보면서 순연한 임대차로 볼 수 없고, 전적으로 공동경작의 일종이라고 보았다. 따라서 병작이 고용관계로 보아야 할지 노무적 청부라고 해야 할지, 아니면 불순수한 임대차로 봐야 할지에 대해 추후 연구가 필요하다는 말을 덧붙였다. 마지막으로 토지에 관한 담보권의 특성을 설명하면서 전당(典當)과 권매(權賣)를 소개하며 전당을 저당의 성질을 가지는 것과 부동산질(不動産質)의 성격을 가지는 것, 유질계약(流質契約)을 부대하는 것과 부대하지 않는 것 등을 구별하여 설명하였다. 전당은 대체로 일본에서 인정되는 저당의 관념과 유사하지만 등기제도가 결여되어 있다는 점, 채권자에게 문기를 넘기기 때문에 토지의 처분에 제한을 받는다는 점 등이 다르며, 문기와 함께 토지의 점유도 채권자에게 이전하는 부동산질의 성질을 가지는 전당이 남한 지방에서는 드물게 사례를 찾을 수 있다고 하였다. 권매는 토지를 채권의 담보로 제공한다는 점에서 전당과 유사하다고 해도 조건부 소유권의 이전이라는 점에서 일본의 '매려약관부(買戾約款付) 매매'와 동일하다고 하였다. 마지막으로 토지에 대한 사정 및 권리의 양도에서 문기의 중요성을 강조하였다. 종래 여러 종류의 매매문기 양식과 기록된 각종 표기 내용의 의미를 다루었는데, 문기가 소유권을 증명하는 증서이자 권리 양도의 필수적인 요건이라고 보았다. 그렇지만 문기의 결점인 위조, 변조의 우려가 강조되었다. 저자는 부동산법 조사회의 보좌관으로서 일본 민법에서 통용되는 토지소유권의 절대성, 배타성을 강조하는 의미에서 한국의 토지에 관한 권리들을 일방적으로 정의하였다. 특히 토지에 관한 권리들 중에서 대다수 농민들의 경작과 밀접한 관련을 가지는 차지권이 중요한데, 대체로 소작권의 물권적 성질을 부정하고 채권적 성질을 부여하는 방향으로 정리하였다.

이 책은 부동산법조사회에서 한국의 구래 토지에 관한 제권리와 관습을 조사하는 목적과 의도를 파악할 수 있는 보고서이다. 이 책에서는 전반적으로 한국의 토지 권리 일반을 소개하면서 토지소유권의 절대성을 강조하는 반면, 경작농민의 경작권을 채권적인 성질로 보고 있으며 사적인 매매문기의 활성화에 따른 대응방식을 소개하였다. 이 책은 당시 일본의 부동산법조사와 일본인의 토지침탈의 의도를 잘 알 수 있는 자료이다.

Ⅰ-1-1-08 한국토지소유권의 연혁을 논함

관리기호	기록번호	자료명	
朝21-33	-	韓國土地所有權ノ沿革ヲ論ス	
작성자	생산기관	생산 연도	
平木勘太郎	부동산법조사회	1907	
지역	언어	분량	소장기관
-	일본어	72면	국립중앙도서관
키워드	부동산법조사회, 平木勘太郎, 총괄적 지배권, 전제, 토지소유권		

[기본정보]

부동산법조사회 촉탁 히라키 간타로(平木勘太郎)가 『삼국사기』, 『고려사』, 『문헌비고』, 『대전통편』, 『경국대전』, 『대전회통』, 『육전조례』 등 법규 사료를 검토하면서 한국 토지소유권의 연혁을 서술한 책이다. 부동산법조사회에서 1907년에 간행하였다.

[세부목차]

[내용정보]

　서론에서 히라키 간타로는 모든 권리는 법규(法規)로 인하여 발생하는 고로 권리의 관념은 법규에 의하여 이를 명확히 해야 한다고 하였다. 또한 법규는 그 나라의 정령 및 관습에 기초하므로 그 사회의 진화 변경은 법규 기타 관습의 변화 발전을 촉구한다고 정의하였다. 따라서 인민 상호간의 권리 의무의 관념은 법규 및 관례를 명확히 하는 것이 중요하며, 또 그것이 추이 변천의 상태, 즉 연혁의 연구가 필요하다고 하였다. 그는 한국인민의 토지소유권의 상태를 알기 위해서는 먼저 토지에 관한 법규 관례를 아는 것이 중요하다고 강조하였고, 전제 연혁을 조사하기 위해『삼국사기』,『고려사』및『한국문헌비고』,『대전통편』,『경국대전』,『대전회통』, 기타『육전조례』등의 서적을 참조하였다. 한국의 토지소유권 연혁에 대해 우선 기자조선시기 정전법에서 연원을 찾았다. 그는 정전법의 원리 등을 설명하면서 정전법의 공전 사전의 개념을 설명하고 토지소유권과의 관계는 토지에 대한 사용 수익처분권을 행사하므로 국가에 의한 총괄적인 지배권만 있는 것이 아닌가라고 하였다. 또한 당시 일반 인민의 경제적 사상이 유치하고 공산적 사상에 지배된다고 보았다. 따라서 당시 토지는 소위 자유 재화라는 개념이 있기는 했지만, 동시에 왕토사상이라는 관념에 의하여 소유권을 주장하는 자는 없고 국왕도 역시 국토는 자기 소유물이 된다는 관념이 있었으므로 사적 토지소유권을 인정할 수 없다고 하였다.

　또한 위만조선 이래 마한, 변한, 진한 등 삼한으로 이어지고 신라, 고구려, 백제 등의 토지제도에 대해 간략하게 설명하였다. 중고시대에는 토지는 소위 자유재화의 일종이라는 관념에 기초하여 인민에게 자유 기간 및 사용 방임 등 하등의 정령(政令)을 발하지 않았다고 하면서 통일신라 시기 성덕왕 21년 전정(田丁) 지급에 대해서도 소유권을 부여한 것은 아니라고 하였다. 고려조시대에는 간전(墾田) 제도도 있었고, 사전(私田), 공전(公田) 등의 용어가 나타났다고 하면서 당시 균전(均田)의 제도가 명목상으로 있었지만 거호권세가에 의한 사전 폐단이 일어났다고 하였다. 또한 토지 취득 방법으로는 왕실소유의 토지인 적전(籍田), 관료에게 지급된 직전(職田) 등을 들고 과전의 수수를 보여주는 지권(地券)의 수속, 불법 점유에 대한 처분조치를 설명하였으며, 제전(諸田), 둔전(屯田) 등에 대해서도 개략적으로 설명했다. 고려시기 토지는 국가의 소유에 속하고 일개인의 소유에도 속하여 일반적으로 소유권을 인식하고 있었지만 이는 사용수익처분에 대한 것에 한정한 것으로 총괄적 지배력을 가지고 있다고 보기는 어렵다고 하였다. 이조시대에 대해서는 과전법의 시행과 공법을 설명하면서 특히『대전통편』등 각종 법률에 실려 있는 전택(田宅)에 관한 각종 법규 등을 상세하게 설명했다. 조선시기 토지분배 방법과 변화에 대해 설명했지만, 주로 제도적인 설명에 그쳤다. 결론적으로 토지소유권에 관한 연혁에 대해서 고려와 조선의 토지제도 변화와 토지의 분배방법 등을 볼 때 토지의 매매 상속 등의 권리를 보장하기 위한 것이 아니라 국가의 조세 수입 증가를 위해 전제의 문란을 교정한 데 불과하다고 보았다. 또 인민의 재산 안전을 도모하고 국가의 안전 공동생활의 평정을 기대하기 위해서는 소유권을 보장해야 하는데, 조선에서는 전혀 그러한 정책을 찾아볼 수 없었다고 단언하였다. 이 책자 전체 면수는 국판 72면에 불과하지만 조선의 토지제도의 연혁을 국가에 의한 토지분배제도인 수조권적(收租權的) 사전(私田)제도를 중심으로 설명한 반면, 인민의 토지경작과 소유권 발달에 대해서는 전혀 관심을 두지 않는 편향적인 서술을 하고 있다. 더욱이 〈토지가옥증명규칙〉 등의 도입을 토지소유권 보호의 좋은 예로 드는 것으로 보아 당시 일본의 식민지 토지법제의 도입을 합리화하고 호도하려는 관점에서 쓰여진 책으로 평가할 수 있다.

[가치정보]

이 책은 역대 왕조의 토지제도 변천에 대해 역사 문헌과 법제 자료를 검토하면서 전근대 한국에서는 토지의 국가적 총괄적 지배와 수조권의 분배가 이루어지고 인민의 토지소유권 개념은 성립하지 않았다고 결론지었다. 이 책은 일제가 추진한 조선의 부동산법과 관습조사의 정책적 의도를 잘 보여준다.

Ⅰ-1-1-09 토지 및 건물의 매매, 증여, 교환 및 전당 증명규칙 및 지령 등 요록

관리기호	기록번호	자료명
朝21-B23	-	土地及建物ノ賣買, 贈與, 交換及典當證明規則及指令等要錄
작성자	생산기관	생산 연도
-	부동산법조사회	1907
지역	언어	분량	소장기관
-	일본어	116면	국립중앙도서관
키워드	부동산법조사회, 한국통감부, 토지가옥증명규칙, 토지가옥전당집행규칙, 伊藤博文		

[기본정보]

이 책은 1906년 11월부터 1907년 2월까지 한국통감부에서 한국정부에서 발표한 〈토지가옥증명규칙〉 등 부동산에 관한 제반 칙령, 법령의 발포와 시행세칙 등을 수록한 자료이다. 말미에 내각 부동산법조사회에서 1907년 3월 〈토지가옥증명규칙〉의 시행에 따른 설명서를 첨부하고 있다. 이 책이 부동산법조사회에서 통감부의 제반 훈령 등을 수록하여 정리하고 일본인들에게 입법의 취지와 제반 수속 절차 등을 상세하게 소개하기 위해서 만든 문건임을 알 수 있다. 표지를 포함하여 전체 116면으로 되어 있으며, 일본어로 번역된 활자체 문서로 작성되어 있다.

[내용정보]

1906년(명치 39) 11월 16일 통감부령 제42호로 공포된 〈토지건물증명규칙〉 내용을 소개하고 있다. 전체 4조로, 토지와 건물을 매매, 증여, 교환 또는 전당할 경우에는 당사자의 일반이 한국신민이 아닌 경우에는 한국칙령 〈토지가옥증명규칙〉에 의하여 군수 또는 부윤의 증명을 받아 이사관의 사증을 받는다는 내용 등으로 구성되어 있다. 본 규칙을 1906년 12월 1일부로 공포하였고 발령자는 이토 히로부미(伊藤博文)이다.

다음으로 통감부 고시 126호의 내용으로 한국정부는 1906년 10월 31일 칙령 제65호 〈토지가옥증명규칙〉 및 11월 7일 법부령 제4호 〈토지가옥증명규칙 시행세칙〉을 발표하여 그 번역문을 다음과 같이 공포하는 내용이다. 1906년 11월 16일 통감 이토 히로부미(伊藤博

文)의 이름으로 공포된 고시문이다. 내용은 〈토지가옥증명규칙〉의 전 10조, 〈토지가옥증명규칙 시행세칙〉 전 16조와 제1호 양식(인증용), 제2호 양식(증명용), 제3호 양식(토지가옥증명부), 제4호 양식(시행세칙 제3조의 장부용으로 사용된 토지인증부, 가옥인증부), 제5호 양식(수수료납부서) 등을 수록하고 있다.

다음으로 통감부 고시 129호의 내용으로 1906년 11월 8일 한국법부대신이 발포한 〈토지가옥증명규칙의 시행에 관한 훈령〉을 일본어로 번역하여 고시하는 내용이다. 날짜는 1906년 11월 28일이고, 발령자는 임시통감대리 한국주차군사령관 하세가와 요시미치(長谷川好道)이다. 내용은 〈토지가옥증명규칙〉의 시행에 대해 각 관찰사와 부윤, 군수 등 지방관리에게 칙령 제65호 〈토지가옥증명규칙〉의 취지와 주요 내용 등 11개의 조항을 제시하며 소개하는 것이다. 이 훈령은 1906년 11월 8일 법부대신 이하영(李夏榮)의 이름으로 공포되었다.

다음으로 통감부령 제4호로 1906년 9월 통감부령 제38호 중 제6호를 개정하는 내용으로 되어 있다. 즉, "토지건물의 증명 혹은 사증, 토지건물 증명대장의 검열, 증명할 계약서의 정본의 하부 및 전당의 집행에 관한 이의의 재정에 대해 징수하는 수수료"라는 규정 개정을 소개한 것이다. 또한 통감부령 제3호로 한국 칙령 〈토지가옥전당집행규칙〉 및 법부령 〈토지가옥전당집행규칙 시행세칙〉을 제정하여 이를 발포일에 시행한다는 1905년 2월 1일의 통감부령을 첨부하였다. 다음으로 통감부고시 제129호로 한국정부가 1906년 11월 28일 칙령 80호, 〈토지가옥전당집행규칙〉 및 1907년 1월 31일 법부령 제2호 〈토지가옥전당집행규칙시행세칙〉을 발표한 내용을 일본어로 번역하여 소개한 것이다. 1907년 2월 1일자로 발령자는 임시통감대리 한국주차군사령관 하세가와 요시미치(長谷川好道)이다. 이하 전체 13조의 〈전당집행규칙〉과 전체 16조의 〈시행세칙〉의 자세한 조항이 소개되어 있다. 〈통발 제2421호〉로 1906년 11월 26일 각이사청 이사관과 통첩의 요지를 수록하고 있으며, 〈통발 제2550호〉로 1906년 12월 8일 평양이사관과의 회답초록, 〈통발 제2774호〉 1906년 12월 27일 각이사청 이사관 부이사관 통첩 초록 등 모두 11건을 수록하여 〈토지가옥증명규칙〉의 시행에 따른 각종 질의와 회답 사항을 수록하고 있다. 다음으로 1907년 2월에 법부대신 이하영의 이름으로 발포한 〈훈령〉을 국한문체와 일어로 토를 붙인 문건으로 수록하였다. 이는 〈토지가옥증명규칙〉과 〈시행세칙〉을 통수, 동장, 군수 부윤에게 자세하게 절차와 처리순서 등을 소개한 것이다. 이에 덧붙여 〈법부 훈령 제3호〉도 수록하였다.

마지막으로 1907년 3월 내각 부동산법조사회의 이름으로 〈토지가옥증명규칙 요지〉를 수록하고 있는데, 〈토지가옥증명규칙〉의 발표 이유, 시행지역, 증명사항, 증명신청수속,

증명의 효력, 시행 상황, 규칙이용에 관한 주의 등 7개 항목의 설명서를 수록하고 토지가옥 매매전당의 처리순서도, 그리고 한국정부에서 발표한 〈토지가옥증명규칙〉, 법부령 기타 훈령 등 발포월일의 견출표를 붙였다.

[가치정보]

1906년 10월에 공포된 〈토지가옥증명규칙〉의 실시 이후 발표된 제반 법령과 훈령 등에 대해 수록하고 있어 당시 〈토지가옥증명규칙〉과 세칙 등 상세한 법령의 공포와 시행에 대해 체계적으로 알 수 있다. 특히 권말에 수록되어 있듯이 〈토지가옥증명규칙〉에 관한 일련의 법제 목록을 일별할 수 있으며, 한국정부의 제반 법령의 실시 사항을 통감부에서 일본어로 번역하여 일본인들에게 제공하고 있다는 점에서 당시 한국정부에서 발포한 부동산 관련 제반 법률에 대한 한국통감부의 대응방식을 구체적으로 파악할 수 있다.

I-1-1-10 속령제도에 관한 학설 및 실제

관리기호	기록번호	자료명	
4-53-21	-	屬領制度ニ關スル學說及實際	
작성자	생산기관	생산 연도	
中山成太郎	부동산법조사회	1907년 2월	
지역	언어	분량	소장기관
-	일본어	53면	국립중앙도서관
키워드	속령, 식민지, 식민정책, 부동산법조사회, 中山成太郎		

[기본정보]

이 자료는 1907년 2월에 나카야마 세타로(中山成太郎) 보좌관이 조사한 것으로 서양 열강의 속령제도의 이론과 학설 및 개념을 상세히 기술한 것이다. 부동산법조사회에서 인쇄한 것으로, 53면으로 구성되어 있다.

[내용정보]

한국의 부동산권에 관한 관습과 제도를 조사하기 위하여 설치된 부동산법조사회에서 서구 열강의 식민정책에 관한 학설과 그 실태를 조사하여 보고서로 발행한 것이 매우 특이하다. 1906년에 자오저우만[膠州灣]에서의 독일통치 정책을 조사 기록하였는데 이를 보완한 자료로 보인다. 우선, 종래 구미 각국이 속령에서 행한 식민정책은 초기에는 종속주의에 기초하고 있었는데, 이른바 종속주의란 식민지를 본국 이익에 종속시키는 주의라고 정의하였다. 종속주의에는 전부 종속주의와 일부 종속주의 두 종류가 있다. 전부 종속주의는 식민지에 대한 모든 정치를 본국의 이익에 종속시키는 것을 목적으로 하는 것으로, 스페인[西班牙] 및 헝가리[葡牙利]의 식민정책이 이에 해당한다. 일부 종속주의란 단지 상공업의 발달에 관한 정책에서만 식민지를 본국에 희생시키고 기타에서는 식민지를 본국과 동등한 지위를 부여하는 것이다. 영국의 18세기까지의 식민정책이 이에 해당한다. 이렇듯, 종속주의는 식민정책의 발달 초기에는 거의 당연하다고 생각되었고 각국은 대체로 식민(殖民)을 행하는 목적은 식민지를 얻어서 해당 지역에 종속주의 정책을 행하는 것에 있었다. 따라서 종속주의는 일명 식민지주의라고도 불리었다. 하지만 이 종속주의는 18세기 이래 점차 온당하지 않은 점이 발견되었으며 미국 독립은 종속주의의 결점을 가장 잘 증명하는 사례였다. 이에 19세기에는 종속주의를 취해야 한다는 관념이 점차 쇠퇴하고 이후 식민지에 대해서는 반드시 본국의 희생물로 삼지 아니하고 본국과 동등하게 간주하여 피아간에 주종의 구별을 인정하지 않는 주의가 생기게 되었다. 이를 동등주의 또는 불종속주의라고 한다. 동등주의 또는 불종속주의도 3종류가 있다. 즉, 첫째는 분치주의(分治主義), 둘째는 통일주의, 셋째는 자치주의가 그것이다. 이는 모두 동등주의 계통에 속하지만 정책상에서는 각각 차이점이 있기 때문에 구별하였다. 분치주의는 식민지를 본국으로부터 독립을 유지시키고 본국과는 별도로 특종의 발달을 영위하게 하는 것이다. 바꾸어 말하면 본국의 일부가 되지 아니하고 본국과 분리하여 식민지로서 발전시키는 것이다. 통일주의는 본국과 식민지간의 구별을 폐지하고 식민지를 완전히 본국의 일부로 구성하고 식민지와 본국을 통일하는 정치를 행하는 것이다. 근세의 문명강국 중 영국[英吉利] 및 독일이 분치주의의 경향이 있다. 예컨대, 영국의 인도, 캐나다, 호주 등이 이에 해당하고 독일에서는 식민지를 보호통치 하에 포할(包轄)하고 본국과는 다른 특별한 정치를 행하는 분치주의를 채택하고 있다. 프랑스는 통일주의를 취하는데 알제리 통치가 이에 해당한다. 프랑스는 알제리를 완전히 본국의 일부로 인정하고 통일의 정치를 행하고 있다. 하지만 프랑스는 다른 식민지에 대해서는 아직 통일주의를 취하고 있지 않으며 오히려 분치주의 경향이 있다. 자치주의는 식민지를 본국과 분리하여 특별한 정치를 하는데 그치지 아니하고 그 지역에 자주 및 자치의 권능을 부여하고 자치단체를 구성함으로써, 본국에 대해서 거의 독립적 단체를 구성하는 것이다. 영국의 식민지 중에서 대식민지는 대체로 자치주의를 실행한다. 호주 및 캐나다 등이 이에 속한다.

이 저서는 서구 열강의 식민지주의를 종속주의, 분치주의, 통일주의, 자치주의 등으로 구분하고 스페인의 식민지, 프랑스의 식민지, 네덜란드의 식민지, 포르투갈의 식민지, 영국의 식민지, 미국의 식민지 등의 통치 양상을 구체적으로 살피고 있다.

[가치정보]

이 자료는 서구 열강의 식민정책의 종류와 그 특징을 조사함으로써, 한국통치의 자료로 제공하기 위해서 작성된 것이다. 1907년 2월에 부동산법조사회가 열강의 속령 제도를 조사한 이유는 1906~7년 사이에 통감부가 한국을 보호국으로 삼는 것에 그치지 아니하고 식민지로 전환할 구상을 계획하고 있었기 때문이라고 생각한다.

I-1-1-11 유신후부동산법

維新後不動産法		관리기호	기록번호	자료명
		3-22-7	-	維新後不動産法
		작성자	생산기관	생산 연도
		梅謙次郎	부동산법조사회	1907년 8월
		지역	언어	분량	소장기관
		-	일본어	56면	국립중앙도서관
		키워드	토지소유권, 건물소유권, 질권, 저당권, 영소작권, 임차권, 부동산법조사회, 지권

[기본정보]

이 자료는 부동산법조사회 회장인 우메 겐지로(梅謙次郎)가 근대 일본의 부동산권의 종류, 효력, 처분 방식, 효력 및 관련 법규의 역사적 변천을 연술(演述)한 것이다. 한국의 부동산 관련 법규가 아직 정비되지 못하였다고 판단한 우메가 한국의 부동산 입법에 참고하기 위하여 1907년 8월에 인쇄한 것이다. 본문 56면으로 구성되어 있으며 활자본이다.

[내용정보]

이 자료는 일본의 토지소유권, 건물소유권, 질권 및 저당권, 지상권(地上權), 영소작권 및 임차권 등에 대한 메이지 유신 전후의 변천을 서술한 것이다. 토지소유권의 경우, 혹자는 막말(幕末)부터 유신 후에 이르기까지 일본에는 인민의 토지소유권이 없었고 1873년(명치 5)에야 비로소 인정되었다고 주장하였으나 우메 겐지로(梅謙次郎)는 구막시대(舊幕時代)에도 영대매매를 금지하였을 뿐 보통의 토지는 소유권의 목적이 될 수 있었다고 주장하였다. 이 같은 막말(幕末)의 관행은 유럽의 문물이 수용되면서 일부 변화하기 시작하여, 1873년 2월 15일 제50호 포고에 의해서 종래 소유권의 무제한적인 처분을 허락하였고, 제50호 포고에 기초하여 공포된 대장성 제215호 달(達)에서도 토지의 영대매매를 허락함과 동시에 지권(地券)을 발행하였다고 한다. 지권은 토지소유권 증명 용도로 발행된 것이며 지권대장은 현재의 토지대장과 등기부를 겸하는 것과 같은 효과를 발휘한다고 보았다. 이 밖에 토지의 매매절차와 각종 증명서류를 소개하였으며 지권제도에서 토지대장 및 등기제도로 이행하는 과정도 소개하였다.

건물 소유권은 메이지 유신 이전에 이미 영대매매를 허락하였고 유신후에 공포된 법령인 1875년(명치 8) 9월 30일 제418호 포고 〈건물매매양도규칙〉을 제정한 것을 계기로 자기 소유의 토지에 건축된 건물을 매도하거나 양도하려는 자는 일정한 절차를 거치도록 하는 법 규정이 설치되었다고 소개하였다. 그리고 1886년에 등기법이 제정되면서 토지소유권과 건물소유권이 동일시되었고 편의상 토지등기부와 건물등기부를 별책으로 만들었다고 한다. 저당 및 질입 등에 관해서는 막말(幕末)부터 유신 이후에 이르기까지의 법령과 제도를 소개하였다. 저당 및 질입은 일본에서는 오래전부터 관행적으로 행해오던 소액사금융의 하나였는데, 유신 후의 법제화 과정을 설명하였다.

그리고, 지상권, 영소작권 및 임차권에 대해서도 소개하였다. 차지권은 종래 지방에 따라서 그리고 토지의 종류에 따라서 또는 계약 조건에 따라서 각각 명칭과 성질, 효력을 달리하였으나 유신후와 같이 물권, 채권의 구별이 없었다고 한다. 또한 지상권과 영소작권의 분계(分界)가 없었고 오로지 택지의 대차(貸借)를 차지라고 칭하고 경지의 차지는 소작이라고 불렀다고 한다. 특히 소작 중에는 영소작과 보통 소작간에는 현재의 영소작권과 임차권간에 존재하는 차이가 있었다고 파악하였다. 이 같은 언급은 전통시대의 영소작은 물권적 성격을, 임차권은 채권적 성격을 가지는 것으로 파악한 것으로 보인다. 이외에 소작계약 및 임대계약, 영소작권 등에 대하여 설명하였다.

[가치정보]

이 자료는 전통시대 일본의 부동산 관련 제도가 근대적 토지대장과 등기제도로 이행하는 과정을 소개하고 있다. 1906~7년 당시 부동산법조사회가 한국의 전통적인 토지권의 종류, 효력, 증명제도 등을 조사하여 부동산 관련 입법에 참고하려 하였다. 이 자료를 통하여 막말(幕末) 일본의 토지권의 종류, 효력, 내용, 매매절차, 지권 및 가권제도 등을 상세히 파악할 수 있으며 대한제국기 토지권과의 비교연구도 가능하리라 생각한다.

I-1-1-12 조선황실 및 민족변천의 경요

	관리기호	기록번호	자료명		
	–	–	朝鮮皇室及民族變遷ノ梗要		
	작성자	생산기관	생산 연도		
	平木勘太郎	부동산법조사회	–		
	지역	언어	분량	소장기관	
	–	일본어	33면	국립중앙도서관	
	키워드	조선황실, 신라, 백제, 고구려, 가야, 임나일본부			

[기본정보]

이 자료는 히라키 간타로(平木勘太郎)가 부동산법조사회의 집무 시간 외에 여가를 틈타서 작성한 것이다. 히라키 간타로가 개인적 관심 차원에서 작성한 것으로 보이지는 않으며 한국 통치에 필요하다고 판단하여 부동산법조사회가 인쇄하였다. 작성연도가 표기되어 있지 않으나 부동산법조사회의 활동시기인 1906~7년 사이에 간행된 것으로 보인다.

[내용정보]

　이 자료는 제1장 황실, 제2장 민족 등 2개장으로 구성되어 있다. 제1장에서는 한국사를 대고시대(大古時代), 중고시대(中古時代), 근고시대(近古時代)로 구분하고 대고시대(大古時代)에는 고대조선(단군, 위만)의 역사를 기술하고 중고시대(中古時代)에는 신라, 고구려, 백제를 기술하였다. 근고시대(近古時代)는 고려와 조선을 간략히 기술하는 등 주로 고대사를 중심으로 서술하였다. 대고시대(大古時代)와 근고시대(近古時代)에 해당하는 한국 고대사 서술에서는 1890~1900년대 일본인 학자들이 편찬한 한국사에서 주장하는 왜곡된 내용이 등장한다. 예컨대, 한국사가 한국인에 의하여 주체적으로 전개된 것이 아니라 중국과 일본 등의 주변 국가에 의해서 타율적으로 전개되었다는 내용을 담고 있다. 단군 조선에 대해서는 신빙성이 없는 신화적 서술에 불과하다고 언급하였으며, 기자 조선은 기자가 은나라의 유민 5천여 명을 이끌고 산해관을 넘어서 야만족을 교화하여 세운 나라이며 위만 조선도 역시 중국 도래인에 의하여 정복된 국가로 서술하였다. 또한 마한, 변한, 진한 등 삼한도 모두 중국 대륙으로부터 이주하였으며 경상도 동남부 지역은 일본 이주민이 점령하였다는 등 식민주의 사학의 관점을 취하고 있다. 중고시대(中古時代)는 한국 고대사에서 가장 복잡한 시대로 묘사하면서 신라, 백제, 고구려의 역사를 서술하였다. 우선, 신라는 일본인의 식민지인 사로육촌(斯盧六村)으로부터 일어났으며 이후에는 낙랑의 한인(漢人)과 함께 가라(가야)를 멸망시키는 등 세력이 자못 번성하였고 백제와 고구려를 통일하였다고 기술하였다. 고구려 시조는 주몽인데 초기에는 본거지를 졸본부여로 정하였으나 이후에는 주변을 개척하여 판도를 크게 확장하였다. 장수왕 시대에 가장 융성하였으나 신라에 의해서 멸망당하였다. 백제는 경기도, 충청도에서 건국되었으며 그 시조는 온조

왕이다. 백제는 고구려, 신라와 경쟁을 벌이면서 점차 융성해졌으나 개로왕 이래로 점차 나라가 쇠약해져서 한강 이북은 고구려에게 빼앗겼고 강원도 및 충청도 지방은 신라에 빼앗겼으며, 동령산(東嶺山) 이남은 일본이 점령하는 등 세력이 약화되었다. 그러나 백제는 일본 조정의 은혜를 입어서 겨우 나라를 유지할 수 있게 되었고 일본은 백제를 부용국으로 완전히 보호하였으나 군대 수송 및 기타 경비 때문에 포기하자, 점차 신라에 의해서 멸망된 것으로 기술하였다.

제2장 민족에 대한 기술은 일본과 한국과의 관계를 구명하는 것이 주요 목적이므로 한일관계를 중심으로 서술하고 있다. 우선, 한반도에 번식하였던 민족을 천강인종족(天降人種族), 한인종족(漢人種族), 말갈인종족, 예맥인종족, 옥저인종족, 전(前)마한인종족, 몽고인종족, 거란인종족, 기타 만민족(蠻民族) 등 9개 종족으로 구분하고 각 종족의 역사적 유래를 설명하였다. 천강인종족(天降人種族)은 천손족(天孫族), 출운족(出雲族), 부여족 등 3종족으로 나누고 있다. 이 중에서 출운족(出雲族)은 일본 고대 신화에 나오는 일본 종족으로 한국 민족의 기원의 하나로서 분류하고 있는 것이다. 출운족(出雲族)은 산음도(山陰道) 지역에서 쫓겨났으나 한반도 동남부 지역을 식민지로 삼아서 신라를 건국하였다고 기술하였다. 특히, 일본민족과 한국민족과의 관계에 대해서는 객관적인 근거가 제시되지 않은채 전형적인 식민주의 사학의 관점에서 서술하고 있다. 일본민족과 신라민족과의 관계, 일본민족과 가락과의 관계, 왜구와 반도민족과의 관계 등을 서술하고 있다. 이 중에서 신라와 일본 간에는 오래전부터 교류가 있었으며 특히 석탈해(昔脫解)는 일본인인데 영일만에 상륙하여 신라에 귀화하였다고 서술하였다. 일본은 한반도 남부를 오래전부터 경영하였는데, 신공황후의 한반도 남부 정벌 이전에는 임의적 식민방책을 채택하였고 신공황후가 한반도 남부를 정벌한 후에는 정략적 식민방책을 강구하였다고 기술하는 등 한반도 남부의 식민경영을 역사적 사실로 기술하고 있다. 신라의 왕통은 박씨, 석씨, 김씨 등 3성씨로 계승되었는데 박혁거세를 제외한 나머지는 모두 일본민족이 귀화한 왕실이라는 것이다. 가라는 가락, 가야 등으로 불리었는데 일본에서는 임나라고 칭하였으며 일본이 임나부를 설치하여 통치하였다고 기술하고 있다.

[가치정보]

이 저서는 한국황실과 민족의 기원을 기술하는 것으로 제목이 붙어 있으나, 사실상은 한국 고대사부터 조선시대에 이르기까지의 통사적 서술이다. 당시 일본에서 유행하던 일본인 저작의 한국사의 관점, 즉 임나일본부설과 타율성론에 입각하여 한국사를 재구성하였다. 이 같은 자료가 부동산법조사회에서 인쇄되었다는 점은 통감부가 일찍부터 왜곡된 한국사 전파에 노력했음을 보여준다.

I-1-1-13 잡서철

관리기호	기록번호	자료명
奎20112	-	雜書綴
작성자	생산기관	생산 연도
-	법부 법무보좌관실	1907
지역	언어	분량	소장기관
-	일본어	15면	규장각
키워드	법무보좌관, 사법사무개선, 倉富勇三郎, 安住時太郎, 형법대전		

[기본정보]

법부사무관(法部事務官) 와시다(鷲田與吉)가 법무보좌관(法務補佐官) 아즈미 토키타로(安住時太郎)에게 재판상 의의사항(疑義事項)을 처리한 결과를 알리는 보고서와 한성재판소 법무보좌관 아즈미 토키타로가 통감부 법무원장(法務院長) 코사카 코마타로(香阪駒太郎)에게 소송기록을 우송하면서 보낸 공문 등이 묶여 있는 잡서철(雜書綴)이다. 앞부분 보고서는 등사본으로 되어 있어 여러 부를 만들어 각급 재판소 업무 지침으로 활용되었을 것으로 짐작되는 반면, 뒷부분은 필사본으로 되어 있어 업무처리 결과를 보존하기 위한 것이었으리라 추측된다. 이 문서는 부동산법조사회와 관련된 문서이다.

[내용정보]

일본은 1905년 을사조약 강제 체결 이후 한국 재판의 실정을 조사하려는 방침하에 1907년 1월 중 법부에 법부참여관(法部參與官), 평리원 이하 각급 재판소에 법무보좌관(法務補佐官)을 배치 완료하였다. 법무보좌관은 법무고문 우메 겐지로(梅謙次郎)를 보좌한다는 명목하에 각급 재판소에 배치되어 전문적인 법률지식으로 한국인 재판장의 자문에 응하고 의견을 진술할 뿐 아니라 판사의 판결문이나 검사의 기소장에 승인하는 권한을 가지고 있는 관계로 기소권과 재판권을 장악하였다. 1907년 7월 24일 정미칠조약 체결 이후에는 도쿄공소원(東京控訴院) 검사장(檢事長) 구라토미 유자부로(倉富勇三郎)가 법부차관(法部次官)으로 임명되고 다수의 일본인 판검사가 법부 서기관 사무관 번역관 등으로 임명되어 법부의 실권을 사실상 일본인이 장악하였다. 본 문서는 이러한 사법권 탈취 이후 각급 재판소에서 재판이 이루어지는 상황을 부분적이나마 잘 보여주고 있다. 본 문서에서 재판상 의의사항으로 각급 재판소에서 회답을 요청한 문제는 크게 〈1〉 직원에 관한 조회, 〈2〉 증명에 관한 조회, 〈3〉 민형사에 관한 조회 등 세 가지로 분류되지만, 민형사재판에 관한 조회가 압도적으로 많다. 〈1〉 직원에 관한 조회는 재판소 주사(主事)가 재판소 서기 직무를 할 수 있는지, 판사가 유고(有故)인 경우 재판소 주사가 대리할 수 있는지의 문제이고, 〈2〉 증명에 관한 조회는 토지가옥증명대장(土地家屋證明臺帳) 용지에 토지와 가옥을 기록할 때의 문제이다. 〈3〉 민형사에 관한 조회는 민사소송 패소자가 임의로 의무 이행하지 않을 경우 강제집행 방법에 관한 문의, 한국재판소에서 일본변호사가 일본인 또는 한국인의 소송대리로 출정하는 데 대한 법부의 허가여부 문의, 『형법대전(刑法大全)』 제672조 도기(賭技)로 재물(財物)을 편취(騙取)한 행위에 대한 처벌 조항의 해석 요청, 기결수도표(旣決囚徒表)와 미결수도표(未決囚徒表) 작성 시에 기결수와 미결수에 포함되는 죄수 종류에 대한 문의, 형사소송에서 피고 소재지(所在地) 및 범죄지(犯罪地) 모두 관할 밖인 것에 대하여 고소할 경우 및 민사소송에서 관할 밖에 거주하는 피고인에 대한 소송을 제출한 경우의 재판관할권문의, 산송(山訟) 문제를 규정한 『형법대전(刑法大全)』 제453조와 제458조를 어떻게 재판에 적용할 것인지 문제 등이다.

[가치정보]

이 자료는 일본인 현직 판검사가 한국의 각급 재판소에서 법무보좌관직을 수행하면서 겪는 어려움과 이에 대한 통감부의 입장, 일본의 한국에 대한 사법권 침탈 과정을 구체적으로 파악할 수 있는 자료이다.

I-1-1-14 청원서

관리기호	기록번호	자료명	
B-1-707	-	請願書	
작성자	생산기관	생산 연도	
-	한성부	1906	
지역	언어	분량	소장기관
-	국한문	6면	수원박물관
키워드	진명야학교, 교장, 강사, 학과		

[기본정보]

이 자료는 진명야학교(進明夜學校)의 설립 취지와 규칙, 교원 명단 등이 정리된 문건으로 총 6면으로 구성되어 있다. 이 문서는 부동산법조사회와 관련된 문서이다.

[내용정보]

업무에 부족한 인사를 교육하기 위해 진명야학교를 설립하였고, 이 학교의 규칙을 학부에서 승인하기를 청원하는 문서이다. 사립진명야학교규칙, 교육과목, 학년과 학반, 휴학일 등을 정리했으며, 교장, 교감, 강사의 명단이 있다.

[가치정보]

이 자료는 진명야학교의 규칙을 통해 대한제국기 교육제도에 대해 파악할 수 있다는 점에서 의미가 있다.

Ⅰ-1-1-15 부동산법조사회안

관리기호	기록번호	자료명	
奎18029	-	不動産法調査會案	
작성자	생산기관	생산 연도	
-	의정부 외사국	1906-1907	
지역	언어	분량	소장기관
-	일본어	35면	규장각
키워드	부동산법조사회, 구관조사, 토지조사		

[기본정보]

1906년(광무 10)에 의정부(議政府) 후에 내각(內閣) 안에 설치되어 다음 해 10월말에 그 활동을 중지하게 되는 부동산법조사회(不動産法調査會)에 관계되는 공문(公文)을 의정부 (議政府) 외사국(外事局)에서 편집한 것이다.

[내용정보]

이 자료는 1906년 부동산법조사회의 설치 목적을 소개하고 1906년부터 1907년까지 수행된 조사활동에 관계된 주요 기안문서들을 묶은 것이다. 주요 내용으로는 부동산법조사회의 직원의 구성, 부동산법조사회와 조사대상 지역을 관할하는 지방관청과의 왕복문서, 조사의 지역 및 조사 날짜 등을 상세히 기록하고 있어서 부동산법조사회의 활동의 양상을 상세히 파악할 수 있다. 조사의 방법은 일본인 조사관 1인과 한국인 통역관 1인이 조사지역의 관아로 출장조사하고 그 결과를 기록하는 방식으로 추진되었다. 조사는 미리 부동산법조사회에서 공문서를 해당 지역의 관아로 발송하고 조사 편의를 제공받았으며, 피조사자는 주로 군수 등의 행정 관료가 다수를 차지하였음을 알 수 있다. 조사기간은 1~2일로 매우 짧게 진행되었다.

조사항목은 다음과 같다.
一. 토지에 관한 권리의 종류, 명칭 및 그 내용

1. 인민의 토지소유권을 인정하는가 아닌가. 만약 인정한다면 언제부터 인정했는가

2. 토지소유권의 제한 및 부담

3. 국가는 어떠한 조건으로 인민의 토지소유권을 징수할 수 있는가

4. 소유권은 토지의 상하(上下)에 미치는가, 아닌가

5. 토지의 강계에서의 쌍방 소유자의 권리의 한계

6. 공유지의 처분 및 관리에 관한 관습

7. 차지권의 종류, 명칭 및 그 내용, 그 중에서 건물 소유자의 권리

8. 지역권이 있는지, 만약 있다면 그 종류 및 효력

9. 입회권이 있는지, 만약 있다면 그 종류 및 효력

10. 질권(質權), 저당권의 설정조건 및 효력

二. 관유 민유 구분의 증거

三. 국유와 제실유(帝室有)의 구별 여하

四. 토지대장 또는 그것과 유사한 것이 있는지, 만약 있다면 그 장부에는 어떠한 사항을 기재하는지

五. 토지에 관한 권리의 양도는 완전히 자유인가 또 그 조건, 절차 여하

六. 지권(地券) 및 가권(家券)이라는 것이 있다고 들었는데, 이것은 모든 토지 및 건물에도 있는가 또 그 연혁 및 기재사항 여하

七. 토지의 강계는 통상 분명한가 아닌가. 만약 분명하지 않다면 동일 토지에 대해서 2인 이상 동일한 권리를 주장하는 경우가 적지 않을 수 있는데, 이 경우에는 어떠한 표준에 근거하여 정당한 권리자를 정하는가

八. 토지의 종목(種目)은 어떻게 그것을 아는가. 일본의 예는 전(田), 전(佃), 택지, 산림, 원야 등

九. 토지장량의 방법 여하

十. 이하 각 항목에 대해서 시가지와 기타 다른 것이 있으면, 그 차이, 다른 지방에 따라서 관습을 달리하는 것이 있으면 그 구별.

[가치정보]

이 자료는 종전의 자료에 따르면 주로 1906년의 활동양상만이 나타났으나 이 자료를 통해서 1907년 부동산법조사회가 어떠한 활동을 하였고, 주요 조사관은 누구였으며, 조사의 방법은 어떠한 절차를 거쳐서 수행되었는지를 상세히 파악할 수 있다.

Ⅰ-1-1-16 의정부신축공사관계서류, 부동산법조사회관계서류

관리기호	기록번호	자료명	
奎20907	-	議政府新築工事關係書類, 不動産法調査會關係書類	
작성자	생산기관	생산 연도	
-	내각	1907-1910	
지역	언어	분량	소장기관
-	국한문	120면	규장각
키워드	부동산법조사회, 관습조사		

[기본정보]

이 자료는 1907년(융희 1) 의정부 관사 신축건(新築件), 1908년(융희 2) 제실유급국유재산조사국(帝室有及國有財産調査局) 이설건(移設件)에 관련된 서류와 1908년에서 1909년(융희 3) 사이 내각주임관사(內閣奏任館舍) 보수·수리 건에 대하여 내각부동산법조사회(內閣不動産法調査會)에서 작성한 서류 등 여러 정부문서들을 모아 놓은 것이다.

[내용정보]

의정부 관사 신축과 관련된 서류들은 크게 두 종류로 나누어지는데, 앞부분은 공사감독원, 건축기사 등이 건축자재와 설계 변경 등에 관하여 건축소장이나 상급기사에게 올리는 것이다. 대부분 판심에 "내각(內閣)"이라고 찍힌 기록지를 사용하였다. 뒷부분은 건축 공사장에서 일본인을 고용하는 것과 공사비용 지불과 관련하여 겸임탁지부건축소장탁지부협판(兼任度支部建築所長度支部協辦) 유정수(柳正秀)가 의정부 참찬 한창수(韓昌洙)에게 올리는 것이다. 판심에 "탁지부건축소(度支部建築所)"라고 찍힌 기록지를 사용하였다. 제실유급국유재산조사국(帝室有及國有財産調査局) 이설(移設)과 관련된 문서들은 재산조사국을 전육군법원(前陸軍法院)으로 이설하였는데, 그 청사가 낡아 수리하는 일에 대한 것으로 대부분 내각회계과장이 탁지부회계과장에게 보내는 것이다. 판심에 "내각(內閣)"이라고 찍힌 기록지를 사용하였다. 내각주임관사(內閣奏任館舍) 보수·수리건과 관련된 것은 내각부동산법조사회에서 내각서기관장, 내각총리대신 등에게 보내는 문서이다. 이밖에도 통감부·

내각·법부·탁지부 관원의 위로금지급 명세표가 기록된 별기(別記)와 1910년(융희 4년)의 납입서(納入書), 납부서(納付書) 등이 있다.

[가치정보]

이 자료는 대한제국 시기 의정부 관사의 신축이나 재산조사국의 이설 등 부서의 변동과 관련된 자료이며, 정부의 사업과 운영 등을 알 수 있다.

Ⅲ. 법전조사국 관습조사 정리 관련 자료

1. 법전조사국 관습조사 관련 자료 개관

법전조사국은 1908년 5월경부터 부동산법조사회의 부동산 관례조사에 이어 민사 상사 관습에 대한 전반적인 조사에 착수하였다. 관습조사 방법으로는 실지조사와 문헌조사가 있었으며, 실지조사는 일반조사와 특별조사로 나뉘어 진행되었다. 일반조사와 특별조사의 사항은 아래의 표와 같다.

〈표〉법전조사국의 일반 및 특별조사보고서류의 현황

조사보고서의 종류			조사보고서의 세부 유형
일반 조사서류 (719책)	지역조사서 (총 48책)	제1관 지역 (중/남부)	경성, 개성, 인천, 수원, 안성, 청주, 충주, 영동, 대구, 상주, 경주, 울산, 동래, 창원, 진주, 청주, 무안, 광주, 옥구, 전주, 남원, 공주, 온양, 예산, 恩津 등 지역조사서류 26책
		제2관 지역 (중/북부)	해주, 황주, 평양, 삼화, 안주, 덕천, 용천, 의주, 강계, 영변, 경흥, 회령, 鏡城, 성진, 북청, 갑산, 함흥, 덕원, 金城, 춘천, 원주, 강릉 등 지역조사 서류 22책
	관습조사보고서 (총 6책)		제1문~제20문, 제21문~제50문, 제51문~104문, 제105문~157문, 158문~180문, 제181문~206문
	각지관습이동표 (총 6책)		제1문~20문, 제21문~50문, 제51문~104문, 제105문~157문, 158문~180문, 제181문~206문
	문항별 조사서 (총 660책)		총 문항이 206개인데, 제1관 및 제2관 지역으로 나누어서 각 문항별로 초서본과 정서본을 별도로 작성. 1개 문항당 최대 4책(제1관 지역 초서본 및 정서본, 제2관 지역 초서본 및 정서본)이 생산될 수 있었음. 총 660책이 생산됨.
특별조사서류 (총 111책)			女子ノ營業ニ關スル調査書, 冠禮幷禮ニ關スル調査書, 國籍喪失ニ關スル調査書, 法人ニ關スル調査書, 面及洞ノ權利能力ニ關スル調査書, 寺院ニ關スル調査書, 土地ノ種目ニ關スル調査書, 外人ノ土地所有權ニ關スル調査書, 永給田ニ關スル調査書, 墳墓ニ關スル調査書, 入會ニ關スル調査書(대구, 동래, 창원 각 1책씩 총 3책), 家券地券ニ關スル調査書, 地上權ニ關スル調査書, 永小作權ニ關スル調査書, 典當ニ關スル調査書, 土地ノ添附ニ關スル調査書, 氏姓ニ關スル調査書, 次養子ニ關スル調査書, 養子緣組ノ方式ニ關スル調査書, 婚禮ニ關スル調査書(2책), 家僮ニ關スル調査書, 於音ニ關スル調査書 등 111책
종합			총 830책

다음에서는 관습조사와 관련되어 종합적으로 정리한 문서 자료를 소개하고 있다. 법전 조사국에서 작성한 『구조사서표(舊調査書表)』이다. 이 책에는 법전조사국에서 작성한 '법 전조사국일반조사서류표', '법전조사국특별조사서류표' 외에 '부동산조사회조사표', '취조 국조사표', '관습조사참고기록일람표'가 함께 수록되어 있다.

또한 『융희2년도 관습조사응답자조(隆熙二年度 慣習調査應答者調)』는 법전조사국에서 1908년에서 1910년 사이에 관습조사에 참여한 응답자의 내역을 기록하고 있는 자료이다.

다음으로 『제1안 각지관습이동표(第一案 各地慣習異同表) : 민법 총칙(民法 總則)』이다. 조제55호 민법 총칙, 조제56호 민법 물권, 조제57호 민법 채권, 조제58호 민법 친족, 조제59 호 민법 상속, 조제60호 민법 상법에 걸쳐 있는데 이 자료는 조제55호 『각지관습이동표』 (1~20문) 민법 총칙에 해당한다. 『제1안 각지관습이동표(第一案 各地慣習異同表) : 민법, 물 권(民法 物權)』은 조제56호 『각지관습이동표』(21~50) 민법 물권에 해당한다. 법전조사국에 서 전국의 민법 관습을 조사하여 얻은 결과를 관습조사항목의 순서에 따라 총칙, 물권, 채권, 친족, 상속, 상법으로 구분하여 관습의 유무, 차이점과 유사점을 조사하여 정리한 것이다. 『제1안 각지관습이동표(第一案 各地慣習異同表) : 상법(商法)』은 조제60호 『각지관 습이동표』(181~206) 상법에 해당한다. 관습조사항목의 순서에 따라 상법을 중심으로 관습 의 유무, 지역별 차이 등을 조사하여 수록한 자료이다.

그 밖에 법전조사국에서 관습조사문제에 관해 조사한 각종 문서책 중에서 『관습조사문 제에 관한 고전초록(慣習調査問題ニ關スル古典抄錄)』(1909년), 『명치45년 이후 휘보게재 조선 구관에 관한 회답(明治四十五以降彙報揭載朝鮮舊慣ニ關スル回答)』(1912~18), 『융희3년 판결등 본철(隆熙三年 判決謄本綴)』(1908~10) 등에 관한 해제를 수록하였다.

2. 법전조사국 관습조사 정리 관련 자료

I-2-1-01 구조사서표

관리기호	기록번호	자료명	
B-1-708	76	舊調査書表	
작성자	생산기관	생산 연도	
-	법전조사국	1912-13	
지역	언어	분량	소장기관
-	일본어	42면	수원박물관
키워드	법전조사국, 부동산조사회, 관습조사, 취조국, 참사관실		

[기본정보]

본서는 법전조사국의 전국 각 지역 관습조사 결과를 총괄·정리한 것이다. 법전조사국에서 작성한 '법전조사국 일반조사서류표', '법전조사국 특별조사서류표' 외에 '부동산조사회 조사표', '취조국 조사표', '관습조사 참고기록 일람표'가 함께 수록되어 있어 후대에 추가 편찬한 것으로 보인다. 법전조사국은 1910년 10월 폐지되었으며 같은 해 12월 법전조사국 위원장 구라토미 유자부로(倉富勇三郎)가 조사결과를 데라우치 마사다케(寺內正毅) 총독에게 보고하였다(『관습조사보고서』, 1910년판). 이후 구관조사사무는 조선총독부 취조국으로 이관되었고 취조국에서는 1912년 3월 말까지의 구관조사 결과를 토대로 수정·보완작업을 진행하여 『관습조사보고서』(1912년판)를 다시 발간하였다. 그리고 1913년 3월 조선총독부 참사관실에서 증보·정정본을 간행하였다(조선총독부중추원, 『조선구관제도조사사업개요』, 1938, 17~19쪽).

[내용정보]

'법전조사국 일반조사서류표'는 서류명(조사사항), 지역, 시기, 기록번호, 서가번호, 비고로 되어 있다. 서류명은 '조사보고서(민사, 상사)', '관습조사보고서', '각지관습이동표', '문제별조사서' 등으로 되어 있다. '조사보고서(민사, 상사)'는 조사한 지역을 제1관내 중남부 지방 각 도시, 제2관내 북부 지방 각 도시로 구분하며 조사시기는 1908~1909년(융희 2~3)이다. 기록번호는 경성을 조(調) 제1호로 하여 일련되어 있으며, 서가번호는 법전조사국의 서가에 정리된 위치정보이다. '관습조사보고서'와 '각지관습이동표'는 '민법 총칙(제1~제20)', '민법 물권(제21~제50)', '민법 채권(제51~제104)', '민법 친족(제105~제157)', '민법 상속(제158~제180)', '민법 상법(제181~제206)'으로 구분하여 편책한 것이다. '문제별조사서'는 206개의 문항을 조사한 목록으로서 1개 문항당 기록번호를 부여하고 조사지역에 따라 제1관, 제2관을 별도로 편찬하였으며 정서본을 포함하는 것도 있다.

'법전조사국 특별조사서류표'는 '관계(冠笄) 호패 병역 과거에 관한 고전조사서', '호패 병역 과거에 관한 조사서', '국적상실에 관한 조사서', '토지의 종목에 관한 조사서', '국유 및 제실재산에 관한 조사서', '영소작권에 관한 조사서', '부동산질 조사서', '노비에 관한 조사서', '씨성에 관한 조사서', '양자연조(養子緣組)의 방식에 관한 조사서', '어음 및 수형에 관한 조사서', '상사에 관한 보충조사서', '공용징수에 관한 조사서', '보인의 책임에 관한 조사서' 등이다. 조사번호는 '조제조000호'의 형식이며, 조사시기, 조사지역 등에 관해 기록하였다.

'부동산조사회 조사표'는 '경기도 조사보고서철', '전라북도 조사보고서철', '경상남도 조사보고서철', '경상북도 조사보고서철'이 나란히 부조(不調)제1-4호까지 기록번호가 붙여져 있고 경기도는 안성, 경상북도는 대구를 표시하였다.

'취조국 조사표'에는 '경상남북도 계 조세관계 재산상속의 개황보고서(1911)', '나주 하동에 있어서 니생지에 관한 구관조사서(1912)', '금강 낙동강연안 니생포락 관습조사서(1911)'가 취조(取調)제1-3호로 되어 있다.

'관습조사 참고기록 일람표'에는 부동산법조사회, 법전조사국 등에서 조사한 자료 목록을 제시하였다. 부동산법조사회 조사 자료는 '토지매매문기양식', '가옥매매문기양식', '수표양식', '지권발행에 관한 세목(부동산조사회초안)', '민사소송법안(확정안)', '민사소송법안(원안)', '민사소송법개정안', '한국부동산에 관한 조사기록', '한국에 있어서 토지에 관한 권리 일반', '토지가옥 증명에 관한 규칙', '한국토지소유권의 연혁', '조사사항설명서', '토지매매문기' 등이 있다. 다음으로 법전조사국 조사 자료는, '구관조사문제에 관한 고전초록',

'민상사에 관한 근시의 법제', '선표양식', '상사회사정관집', '회사정관 및 조합규약', '묘지에 관한 조사서', '한국법령목차', '지권가권법', '가옥매매문기', '토지측량법', '관습조사표 (1908~1910년)', '관습조사응답자조(1908~1909년)', '관습문답에 관한 회답서류' 등이 있다. 기타 동양척식주식회사 조사자료인 '역둔토개요', 조선총독부 취조국의 '구빈제도개요', 조선총독부 참사관실의 '관유재산반용(官有財産班用) 용어약해'가 있다. 모두 참제(參第)1-68호에 걸쳐 있다.

[가치정보]

이 자료는 법전조사국에서 정리한 『관습조사보고서』 편찬의 기초자료의 목록을 일목요연하게 파악할 수 있다. 또한 부동산법조사회에서부터 법전조사국, 조선총독부 취조국, 참사관실로 이어지는 과정에서 생산된 자료 및 보고서를 확인할 수 있다.

Ⅰ-2-1-02 융희2년도 관습조사응답자조

	관리기호	기록번호	자료명	
	B-1-402	-	隆熙二年度 慣習調査應答者調	
	작성자	생산기관	생산 연도	
	-	법전조사국	1908-10	
	지역	언어	분량	소장기관
	-	일본어	62면	수원박물관
	키워드	관습조사응답자조, 경성관습조사응답자조, 경성관습조사응답자씨명표, 경성상업회의소, 한성부		

[기본정보]

이 자료는 1908~1910년(융희 2~4) 사이의 『관습조사응답자조』와 『경성관습조사응답조』로 구성되어 있다. 표의 양식은 조사지방, 조사월일, 조사원(일본인 사무관보, 번역관), 응답자로 되어 있다. 응답한 대상은 대부분 한국인이지만 행정에 종사하는 일본인도 소수 포함되어 있다.

[내용정보]

1908년(융희 2)의 조사지역은 경기도, 충청남북도, 경상남북도, 전라남북도에 걸쳐 있는 중남부 지역을 망라하고 있다. 즉 개성, 인천, 수원, 안성, 청주, 충주, 대구, 상주, 안동, 경주, 울산, 동래, 창원, 진주, 무안, 광주, 옥구, 전주, 남원, 공주, 담양, 예산, 은진, 영동이 대상지역이다. 1909년(융희 3)의 조사지역은 황해도, 평안남북도, 함경남북도, 강원도에 걸쳐 북부 지방을 대상으로 하고 있다. 구체적으로 해주, 황주, 평양, 삼화, 안주, 덕천, 용천, 의주, 강계, 영변, 경흥, 종성, 성진, 북청, 갑산, 함흥, 덕원, 금성, 춘천, 원주, 강릉이다. 1910년(융희 4)의 조사지역은 전주, 옥구, 공주, 강경, 연산, 개성, 풍덕, 장단, 파주, 무안, 나주, 광주, 순천, 여수, 연천, 재령, 서흥, 삼화, 울산, 경주, 포항, 금산, 성주, 밀양, 김해, 동래, 용남, 경주, 마산, 대구, 무안, 옥구, 전주, 재령, 안악, 용천이다. 전국에 걸쳐 재조사한 곳도 있고 조사지역을 더욱 조밀하게 확대하고 있음을 알 수 있다. 이외에 경성관습조사응답 조는 경성관습조사응답자씨명표에 경성상업회의소에서 선정한 응답자, 한성부에서 선정한 응답자의 주소 씨명이 적혀 있다. 그리고 친족에 관한 선발응답자의 주소 씨명이 적혀 있다.

[가치정보]

이 자료는 지역별 조사항목에 대한 조사지방, 조사월일, 조사원, 응답자에 대해 알 수 있는 기초자료이다.

I-2-1-03 제1안 각지관습이동표 : 민법 총칙

관리기호	기록번호	자료명	
B-1-010	조제55호	第一案 各地慣習異同表 : 民法 總則	
작성자	생산기관	생산 연도	
-	법전조사국	-	
지역	언어	분량	소장기관
-	일본어	71면	수원박물관
키워드	민법 총칙, 관습이동(慣習異同), 권리, 행위, 관습, 효력		

[기본정보]

'각지관습이동표'는 '조제55호 민법 총칙', '조제56호 민법 물권', '조제57호 민법 채권', '조제58호 민법 친족', '조제59호 민법 상속', '조제60호 민법 상법'에 걸쳐 있는데 이 자료는 '조제55호 각지관습이동표(1~20문) 민법 총칙'에 해당한다. 조사대상은 경기도, 충청남도, 충청북도, 경상남도, 경상북도, 전라남도, 경상북도 등이다.

[내용정보]

이 자료는 법전조사국에서 전국의 민법 관습을 조사하여 얻은 결과를 관습조사항목의 순서에 따라 총칙, 물권, 채권, 친족, 상속, 상법으로 나누어 관습의 유무, 이동(異同)을 조사하여 지역을 지목한 안내서로서 제1~20문까지의 민법 총칙에 해당한다. 관습조사항목 제1~제20문의 민법 총칙에 대해 각 시군의 관습유무, 유사점, 차이점을 구분하여 서술하였다. 예컨대 권리능력 '제1 태아의 권리를 인정하는가'에서는 가독상속권, 유산상속권, 수유권(受遺權), 요상권(要償權) 등에 대해 각 지방에서의 관습 유무를 정리하고 있다.

수록된 내용은 다음과 같다. 제1편 태아의 권리를 인정하는가, 제2편 성년의 규정이 있는가, 제3편 정신병자의 행위의 효력 여하, 제4편 농자(聾者), 아자(啞者), 맹자(盲者), 낭비자(浪費者) 등의 행위의 효력 여하, 제5편 처의 능력에 제한이 있는가, 제6편 주소에 관한 관습 여하, 제7편 거소(居所)에 관한 관습 여하, 제8편 실종에 관한 관습이 있는가, 제9편 법인을 인정하는가, 제10편 물건의 구별이 있는가, 제11편 과실(果實)에 관한 관습 여하, 제12편 격지자(隔地者) 간의 의사표시는 언제부터 그 효력이 생기는가, 제13편 대리(代理)는 어떠한 법률행위에 대해 이를 인정하는가, 제14편 대리인(代理人)의 행위는 항상 본인에 대해 직접적으로 그 효력이 생기는가, 제15편 대리에는 법정대리(法定代理), 임의대리(任意代理)의 구별이 있는가, 제16편 대리인의 권한을 명정(明定)하지 않을 경우에 대한 그 권한 여하, 제17편 대리인은 복대리인(復代理人)을 고용할 수 있는가, 제18편 대리인의 소멸원인 여하, 제19편 기간의 초일(初日)은 이를 산입(算入)하는가 아닌가, 제20편 시효를 인정하는가 아닌가.

[가치정보]

이 자료는 관습 있는 지역, 없는 지역, 불투명한 지역, 예외인 지역, 조사가 누락된 지역 등을 소개하고 있기 때문에 각 지역의 관습에 대한 공통점과 차이점에 관한 길잡이가 될 수 있으며 『관습조사보고서』의 각 항목을 집필하기 위한 기초 자료로 기능할 수 있는 자료이다.

Ⅰ-2-1-04 제1안 각지관습이동표 : 민법 물권

관리기호	기록번호	자료명	
B-1-183	조제56호	第一案 各地慣習異同表 : 民法 物權	
작성자	생산기관	생산 연도	
-	법전조사국	-	
지역	언어	분량	소장기관
-	일본어	110면	수원박물관
키워드	민법물권, 관습이동(慣習異同), 권리, 소유, 취득		

[기본정보]

이 자료는 '각지관습이동표' 중 '조제56호 각지관습이동표(21~50) 민법 물권'에 해당한다. 법전조사국에서 전국의 민법 관습을 조사하여 얻은 결과를 관습조사항목의 순서에 따라 총칙, 물권, 채권, 친족, 상속, 상법으로 구분하여 관습의 유무, 차이점과 유사점을 조사하여 정리한 것이다.

[내용정보]

민법 물권에 대하여 관습조사항목에 해당하는 구체적인 관습의 명제를 제시하고 각 지방에서 그러한 관습이 있는지 없는지를 정리하고 있다. 즉 관습 있는 지역, 없는 지역, 불투명한 지역, 예외인 지역, 조사가 누락된 지역 등을 소개하고 있다. 각지 관습의 공통점과 차이점에 관한 길잡이가 되도록 하고 있다.

수록내용은 다음과 같다. 제21 물권, 채권 또는 이와 비슷한 권리의 구별이 있는가, 제22 토지에 관한 권리의 종류 여하, 제23 권리의 설정, 이전에 대하여 특히 일정한 수속을 필요로 하는가, 제24 소위 즉시시효 또는 이와 유사한 것이 있는가, 제25 토지건물 등의 소유자는 어떤 권리를 가지는가, 제26 인지자간의 권리 의무 여하, 제27, 무주(無主)의 동산(動産)은 선점(先占)으로 이를 취득할 수 있는가, 제28 무주의 부동산(不動産)은 누구의 소유로 귀속되는가, 제29 유실물의 소유자를 알지 못할 때에는 그 물건은 누구의 소유로 되는가, 제30 매장물(埋藏物)의 소유자를 알지 못할 때에는 그 물건은 누구의 소유로 되는가, 제31 공유에 관한 관습 여하, 제32 입회권(入會權)에 관한 관습 여하, 제33 차지권의 종류 여하, 제34 지상권(地上權)에 관한 관습 여하, 제35 영소작권(永小作權)에 관한 관습 여하, 제36 지역권(地役權)에 관한 관습 여하, 제37 유치권(留置權)에 관한 관습 여하, 제39 질권(質權)과 저당권(抵當權)의 구별이 있는가, 제40 질권 및 저당권의 목적 여하, 제41 질권자는 채권의 변제를 받을 때 까지 질물(質物)을 점유해야 하는가, 제42 질권자가 변제를 받지 못할 때는 질물에 대하여 어떠한 권리를 가지는가, 제43 질권의 설정에 관한 관습 여하, 제44 질권자는 전질(轉質)을 할 수 있는가, 제45 제3자가 채무자를 위하여 질권을 설정할 수 있는가, 제46 질권자는 질물을 사용, 수익을 얻을 수 있는가, 제47 질권에 존속기간이 있는가, 제48 토지위에 설정된 질권은 그 위에 있는 건물과 나무에 미치는가 아닌가, 제49 동일물(同一物)에 2개 이상의 질권을 설정할 수 있는가, 제50 소유자는 저당물을 임대(賃貸)할 수 있는가.

[가치정보]

본서는 관습조사항목 물권 각 문제에 대하여 전국 각지 관습의 유무와 이동을 조사한 것이다. 『관습조사보고서』의 각 항목을 집필하기 위한 기초 자료로서 기능하였을 것으로 보인다.

Ⅰ-2-1-05 제1안 각지관습이동표 : 상법

관리기호	기록번호	자료명	
B-1-225	조제60호	第一案 各地慣習異同表 : 商法	
작성자	생산기관	생산 연도	
-	법전조사국	-	
지역	언어	분량	소장기관
-	일본어	70면	수원박물관
키워드	상법, 관습이동(慣習異同), 계약, 영업, 관습		

[기본정보]

이 자료는 '각지관습이동표' 중 '조제60호 각지관습이동표(181~206문) 상법'에 해당한다. 법전조사국의 조사결과를 관습조사항목의 순서에 따라 총칙, 물권, 채권, 친족, 상속, 상법으로 나누어 관습의 유무, 지역별 차이 등을 조사하여 지역을 지목한 자료이다.

[내용정보]

관습조사항목에 관련된 구체적인 관습의 명제를 제시하고 각 지방에서 그러한 관습이 있는지 없는지를 정리하고 있다. 즉 관습 있는 지역, 없는 지역, 불투명한 지역, 예외인 지역, 조사가 누락된 지역 등을 소개하고 있다. 각지 관습의 공통점과 차이점에 관한 길잡이가 되도록 하고 있다.

주요 내용은 다음과 같다. 제181 상업에 관한 관습 여하, 제182 상업장부(商業帳簿)에 관한 관습 여하, 제183 상업사용인(商業使用人)에 관한 관습 여하, 제184 대리상(代理商)에 관한 관습 여하, 제185 회사에 관한 관습 여하, 제186 상인이 계약의 신청을 받고서 곧바로 승락의 가부(可否)를 통지하지 않았을 경우 승낙을 하지 않은 것으로 간주되지 않는가, 제187 상인의 금전을 대(貸) 또는 입체(立替)했을 경우 이식(利息)을 청구할 권리가 있는가, 제188 교호계산(交互計算)에 관한 관습 여하, 제189 익명조합(匿名組合)에 관한 관습 여하, 제190 중립영업(仲立營業)에 관한 관습이 있는가, 제191 문옥(問屋)에 관한 관습 여하, 제192 운송취급인(運送取扱人)에 관한 관습 여하, 제193 물품운송에 관한 관습 여하, 제194 여객운송에 관한 관습 여하, 제195 기탁(寄託)에 관한 관습 여하, 제196 창고영업(倉庫營業)에 관한 관습 여하, 제197 수형(手形)에 관한 관습 여하, 제198 선박(船泊)의 등기(登記) 및 국적기서(國籍記書)가 있는가, 제199 선박소유자의 책임 여하, 제200 선박의 공유에 관한 관습 여하, 제201 선박의 임대차(賃貸借)에 관한 관습 여하, 제202 선장에 관한 관습 여하, 제203 해원(海員)에 관한 관습 여하, 제204 해운(海運)에 관한 관습 여하, 제205 해손(海損)에 관한 관습이 있는가, 제206 선박책임자에 관한 관습이 있는가.

[가치정보]

이 자료는 관습조사항목 상법 각 문제에 대하여 전국 각지 관습의 유무와 이동을 조사한 것으로 『관습조사보고서』의 각 항목을 집필하기 위한 기초 자료로서 기능하였을 것으로 보인다.

Ⅰ-2-1-06 관습조사문제

관리기호	기록번호	자료명	
6025-1	-	慣習調査問題	
작성자	생산기관	생산 연도	
-	법전조사국	1908	
지역	언어	분량	소장기관
-	일본어 / 한국어	86면	국립중앙도서관
키워드	관습조사, 206항목, 조사원, 부동산법조사회, 일본 민법		

[기본정보]

이 자료는 법전조사국이 1908년 부동산법조사회에서 작성한 조선 관습조사에 관한 206개 항목을 뽑아 정리한 자료이다. 조사원이 각 문항에 대하여 관습조사할 때 많은 관습을 취사선택하면서 주의해야할 사항을 상세히 기록하고 따로 인쇄하여 조사원이 가지고 다니도록 하여 조사사업에 편리를 도모하였다. 이 책자는 국한문본(86면)과 일본어본(88면) 등 2종류가 남아있다.

[세부목차]
제1편 민법
 제1장 총칙 20문
 제2장 물권 30문
 제3장 채권 54문
 제4장 친족 53문
 제5장 상속 23문
제2편 상법
 제1장 총칙 4문
 제2장 회사 1문
 제3장 상행위 11문

제4장 수형(手形) 1문

제5장 해상(海商) 9문

[내용정보]

일제 통감부 시기에 법전조사국이 관습조사활동을 준비하면서 작성된 것으로 일본 민법의 편별 방식에 따라 206개 항목을 추출한 자료이다. 제1편 민법에 관한 편별 구분을 보면, 제1편 민법 아래 제1장 총칙 20문, 제2장 물권 30문, 제3장 채권 54문, 제4장 친족 53문, 제5장 상속 23문, 제2편 상법 제1장 총칙 4문, 제2장 회사 1문, 제3장 상행위 11문, 제4장 수형 1문, 제5장 9문으로 도합 206문이었다. 일본 민법의 편별 방식인 판덱텐 방식에 따라 구분하고 있다.

이 자료 앞에 있는 조사요항의 범례를 보면, "본 편 가운데 부동산법조사회에서 조사한 문제로서 대개 명료한 것이 적지 않고, 또한 관습이 아닌 것으로 의문되지 않는 것도 많으므로 만일 그렇게 생각되는 것이면 이를 언급한다"고 주의사항을 기록해 두고 있다. 또한 "한국에서 존재하는 것이라고 인정한 관습에 대해서는 대개 모든 문제를 망라하였을 지라도 만약 본 편에서 기록하지 않는 문제에 대해서 참고할 만한 관습을 발견하면, 반드시 그것을 조사함이 좋으며", 또한 "명칭은 다수가 일본과 한국이 동일하지 아니하는 것이 물론이지만 정확하게 조사할 때 일본의 명칭을 기초로 하는 것이 편한 고로 본편 중에는 일본 명칭을 일부러 사용하나 조사원은 한국의 명칭을 조사하고 그 의의도 역시 정확히 조사함을 요한다"고 하였다. 또한 "본편은 오로지 조사원을 위하여 만든 것이므로 명칭의 의의는 물론이고 문제의 취지도 별도로 설명하여 부기하지 않은 것이 많지만 조사원이 심문함에 이르러서는 상세히 문제의 진의를 설명할 것을 요함"이라고 하였으며, "법률의 전문가가 아니면 법률문제와 도덕 문제의 구별을 분명히 하는 자가 드물다. 그러므로 조사원은 특히 이 구별에 유의하여 조사를 하는 것을 요한다" 등의 주의사항을 적고 있다. 이 책자에서는 일본 민법의 조사항목을 가져왔음에도 불구하고 현지 조사에서는 조사원들에게 한국 관습의 명칭과 의의를 명확히 조사함과 아울러 관습조사의 취지를 별도로 설명하도록 당부하고 있다.

[가치정보]

이 자료는 법전조사국이 수행한 조선 관습조사활동의 항목과 조사 범위를 알 수 있으며 일본 민법 체계에 비추어 한국의 민상사 관습법을 확인하고 일본 민법을 직접 적용할 수 있는 가능성을 탐색한 것이므로 향후 법전조사국의 조사활동과 입법 취지를 알 수 있는 자료이다.

Ⅰ-2-1-07 관습조사문제

관리기호	기록번호	자료명	
-	0001	慣習調査問題	
작성자	생산기관	생산 연도	
-	법전조사국	1908	
지역	언어	분량	소장기관
-	일본어	88면	국립중앙도서관
키워드	관습조사, 민법, 상법		

[기본정보]

이 자료는 부동산법조사회에서 관습과 관련하여 조사한 자료를 법전조사국에서 생산한 것이며 조선총독부 중추원이 기록한 자료이다. 법전조사국에서 관습과 관련하여 조사한 책으로 88면으로 구성되어 있으며, 일본어로 작성되었다.

[내용정보]

이 자료의 구성은 크게 1편 민법으로 총칙, 물권, 채권, 친족, 상속으로 되어있으며, 2편 상법으로 회사, 상행위, 수형(手形), 해상(海商)의 내용으로 기록되어 있다. 또한 각각의 장당 설명이 추가적으로 되어있다. 예를 들어 민법의 경우 태아의 권리, 성년, 정신병자, 행위능력, 주소, 실종, 법인, 과실, 의사표시, 대리, 기간, 물권과 채권의 구별, 시효, 토지관계 권리, 권리설정 및 이전, 소유권, 공유, 영소작권관계, 지역권, 유치권, 선취득권, 질권, 저당권, 이식, 채무 불이행, 채권자 권리, 다수 당사자의 채권, 보증채무, 채권의 양도, 변제, 상쇄(相殺), 면제, 계약, 증여, 매매, 교환, 소비대차, 사용대차, 고용, 청부, 위임, 기탁, 조합, 사무관리, 부당이득, 불법행위 등에 대한 간략한 내용을 기재해 놓았으며, 상법의 경우는 상호, 상업장부, 상업사용인, 대리상, 교호계산, 익명조합, 중립영업, 도매상, 운동취급영업, 운송영업, 기탁, 선박, 선원, 운송, 해손, 선박채권자 등에 대한 내용을 기재해 놓았다.

민법과 상법에 대한 내용이 비교적 세밀하게 기록되어 있어, 당시 통용되고 있었던 법률적 기록을 확인할 수 있는 자료로 볼 수 있다.

Ⅰ-2-1-08 관습조사문제에 관한 고전초록

관리기호	기록번호	자료명	
B-1-407	참제10	慣習調査問題ニ關スル古典抄錄	
작성자	생산기관	생산 연도	
下森久吉	법전조사국	1909	
지역	언어	분량	소장기관
-	일본어	50면	수원박물관
키워드	관습조사, 대명률, 대전회통, 문헌비고, 형법대전, 사례편람		

[기본정보]

이 자료는 법전조사국의 시모모리 히사키치(下森久吉) 사무관보가 1909년에 조사한 것으로,『대명률(大明律)』,『대전회통』,『문헌비고』,『형법대전』,『사례편람』등을 대상으로 하였다.

[내용정보]

조선의 문헌은『대전회통』을 중심으로 하였으며 중국과 비교하는 부분은『대명律(大明律)』을 참고하였다. 대상항목은 2, 4, 6, 7, 8, 20, 25, 26, 28, 34, 51, 54, 56, 83, 88, 92, 97, 100, 130, 131, 134, 137, 138, 139, 159, 160, 166이다. 그 중 제2 성년의 규정이 있는가, 제7 거소에 관한 규정이 있는가, 제130 혼인의 요건 여하, 제137 양자연조의 요건 여하, 제160 법정의 추정 가독상속인이 있는가 등의 항목은 조선시대의 법전이나 법률 관련 문헌으로부터 상세히 발췌하였다.

[가치정보]

이 자료는 조선시대의 법전 및 법률 관련 문헌을 발췌한 것으로 법전조사국에서 조선의 관습을 민법에 어떻게 반영하려 하였는지 파악하는데 참조될 수 있다.

Ⅳ. 법전조사국 관습조사 문제별 지역조사서

1. 관습조사국 관습조사 문제별 지역조사서 자료 개관

법전조사국은 1908년 5월경에 부동산법조사회의 부동산 관례조사에 이어 민상사관습에 대한 전반적인 조사에 착수하여, 1910년 10월부터 잔무를 정리하는 보고서 작성에 착수하여 12월에 탈고하였다. 법전조사국이 1910년 9월에 폐지되었음에도 불구하고 관습조사 보고서류를 정리하여 완성한 것이었다. 이를 전 법전조사국 위원장 구라토미 유자부로(倉富勇三郎)는 『관습조사보고서(慣習調査報告書)』로 조선총독 데라우치 마사다케(寺內正毅)에게 보고하였다. 일반에게 잘 알려진 『관습조사보고서』 간행본은 대개 1910년판(한국법전조사국 발행), 1912년 증정판(취조국 발행), 1913년 개정증정판(참사관실 발행) 등 3차례 판본이 있다.

여기서 소개하는 자료는 법전조사국에서 조선관습자료를 정리하여 편찬할 때, 가장 기초가 되는 자료로서 일반 지역조사와 특별 조사 및 문제별 조사서로 구성되어 있는 원본 조사 자료이다. 전국 각 지역에 취합한 각 지방의 관습조사 보고서철을 206개 조사항목에 따라 문제별로 새로 편집한 자료로 원래 각 지방에서 채록된 질의와 답변 내용을 그대로 수록하고 있는 자료이다. 관습조사서의 소장사항이 표지되지 않은 항목은 원래 결본이며 총 40개 항목이다. 제목의 일본어 표기는 원문을 따랐다.

〈표〉 수원박물관 소장 지역별·문제별 관습조사서 소장상황

조항 순서	제 목	제1관		제2관	
		초서	정서	초서	정서
1	제1 태아의 권리를 인정하는가				
2	제2 성년의 규정이 있는가	1	1		
3	제3 정신병자의 행위의 효력은 어떠한가				
4	제4 농자, 아자, 맹자, 낭비자 등의 행위의 효력 여하	1		1	
5	제5 처의 능력에 제한이 있는가	1			
6	제6 주소에 관한 규정이 있는가	1			
7	제7 거소에 관한 규정이 있는가	1	1		
8	제8 실종에 관한 규정이 있는가	1			
9	제9 법인을 인정하는가				
10	제10 물건의 구별이 있는가		1		

11	제11 과실에 관한 규정이 있는가		1	1	
12	제12 격지자간의 의사표시는 언제부터 그 효력이 생기는가	1	1		
13	제13 대리는 어떠한 법률행위에 대하여 인정하는가				
14	제14 대리인의 행위는 항상 본인에 대하여 직접적으로 그 효력을 갖는가		1		
15	제15 대리에는 법정대리, 임의대리의 차이가 있는가	1			
16	제16 대리인의 권한을 명정하지 않은 경우에 그 권한은 어떠한가				
17	제17 대리인은 복대리인을 쓸 수 있는가				
18	제18 대리인의 소멸원인은 어떠한가				
19	제19 기간의 첫날은 그것을 산입하는가 하지 않는가	1			
20	제20 시효를 인정하는가 하지 않는가		1		
21	제21 물권, 채권, 또는 비슷한 권리의 구별이 있는가		1	1	
22	제22 토지에 관한 권리의 종류 여하	1			
23	제23 권리의 설정이전에 대하여 특히 일정한 수속을 필요로 하는가		1		
24	제24 소위 즉시시효 또는 이와 유사한 것이 있는가	1	1		
25	제25 토지건물 등의 소유자는 어떤 권리를 가지는가	1	1		
26	제26 인지 사이의 권리 의무 여하		1		
27	제27 무주의 동산은 선점으로 이를 취득할 수 있는가				
28	제28 주인 없는 부동산은 누구의 소유로 귀속되는가	1		1	
29	제29 유실물의 소유자를 알지 못할 때에는 그 물건은 누구의 소유로 되는가	1			
30	제30 매장물의 소유자를 모르면 그 물건은 누구의 소유로 되는가				
31	제31 공유에 관한 관습 여하	1	1		
32	제32 입회권에 관한 관습은 어떠한가				
33	제33 차지권의 종류 여하	1	1		
34	제34 지상권에 관한 관습 여하	1	1		
35	제35 차지권의 종류는 어떠한가				
36	제36 지역권에 관한 관습 여하	1	1	1	
37	제37 유치권에 관한 관습 여하		1		
38	제38 선취특권에 관한 관습 여하	1	1		
39	제39 질권과 저당권의 구별이 있는가	1	1	1	
40	제40 질권 및 저당권의 목적 여하		1		
41	제41 질권자는 채권의 변제를 받을 때까지 질물을 점유해야 하는가		1		
42	제42 질권자가 변제를 받지 못할 때는 질물에 대하여 어떠한 권리를 가지는가	1	1		
43	제43 질권설정에 관한 관습 여하	1	1		
44	제44 질권자는 전질을 할 수 있는가				
45	제45 제3자가 채무자를 위하여 질권을 설정할 수 있는가	1			
46	제46 질권자는 질물을 사용, 수익을 얻을 수 있는가		1	1	
47	제47 질권에 존속기간이 있는가		1	1	
48	제48 토지위에 설정된 질권은 그 위에 있는 건물과 나무에 미치는가 아닌가	1		1	
49	제49 동일물에 두 개 이상의 질권을 설정할 수 있는가				
50	제50 소유자는 저당물을 임대할 수 있는가				
51	제51 관습상의 이율	1	1		
52	제52 중리에 관한 관습 여하		1		

No.	질문				
53	제53 채무자가 불이행자로 되는 시기 여하		1		
54	제54 채무자가 임의로 채무를 이행하지 않을 때는 강제로 이를 이행시킬 수 있는가		1	1	
55	제55 채권자가 기한의 이익을 잃는 예가 있는가				
56	제56 금전채무의 불이행에 대한 제재는 어떠한가				
57	제57 채무불이행의 제재에 관한 특약이 있는가	1	1	1	
58	제58 채권자는 채무자의 권리를 대신 이행할 수 있는가		1		
59	제59 채권자는 채무자의 행위를 취소할 수 있는가				
60	제60 채권자 또는 채무자가 여러 명인 경우에는 각자의 권리의무 여하		1		
61	제61 불가분채무에 관한 관습 여하	1	1		
62	제62 연대채무에 관한 관습 여하		1	1	
63	제63 보증인의 책임 여하				
64	제64 보증인이 2인 이상인 경우에 각자 책임 여하	1			
65	제65 채권자와 주채무자 사이의 행위는 그 효력이 보증인에게 미치는가 아닌가				
66	제66 보증인이 변제를 했을 때에는 주된 채무자에 대해 어떤 권리를 갖는가	1		1	
67	제67 보증인이 여럿인 경우에 그 중 한 사람이 전액의 변제를 했을 때에는 다른 보증인에 대해서 어떤 권리를 갖는가		1	1	
68	제68 채권은 이를 양도할 수 있는가	1			
69	제69 제3자가 한 변제는 유효한가 유효하지 않은가	1			
70	제70 수취증서의 지참인에게 한 변제는 유효한가	1			
71	제71 변제장소에 관한 관습은 어떠한가				
72	제72 채무자가 변제를 하면 채권자에 대해서 영수증을 청구할 권리가 있는가				
73	제73 채무자가 변제했을 때는 채권증서의 반환을 요구할 권리가 있는가		1		
74	제74 채권자가 변제받기를 거부했을 때는 채무자는 어떻게 해야 하는가	1	1		
75	제75 보증인 기타 타인을 위해 변제를 한 자는 채권자의 권리를 대신할 수 있는가	1	1		
76	제76 상쇄에 관한 관습 여하			1	
77	제77 경개에 관한 관습 여하			1	
78	제78 면제에 관한 관습 여하	1			
79	제79 계약의 신청은 이를 취소할 수 있는가	1			
80	제80 쌍무 계약 당사자의 한쪽은 상대방이 채무의 이행을 제공할 때까지 자기의 채무의 이행을 거부할 수 있는가	1			
81	제81 위험문제에 관한 관습 여하			1	
82	제82 제3자를 위한 계약의 효력을 인정하는가	1		1	
83	제83 계약 당사자의 한쪽이 그 채무를 이행하지 않을 때 상대방은 계약을 해제할 수 있는가	1			
84	제84 증여에 관한 관습 여하	1			
85	제85 수부에 관한 관습 여하	1			
86	제86 매매의 비용은 누가 이를 부담해야 하는가				
87	제87 타인의 물건 매매에 관한 관습 여하	1		1	
88	제88 매매의 목적물상에 타인이 권리를 갖게 되어 매주가 손해를 받았을 때는 어떠한가	1			

89	제89 매매의 목적물에 숨은 결점이 있을 때는 어떠한가	1		1	
90	제90 매매 목적물의 과실은 누구의 소득으로 되는가	1		1	
91	제91 매주가 대가의 이자를 지불해야 하는가	1		1	
92	제92 환매에 관한 관습 여하	1		1	
93	제93 교환에 관한 관습 여하	1		1	
94	제94 소비대차에 관한 관습 여하	1		1	
95	제95 사용대차에 관한 관습 여하	1		1	
96	제96 임대차에 관한 관습 여하	1		1	
97	제97 고용에 관한 관습 여하	1		1	
98	제98 청부에 관한 관습 여하	1		1	
99	제99 위임에 관한 관습 여하	1		1	
100	제100 기탁에 관한 관습 여하				
101	제101 조합에 관한 관습 여하				
102	제102 사무관리에 관한 관습 여하				
103	제103 부당이득에 관한 관습 여하				
104	제104 불법행위에 관한 관습 여하	1		1	
105	제105 친족의 범위 여하	1	1	1	
106	제106 촌수의 계산법 여하		1		1
107	제107 양자와 양친 및 그 혈족과의 사이에서는 어떤 친족관계가 생기는가	1		1	1
108	제108 계친자와 적모, 서자와의 관계 여하	1		1	1
109	제109 인족관계 및 앞 2항의 관계는 언제 끊어지는가		1	1	1
110	제110 가족의 범위 여하	1	1	1	
111	제111 아들이 입적해야할 가(家)의 여하	1			1
112	제112 입부혼인을 인정하는가			1	
113	제113 전적을 허용하는가		1		1
114	제114 혼인 또는 양자연조로 인해 타가에 들어갔던 자는 이혼 또는 이연의 경우에 있어서 실가에 복적하는가	1	1	1	
115	제115 혼인 또는 양자로 인해 타가에 들어갔던 자는 다시 혼인 또는 양자연조로 인해 타가에 들어갈 수 있는가	1	1	1	
116	제116 타가상속, 분가 및 폐절가 재흥에 관한 관습 여하		1	1	1
117	제117 법정의 추정 가독상속인은 타가에 들어가거나 또는 일가를 창립할 수 있는가	1	1	1	1
118	제118 부가 타가에 들어가거나 또는 일가를 창립했을 때 처는 이에 따라 그 가에 들어가는가 아닌가			1	
119	제119 호주 및 가족은 동일한 씨를 칭하는가	1	1		1
120	제120 호주는 가족을 부양할 의무가 있는가				
121	제121 가족의 특유재산을 인정하는가				
122	제122 호주는 가족의 거소를 지정할 수 있는가		1		
123	제123 가족이 혼인 또는 양자로 갈 경우에 호주의 동의가 필요한가	1			
124	제124 호주는 가족에 대하여 앞 2항 이외의 권리를 갖는가	1			1
125	제125 호주는 가족을 이적할 수 있는가			1	
126	제126 호주가 그 권리를 행할 수 없을 경우의 여하		1		
127	제127 은거를 인정하는가	1	1	1	1
128	제128 폐가를 인정하는가	1	1	1	1

129	제129 절가에 관한 관습 여하			1	1
130	제130 혼인의 요건 여하	1		1	1
131	제131 처는 혼인으로 인해 부의 가에 입적하는가		1		
132	제132 부는 처에 대하여 어떠한 권리를 갖는가		1	1	1
133	제133 부부간의 재산관계 여하	1	1	1	1
134	제134 이혼에 관한 관습 여하	1		1	1
135	제135 처가 혼인중에 회태했던 자식을 부의 자식으로 추정하는가 아닌가	1		1	1
136	제136 사생자에 관한 관습 여하	1			
137	제137 양자연조의 요건 여하	1	1		
138	제138 양자연조의 효력 여하	1	1	1	
139	제139 양자의 이연에 관한 관습 여하	1			
140	제140 친권을 인정하는가				
141	제141 친권자는 자식에 대하여 어떤 권리를 갖는가		1		1
142	제142 자식의 재산을 관리해야 하는가 아닌가		1	1	
143	제143 친권에 복속된 여자에게 남편이 있는 경우 그 권리와 친권과의 조화 여하	1	1		
144	제144 친권자는 아들을 대신하여 호주권 및 친권을 행하는가		1		
145	제145 친권상실의 원인 여하	1			
146	제146 후견 또는 이와 유사한 제도를 인정하는가	1		1	
147	제147 누가 후견인이 되는가	1	1	1	
148	제148 후견인은 1인으로 한정하는가	1	1	1	
149	제149 후견인은 그 임무를 사임할 수 있는가	1	1		
150	제150 후견인이 될 수 없는 자가 있는가	1	1	1	
151	제151 후견감독인 또는 이와 유사한 자를 두는 것이 있는가	1	1		
152	제152 후견인은 재산목록을 작성할 의무가 있는가				
153	제153 후견인은 친권자와 동일한 권리를 갖는가		1	1	
154	제154 후견인은 보수를 받는 경우가 있는가	1	1		
155	제155 후견의 계산에 관한 관습 여하				1
156	제156 친족회 또는 이와 유사한 것을 인정하는가		1		
157	제157 부양의 의무에 관한 관습 여하	1			
158	제158 가독상속개시의 원인 여하		1		
159	제159 가독상속인이 될 수 없는 사람이 있는가	1		1	
160	제160 법정의 추정가독 상속인이 있는가	1	1	1	
161	제161 양자는 상속에 대하여 친자와 동일한 권리를 갖는가			1	
162	제162 법정의 가독상속인을 피상속인이 폐제할 수 있는가	1	1	1	
163	제163 피상속인은 가독상속인을 지정할 수 있는가	1	1	1	
164	제164 법정의 추정가독상속인 및 지정가독상속인이 없는 경우 여하		1	1	
165	제165 직계존속은 당연가독상속인이 되는가				1
166	제166 가독상속의 효력 여하		1	1	
167	제167 유산상속을 인정하는가				1
168	제168 누가 유산상속인이어야 하는가		1	1	
169	제169 유산상속인은 피상속인의 일체의 재산상의 권리의무를 승계하는가		1		

170	제170 유산상속인이 2인 이상 있을 때는 상속재산은 공유하는가			1	
171	제171 유산상속인이 2인 이상 있을 때 그 각자의 상속분 여하	1	1		
172	제172 유산분할의 방법 여하	1		1	
173	제173 상속인은 상속할 의무가 있는가	1		1	
174	제174 상속채권자 또는 상속인의 채권자는 상속으로 발생하는 손실을 회피할 수 있는가				
175	제175 상속인 불명의 경우에는 어떻게 해야하는가	1			
176	제176 유언으로 어떠한 것을 정할 수 있는가	1	1		1
177	제177 유언에는 일정한 방식이 있는가				1
178	제178 유언의 효력 여하	1	1		
179	제179 유언은 이를 취소할 수 있는가	1	1	1	
180	제180 유류분을 인정하는가		1		
181	제181 상호에 관한 관습 여하				
182	제182 상업장부에 관한 여하				
183	제183 상업사용인에 관한 관습 여하	1		1	
184	제184 대리상에 관한 관습 여하		1	1	
185	제185 회사에 관한 관습 여하	1	1	1	
186	제186 상인이 계약의 신청을 받고서 곧바로 승락의 가부를 통지하지 않았을 경우 승낙을 하지 않은 것으로 간주되지 않는 예가 있는가	1	1	1	
187	제187 상인이 금전을 대차 또는 대납하였을 때 이자를 청구할 권리가 있는가				
188	제188 교호계산에 관한 관습이 있는가	1	1	1	
189	제189 익명조합에 관한 관습이 있는가		1	1	
190	제190 중개업에 관한 관습이 있는가				
191	제191 위탁매매[간옥]에 관한 관습 여하				
192	제192 운송취급인에 관한 관습 여하	1	1		
193	제193 물품운송에 관한 관습 여하	1		1	
194	제194 여객운송에 관습 여하				
195	제195 임치물[기탁물]에 대한 관습 여하				
196	제196 창고상업에 관한 관습 여하			1	
197	제197 수형에 관한 관습 여하				1
198	제198 선박의 등기 및 국적증서가 있는가	1		1	
199	제199 선박소유자의 책임 여하			1	
200	제200 선박의 공유에 관한 관습이 있는가			1	
201	제201 선박의 임대차에 관한 관습이 있는가			1	
202	제202 선장에 관한 관습 여하			1	
203	제203 해원에 관한 관습 여하			1	
204	제204 해상운송에 관습 여하				
205	제205 해손에 관한 관습이 있는가				
206	제206 선박채권자에 관한 관습이 있는가				
합계		105	87	86	26

2. 법전조사국 관습조사 문제별 지역조사서

Ⅰ-2-1-09 제2 성년의 규정이 있는가

관리기호	기록번호	자료명	
B-1-274	조제62호의 1	第二 成年ノ定アルカ	
작성자	생산기관	생산 연도	
-	법전조사국	-	
지역	언어	분량	소장기관
제1관	일본어	71면	수원박물관
키워드	성년, 행위능력, 대리인, 무능력자, 미성년자		

관리기호	기록번호	자료명	
B-1-655	-	第二 成年ノ定メアルカ	
작성자	생산기관	생산 연도	
-	법전조사국	-	
지역	언어	분량	소장기관
제1관	일본어	82면	수원박물관
키워드	성년, 행위능력, 대리인, 무능력자, 미성년자		

[기본정보]

관습조사서의 민법 총칙 '제2 성년의 규정이 있는가'에 해당한다. 'B-1-274[조제62호의

1]'는 초서본, 'B-1-655'는 정서본이다. 초서본(B-1-274)의 표지에는 '조제62호의 1(調第六二號 ノ1)', '제일관(第壹管)', '민법', '총칙', '2'의 도장이 찍혀 있다. 『구조사서표』에 의하면 '조제62호 의 1'은 '문제별조사서' 제2문 제1관에 속하여 중남부 지방을 대상으로 조사한 것이다.

이 문서는 성년의 규정에 관하여 경성, 개성, 인천, 수원, 안성, 청주, 충주, 안동, 경주, 진주, 무안, 광주, 옥구, 예산, 은율 등 한국의 중남부 지방의 관습을 조사한 것이다. 이 조사보고서는 결혼이 가능한 연령, 매매·증여·계약 등의 행위가 단독으로 가능한 연령, 병역의무의 연령, 미성년자의 법률행위의 효력 등을 조사하고 있다. 근대법에서 법률행위 를 단독으로 수행할 수 있는 연령과 그 요건을 규정하는 것은 법적 안정성을 위하여 필요한 가장 기초적인 사항이다. 일본 민법에서는 만 20세 이상을 성년으로 규정하고, 성년이 행한 각종의 법률행위는 그대로 효력을 갖춘 것으로 간주하고 있다. 이 문서는 한국에서도 이 같은 '능력'에 관한 구체적인 규정이 있는지 여부를 조사하고 있다.

[내용정보]

각 시군에서 관습조사문항에 따라 조사한 것을 문항에 따라 해체 편집하면서 제2문항의 것 중 한국의 중부 이남 지방의 관습을 각 지방별로 모아놓은 것이다. 즉 '제2 성년의 규정이 있는가'에 대하여 경성, 개성, 인천, 수원, 안성, 충주, 청주, 영동, 대구, 상주, 안동, 경주, 울산, 동래, 창원, 진주, 제주, 무안, 광주, 옥구, 전주, 남원, 공주, 온양, 예산, 은진에서 응답자와 주고받은 문과 답을 기록하여 놓은 것이다. 경성의 경우 12월 2일 응답자 최문식 (崔文植), 남정건(南廷建), 김득련(金得鍊)과의 문과 답의 내용이라는 점이 기록되어 있다. 각 지방에서 질문에 응한 사람들은 『관습조사응답자조』를 통하여 확인할 수 있다.

첫머리에 문답의 총괄을 해 놓은 다음 각 지방의 응답을 수록하였다. 내용은 '제2 성년의 규정이 있는가' 중에서 성년의 나이, 호패, 행위능력에 대한 것을 중심으로 동일한 응답에 대한 각지 응답자의 답변을 모아 놓았다. 여기서 조사된 내용이 『관습조사보고서』민법 총칙 '제2 성년의 규정이 있는가' 가운데서 '호패제', '관습상의 성년'을 집필하는데 기초가 되었을 것이다.

각 지역에서는 일반적으로 일본 민법상의 '성년'이라는 용어보다는 '성인'이라는 용어를 사용하고 있으며 남자와 여자는 15세 이상이면 결혼을 할 수 있고 남녀에 따른 구별도 없는 것으로 조사되었다. 또한, 호주인 자식이 부동산 등의 매매의 당사자가 될 수 있는 연령도 약 15세이며, 남자가 15세에 달하면 호패(號牌)를 소지하고 1인의 법률행위를 할 수 있는 관습이 있다고 기록되어 있다. 병역의 의무를 부담하는 연령도 제한 규정이 없으나 대개는 15세 이상이면 병역을 출두(出願)할 수 있다. 또한, 관리에 임용될 수 있는 나이도 15세가 되면 출사(出仕)할 수 있고 문무관 시험도 15세가 되어야 가능한 것으로 조사된 것으로 보아서 한국에서는 대체로 15세를 성년의 나이로 파악하고 있는 것으로 보인다. 다만, 일반적으로 15세 이상을 성인으로 취급하는 경향이 강하지만 12세(충주) 또는 20세(안성)를 성인으로 보는 지역도 있다.

그리고 일반적으로는 15세 미만의 자가 행한 계약은 무효이며 미성년자가 대차, 매매 등의 법률행위를 하기 위해서는 간사인 또는 증인이 필요하다고 조사되었다. 그러나 경성에서는 15세 미만의 자가 행한 계약이 무효라는 관습은 없다고 기록되어 있으며 충주 지역에서는 12세 이상의 자를 성년이라고 규정하고 있으나 이들이 계약 등의 행위를 하기 위해서는 간사인이 필요하다고 조사되었다. 만약 무능력자가 스스로 법률행위를 한 경우에는 부형(父兄)이 취소할 수 있다(청주). 인천 지역에서도 15세 미만의 유자(幼者)가 단독으로 자신의 소지품을 증여하는 경우 나중에 그것을 취소할 수 있는 것으로 조사되었다.

각 지역조사보고서를 통하여, 일본 민법의 성년과 한국의 관습상의 성년은 상당한 차이가 있었음을 알 수 있다. 한국에서도 성년에 관한 관습이 표준적으로 인정되는 것은 있지만 일본 민법에서와 같이 통일적으로 규정되지는 않은 것으로 조사되었다.

[가치정보]

관습조사가 민법 제정에 필요한 기초적인 자료를 수집하는 것이었기 때문에 근대 민법에서 필수적인 법률행위의 능력에 대한 조사가 필요하였다. 이에 따라서 한국에서 법률행위를 수행할 수 있는 연령과 그 자격을 파악하기 위하여 조사를 수행한 것이었다.

Ⅰ-2-1-10 제4 농자, 아자, 맹자, 낭비자 등의 행위의 효력 여하

관리기호	기록번호	자료명	
B-1-275	조제64호의 1	第四 聾者, 啞者, 盲者, 浪費者等ノ行爲ノ效力如何	
작성자	생산기관	생산 연도	
-	법전조사국	-	
지역	언어	분량	소장기관
제1관	일본어	36면	수원박물관
키워드	농자, 아자, 맹자, 낭비자, 보좌인, 능력		

[기본정보]

이 문서는 '농자, 아자, 맹자, 낭비자 등의 행위의 효력'에 관하여 경성, 개성, 인천, 수원, 안성, 청주, 충주, 영동, 대구, 상주 등 한국 중남부 지방의 관습을 조사한 것이다. 이 조사보고서는 농자(聾者), 아자(啞者), 맹자(盲者) 등이 행한 매매, 증여 등의 법률행위가 유효한지, 이들을 위하여 후견인을 붙이는 관습이 있는지 등에 관하여 조사하였다.

[내용정보]

경성, 개성, 인천, 남원, 공주, 온양 등 거의 모든 지역에서는 농자, 아자, 맹자 등이 행한 매매, 증여, 대차 등의 법률행위는 유효하며 일반인과 동일한 효력을 갖춘 것으로 조사되었다. 일본 민법에서는 준금치산자를 일반인과 구별하여 준금치산자의 법률행위에 대해서 일정하게 제한을 하고 있다. 다만, 경성 지역에서는 농자, 아자, 맹자 등이 계약 등의 법률행위를 하는 경우에 보증인을 필요로 하고 일반적으로는 친족 혹은 연고자와 상담하는 경우가 있다고 한다. 그러나 이 같은 상담을 하지 않고 행한 계약 등의 행위도 유효한 것으로 보았다. 그리고 농자, 아자, 맹자 등이 많은 재산을 소유한 경우에는 이들을 도와주는 간사인을 두는 경우가 있으며 농자, 아자, 맹자 등이 간사인과 상담하지 아니하고 매매, 기타의 법률행위를 했을 때도 여전히 법적으로 효력이 있다고 조사되었다. 이것을 통하여 농자, 아자, 맹자들은 일반인과 동등한 법률주체였음을 알 수 있다.

대구 지역에서도 유사한 사례가 조사되었다. 다만, 낭비자(浪費者)는 '난봉'이라고 하여 계약 등의 법률행위를 할 수 없으나 농자, 아자, 맹자 등은 계약, 기타의 법률행위를 보통사람과 똑같이 할 수 있다고 하였다. 이와 함께 보호인 등을 붙이는 관습도 없으며 또한 낭비자를 금치산자로 규정하는 관습도 없는 것으로 조사되었다. 한국관습에서는 농자, 아자, 맹자들의 행위가 적합하게 인정되기 때문에 이들을 보좌하는 후견인을 두는 제도가 발달하지도 않았다. 거의 대부분의 지역에서 농자, 아자, 맹자 등은 지식이 온전하고 정신 상실자와는 다르다는 점을 이유로 일반인과 동등한 능력을 갖춘 것으로 보았다.

[가치정보]

이 문서도 법률행위의 능력에 관계된 조사로서 연령뿐만 아니라 정신 또는 육체적 흠결이 있는 자의 법률행위의 효과를 조사한 것이다. 한국 관습조사에서는 농자, 아자, 맹자들은 일반인과 동등한 법률주체였음을 알 수 있다.

I-2-1-11 제4 농자, 아자, 맹자, 낭비자 등의 행위의 효력 여하

관리기호	기록번호	자료명	
B-1-454	339	第四 聾者, 啞者, 盲者, 浪費者等ノ行爲ノ效力如何	
작성자	생산기관	생산 연도	
-	법전조사국	-	
지역	언어	분량	소장기관
제2관	일본어	24면	수원박물관
키워드	농자, 아자, 맹자, 낭비자, 보좌인, 능력		

[기본정보]

이 문서는 '농자, 아자 맹자, 낭비자 등의 행위의 효력'에 관하여 해주, 황주, 삼화, 안주, 덕천, 용천, 의주, 강계, 영변, 경흥, 회령, 경성, 성진, 북청, 갑산, 함흥, 위원, 금화, 춘천, 원주 등 한국 북부 지방의 관습을 조사한 것이다. 이 조사보고서는 농자(聾者), 아자(啞者), 맹자(盲者) 등이 행한 매매, 증여 등의 법률행위가 유효한지, 이들을 위하여 후견인을 붙이는 관습이 있는지 등에 관하여 조사하였다.

[내용정보]

자료는 농자·아자·맹자·낭비자 등이 한 행위의 효력 여하를 각 지역마다 조사하여, 그 내용을 편철한 것이다. 각 지역마다 서술 분량에서 차이가 있다.

의주 지역을 살펴보면, 아자의 행위는 정신병자의 행위와 동일하게 취소하거나 무효하다. 농자와 맹자의 행위는 통상인의 행위와 동일시하여 취소하지 않는 것이 일반이다. 다만 낭비자의 행위는 그것을 취소하는 것이 일반으로 다른 지방에서는 호주되는 낭비자가 매도한 전답을 상대로부터 매려하는 경우가 드물다고 한다.

일본 민법에서는 준금치산자를 일반인과 구별하여 준금치산자의 법률행위에 대해서 일정하게 제한을 하고 있다. 한국관습에서는 농자, 아자, 맹자들의 행위가 적합하게 인정되기 때문에 이들을 보좌하는 후견인을 두는 제도가 발달하지도 않았다. 거의 대부분의 지역에서 농자, 아자, 맹자 등은 지식이 온전하고 정신상실자와는 다르다는 점을 이유로 일반인과 동등한 능력을 갖춘 것으로 보았다.

[가치정보]

이 문서도 법률행위의 능력에 관계된 조사로서 연령뿐만 아니라 정신 또는 육체적 흠결이 있는 자의 법률행위의 효과를 조사한 것이다. 한국 관습조사에서는 농자, 아자, 맹자들은 일반인과 동등한 법률주체였음을 알 수 있다.

Ⅰ-2-1-12 제5 처의 능력에 제한이 있는가

관리기호	기록번호	자료명	
B-1-276	조제65호의 1	第五 妻ノ能力ニ制限アルカ	
작성자	생산기관	생산 연도	
-	법전조사국	-	
지역	언어	분량	소장기관
제1관	일본어	50면	수원박물관
키워드	처(妻), 능력, 부(夫), 허가, 제한		

[기본정보]

본서는 관습조사결과를 문제별로 재편집한 '문제별조사서' 제5문 제1관에 속하여 중부 이남 지방을 대상으로 조사한 것이다. 『관습조사보고서』의 민법 총칙 '제5 처의 능력에 제한이 있는가'에 해당한다.

[내용정보]

각 시군에서 관습조사문항에 따라 조사한 것을 문항에 따라 해체 편집하면서 한국의 중부 이남 지방에서 제5문항의 관습을 조사한 것을 모아놓은 것이다. 즉 '제5 처의 능력에 제한이 있는가'에 대하여 경성, 개성, 인천, 수원 등 중부 이남 지방의 시군에서 응답자와 주고받은 문과 답을 기록하여 놓은 것이다. 첫머리에 문답의 총괄을 해 놓은 다음 각 지방의 응답을 수록하였다. 각 지방에서 질문에 응한 사람들은 『관습조사응답자조』를 통하여 확인할 수 있다. 여기서 조사된 내용이 『관습조사보고서』 민법 총칙 '제5 처의 능력에 제한이 있는가'를 집필하는데 기초가 되었을 것이다.

경성의 사례를 보면 처(妻)는 매매, 증여, 기타의 행위를 할 때 부(夫)의 허가를 받는 것이 당연하다고 하였다. 그리고 처가 자기의 물품을 매각할 때에도 부의 허가를 받아야 한다고 하였다. 또한 처는 소송을 할 수 없으며 가장(家長)된 자가 이를 한다고 하였다.

이 자료는 처의 능력에 대하여 각 지방의 다양한 관행을 상세하게 조사하여 확인할 수 있는 자료이다.

Ⅰ-2-1-13 제6 주소에 관한 규정이 있는가

관리기호	기록번호	자료명		
B-1-277	조제66호의 1	第六 住所ニ關スル定アルカ		
작성자	생산기관	생산 연도		
川原信義	법전조사국	-		
지역	언어	분량		소장기관
제1관	일본어	38면		수원박물관
키워드	주소, 본적(本籍), 본적지(本籍地), 거지(居地)			

[기본정보]

본서는 '문제별조사서' 제6문 제1관으로서 민법 총칙 '제6 주소에 관한 규정이 있는가'에 대하여 중부 이남 지방에서 시군별로 조사한 결과를 재편집하여 묶어놓은 것이다.

[내용정보]

각 시군에서 관습조사문항에 따라 조사한 것을 문항에 따라 해체 편집하면서 한국의 중부 이남 지방에서 제6문항에 관하여 조사한 관습을 모아놓은 것이다. 즉 '제6 주소에 관한 규정이 있는가'에 대하여 경성, 개성, 인천, 수원, 안성 등 중부 이남 지방의 시군에서 응답자와 주고받은 문과 답을 기록하여 놓은 것이다.

경성 4월 28일 조사시의 응답자는 현재학(玄在鶴), 장학수(張學壽), 윤계창(尹啓昌), 한관수(韓寬秀), 변계은(邊啓殷)이다. 경성의 사례를 보면, "경성의 사람이 평양에 재직하는데 어머니만 경성에 남아있을 뿐 처자가 모두 평양에 있는 경우 어디를 본적(本籍)으로 보는가"라는 질문에 대해 경성을 본적지(本籍地)로 본다고 하였으며, 본적지는 거지(居地)라고도 칭한다고 하였다. 다른 지방 응답자는 수록되어 있지 않지만『관습조사응답자조』에서 각 지방 응답자를 총괄적으로 확인할 수 있다.

첫머리에 문답의 총괄을 해 놓은 다음 각 지방의 응답을 수록하였다. 내용은 '제6 주소에 관한 규정이 있는가'에 대한 것으로 여기서 조사된 내용이『관습조사보고서』민법 총칙 '제6 주소에 관한 규정이 있는가'를 집필하는데 기초가 되었을 것이다.

[가치정보]

이 자료는 주소에 관한 규정에 대하여 한국 중부 이남 지방의 관행을 상세하게 조사하여 확인할 수 있는 자료이다.

Ⅰ-2-1-14 제7 거소에 관한 규정이 있는가

관리기호	기록번호	자료명	
B-1-278	조제67호의 1	第七 居所ニ關スル定メアルカ	
작성자	생산기관	생산 연도	
-	법전조사국	-	
지역	언어	분량	소장기관
제1관	일본어	32면	수원박물관
키워드	거소, 우거(寓居), 기거(寄居), 주지(住地)		

관리기호	기록번호	자료명	
B-1-279	조제67호의 3	第七 居所ニ關スル定メアルカ	
작성자	생산기관	생산 연도	
-	법전조사국	-	
지역	언어	분량	소장기관
제1관	일본어	32면	수원박물관
키워드	거소, 우거(寓居), 기거(寄居), 주지(住地)		

[기본정보]

본서는 '문제별조사서' 제7문 제1관으로서 민법 총칙 '제7 거소에 관한 규정이 있는가'에 대하여 중부 이남 지방에서 시군별로 조사한 결과를 재편집하여 묶어놓은 초안과 재편집 본이다. '조제67의 1'은 초서본, '조제67의 3'은 정서본이다.

[내용정보]

각 시군에서 관습조사문항에 따라 조사한 것을 문항에 따라 해체 편집하면서 한국의 중부 이남 지방에서 제7문의 관습을 조사한 것을 모아놓은 것이다. 즉 '제7 거소에 관한 규정이 있는가'에 대하여 경성, 개성, 인천, 수원, 안성 등 중부 이남 지방의 시군에서 응답자와 주고받은 문과 답을 기록하여 놓은 것이다. 1905년(광무 9) 3월 전라남도 무안항 감리가 발급한 내동의 1개 통의 통표 문서가 한 장 끼어 있다. 당시 십가작통에서 이 문서는 8가만을 기재하고 있어 내동의 짜투리 통이었을 것으로 보인다. 이 자료는 이 부분에 끼어 있지만 '제6 주소에 관한 규정이 있는가'에서 사용되었을 가능이 높다.

첫머리에 문답의 총괄을 해 놓은 다음 각 지방의 응답을 수록하였다. 경성의 사례를 보면, 경성의 사람이 만약 평양에서 봉직(奉職)하는 경우 현 주소지, 즉 평양은 '우거(寓居)' 혹은 '기거(寄居)'라 칭한다고 하였다. 그리고 이때 "평양을 '주지(住地)'라고 칭하지는 않는 가"라는 질문에 대해서는 '주지'란 근래의 말로서 구래(舊來)의 용어가 아니라고 하였다.

[가치정보]

이 자료는 거소에 관한 규정에 대하여 한국 중부 이남 지방의 관행을 상세하게 조사하여 확인할 수 있는 자료이다.

관리기호	기록번호	자료명	
B-1-280	조제68호의 1	第八 失踪ニ關スル定アルカ	
작성자	생산기관	생산 연도	
-	법전조사국	-	
지역	언어	분량	소장기관
제1관	일본어	43면	수원박물관
키워드	실종, 실종불명자(失踪不明者), 친족협의, 상속		

[기본정보]

본서는 '문제별조사서' 제8문 제1관에 속하여 중남부 지방을 대상으로 조사한 것을 모아 놓은 초안이다. 『관습조사보고서』의 민법 총칙 '제8 실종에 관한 규정이 있는가'에 해당한다.

[내용정보]

각 시군에서 관습조사문항에 따라 조사한 것을 문항에 따라 해체 편집하면서 한국의 중부 이남 지방의 관습 중 제8문항에 대한 각 지방의 조사내용을 모아놓은 것이다. 즉 '제8 실종에 관한 규정이 있는가'에 대하여 경성, 개성, 인천, 수원, 안성, 충주, 청주 등 경성, 경기도, 경상남북도, 전라남북도의 각 시군에서 응답자와 주고받은 문과 답을 기록하여 놓은 것이다. 경성의 경우 6월 11일 응답자 최문식(崔文植), 맹진민(孟眞敏), 주정균(朱定均)과의 문과 답의 내용이라는 점이 기록되어 있다. 영동에는 장훈, 임동근이 응답자로 기록되어 있다. 각 지방에서 질문에 응한 사람들은 『관습조사응답자조』를 통하여 확인할 수 있다. 첫머리에 문답의 총괄을 해 놓은 다음 각 지방의 응답을 수록하였다. 경성의 사례를 보면 실종불명자(失踪不明者)가 70~80세이고 생사가 확인되지 않을 때에는 사망한 자로 추정하고 친족협의 후에 상속인을 정한다고 하였다. 이때 실종자의 재산에 대해서는 자식이 성인인 경우에는 자식이, 미성년자일 경우에는 부인이, 자식이나 부인이 없을 땐 근친(近親)이 관리한다고 하였다.

본서는 실종에 관한 규정에 대하여 한국 중부 이남 지방의 관행을 상세하게 조사하여 확인할 수 있는 자료이다.

I-2-1-16 제9 법인을 인정하는가

관리기호	기록번호	자료명	
B-1-281	조제69호의 1	第九 法人ヲ認ムルカ	
작성자	생산기관	생산 연도	
川原信義	법전조사국	-	
지역	언어	분량	소장기관
제1관	일본어/국한문혼용	93면	수원박물관
키워드	법인, 사원, 향교, 계, 향약문		

[기본정보]

본서는 '문제별조사서' 제9문 제1관에 속하여 중남부 지방을 대상으로 조사한 것을 모아놓은 초안이다. 『관습조사보고서』의 민법 총칙 '제9 법인을 인정하는가'에 해당한다.

[내용정보]

각 시군에서 관습조사문항에 따라 조사한 것을 문항에 따라 해체 편집하면서 한국의 중부 이남 지방의 관습 중 제9문항에 대한 각 지방의 조사내용을 모아놓은 것이다. 즉 '제9 법인을 인정하는가'에 대하여 경성, 개성, 인천, 수원, 안성, 충주, 청주 등 경성, 경기도, 경상남북도, 전라남북도의 각 시군에서 응답자와 주고받은 문과 답을 기록하여 놓은 것이다.

경성의 경우 6월 11일 응답자 최문식(崔文植), 맹진민(孟眞敏), 주정균(朱定均)과의 문과 답의 내용이라는 점이 기록되어 있다. 각 지방에서 질문에 응한 사람들은 『관습조사응답자조』를 통하여 확인할 수 있다.

첫머리에 문답의 총괄을 해 놓은 다음 각 지방의 응답을 수록하였다. 내용은 '제9 법인을 인정하는가'에 대하여 각지 응답자의 답변을 모아 놓았다. 경성의 사례에서는 사원이나 향교의 재산은 이에 관계하는 사람의 재산으로 볼 수 있다고 하였으며, 사원과 향교가 소송의 당사자가 될 수 있다고 하였다. 인천의 경우 『인천항사립인명학교역사』, 〈소학교규칙〉, 『신상회사장정』이 참고문헌으로 수록되어 있다. 충주는 11월 23일에 조사되었음이 부기되어 있다. 옥구의 경우 계에 대한 답변 가운데 1904년(광무 8) 12월 30일자의 옥구군의 향약문이 번역되어 있다. 내용은 훈령, 향약범례, 향약절목, 세칙으로 구성되어 있다. 옥구항대정동동계도 소개되어 있다.

본서는 법전조사국에서 지역을 나누어 전국의 관습을 관습조사항목에 따라 수행한 결과 가운데 '제9 법인을 인정하는가'에 대하여 한국 중부 이남 지방의 문답을 모아 놓은 것이다.

[가치정보]

본서는 법인의 인정에 관한 관습에 대하여 한국 중부 이남 지방의 관행을 상세하게 조사하여 확인할 수 있는 자료이다.

Ⅰ-2-1-17 제10 물건의 구별이 있는가

관리기호	기록번호	자료명	
B-1-282	조제70호의 3	第十 物ノ區別アルカ	
작성자	생산기관	생산 연도	
-	법전조사국	-	
지역	언어	분량	소장기관
제1관	일본어	41면	수원박물관
키워드	물건, 동산(動産), 부동산(不動産), 의복, 기구(器具)		

[기본정보]

본서는 '문제별조사서' 제10문 제1관에 속하여 중남부 지방을 대상으로 조사한 것을 모아 놓은 정서본이다. 『관습조사보고서』의 민법 총칙 '제10 물건의 구별이 있는가'에 해당한다.

[내용정보]

각 시군에서 관습조사문항에 따라 조사한 것을 문항에 따라 해체 편집하면서 한국의 중부 이남 지방의 관습 중 제10문항에 대한 각 지방의 조사내용을 모아놓은 것이다. 즉 '제10 물건의 구별이 있는가'에 대하여 경기도, 경상남북도, 전라남북도의 각 시군에서 응답자와 주고받은 문과 답을 기록하여 놓은 것이다. 경성은 빠져 있다. 각 지방에서 질문에 응한 사람들은 『관습조사응답자조』를 통하여 확인할 수 있다.

첫머리에 문답의 총괄을 해 놓은 다음 각 지방의 응답을 수록하였다. 동산 부동산과 같은 구별이 있는지를 묻고 각 지방 응답자의 답변을 모아 놓았다. 여기서 조사된 내용이 『관습조사보고서』 민법 총칙 '제10 물건의 구별이 있는가'를 집필하는데 기초가 되었을 것이다. 경성의 사례를 보면, "동산(動産), 부동산(不動産)이라는 말이 일반적으로 이해되고 있는가"라는 질문에, 토지, 가옥과 같은 것은 부동산, 의복, 기구(器具) 등은 동산이라고 하면서 그렇지만 널리 일반적으로 이해되고 있지는 않다고 하였다.

[가치정보]

본서는 물건의 구별에 관한 규정에 대하여 한국 중부 이남 지방의 관행을 상세하게 조사하여 확인할 수 있는 자료이다.

I-2-1-18 제11 과실에 관한 규정이 있는가

관리기호	기록번호	자료명	
B-1-283	조제71호의 3	第十一 果實ニ關スル定メアルカ	
작성자	생산기관	생산 연도	
-	법전조사국	-	
지역	언어	분량	소장기관
제1관	일본어	62면	수원박물관
키워드	과실, 귀속, 천연과실, 법정과실, 이자, 화리		

[기본정보]

본서는 '문제별조사서' 제11문 제1관에 속하여 중남부 지방을 대상으로 조사한 것을 모아 놓은 자료이다.『관습조사보고서』의 민법 총칙 '제11 과실에 관한 규정이 있는가'에 해당한다.

[내용정보]

이 기록은 법전조사국의 관습조사항목 가운데 11번째에 해당하는 '과실에 관해서는 정해진 규정이 있는가'라는 조항에 대한 22개 지역의 조사내용을 모아 놓은 것이다. 해당 지역은 경성, 개성, 인천, 수원, 안성, 청주, 충주, 영동, 대구, 상주, 안동, 경주, 울산, 동래, 창원, 진주, 제주, 낙안, 광주 등이다. 법전조사국에서는 조사의 편의를 위하여 전국의 48개 지역을 제1관 지역과 제2관 지역으로 구분하였는데, 이 자료에 보이는 지역은 제1관 지역에 해당되는 군현이다.

각 지방에서 질문에 응한 사람들은『관습조사응답자조』를 통하여 확인할 수 있다. 첫머리에 문답의 총괄을 해 놓은 다음 각 지방의 응답을 수록하였다. 내용은 경작지의 임대차에 관한 지주와 소작인 또는 소작인간의 과실의 귀속에 관한 것이다. 여기서 조사된 내용이 『관습조사보고서』 민법 총칙 '제11 과실에 관한 규정이 있는가'를 집필하는데 기초가 되었을 것이다.

본서는 법전조사국에서 지역을 나누어 전국의 관습을 관습조사항목에 따라 수행한 결과 가운데 '제11 과실에 관한 규정이 있는가'에 대하여 한국 중부 이남 지방의 문답을 모아 놓은 것이다.

[가치정보]

본서는 과실의 규정에 관한 관습에 대하여 한국 중부 이남 지방의 관행을 상세하게 조사하여 확인할 수 있는 자료이다.

관리기호	기록번호	자료명		
B-1-155	조제71호의 2	第十一 果實二關スル定メアルカ		
작성자	생산기관	생산 연도		
-	법전조사국	-		
지역	언어	분량	소장기관	
제2관	일본어	62면	수원박물관	
키워드	과실, 귀속, 천연과실, 법정과실, 이자, 화리			

[기본정보]

이 자료는 법전조사국이 작성한 자료로 표제에는 별도의 제목 없이 '민법(民法)', '총칙(總則)'의 직인이 있다. 내용에는 각 지역에서 조사된 관습조사의 제11번째 항목만을 따로 모아 정리한 기록이다.

[내용정보]

이 기록은 법전조사국의 관습조사항목 가운데 11번째에 해당하는 '과실에 관해서는 정해진 규정이 있는가'라는 조항에 대한 22개 지역의 조사내용을 모아 놓은 것이다. 해당 지역은 해주, 황주, 평양, 삼화, 안주, 덕천, 용천, 의주, 강계, 영변, 경흥, 회령, ○○(군현명 직인 없음 : 종성으로 추정), 성진, 북청, 갑산, 함흥, 덕원, 금성, 춘천, 원주, 강릉이다. 법전조사국에서는 조사의 편의를 위하여 전국의 48개 지역을 제1관 지역과 제2관 지역으로 구분하였는데, 이 자료에 보이는 22개 지역은 제2관 지역에 해당되는 군현이다.

그 가운데 의주의 내용을 살펴보면, 과실(果實)은 천연과실(天然果實)과 법정과실(法定果實)로 나누며, 천연과실은 경지의 작인과 지주가 변경되는 과정에서 볼 수 있다. 작인의 변경은 ① 작물의 식부(植付) 후에 변경된 경우는 그 수확의 수취는 새로운 작인의 소득이며, ② 작물이 성숙하는 도중에 작인이 변경될 때에는 전후의 작인이 절반씩 수취하며, ③ 작물이 이미 다 성숙했을 때 작인을 변경하는 경우에는 이전의 작인이 그 수확을 모두 가져감이 관례였다. 지주의 변경은 ① 식부(植付) 당시와 작물의 성숙 도중에 변경되면 새로운 지주의 소득이 된다. ② 작물이 성숙에 이른 시기에는 [청전(靑田)·황전(黃田)이라는 말이 있어 성숙과 미성숙을 구분하며] 반드시 당사자 간에 계약을 통해 일정한 비율로 나누되, 만일 별도의 계약이 없으면 그 수확은 구(舊) 소유주의 소득이 된다. 이 같은 천연과실의 관습은 수과(樹果)나 출산기에 달한 우마의 소유주 변경의 경우에도 동일했다. 한편, 법정과실의 예는 금전의 이자, 임대된 가옥 등에서 채권자나 소유주 변경에서 볼 수 있다. 가령, 가옥의 소유주가 변경된 경우에 기존 월세의 임대는 소유주 변경의 계약이 성립한 날을 한계로 일할(日割)로 감정(勘定)하여 전후 소유자의 수취부분을 정하였다.

[가치정보]

　본서는 과실의 규정에 관한 관습에 대하여 제2관 지역의 관행을 상세하게 조사하여 확인할 수 있는 자료이다.

I-2-1-20 제12 격지자간의 의사표시는 언제부터 그 효력이 생기는가

관리기호	기록번호	자료명	
B-1-284	조제72호의 3	第十二 隔地者間ノ意思表示ハ 何レノ時ヨリ其效力ヲ生スルカ	
작성자	생산기관	생산 연도	
-	법전조사국	-	
지역	언어	분량	소장기관
제1관	일본어	72면	수원박물관
키워드	법률행위, 효력발생, 격지자, 계약성립, 승낙기간		

관리기호	기록번호	자료명	
B-1-285	조제72호의 1	第十二 隔地者間ノ意思表示ハ 何レノ時ヨリ其效力ヲ生スルカ	
작성자	생산기관	생산 연도	
-	법전조사국	-	
지역	언어	분량	소장기관
제1관	일본어	64면	수원박물관
키워드	법률행위, 효력발생, 격지자, 계약성립, 승낙기간		

[기본정보]

이 문서는 멀리 떨어져 있는 당사자간의 의사표시의 방법과 그 효력발생의 시기에 관하여 경성, 개성, 인천, 수원, 안성, 청주, 충주, 영동 등 한국 중남부 지방의 관습을 조사한 것이다. '조제72호의 1'은 초서본, '조제72호의 3'은 정서본이다. 다만, '조제72호의 1'에는 경성 지역의 조사일과 응답자를 기록한 점이 차이다.

[내용정보]

이 조사는 "멀리 떨어져 있는 양 당사자들끼리 계약을 함에 있어서 의사표시를 서면으로 하는 경우에 그것이 유효하게 성립하는지, 만약 성립한다면 언제 효력이 발생하는지, 당사자들끼리 승낙기간을 미리 정한 경우와 그렇지 않은 경우에 따라서 차이가 있는지, 계약의 승낙과 그 밖의 의사표시 사이에는 차이가 없는지" 등에 대하여 질문하고 있다.

일반적으로 멀리 떨어져 있는 갑(甲)과 을(乙) 간의 의사표시는 사용인에게 서면으로 하거나 구두로 통지하는 방법을 사용한 것으로 조사되었다. 격지자 사이의 거래에 대한 의사표시의 효력이 발생하는 시기도 거의 유사한 것으로 조사되었다. 예컨대, 경성 지역조사보고서에는 경성과 평양에 있는 상인들 간에 상거래를 하는 경우에 계약성립의 시기에 대해서는 승낙서가 도착하여 일람한 때를 계약이 성립한 때라고 기술하고 있다. 예산 지역에서도 갑과 을이 계약을 맺은 경우 그 계약의 승낙서가 상대방에게 도착한 때에 효력이 발생하는 것으로 조사되었다. 그리고 만약에 승낙기간을 미리 정해 놓은 경우와 정해 놓지 않는 경우와 차이가 있는 것에 대해서는 한국에서는 승낙기간을 정해 놓는 경우가 많지 않다는 점을 서술하면서도 그 효력발생의 시기에는 차이가 없다고 조사되었다.

따라서 갑과 을의 계약관계에서 을이 승낙의 취지를 발송하고 그 서면이 도달하기 전에 계약취소의 전보를 발했을 경우에 그 취소전보가 유효하다고 파악하였다. 또한 그 전보가 승낙서가 도달하기 이전에 도착하든 도달한 이후에 도착하든 모두 유효하다는 것이다.

다만, 수원지역에서는 수원의 갑이 경성의 상인 을에 대하여 계약신청만을 한 경우에 을이 승낙의 취지를 답하게 되면 이 계약은 승낙 통지를 발송한 때부터 효력이 발생하는 것으로 조사되었다. 만약에, 승낙 통지를 발송한 후에 계약 신청을 취소할 수도 있는 것으로 조사되었다. 그리고 "계약의 승낙과 최촉통지(催促通知)는 서로 차이가 없는가"에 대한 질문에도 차이가 없는 것으로 응답하였다. 그리고 계약을 위배한 경우에는 그 위배로 인하여 발생한 손해를 배상하도록 하는 등의 제재가 있는지에 대해서도 손해를 배상하도록 한다고 응답하였다.

[가치정보]

이 자료는 멀리 떨어져 있는 양 당사자들끼리 계약을 함에 있어서 의사표시의 성립 여부와 효력의 발생시점, 계약의 승낙과 같은 의사표시의 차이 등에 대하여 한국 중부 이남 지방의 관행을 상세하게 조사하여 확인할 수 있는 자료이다.

I-2-1-21 제14 대리인의 행위는 항상 본인에 대하여 직접적으로 그 효력을 갖는가

관리기호	기록번호	자료명	
B-1-286	조제74호의 3	第十四 代理人ノ行爲ハ常ニ 本人ニ對シ直接ニ其效力ヲ生スルカ	
작성자	생산기관	생산 연도	
-	법전조사국	-	
지역	언어	분량	소장기관
제1관	일본어	44면	수원박물관
키워드	대리인, 행위, 효력, 대신(代身), 위임장		

[기본정보]

본서는 '문제별조사서' 제14문 제1관에 속하여 중남부 지방을 대상으로 조사한 것을 모아 놓은 정서본이다. 『관습조사보고서』의 민법 총칙 '제14 대리인의 행위는 항상 본인에 대하여 직접 그 효력을 갖는가'에 해당한다.

[내용정보]

각 시군에서 관습조사문항에 따라 조사한 것을 문항에 따라 해체 편집하면서 한국의 중부 이남 지방의 관습 중 제14문항에 대한 각 지방의 조사내용을 모아놓은 것이다. 즉 제14문항에 대하여 경기도, 경상남북도, 전라남북도의 각 시군에서 응답자와 주고받은 문과 답을 기록하여 놓은 것이다.

경성의 경우 6월 14일 조사에서 응답자는 전치명(田致明), 오두영(吳斗泳), 김진섭(金鎭燮), 이면의(李冕儀)이다. 각 지방에서 질문에 응한 사람들은 『관습조사응답자조』를 통하여 확인할 수 있다. 첫머리에 문답의 총괄을 해 놓은 다음 각 지방의 응답을 수록하였다. 여기서 조사된 내용이 『관습조사보고서』 민법 총칙 '제14 대리인의 행위는 항상 본인에 대하여 직접적으로 그 효력을 갖는가'를 집필하는데 기초가 되었을 것이다. 경성의 사례를 보면 대리인의 행위는 항상 본인과 같은 효력을 갖는다고 하였다. 구체적으로 "상품의 매매를 타인에게 의뢰하여 하는 경우에는 그 대신(代身)이 매매계약을 함에도 직접 본인이 한 것과 동일한 효력이 발생하는가"라는 질문에 대해, 타인에게 의뢰할 경우 위임장(委任狀)을 승인하여 대신(代身)에게 교부할 때 구두(口頭)로서 한 사람에게도 항상 본인의 직접 효력이 발생한다고 하였다.

[가치정보]

본서는 법전조사국에서 지역을 나누어 전국의 관습을 관습조사항목에 따라 수행한 결과 가운데 제14문항에 대하여 한국 중부이남 지방의 문답을 모아 놓은 것으로, 대리인의 행위가 본인에게 갖는 효력에 대하여 한국 중부이남 지방의 관행을 상세하게 조사하여 확인할 수 있는 자료이다.

Ⅰ-2-1-22 제15 대리에는 법정대리, 임의대리의 차이가 있는가

관리기호	기록번호	자료명	
B-1-287	조제75호의 1	第十五 代理ニハ法政代理, 任意代理ノ別アルカ	
작성자	생산기관	생산 연도	
-	법전조사국	-	
지역	언어	분량	소장기관
제1관	일본어	45면	수원박물관
키워드	대리인, 행위, 효력, 법정대리, 임의대리		

[기본정보]

이 자료는 대리에 법정대리와 임의대리의 차이가 있는지에 관하여 경성, 개성, 인천,

수원, 안성, 청주, 충주, 영동, 대구, 상주, 안동, 경주, 울산, 동래, 창원, 진주, 제주, 무안, 광주, 옥구, 남원, 공주, 온양, 예산, 은진 등 제1관 지역을 조사한 것이다. 조사사항은 "대리에는 법정대리와 임의대리의 구별이 있는가, 만약 있다면 주요 법정대리인은 어떠한가, 후견인은 피후견인의 법정대리인이 되는가, 임의대리인은 반드시 계약으로 정하는가" 등이다.

[내용정보]

조선의 과거 법령에는 행위무능력자 등 대리인을 필요로 하는 자에 대해 당연히 대리인이 되어야 할 자에 대한 규정이 없고, 재판소에서 대리인을 선임해야 할 경우를 규정하지 않았다. 그러나 관습상으로 대리를 필요로 하는 것에 대해 당연히 대리인으로 되어야 할 자를 인정하였으며 미성년자나 정신병자의 보호자, 부재자의 재산관리자, 상속인 없이 사망한 자의 유산관리자 등이 있었다. 근래에는 회사 등 법인과 같은 것에 대해 법령의 규정으로 대리인이어야 할 자를 인정하고 소송에 대해서는 당연대리인인 자와 재판소에서 대리인을 지정할 경우를 규정하였다.

피대리인(被代理人)의 법률행위에 의한 대리는 항상 계약으로 하는 것으로서 조선의 관습에서는 대리인을 정하는 것은 본인의 의사표시만으로는 충분하지 않고 대리인이 되어야 할 자의 승낙이 필요하다고 하였다. 타인에게 법률행위를 위탁하면 그 위탁은 특히 반대의 의사표시가 있는 경우 외에는 대리권의 수여를 포함하는 것으로 간주하였다. 위탁을 받아야 하는 자는 승낙을 함과 동시에 위탁자의 대리인으로 되는 것이 통례라고 하였다. 조선의 관습에서 인정된 임의대리는 위임계약의 의하여 발생하고 본인의 수권행위에만 의한 대리는 없으며 또 위임계약은 통상 대리권의 수여를 수반한다고 하였다.

[가치정보]

이 자료는 법정대리와 임의대리의 차이에 대한 관습에 대해 제1관 지역에서의 구체적인 사례와 특징을 확인할 수 있는 자료이다.

I-2-1-23 제19 기간의 첫날은 그것을 산입하는가 하지 않는가

관리기호	기록번호	자료명	
B-1-288	조제79호의 1	第十九 其間ノ初日ハ之ヲ算入スルヤ否ヤ	
작성자	생산기관	생산 연도	
-	법전조사국	-	
지역	언어	분량	소장기관
제1관	일본어	32면	수원박물관
키워드	기간, 초일(初日), 산입(算入), 기일(期日)		

[기본정보]

본서는 '문제별조사서' 제19문 제1관에 속하여 중남부 지방을 대상으로 조사한 것을 모아 놓은 초안이다. 『관습조사보고서』의 민법 총칙 '제19 기간의 첫날은 그것을 산입하는가 하지 않는가'에 해당한다.

[내용정보]

각 시군에서 관습조사문항에 따라 조사한 것을 문항에 따라 해체 편집하면서 한국의 중부 이남 지방의 관습 중 제19문항에 대한 각 지방의 조사내용을 모아놓은 것이다. 즉 제19문항에 대하여 경기도, 경상남북도, 전라남북도의 각 시군에서 응답자와 주고받은 문과 답을 기록하여 놓은 것이다.

경성의 경우 기일(期日)을 계산할 때 초일(初日)을 산입한다고 하였고, 개성의 경우는 예를 들면 7월 5일부터 8월 5일까지가 1개월이 되는데 7월 5일 오전 11시부터라 하더라도 1개월이 되는 시점은 8월 5일 오전 11시까지가 아니라 오후 12시까지라 하였다. 영동의 경우 응답자로 상인 손재일(孫在逸), 농부 조태지(趙泰之) 등이 나온다. 각 지방에서 질문에 응한 사람들은 『관습조사응답자조』를 통하여 확인할 수 있다. 여기서 조사된 내용이 『관습조사보고서』 민법 총칙 '제19 기간의 초입을 산입하는가 않는가'를 집필하는데 기초가 되었을 것이다.

[가치정보]

본서는 법전조사국에서 지역을 나누어 전국의 관습을 관습조사항목에 따라 수행한 결과 가운데 제19문항에 대하여 한국 중부 이남 지방의 문답을 모아 놓은 것으로 기간의 초입 산입 여부에 대하여 한국 중부 이남 지방의 관행을 상세하게 조사하여 확인할 수 있는 자료이다.

Ⅰ-2-1-24 제20 시효를 인정하는가 하지 않는가

관리기호	기록번호	자료명	
B-1-289	조제80호의 3	第二十 時效ヲ認ムルヤ否ヤ	
작성자	생산기관	생산 연도	
-	법전조사국	-	
지역	언어	분량	소장기관
제1관	일본어	39면	수원박물관
키워드	시효, 경과(經過), 대금(代金), 대주(貸主), 차주(借主)		

[기본정보]

본서는 '문제별조사서' 제20문 제1관에 속하여 중남부 지방을 대상으로 조사한 것을 모아 놓은 정서본이다. 『관습조사보고서』의 민법 총칙 '제20 시효를 인정하는가 하지 않는가'에 해당한다.

[내용정보]

각 시군에서 관습조사문항에 따라 조사한 것을 문항에 따라 해체 편집하면서 한국의 중부 이남 지방의 관습 중 제20문항에 대한 각 지방의 조사내용을 모아놓은 것이다. 즉 제20문항에 대하여 경기도, 경상남북도, 전라남북도의 각 시군에서 응답자와 주고받은 문과 답을 기록하여 놓은 것이다. 경성의 사례를 보면, 대금(代金)은 대주(貸主)가 최고(催告)하지 않은 채 수십년을 경과했더라도 차주(借主)가 이를 지불하지 않을 수 없다고 하였다. 영동의 경우 응답자로 상인 손재일(孫在逸), 농부 조태지(趙泰之) 등이 나온다. 각 지방에서 질문에 응한 사람들은『관습조사응답자조』를 통하여 확인할 수 있다. 여기서 조사된 내용이『관습조사보고서』민법 총칙 '제20 시효를 인정하는가 않는가'를 집필하는데 기초가 되었을 것이다.

[가치정보]

본서는 법전조사국에서 지역을 나누어 전국의 관습을 관습조사항목에 따라 수행한 결과 가운데 제20문항에 대하여 한국 중부 이남 지방의 문답을 모아 놓은 것으로 시효의 인정 여부에 대하여 한국 중부 이남 지방의 관행을 상세하게 조사하여 확인할 수 있는 자료이다.

I-2-1-25 제21 물권, 채권, 또는 비슷한 권리의 구별이 있는가

관리기호	기록번호	자료명	
B-1-290	조제81호의 3	第二十一 物權債權又ハ之ニ類スル權利ノ區別アルカ	
작성자	생산기관	생산 연도	
-	법전조사국	-	
지역	언어	분량	소장기관
제1관	일본어	76면	수원박물관
키워드	물권, 채권, 환매, 환퇴, 환매권		

[기본정보]

이 보고서는 경성을 비롯한 20여 개 지역에서 채권, 채무의 종류에 따라 그 권리와 의무에 어떠한 구별이 있는가에 대한 조사내용을 담고 있다.

[내용정보]

차지권과 같이 종류에 따라 소유자의 승낙이 없이 이를 양도할 권리가 있었는가, 소유자 변경 후에도 여기에 대한 권리를 행사할 수 있는가, 토지 매매시에 첨부된 환매에 관한 조항의 효력이 어떠한가 등에 대해 조사하였다. 조사지역은 경성, 개성, 인천, 수원, 안성, 청주, 충주, 영동, 대구, 상주, 안동, 경주, 울산, 동래, 창원, 진주, 제주, 낙안, 광주, 옥구, 남원, 공주, 청양, 예산, 은진 등이다.

당시 채권(債權)·채무(債務)라는 용어를 사용했고, 물권(物權)이라는 용어는 없었으나 여기에 대한 구별은 있었고, 전당의 물권적 효력이 인정되었다. 차지권 가운데는 가옥을 소유하기 위해서 토지를 차용한 자는 토지소유자가 변경되어도 새로운 소유자에 대해서 그 권리를 행사할 수 있는 물권의 성질을 가진 것으로 인정되었다. 그러나 영소작(永小作)을 제외하고 토지 경작을 본래 목적으로 차용한 자는 그 권리로 새로운 소유자에 행사할 수 없는 채권의 성질을 지닌 것으로 보았다.

한편, 환매(還買)[환퇴(還退)]의 조건이 첨부된 토지·가옥을 매수한 자는 반드시 이 조건에 응할 의무가 있기 때문에 이를 전매하는 일이 거의 없었다. 이를 전매하는 경우에는 반드시 매도인이 환매(還買)를 하지 않는 다는 의사표시가 경우 이를 확인 후에 매매가 가능했다. 따라서 환매권(還買權)은 채권의 성격이 가진 것이었지만, 환매의 조항이 첨부됨으로써 전매자(轉買者)는 일정한 권리를 행사할 수 있었던 것으로 파악하고 있다.

이 보고서는 초서체로 기록된 '조제81호'의 2와 동일 내용을 담고 있는 정서본이다.

[가치정보]

이 기록은 당시 토지와 가옥의 전매과정에서 나타난 채무, 채권, 물권에 대한 의무와 권리, 효력의 발생과 소멸 등의 관습을 살펴볼 수 있는 자료이다.

I-2-1-26 제21 물권, 채권, 또는 유사한 권리의 구별이 있는가

관리기호	기록번호	자료명	
B-1-518	조제81호의 2	第二十一 物權債權又ハ之ニ 類スル權利ノ區別アルカ	
작성자	생산기관	생산 연도	
-	법전조사국	-	
지역	언어	분량	소장기관
제2관	일본어	51면	수원박물관
키워드	차지권, 채권, 채무, 물권, 환퇴		

[기본정보]

이 자료는 법전조사국이 작성한 자료로 자료명은 '제21 물권, 채권 또는 이와 유사한 권리의 구별이 있는가'로 되어 있다. 조사항목은 "차지권과 같이 종류에 따라 소유자의 승낙이 없이 이를 양도할 수 있는 것과 할 수 없는 것이 있는가, 또는 소유자 변경 후 이를 새 소유자에게 대항할 수 있는 것과 할 수 없는 것이 있는가, 토지를 매매할 때 첨부한 환매 특약은 이를 매수인에게만 대항할 수 있는 것인가, 후일 소유자가 된 자에게도 이를 주장할 수 있는 것인가" 등이다.

[내용정보]

조선에서는 1896년 이후 법령에서 채권(債權)·채무(債務)라는 말을 사용하되 물권(物權)이라는 말은 사용하지 않았지만, 종래 물권의 성질을 갖는 권리와 채권의 성질을 갖는 권리 사이에 권리의 실질에서 양자는 구별되었다고 했다. 그리고 물권·채권의 구별을 인정하고 전당의 물권적 효력을 인정했다.

차지권에는 물권의 성질과 채권의 성질을 갖는 것이 있다. 가옥을 소유하기 위해서 토지를 차용한 자는 토지소유자가 변경되어도 새소유자에 대해서 그 권리를 대항할 수 있었다. 그 성질은 물권에 속하였다. 반면 경작의 목적으로 토지를 차용한 자는 영소작(永小作)의 경우를 제외하고는 그 권리로 새 소유자에 대하여 대항할 수 없다. 그 성질은 채권에 지나지 않는다.

환매(還買)는 보통 환퇴(還退)라 부르며, 환매(還買) 특약을 덧붙여 토지 또는 가옥을 매수한 자는 매도인의 환매청구에 응할 의무가 있으므로 이를 전매하는 일이 거의 없었다. 이를 전매하는 경우가 있지만, 통례는 매도인이 환매를 하지 않을 것을 확인한 후 전매를 하는 방식이었다. 환매권(還買權)은 채권의 성질이지만, 문권의 기재에 의해서 간접으로 이를 전매자(轉買者)에게 대항권을 갖는 것이었다고 조사자는 결론을 내렸다.

조사지역은 해주, 황주, 삼화, 안주, 덕천, 용천, 의주, 강계, 영변, 경흥, 회령, 경성, 성진, 북청, 갑산, 함흥, 위원, 금화, 춘천, 원주 등이다.

[가치정보]

이 기록은 당시 토지와 가옥의 전매과정에서 나타난 채무, 채권, 물권에 대한 의무와 권리, 효력의 발생과 소멸 등의 관습을 살펴볼 수 있는 자료이다.

Ⅰ-2-1-27 제22 토지에 관한 권리의 종류 여하

관리기호	기록번호	자료명	
B-1-291	조제82호의 1	第二十二 土地ニ關スル權利ノ種類如何	
작성자	생산기관	생산 연도	
-	법전조사국	-	
지역	언어	분량	소장기관
제1관	일본어	51면	수원박물관
키워드	소유권, 차지권, 입회권, 지역권, 전당권, 선취특권		

[기본정보]

이 조사보고서는 경성을 비롯한 25개 지역에서 토지에 관한 제반 권리의 종류에 대해 구체적인 사례를 통해 조사한 내용을 담고 있다.

[내용정보]

토지에 관한 권리로 소유권, 차지권, 지역권, 입회권, 선취특권, 전당권의 색인어를 제시하고 이를 기준으로 조사대상 지역의 사례를 통해 이러한 권리가 관습상으로 어떻게 나타나고 있는가를 밝히고 있다. 조사지역은 경성, 개성, 인천, 수원, 안성, 청주, 충주, 영동, 대구, 상주, 안동, 경주, 울산, 동래, 창원, 진주, 제주, 낙안, 광주, 옥구, 남원, 공주, 청양, 예산, 은진 등이다.

먼저, 소유권에 대해서는 토지 소유자는 관련 토지 법령과 관습에 따라 그 위에 권리를 설정하여 이를 사용하거나 처분할 수 있었다. 차지권은 지역에 따라 그 종류에 다소간의 차이가 있으나 대체로 5가지 정도의 권리로 파악하였다. 첫째는 가옥을 소유하기 위한 것, 둘째는 분묘 등을 소유하기 위한 것, 셋째는 수목을 소유하기 위한 것, 넷째는 경작을 위한 것, 다섯째는 시초를 채취하고 목축을 위한 것이다. 지역권에 대해서는 토지경작 과정에서 인수(引水)나 통행을 위하여 타인의 토지를 사용하는 권리로 파악하였다. 그리고 입회권은 두 개 이상의 지역의 경계에 위치하여 그 지역에 속한 리(里)·동(洞)의 민인들이 공유하는 임야에서 땔감용 시초를 채취하거나 방목하는 관행이 있었고 〈삼림령〉과 〈시행규칙〉으로 국유화된 삼림에서도 이러한 입회관행을 어느 정도 인정받고 있었다고 조사하였다.

한편, 선취특권과 전당권에 대한 조사내용도 보인다. 조세 등의 공과(公課)와 횡령의 추징에 대해서는 선취특권을 인정하였고, 토지의 전당은 물건이나 권리를 목적으로 한 채권의 담보의 성격을 지닌 저당이라고 파악했으며 질권의 성질을 갖는 토지전당은 발견되지 않는다고 하였다.

[가치정보]

이 보고서는 각 지역에서 행해진 토지에 관한 권리에 대해 여러 지역의 특징을 비교해 볼 수 있는 자료이다.

I-2-1-28 제23 권리의 설정이전에 대하여 특히 일정한 수속을 필요로 하는가

관리기호	기록번호	자료명	
B-1-292	조제83호의 3	第二十三 權利ノ設定移轉ニ付特ニ 一定ノ手續ヲ必要トスルカ	
작성자	생산기관	생산 연도	
-	법전조사국	-	
지역	언어	분량	소장기관
제1관	일본어	59면	수원박물관
키워드	권리, 설정, 이전, 수속, 계약		

[기본정보]

이 자료는 법전조사국이 작성한 자료로 자료명은 '제23 권리의 설정·이전에 대하여 특히 일정한 수속을 필요로 하는가'로 되어 있다. 조사항목은 "그 절차를 이행하기까지는 아직 권리를 설정·이전하지 않은 것으로 보는가, 그 설정·이전은 계약의 성립과 동시에 하여야 하는 것으로 보는가, 이의 경우 절차의 효력은 어떠한가, 그 중 권리의 목적물을 인도하기 전에 이미 그 권리의 설정·이전이 있는 것으로 보는가" 등이다.

[내용정보]

물(物)에 관한 권리의 설정·이전에서는 『경국대전(經國大典)』 「호전(戶典)」 '매매한조(買賣限條)', 1906년(광무 10) 〈가계발급규칙〉에서는 가옥을 매매할 때에는 구계(舊契)를 제출하여 신계를 받거나, 구계에 이서를 받게 하고 수수료를 징수하였다. 그러나 이것은 권리의 설정·이전에 필요한 조건이라 볼 수 없다. 1908년(융희 2) 〈국유토석채취규칙(國有土石採取規則)〉, 〈어업법(漁業法)〉, 1898년(광무 2) 〈전당포규칙〉, 1906년(광무 10) 〈토지가옥증명규칙〉 등에서 관의 인허나 증명을 받도록 했다. 하지만 이것은 권리의 설정·이전을 확실하게 하는 방법일 뿐이고, 필요조건이 아니었다고 했다.

그리고 매매문권은 권리이전을 할 때마다 작성·교부하는 증서에 지나지 않으므로, 망실한 경우에는 관에 신청해서 증명을 받아 이를 문권으로 대용했는데, 이를 입지라고 했다. 문기에는 증인과 집필자 또는 증인의 연서를 필요로 했다.

또 근년에 이르기까지 문기에 노복의 이름을 사용하는 관례가 있었다. 이름은 실명인 것과 가명인 것이 있었다. 그렇지만 이는 관례상 사용하는데 불과하므로 실제의 매도인은 노복이 아니고 주인이었다. 또한 노복의 이름으로 한 방매문기는 패지라고 부르며 노복에게 매각방법을 명한 서면을 첨부하는 경우가 많았다.

조사지역은 경성, 개성, 인천, 수원, 안성, 청주, 충주, 영동, 대구, 상주, 안동, 경주, 울산, 동래, 창원, 진주, 제주, 낙안, 광주, 옥구, 남원, 공주, 청양, 예산, 은진 등이다.

[가치정보]

이 자료는 권리의 설정 이전에 대하여 각 지역에서 행해진 절차의 이행과 성립, 효력에 관한 사례를 통해 설명하고 있다는 점에서 조사 대상 여러 지역에서 나타난 권리의 설정 이전에 관한 특징을 비교해 볼 수 있는 자료가 될 수 있다.

I-2-1-29 제24 소위 즉시시효 또는 이와 유사한 것이 있는가

관리기호	기록번호	자료명	
B-1-294	조제84호의 1	第二十四 所爲卽時時效又ハ之ニ類スルモノアルカ	
작성자	생산기관	생산 연도	
下森久吉	법전조사국	-	
지역	언어	분량	소장기관
제1관	일본어	43면	수원박물관
키워드	즉시시효, 도난품, 유실물, 매수인, 전당권설정자〔出典者〕, 전당권자〔承典者〕		

관리기호	기록번호	자료명	
B-1-293	조제84호의 3	第二十四 所爲卽時時效又ハ之ニ類スルモノアルカ	
작성자	생산기관	생산 연도	
-	법전조사국	-	
지역	언어	분량	소장기관
제1관	일본어	51면	수원박물관
키워드	즉시시효, 도난품, 유실물, 매수인		

[기본정보]

이 자료는 법전조사국이 작성한 자료로 자료명은 '제24 소위 즉시시효 또는 이와 유사한 것이 있는가'로 되어 있다. '조제84호의 1'은 초서본, '조제84호의 3'은 정서본이다. 조사항목은 "매수인이 매도인을 소유자로 확신하고 상품을 매수한 경우 후일에 진정한 소유자로부터 반환요구를 받을 때 이를 반환하지 않을 수 없는가, 만약 그렇다면 오랜 시일이 지난 뒤에라도 동일한가. 또 매도인이 동종의 상품을 판매하는 상인일 경우에는 구별이 없는가, 그 물건이 도난품, 유실물 등인가 아닌가에 따라 구별은 없는가" 등이다.

[내용정보]

종래의 관습에서 동산을 매수하거나 전당 목적으로 수취한 경우 그 물건이 매도인 또는 전당권설정자[출전자(出典者)]의 소유가 아니더라도 매수인 또는 전당권자[승전자(承典者)]가 그 정황을 모르고 또한 매도인 또는 전당권 설정자의 소유품으로 믿을 만한 이유가 있으면, 소유자로부터 반환을 청구 받아도 점유자는 이를 거절할 수 있었다. 그리고 매도인 또는 전당권 설정자가 동종의 물건을 판매하는 상인인 경우에는 매수인 또는 전당권자가 그들의 소유물이라고 믿을 만한 이유가 뚜렷한 것으로 보았다. 그러나 그 물건이 도난품이면 반환해야 하고, 유실품이면 반환하지 않아도 되었다고 보고하고 있다.

그리고 장물의 매득, 전당업자의 전수(典受)에 대해서는 〈전당포규칙〉에 의거 본주에게 되돌려주도록 하였다. 다만 정황을 모르고 전당을 한 경우와 징상(徵償)을 할 수 없는 경우에는 본주가 대가(代價)의 반(半)을 상환하도록 했다고 조사 보고하고 있다.

조사지역은 경성, 개성, 인천, 수원, 안성, 청주, 충주, 영동, 대구, 상주, 안동, 경주, 울산, 동래, 창원, 진주, 제주, 낙안, 광주, 옥구, 남원, 공주, 청양, 예산, 은진 등이다.

[가치정보]

이 자료는 즉시시효에 대하여 동산의 매매, 장물의 매득, 전당업자의 전수(典受)에 관한 사례를 확인할 수 있는 자료이다.

I-2-1-30 제25 토지건물 등의 소유자는 어떤 권리를 가지는가

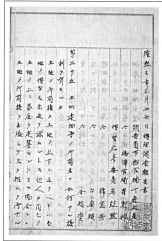

관리기호	기록번호	자료명	
B-1-296	조제85호의 1	第二十五 土地建物等ノ所有者ハ如何ナル權利ヲ有スルカ	
작성자	생산기관	생산 연도	
下森久吉	법전조사국	1910	
지역	언어	분량	소장기관
제1관	일본어	44면	수원박물관
키워드	수용권, 토지, 수목, 건물, 매장		

관리기호	기록번호	자료명	
B-1-295	조제85호의 3	第二十五 土地建物等ノ所有者ハ如何ナル權利ヲ有スルカ	
작성자	생산기관	생산 연도	
下森久吉	법전조사국	1909년 3월 26일	
지역	언어	분량	소장기관
제1관	일본어	55면	수원박물관
키워드	수용권, 토지, 수목, 건물, 매장		

[기본정보]

토지건물의 소유자의 권리와 범위, 국가의 수용권에 대한 조사 보고 내용을 담고 있다. '조제85호의 1'은 초서본, '조제85호의 3'은 정서본이다.

[내용정보]

조사지역은 경성, 개성, 인천, 수원, 안성, 청주, 충주, 영동, 대구, 상주, 안동, 경주, 울산, 동래, 창원, 진주, 제주, 낙안, 광주, 옥구, 남원, 공주, 청양, 예산, 은진의 25개 지역이다.

조사내용에서 질문사항은 "국가에서 토지와 건물 등이 필요할 경우 소유자의 승낙 없이도 이를 수용할 수 있는지의 여부, 그리고 국가에서 소유자에게 배상금을 지불할 경우, 그 금액은 어떻게 결정되는가" 등이다. 또한 "토지 소유자는 토지에 대한 권리 외에도 다른 사람이 공중 또는 지하에서 공사하는 것을 금지할 수 있는가"에 대해 조사하고 있다.

이에 대한 대답은 토지나 건물의 소유자는 자신의 토지 또는 건물에 대한 사용과 수익 그리고 처분에 관한 권리를 지닌다고 한다. 타인이 그러한 토지에서 행해서는 안 되는 행위로는 지역에 따른 차이가 있으나 광물의 채취, 수목의 벌채는 금지된다. 또한 몰래 매장하는 행위는 '도원릉수목률(盜園陵樹木律)'에 의거 처벌되었다. 이 밖에 가옥을 건축하기 위해 토지의 매도, 대여를 요구할 때 거절할 수 없는 관습, 공대지(空垈地)나 포전(圃田)을 물론하고 민에게 가옥의 건축을 허가하였을 경우 방해금지, 토지 또는 가옥의 공용징수권 등을 들고 있다.

한편, 다른 사람이 자산의 소유지내의 공중 또는 지하에 공사를 시행하는 것은 관례상 거부할 수 있었기 때문에 소유권은 그러한 지상 및 지하에까지 해당되고 있는 것으로 파악하고 있다.

[가치정보]
본 조사보고서는 토지와 건물의 소유자가 지닌 권리와 그 효력의 범위에 어디까지 미치는가를 살펴볼 수 있다는 자료가 된다.

I-2-1-31 제26 인지 사이의 권리 의무 여하

관리기호	기록번호	자료명	
B-1-297	조제86호의 3	第二十六 隣地間ノ權利義務如何	
작성자	생산기관	생산 연도	
-	법전조사국	-	
지역	언어	분량	소장기관
제1관	일본어	139면	수원박물관
키워드	인접지, 사용권, 통행권, 요구권, 유수권(流水權)		

[기본정보]

이 조사보고서는 인접지의 사용 청구권, 위요지(圍繞地)의 통행권, 인접지를 둘러싼 인수(引水)과정에서 이를 통제하는 시설에 관한 것, 그리고 이와 관련하여 다른 사람의 토지를 사용하게 될 때 지불하는 배상액, 그리고 인접지소유자와의 경계표나 담장 설치, 우물이나 도랑 설치시의 제한 여부 등에 관한 관습에 대한 조사내용을 담고 있다.

[내용정보]

이 조사보고서는 경성을 비롯한 25개 지역을 대상으로 인접지 사이에 발생할 수 있는 여러 가지 권리와 의무 등에 해당되는 사항에 대하여 조사한 내용을 담고 있다.

조사항목을 보면, ① 인접지 사용권(隣接地使用權), ② 위요지 통행권(圍繞地通行權), ③ 유수권(流水權), ④ 예방공사의 청구권, ⑤ 빗물 주입의 제한 ⑥ 수로 변경의 금지, ⑦ 배수권, ⑧ 수로사용권, ⑨ 방죽의 설치와 사용권, ⑩ 경계표와 담장 설치권, ⑪ 호유권(互有權), ⑫ 수목재식(樹木栽植)의 제한, ⑬ 건물의 제한, ⑭ 공작물설치의 제한, ⑮ 보(洑)의 설치에 제한 등이다.

인접지 사용권은 적절한 범위 내에서 토지의 사용이 가능하다. 그리고 인접지의 소유자는 대개 이를 허용하지만, 가옥의 담장 안으로 출입은 관습상 사전에 승낙을 받지 못하면 불가능하다. 위요지(圍繞地) 통행은 공로(公路)를 통한 통행이 불가능할 경우 위요지의 소유자는 이를 허용하게 된다. 저수지의 유수권(流水權)에 대한 권리는 인접지로부터 흘러

내리는 물을 막아서는 안 되고, 높은 지역에 토지를 소유한자는 유수(流水)가 막힐 경우 필요한 공사를 시행하게 된다. 그리고 인접지 사용과정에서 토지소유자가 손해가 발생할 경우 이를 수선, 소통하거나 개량을 청구할 권리가 있다. 그런가 하면 필요에 따라 경계표를 설치하는 것은 어느 한편이 일방적으로 임의로 설치한 경우가 많지만, 담장은 인접지의 두 지역 소유자가 공통으로 설치하고 비용은 동일하게 부담하는 지역이 다수였다고 조사된다[서울, 강경, 황주, 안주, 용주(龍州), 강계, 수원, 안성, 영동, 진주, 제주, 목포 등].

한편, 호유권(互有權)은 인접지 소유자간 공유로 간주되었으며, 수목의 식재나 건물, 공작물의 설치에 제한이 있었다. 그리고 보(洑)의 설치는 하류의 보(洑)에 영향을 주지 않는 범위에서 가능했으나 영향을 받을 경우에는 제한되었다.

[가치정보]

이 기록은 인접한 두지역의 토지 소유자간의 관습상의 여러 가지 권리와 의무를 살펴볼 수 있다. 특히 농업 생산과정에서 주요한 분쟁의 원인이 되고 있던 관개(灌漑)의 과정에서 관습을 살펴볼 수 있다는 점에서 주목해 볼만한 자료이다.

I-2-1-32 제28 주인 없는 부동산은 누구의 소유로 귀속되는가

관리기호	기록번호	자료명	
B-1-298	조제88호의 1	第二十八 無主ノ不動産ハ 何人ノ有ニ歸スヘキカ	
작성자	생산기관	생산 연도	
-	법전조사국	1910년 경	
지역	언어	분량	소장기관
제1관	일본어	33면	수원박물관
키워드	무주, 국유지, 개간지		

[기본정보]

무주지의 소유권자에 대해 국유로 귀속되는가, 아니면 민인들의 공유인가, 선점유자의 소유인가 등에 대한 관습을 조사한 한 것으로 대체로 무주지의 소유권은 국유가 된다는 내용을 담고 있는 조사한 보고서이다.

[내용정보]

조사지역은 경성, 개성, 인천을 비롯한 25개 지역이다. 고려시대부터 무주(無主)의 토지는 국유로 간주해 왔고, 조선시대에 들어서도 이러한 원칙이 그대로 통용되었다고 파악하고 있다. 따라서 이 보고서의 조사자들은 소유권이 불분명한 산야·사주(砂州)·지소(池沼)·호택(湖澤) 등으로 불리는 명목의 토지를 모두 국유지로 해석하고 있다. 즉, 무주(無主)의 토지는 원칙상 모두 국유였고, 하천의 흐름이 변하여 새로 생긴 사주(砂洲) 등의 소유권 역시 모두 국가에 있다고 보았다. 아울러 민유지 가운데서도 본래의 소유자가 경작을 포기할 경우에는 국유로 파악하게 된다. 예외적으로, 토지 소유자가 상속인이 없이 사망한 경우에는 이 토지를 리(里)·동(洞)의 마을 공동의 리(里)·동(洞) 소유로 이전하는 관습이 있었다. 폐사(廢寺)의 토지는 주변의 다른 사찰로 이전되기도 했지만, 이속(移屬) 대상이 없을 때에는 국유로 귀속하는 것이 관례였다. 황무전(荒蕪田)은 3년 동안 경작하지 않을 경우, 다른 사람이 임시로 경작하도록 하였고, 소유자가 나타나지 않을 경우에 한해 완전히 이급(移給)하도록 규정했다. 황무지의 개간은 개간자가 본래는 관의 허가를 받아 자신의 소유지가 되었지만, 관례상 그러한 절차 없이 국가에서 이를 인정해 주었다. 한편, 하천·연안의 토지가 유실되어 반대편에 사주(砂洲)가 생긴 경우에 유실지의 소유자가 사주의 소유자로 인정되는 것이 관례였다.

이러한 무주지의 소유권 문제에 대해 조사자들은 관습상의 소유권을 임시로 개인에게 주었던 것으로 해석하게 된다. 예를 들면, 황무지의 소유권에 대해 이를 선점하여 취득한 것으로 보지 않고 본래 미정리된 국유지를 개간에 의해 소유권의 취득을 허용한 것이라고 파악하게 된다. 예컨대, 무주공산(無主空山)은 무주지가 아니라 실제 관리하지 못한 국유지라 간주하고 있었던 것이다. 그에 따라 조선에서는 무주의 토지를 국유로 간주하는 것이 과거의 법제라고 결론을 내리고 있다.

[가치정보]

본 조사보고서는 조선시대 무주지(無主地)의 관습상의 소유권에 대해 본래는 국유의 토지로 파악하고 있다. 일제는 이후 〈산림령〉 등을 통해 대거 토지와 임야를 국유화하였는데, 관습상 용인되어 왔던 무주지에 대한 여러 가지 권리가 그러한 의도와 목적에 부합하여 해석되고 있는 측면을 살필 수 있는 자료가 된다.

I-2-1-33 제28 주인 없는 부동산은 누구의 소유로 귀속되는가

관리기호	기록번호	자료명	
B-1-520	-	第二十八 無主ノ不動産ハ何人ノ有ニ歸スヘキカ	
작성자	생산기관	생산 연도	
-	법전조사국	-	
지역	언어	분량	소장기관
제2관	일본어	25면	수원박물관
키워드	무주, 국유, 공유, 선점유자, 상속인		

[기본정보]

이 자료는 법전조사국이 작성한 자료로 자료명은 '제28 주인 없는 부동산은 누구의 소유로 귀속되는가'로 되어 있다. 여기서 조사사항은 "무주의 부동산은 누구의 소유인가. 국유인가, 촌민의 공유인가, 선점유자(先占有者)의 소유인가, 그리고 어떠한 물건을 무주의 부동산으로 보아야 할 것인가" 등이다.

[내용정보]

조선의 토지소유권의 연혁에서 보면, 고려시대에 사유에 속하지 않는 토지, 무주의 토지를 전부 국유로 간주하는 원칙을 채택하고, 조선시대에도 그 원칙을 고치지 않았다는 것이다. 그러므로 산야, 사주, 지소, 호택 등은 소속이 분명하지 않지만 국유지로 볼 수밖에 없다고 했다. 그리고 그 연장에서 1907년 국유미간지이용법 제1조에 "국유미간지는 민유이외의 원야 황무지 초생지 소택지 평사 간사를 칭한다"고 규정하고, 또 삼림법 제19조에 "삼림산야의 소유자는 본법 시행일로부터 3개년이내에 삼림산야의 지적과 면적의 약도를 첨부하여 농상공부대신에게 신고하되 기간내에 신고치 아니한 것은 모두 국유로 간주함" 이라고 규정했다.

이리하여 새 사주(砂洲)가 생기거나 백성이 섬을 발견할 경우 그 소유권은 국가에 귀속되고, 소유자가 포기한 민유지도 저절로 국유에 귀속된다고 했다. 그러나 상속인 없이 죽은 자의 토지는 리·동이 보관하거나 소유하는 것이 관례라고 했다. 또 폐사(廢寺)의 토지는 다른 절에 이전하되 이속이 정해지지 않은 것은 국유로 되었다. 그래서 과거의 법령에는 경작을 그만둔 지 3년이 되는 황무전(荒蕪田)은 타인이 관에 신고하여 경작하는 것을 허용하고, 무주전은 타인에 이급(移給)하는 규정이 있었다.

토지의 선점취득(先占取得)은 황무지의 경우 관의 인허를 받아 개간자의 소유로 했지만, 실제로 반드시 인허를 받은 것은 아니다. 하천·연안의 토지가 유실되고, 반대편에 사주(砂洲)가 생긴 경우 유실지(流失地)의 소유로 되는 관습이 있다. 무주공산(無主空山)은 무주지와 같이 볼 수 있지만 실제로는 관리하지 못하는 국유지이라고 판단했다. 토지소유권을 취득하는 원인으로 개간 이외에 분묘의 설정, 수목의 금양(禁養)에 의한 것이 있다고 했다.

조사지역은 해주, 황주, 삼화, 안주, 덕천, 용천, 의주, 강계, 영변, 경흥, 회령, 경성, 성진, 북청, 갑산, 함흥, 위원, 금화, 춘천, 원주 등이다.

[가치정보]
본 조사보고서는 주인이 없는 부동산의 소유에 대한 제2관 지역의 관습을 자세히 비교해 볼 수 있는 자료가 될 수 있다.

Ⅰ-2-1-34 제29 유실물의 소유자를 알지 못할 때에는 그 물건은 누구의 소유로 되는가

관리기호	기록번호	자료명	
	B-1-299	조제89호의 1	第二十九 遺失物ノ所有者カ知レサルトキハ 其物ハ何人ノ有ニ歸スヘキカ
	작성자	생산기관	생산 연도
	-	법전조사국	-
	지역	언어	분량	소장기관
	제1관	일본어	35면	수원박물관
	키워드	유실물, 습득자, 표류물, 리동소유, 사유물		

[기본정보]

이 자료는 법전조사국이 작성한 자료로 자료명은 '제29 유실물의 소유자를 알지 못할 때 그 물건은 누구 소유로 되는가'로 되어 있다. 조사사항은 "첫째 유실물이 습득자의 소유인가, 국유 또는 촌민의 공유인가, 둘째 어떠한 경우에도 즉시 그 소유자를 결정하는가, 또는 일정한 기간의 경과를 기다려 이를 결정하는가" 등이다.

[내용정보]

유실물에 대해서『대명률(大明律)』과『형법대전(刑法大全)』의 법제정 취지를 종합하면 다음과 같다. 유실물을 습득한 자는 5일 내에 이를 관에 보내야 하며 관의 유물은 관에서 수취하며, 사유물은 30일 내에 유실자를 알면 반은 유실자에게 환부하고 반은 습득자에게 급여한다는 것이다. 기간이 지나도 유실자를 알지 못하면 습득자에게 전급한다는 것이다. 그리고 종전에는 습득자가 사는 리(里)·동(洞)에서 이를 보관하고, 유실자가 판명되지 않으면 리(里)·동(洞) 소유로 하기도 했다는 것이다. 표류물(漂流物)에 대해서도 유실물과 다른 관습은 없고 소유자를 알지 못하면 습득자가 그 소유권을 취득한다고 했다.

조사지역은 경성, 개성, 인천, 수원, 안성, 청주, 충주, 영동, 대구, 상주, 안동, 경주, 울산, 동래, 창원, 진주, 제주, 낙안, 광주, 옥구, 남원, 공주, 청양, 예산, 은진 등이다.

본 조사보고서는 소유자를 알 수 없는 유실물에 관한 지역별 관습을 확인할 수 있는 자료이다.

Ⅰ-2-1-35 제31 공유에 관한 관습 여하

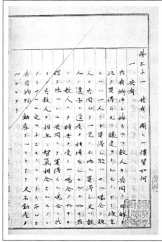

관리기호	기록번호	자료명	
B-1-301	조제91호의 1	第三十一 共有ニ關スル慣習如何	
작성자	생산기관	생산 연도	
-	법전조사국	-	
지역	언어	분량	소장기관
제1관	일본어	75면	수원박물관
키워드	공유물, 권리의무, 처분, 조세, 지분매매, 분할, 가옥		

관리기호	기록번호	자료명	
B-1-300	조제91호의 3	第三十一 共有ニ關スル慣習如何	
작성자	생산기관	생산 연도	
-	법전조사국	-	
지역	언어	분량	소장기관
제1관	일본어	84면	수원박물관
키워드	공유물, 권리의무, 처분, 조세, 지분매매, 분할, 가옥		

[기본정보]

이 자료는 법전조사국이 작성한 자료로 자료명은 '제31 공유에 관한 관습 여하'로 되어 있다. '조제91호의 1'은 초서본, '조제91호의 3'은 정서본이다. 조사항목은 다음과 같다.

"공유자의 공유물에 대한 권리는 어떠한가, 공유물의 관리는 공유자가 일치해야 하는가, 각 공유자가 마음대로 이를 할 수 있는가, 과반수의 의견에 따를 경우 과반수는 인원수인가 지분의 비율인가, 관리의 비용과 조세 등의 부담은 공유자간에 어떻게 나누는가, 공유자 일인이 분할을 청구하면 다른 공유자는 그 청구에 부응할 수 있는가, 분할의 방법과 효력은 어떠한가" 등이다.

[내용정보]

경성에서 공유의 의미에 대해 서술하고 이하 각 지역별로 예를 들어 문답형식으로 조사 기록하고 있다. 물(物)의 공유사례는 적지 않지만, 많은 경우는 계(契) 또는 조합 혹은 이와 유사한 관계에서 물(物)을 공유하는 경우이고, 단순한 물(物)의 공유는 아주 드물다고 했다. 계 또는 조합에서의 공유관계는 규약 또는 특별한 관례에 의하여 정하므로 여기서는 단순한 물(物)의 공유에 대해서만 기술했다. 첫째 공유자의 지분은 동등한 것이 보통이었지만, 동일하지 않은 경우가 있다. 공유물의 사용·수익에 대해서는 각 지분의 비율에 따라 이를 사용·수익했다. 공유물의 변경과 처분은 공유자의 일치된 의견을 요구했다. 공유자의 1인이 공유권을 포기하면 다른 공유자의 소유로 돌아갔다. 둘째 공유물(共有物)의 관리는 공유자의 협의로 하는 것으로 각 공유자가 임의로 할 수는 없다. 협의가 성립되지 않으면 과반수로 결정했다. 셋째 공유자의 부담, 즉 공유물관리 비용, 조세, 기타의 공과금 등은 지분의 비율에 따라 부담했다. 넷째 분할청구권은 언제라도 청구할 수 있고 다른 공유자는 거절할 수 없다. 분할청구를 한 공유자는 임의로 이를 타인에게 양도할 수 없는 것을 원칙으로 했다. 다섯째 분할의 방법과 효력이다. 분할은 현물, 때로는 금전으로 환산하여 분할한다고 했다.

개성의 경우 내용을 보면 다음과 같다. 목장과 수십간의 가옥을 공동으로 구입할 경우 공유로 하고, 묘지에 사용한 토지는 개인소유이다. 분가한 경우는 나눌 수 없고 자기대이하는 별도로 정한다고 했다. 조선의 묘는 종손의 소유인지 공동소유인지 또는 관리자는 어떠한 지에 대해서는 답이 없었다. 공유의 용어에는 공유(共有)와 도중(都中)이 있다. 가옥의 경우는 몇 간을 사용할 것인가 등 사용범위를 계약에 따라 정했으며, 출자분이 다르더라도 균일한 사용권을 갖는다는 것 등이 조사의 요지이다.

조사지역은 경성, 개성, 인천, 수원, 안성, 청주, 충주, 영동, 대구, 상주, 안동, 경주, 울산, 동래, 창원, 진주, 제주, 낙안, 광주, 옥구, 남원, 공주, 청양, 예산, 은진 등이다.

[가치정보]

본 조사보고서는 공유에 관한 관습에 대해 공유자의 권리, 공유물의 관리, 공유자의 부담, 공유물의 분할 등의 사례를 통해 설명하고 있으며 조사 대상 여러 지역에서 나타난 특징을 비교해 볼 수 있는 자료가 될 수 있다.

I-2-1-36 제33 차지권의 종류 여하

관리기호	기록번호	자료명	
B-1-302	조제93호의 1	第三十三 借地權ノ種類如何	
작성자	생산기관	생산 연도	
-	법전조사국	-	
지역	언어	분량	소장기관
제1관	일본어	48면	수원박물관
키워드	차지권, 사용차권, 임차권, 영소작권, 지상권		

관리기호	기록번호	자료명	
B-1-303	조제93호의 3	第三十三 借地權ノ種類如何	
작성자	생산기관	생산 연도	
-	법전조사국	-	
지역	언어	분량	소장기관
제1관	일본어	52면	수원박물관
키워드	차지권, 사용차권, 임차권, 영소작권, 지상권		

[기본정보]

이 자료는 법전조사국이 작성한 자료로 자료명은 '제33 차지권의 종류 여하'로 되어 있다. '조제93호의 1'은 초서본, '조제93호의 3'은 정서본이다. 주요 조사사항은 "조선의 차지권은 일본의 지상권과 영소작권과 같은 권리가 있는가, 일본의 임차권과 사용차권만 발생시키는 것이 있는가, 달리 일본에 없는 차지권이 있는가" 등이었다.

[내용정보]

차지권에는 가옥 건물을 소유하기 위한 것, 경작을 위한 것, 죽목(竹木)을 소유하기 위한 것, 채초 채신을 위한 것, 분묘를 위한 것, 기타 일시적인 것의 잡용을 위한 것 등 6가지 경우가 있다. 조선에서의 차지권의 종류는 대략 아래와 같다.

첫째 지상권은 건물, 공작물 또는 나무를 소유하기 위해 타인의 토지를 사용하는 권리로 일종의 물권이다. 임차권이나 사용대차의 차지권과 동일하지 않다. 둘째 영소작권이다. 경작지의 차지권으로 매년 일정한 차지료를 지불하고 권리가 영구히 존속하는 것이 있다. 셋째 임차권이다. 경작을 목적으로 하는 차지는 보통 도조지 또는 병작이라고 한다. 이 차지권은 채권의 성질을 갖는다고 했다. 넷째 사용차권이다. 무상으로 토지를 대차하는 채권으로서 제3자에게 대항할 수 없다. 또 대주가 언제라도 반환을 청구할 수 있어 사용차권에 속하는 것이라고 했다. 다섯째 기타의 차지권이다 먼저 황무지개간은 3년간 수확권을 갖는 경우이다. 묘직전(墓直田)은 소작료를 받지 않고 수확에서 제사 비용을 지출하게 하는 경우이다. 수노전(酬勞田)은 고인(雇人)에 주인이 영구히 토지를 보수 없이 사용·수익 하는 것을 허용한 경우이다. 인삼재배지(人蔘栽培地)의 대차(貸借)는 경기도 개성군을 중심으로 하여 풍덕(豊德), 장단(長湍) 양군(兩郡), 황해도 금천(金川), 토산(兎山), 평산(平山), 서흥(瑞興), 봉산군(鳳山郡) 등에서 발생한 것으로 재배기간 동안 차지하는 경우 등이라 보고하였다.

조사지역은 경성, 개성, 인천, 수원, 안성, 청주, 충주, 영동, 대구, 상주, 안동, 경주, 울산, 동래, 창원, 진주, 제주, 낙안, 광주, 옥구, 남원, 공주, 청양, 예산, 은진 등이다.

[가치정보]

본 조사보고서는 지상권, 영소작권, 임차권, 사용차권, 기타의 차지권 등 차지권의 종류에 대해 조사 대상 지역의 특징 확인이 가능하다.

관리기호	기록번호	자료명	
B-1-304	조제94호의 1	第三十四 地上權ニ關スル慣習如何	
작성자	생산기관	생산 연도	
-	법전조사국	-	
지역	언어	분량	소장기관
제1관	일본어	75면	수원박물관
키워드	지상권, 지대, 보수, 권리존속, 전대, 도세(賭稅)		

관리기호	기록번호	자료명	
B-1-305	조제94호의 3	第三十四 地上權ニ關スル慣習如何	
작성자	생산기관	생산 연도	
-	법전조사국	-	
지역	언어	분량	소장기관
제1관	일본어	83면	수원박물관
키워드	지상권, 지대, 보수, 권리존속, 전대, 도세(賭稅)		

[기본정보]

이 자료는 법전조사국이 작성한 자료로 자료명은 '제34 지상권에 관한 관습 여하'로 되어 있다. '조제94호의 1'은 초서본, '조제94호의 3'은 정서본이다. 조사사항은 "첫째 지상권 또는 이와 유사한 권리가 있다면 그 목적은 어떠한가, 타인의 토지에 공작물이나 수목을 소유하기 위해 존재하는지 아닌지, 둘째 지대를 반드시 지불해야 하는지의 여부, 무상으로 설정하는 예가 있는가, 또는 일시에 지불해야 할 보수에 대하여 이를 설정하고 굳이 정기지대를 지불하지 않는 경우가 있는가, 셋째 차지인이 지대를 지불해야 할 경우 그 지불을 게으르게 하면 제재는 어떠한가, 지주가 곧바로 계약의 해제를 청구할 수 있는가, 넷째 이러한 권리는 양도할 수 있는가, 그 토지를 전대할 수 있는가, 다섯째 그 권리의 존속기간은 어떠한가, 이를 약정하지 않으면 영구히 존속하는가, 또는 일정기간의 경과로 소멸하는가, 아니면 당사자 일방의 의사에 따라 소멸하는가, 만약 일방의 의사로 소멸하는 것이라면 지주 또는 차지인 가운데 누가 이를 신청하는 것인가, 또한 이에 대해 예고 등의 조건이 필요하지 않는가, 여섯째 이 권리가 소멸할 경우 공작물, 수목 등은 차지인이 이를 수거할 수 있는가, 이를 수거할 수 있다면 토지를 원상회복할 의무가 있는가, 지주가 시가로 매수할 의사가 있으면 차지인은 이유 없이 이를 거부할 수 있는가" 등이다.

[내용정보]

조선에서 지상권으로 보아야 할 것은 주로 건물을 소유하기 위한 차지(借地)에 존재하고, 드물게 분묘 기타 공작물을 소유하기 위한 차지에서도 존재하는 듯하다. 그리고 수목을 소유하기 위한 차지의 예로는 드물게 타인의 토지에 과수(果樹)를 소유한 것이 있다. 이는 지상권의 일종으로 보아야 할 것으로 추론하고 있다.

가옥 등 건물을 소유하기 위한 차지는 계약에 의한 것이지만, 십수년 전까지 무단으로 타인의 토지에 가옥을 건축하는 자가 왕왕 있었으며, 이미 건축에 착수한 이상은 소유자는 어떻게 할 도리가 없었다고 한다. 이는 '급조가지(給造家地)'의 규정과 조가지(造家地)에 대한 관습에서 잉태한 악습으로, 이를 이유로 타인의 토지에 가옥을 건축한 자는 그 토지의 소유권을 획득한 것처럼 오해한 것이라고 조사자는 판정했다. 지대는 대세(垈稅)라 하고 매년 1회 가을에 지불하고, 지대는 소작료를 표준으로 하는 것이 통례라고 보았다. 존속기간은 정하지 않고 차주가 건물의 부지로 이를 사용하지 않을 때까지 차지권은 소멸하지 않았다. 차주(借主)가 해약 등에서 우위의 권리를 가지고 있었다. 차지권 소멸의 경우 차주는 가옥 등 건물은 물론 이에 부속한 공작물 또는 수목을 수거할 수 있다. 그리고 토지의 원상회복 의무에 대한 일정한 관습이 없었다. 차지권은 제3자 또는 신소유자에게 대항하여 차지권을 주장할 수 있다. 그리고 차주가 건물을 양도하는 경우 차지권은 건물의 소유자에 수반하여 이전하고, 양수인은 차지권을 승계하는 것이 관습이었다는 것이다.

분묘용지는 매수하여야 하지만 차지(借地)의 경우 통상 지대를 지불하지 않았다. 농업·공업 등에 사용하는 공작물을 소유하기 위한 차지(借地)는 도세(賭稅)를 지불하는 것이 통례이고, 이와 함께 수목을 소유하기 위한 차지 등을 일종의 지상권(地上權)이라 판정했다.

조사지역은 경기에서는 경성, 개성, 인천, 수원, 안성, 충북은 청주, 충주, 영동, 경북은 대구, 상주, 안동, 경주, 경남은 울산, 동래, 창원, 진주, 전남은 제주, 낙안, 광주, 전북은 옥구, 남원, 충남은 공주, 청양, 예산, 은진 등 25개 지역이었다.

[가치정보]

본서는 지상권에 관한 관습에 대해 지상권의 목적, 지대의 지불 여부, 차지인의 지대 지불, 권리의 양도, 권리의 존속기간, 권리의 소멸 등의 사례를 구체적으로 확인할 수 있는 자료이다.

Ⅰ-2-1-38 제36 지역권에 관한 관습 여하

관리기호	기록번호	자료명	
B-1-306	조제96호의 1	第三十六 地役權ニ關スル慣習如何	
작성자	생산기관	생산 연도	
-	법전조사국	-	
지역	언어	분량	소장기관
제1관	일본어	56면	수원박물관
키워드	지역권, 요역지, 승역지, 인수지역권, 관망		

관리기호	기록번호	자료명	
B-1-307	조제96호의 3	第三十六 地役權ニ關スル慣習如何	
작성자	생산기관	생산 연도	
-	법전조사국	-	
지역	언어	분량	소장기관
제1관	일본어	63면	수원박물관
키워드	지역권, 요역지, 승역지, 인수지역권, 관망		

이 자료는 법전조사국이 작성한 자료로 자료명은 '제36 지역권에 관한 관습 여하'로 되어 있다. '조제96호의 1'은 초서본이고 '조제96호의 3'은 정서본이다. 조사내용은 "첫째 토지의 이익을 위해 타인의 토지(대개 인접지)를 사용하는 권리, 즉 지역권(地役權)이 있는 가, 만약 있다면 그 종류는 어떠한가. 둘째 용수지역권이 있는가, 만약 있다면 물이 요역지 (要役地)와 승역지(承役地)의 수요에 부족할 때는 지역권자는 어떠한 권리를 갖는가, 승역지 (承役地)의 소유자는 지역권(地役權)의 행사를 위해 승역지(承役地)에 설치한 공작물을 사용 할 수 있는가" 등에 대하여 조사 기록하고 있다.

[내용정보]

조선에서는 전용수(田用水), 수차용수(水車用水) 등을 대기 위해 수로(水路) 또는 수통(水 桶)을 타인의 지역에 설치한 경우 상당한 지대를 지불하는 것이 보통이고, 계약으로 이러한 권리를 설정하는 예를 왕왕 볼 수 있다고 했다. 그 성질은 인수지역권(引水地役權)에 속하고 제3자에게 대항할 수 있고 또 요역지(要役地)의 소유권에 수반하여 이전한다고 보고하고 있다. 그 외 통행 또는 급수에 대해서 차츰 지역(地役)의 외관을 나타내어 소유자도 거의 이를 부정하지 못하는 상태에 있지만 이는 도덕상 묵과한 것에 지나지 않는다고 판정했다. 특히 통행과 급수를 하는 자는 누구인가를 묻지 않는 것이 보통이지만 그래도 이러한 사실을 이유로 통행자 또는 급수자에 이를 강요할 권리는 없다고 했다. 조선에서 지역권(地 役權)은 인수(引水)지역권만 있을 뿐이다. 통행·급수 등의 지역권(地役權)은 존재하지 않았 다. 관망(觀望) 등을 목적으로 하는 지역권은 더더욱 존재하지 않았다고 정리하고 있다.

조사지역은 경성, 개성, 인천, 수원, 안성, 청주, 충주, 영동, 대구, 상주, 안동, 경주, 울산, 동래, 창원, 진주, 제주, 무안, 광주, 옥구, 전주, 남원, 공주, 청양, 예산, 은진 등이다.

[가치정보]

본서는 지역권의 존재와 종류, 용수지역권의 존재와 지역권자의 권리 등의 사례로부터 지역권에 관한 관습을 비교해 볼 수 있는 자료이다.

Ⅰ-2-1-39 제36 지역권에 관한 관습 여하

관리기호	기록번호	자료명	
B-1-521	조제96호의 2	第三十六 地役權ニ關スル慣習如何	
작성자	생산기관	생산 연도	
-	법전조사국	-	
지역	언어	분량	소장기관
제2관	일본어	31면	수원박물관
키워드	지역권, 요역지, 승역지, 인수지역권, 관망		

[기본정보]

이 자료는 법전조사국이 작성한 자료로 자료명은 '제36 지역권에 관한 관습 여하'로 되어 있다. 지역권(地役權)은 토지의 이익을 위해 타인의 토지(대개 인접지)를 사용하는 권리를 말한다. 조사항목은 "지역권이 조선에 있는지, 만약 있다면 그 종류는 무엇인가, 용수지역권(用水地役權)은 있는지, 있다면 물이 요역지(要役地)와 승역지(承役地)의 수요에 부족할 때는 지역권자는 어떠한 권리를 갖는가, 승역지(承役地)의 소유자는 지역권의 행사를 위해 승역지에 설치한 공작물을 사용할 수 있는가" 등이었다.

[내용정보]

조선에서 전용수(田用水), 수차용수(水車用水) 등을 대기 위해 수로(水路) 또는 수통(水桶)을 타인의 지역에 설치한 경우에는 상당한 지대를 지불하는 것이 보통인데, 계약을 맺고 이러한 권리를 설정하는 예를 가끔 볼 수 있다는 것이다. 그 성질은 인수지역권(引水地役權)에 속하고 제3자에게 대항할 수 있고 또 요역지(要役地)의 소유권에 수반하여 이전되는 존재였다. 그 외 통행 또는 급수에 대해서는 지역권의 외관을 점차 나타내어 소유자가 거의 이를 부정하지 못하는 상태에 있지만 이는 오직 도덕적으로 묵과하는 것에 지나지 않는 상태라고 했다. 특히 통행과 급수를 하는 자는 그 어느 누구인가를 묻지 않는 것이 보통이지만 그래도 이러한 사실을 이유로 통행자 또는 급수자로부터 이를 강요할 권리가 있다고 말할 수는 없는 상태라고 했다.

따라서 조선에서 지역권은 인수지역권(引水地役權)만 있고, 통행·급수 등의 지역권은 존재하지 않는다고 했다. 그리고 관망 등을 목적으로 하는 지역권도 전혀 존재하지 않는다고 조사 보고하고 있다.

이 문서의 조사대상은 북부 지역이었다. 해주, 황주, 삼화, 안주, 덕천, 용천, 의주, 강계, 영변, 경흥, 회령, 경성, 성진, 북청, 갑산, 함흥, 위원, 금화, 춘천, 원주 등이다.

[가치정보]

본서는 지역권의 존재와 종류, 용수지역권의 존재와 지역권자의 권리 등의 사례로부터 지역권에 관한 관습을 비교해 볼 수 있는 자료이다.

Ⅰ-2-1-40 제37 유치권에 관한 관습 여하

관리기호	기록번호	자료명	
B-1-308	조제97호의 3	第三十七 留置權ニ關スル慣習如何	
작성자	생산기관	생산 연도	
-	법전조사국	-	
지역	언어	분량	소장기관
제1관	일본어	65면	수원박물관
키워드	유치권, 유치권자, 유치물, 선취특권, 처분		

[기본정보]

이 자료는 법전조사국이 작성한 자료로 자료명은 '제37 유치권(留置權)에 관한 관습 여하'로 되어 있다. 조사항목은 "채권자가 채무자의 소유물을 점유하는 경우에 채무자가 변제를 할 때까지 그 물을 유치할 권리가 있는가, 그 조건은 어떠한가. 그 채권이 물(物)과 관련하여 발생하여야 하는가. 또 그 채권이 변제기에 있어야 하는가, 점유가 불법행위에서 비롯한 것이면 어떠하며, 그 효력은 어떤가, 다른 채권자 등 제3자에게 대항할 수 있는가, 유치권자는 유치물을 처분하여 다른 채권자에 우선하여 변제를 받을 권리가 있는가, 유치물의 과실을 수취하여 이를 채권의 이자 또는 원본에 충당할 권리가 있는가, 유치물을 사용할 권리가 있는가" 등이다.

[내용정보]

조선의 관습에서는 수선료를 지불하지 않으면 지불 받을 때까지 물을 유치할 수 있다. 또 소나 말의 사육료, 숙박료 운임의 경우도 마찬가지다. 일본 민법에서는 이를 선취특권에 규정하였으나 조선에서는 이를 유치권에 두는 것이 타당하다고 했다. 이러한 경우는 유치권을 인정한 것이라고 말해야 한다. 또 채권자가 물을 유치한 경우에는 채권자는 다른 채권자 등 제3자에게 대항할 수 있고, 또 채무자가 끝내 변제하지 않으면 채권자는 채무자로 하여금 유치물을 처분하게 하여 다른 채권자에 우선하여 변제를 받을 수 있다고 했다. 그렇지만 채권자는 유치물을 사용 하거나 임대할 수 없다고 했다.

조사지역은 경성, 개성, 인천, 수원, 안성, 청주, 충주, 영동, 대구, 상주, 안동, 경주, 울산, 동래, 창원, 진주, 제주, 무안, 광주, 옥구, 전주, 남원, 공주, 청양, 예산, 은진 등이다.

[가치정보]

이 자료는 제1관 지역에서 확인되는 유치권에 관한 지역별 사례를 비교해 볼 수 있는 자료가 될 수 있다.

관리기호	기록번호	자료명	
B-1-309	조제98호의 1	第三十八 先取特權ニ關スル慣習如何	
작성자	생산기관	생산 연도	
-	법전조사국	-	
지역	언어	분량	소장기관
제1관	일본어	55면	수원박물관
키워드	선취특권, 우선 변제, 공과, 횡령, 공익비용		

관리기호	기록번호	자료명	
B-1-310	조제98호의 3	第三十八 先取特權ニ關スル慣習如何	
작성자	생산기관	생산 연도	
-	법전조사국	-	
지역	언어	분량	소장기관
제1관	일본어	58면	수원박물관
키워드	선취특권, 우선 변제, 공과, 횡령, 공익비용		

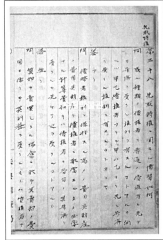

[기본정보]

이 자료는 법전조사국이 작성한 자료로 자료명은 '제38 선취특권(先取特權)에 관한 관습 여하'로 되어 있다. '조제98호의 1'은 초서본, '조제98호의 3'은 정서본이다. 조사문항은 다음과 같다. 채권자가 관습상 다른 채권자에 우선하여 변제받을 권리를 갖는 경우가 있는가. 있다면 그 채권자는 어떤 종류인가. 또 어떤 재산에 대해서만 이 권리가 있다면 그 재산은 어떤 종류인가. 또 동일한 재산에 대하여 2개 이상의 선취특권이 있다면 그 순위는 어떠한가. 기타 이러한 권리의 효력은 어떠한가. 예컨대 이로써 재산의 제3취득자에게 대항할 수 있는가. 또 단순히 채권자간에 우선 변제를 받을 권리가 있는 것에 지나지 않는가 등이다.

[내용정보]

조세 기타 공과(公課)와 횡령을 추징하는 일은 옛부터 사채(私債)보다 우선하여 징수하는 것이 관례이다. 1906년(광무 10) 칙령 제60호 〈조세징수규정〉 제2조와 1909년(융희 3) 법률 제5호 〈국세징수법〉 제2조에 정하고 있다.

그리고 사채라도 어떤 종류의 채권에 대해서는 관습상 다른 채권에 우선하여 변제를 받는 것을 인정했다. 일반적으로 공익비용(公益費用)을 원인으로 하는 채권에 선취특권을 인정하였다. 토지임대에서 생긴 채권, 즉 소작료의 수취권은 토지의 수확물상에 특별한 선취특권을 인정했다. 순위는 공과, 공익비용, 특별선취특권 등의 순서였다.

선취특권과 제3자의 관계에 대해서는 일반의 선취특권에서는 채무자의 재산이 제3자에게 이전하면 이를 실행할 수 있다. 또 특별선취특권에서는 그 물이 제3자에게 이전하면 이를 실행할 수 없는 것으로 한다고 했다.

조사지역은 경성, 개성, 인천, 수원, 안성, 청주, 충주, 영동, 대구, 상주, 안동, 경주, 울산, 동래, 창원, 진주, 제주, 무안, 광주, 옥구, 전주, 남원, 공주, 청양, 예산, 은진 등이다.

[가치정보]

본 조사보고서는 다른 채권자에 우선하여 변제받을 권리 유무와 종류, 관련 재산의 종류, 2개 이상 선취특권의 순위와 효력 등 선취특권에 관한 관습에 대해 조사 대상 여러 지역에서 나타난 특징을 비교해 볼 수 있는 자료이다.

관리기호	기록번호	자료명	
B-1-311	조제99호의 1	第三十九 質權ト抵當權トノ區別アルヤ	
작성자	생산기관	생산 연도	
川原信義	법전조사국	-	
지역	언어	분량	소장기관
제1관	일본어	43면	수원박물관
키워드	질권, 저당권, 전당, 채권자, 문권		

관리기호	기록번호	자료명	
B-1-312	조제99호의 3	第三十九 質權ト抵當權トノ區別アルヤ	
작성자	생산기관	생산 연도	
-	법전조사국	-	
지역	언어	분량	소장기관
제1관	일본어	50면	수원박물관
키워드	질권, 저당권, 전당, 채권자, 문권		

[기본정보]

이 자료는 법전조사국이 작성한 자료로 자료명은 '제39 질권과 저당권의 구별이 있는가'로 되어 있다. '조제99호의 1'은 초서본 '조제99호의 3'은 정서본이다. 문답 사항은 담보물을 채권자에게 인도하는 질권과 담보물을 채권자에게 인도하지 않는 저당권이 있는가. 이것이 있다면 그 효력의 차이가 있는가 등이다.

[내용정보]

조선에서는 근래 제정된 법령에서 저당권 또는 저당이라는 용어를 쓰지만, 종래는 물(物) 또는 권리를 목적으로 하는 채권의 담보를 모두 전당이라고 하였고, 오늘날에도 전당권 또는 전당이라는 명칭을 쓴다고 했다. 그리고 전당의 목적물을 채권자에게 인도하는 것과 그렇지 않은 것으로 나누었다. 즉 전당의 목적물이 의복·그릇과 같은 동산이면 반드시 이를 채권자에게 인도하고, 토지·가옥 등 부동산이면 이를 채권자에게 인도하지 않고 단순히 문권만 인도하는 것이 관례라고 보았다. 명칭으로 질권과 저당권의 구별이 없지만, 실질에서 대개 동산을 목적으로 하는 경우는 질권에 속하고, 부동산을 목적으로 하는 경우는 저당권에 속하여 양자는 저절로 구별된다고 했다(함경북도 회령지방에는 전당의 사례가 없다고 한다).

질의 성질을 갖는 전당과 저당의 성질을 갖는 전당은 그 효력에 현저한 차이는 없다. 다만 전자는 목적물을 채권자의 점유로 이전한 결과 소유자가 이를 사용·수익할 수 없고, 후자는 목적물을 채권자에게 인도하지 않기 때문에 소유자는 전당물을 사용·수익할 수 있다는 점이 주요한 차이라고 했다. 다만 토지 전당에는 소작료를 이식으로 하여 채권자가 수취하는 예가 있다. 보(洑)나 저수지의 전당에도 같은 경우가 있다고 보고하고 있다. 특이한 경우로 환퇴가 있다.

조사지역은 경성, 개성, 인천, 수원, 안성, 청주, 충주, 영동, 대구, 상주, 안동, 경주, 울산, 동래, 창원, 진주, 제주, 무안, 광주, 옥구, 전주, 남원, 공주, 청양, 예산, 은진 등이다.

[가치정보]

이 보고서는 권리의 구분과 효력의 차이 등 질권과 저당권에 대해 지역별 특징을 비교해 볼 수 있는 자료이다.

Ⅰ-2-1-43 제39 질권과 저당권의 구별이 있는가

관리기호	기록번호	자료명		
B-1-522	조제99호의 2	第三十九 質權ト抵當權トノ區別アルカ		
작성자	생산기관	생산 연도		
-	법전조사국	-		
지역	언어	분량	소장기관	
제2관	일본어	32면	수원박물관	
키워드	질권, 저당권, 전당, 채권자			

[기본정보]

이 자료는 법전조사국이 작성한 자료로 자료명은 '제39 질권과 저당권의 구별이 있는가'로 되어 있다. 질권은 담보물을 채권자에게 인도하는 것이고, 저당권은 담보물을 채권자에게 인도하지 않는 것이다. 이러한 경우가 있다면 효력의 차이는 무엇인가에 대한 지방별 문답조사의 결과를 기록한 것이다.

[내용정보]

근래 저당권 또는 저당 용어를 쓰지만, 종래는 물 또는 권리를 목적으로 하는 채권의 담보는 모두 전당이라고 했다. 그리고 전당에는 목적물을 채권자에게 인도하는 것과 그렇지 않는 경우가 있다. 전당의 목적물이 의복·그릇과 같은 동산이면 반드시 이를 채권자에게 인도하고, 목적물이 토지·가옥 등 부동산이면 이를 채권자에게 인도하지 않고 문권(文券)[문기(文記), 가계(家契)]만을 인도하는 것이 관례라고 했다. 이로써 명칭 상으로는 질권과 저당권의 구별이 없지만, 실질에서는 대개 동산을 목적으로 하는 경우는 질권에 속하고 부동산을 목적으로 하는 경우는 저당권에 속하여 양자는 구별된다고 한다(함경북도 회령지방에는 전당의 사례가 없다고 한다). 부동산질과 유사한 것으로 환퇴를 들고, 매려부매매(買戾付賣買)라고 정의하고 있다.

질의 성질을 갖는 전당과 저당의 성질을 갖는 전당은 효력에서 현저한 차이는 없지만, 전자는 그 목적물을 채권자의 점유로 이전하여 소유자가 이를 사용·수익할 수 없는데

반하여 후자는 그 목적물을 채권자에게 인도하지 않기 때문에 소유자는 전당권의 설정 때문에 물의 사용·수익을 방해받지 않는다는 점이 주요한 차이라고 언급하고 있다.

이 문서철의 조사지역은 해주, 평양, 삼화, 안주, 덕천, 용천, 의주, 강계, 영변, 경흥, 회령, 경성, 성진, 북청, 갑산, 함흥, 금화, 춘천, 원주 등이다.

[가치정보]

이 보고서는 권리의 구분과 효력의 차이 등 질권과 저당권에 대해 지역별 특징을 비교해 볼 수 있는 자료이다.

I-2-1-44 제40 질권 및 저당권의 목적 여하

관리기호	기록번호	자료명	
B-1-656	-	第四十 質權及ヒ抵當權ノ目的如何	
작성자	생산기관	생산 연도	
-	법전조사국	-	
지역	언어	분량	소장기관
제1관	일본어	49(앞 3장 훼손)	수원박물관
키워드	동산, 부동산, 전당, 채권, 질권, 저당권		

[기본정보]

이 자료는 법전조사국이 작성한 자료로 자료명은 '제40 질권 및 저당권의 목적여하'로 되어 있다. 이 문서에서 질문 사항은 "동산과 부동산은 모두 전당권의 목적이 될 수 있는지, 또 채권으로 질권과 저당권의 목적으로 할 수 있는지, 목적의 차이에 따른 효력의 차이가 있는지" 등이고, 이를 지역별로 조사했다. 이 자료는 19.5×26.5센티미터의 형태로 일본어로 기록되었다.

먼저 전당의 목적물의 범위는 〈전당포규칙〉에서 부동산 계권(契券), 기용잡물(器用雜物), 의류와 포백등물(布帛等物), 금은보패(金銀寶貝) 등을 열거했지만, 이는 전당포 전당의 경우이고 일반 전당에 대해 제한한 것은 아니라는 전제아래 조사를 시행했다.

질의 성질을 갖는 전당은 물을 채권자에게 인도하는 것으로 동산질이 여기에 속한다. 소·말을 전당하는 경우는 채권자에게 인도하지 않는 것이 상례이다. 목적물을 채권자에게 인도하지 않는 경우는 자못 저당에 가깝다.

채권을 전당의 목적으로 하는 사례로는 어음(於音), 전세에 의한 대차권(借家權), 대금의 수표 등이 있다. 주권의 전당도 사례도 있다고 했다. 그 성질은 권리질(權利質)이라고 판정했다. 부동산의 예로 함남 함흥군, 전북 전주군의 화리전당(禾利典當) 등을 제시하였지만, 부동산질과 같은 경우는 없고 채권에 대한 이자로 소작료 징수의 예를 설명하였다. 토지의 점유를 채권자에게 이전하는 것이라고 할 수 없다고 했다. 함남 갑산(甲山), 원산(元山) 등에 있는 일종의 환퇴(還退)는 부동산질로 보지 않았다.

저당의 성질을 갖는 전당의 목적에서는 토지·가옥을 전당의 목적으로 하는 경우를 논하였다. 목적물을 채권자에게 인도하지 않고 문권만을 인도하는 것은 이미 기술하였다. 그리고 〈전당포규칙〉에 부동산계권을 전당의 목적으로 하는 것을 규정함은 필경 이 때문이다. 이런 종류의 전당은 그 성질이 저당에 속한다고 했다.

선박, 삼포(蔘圃), 광업권·토석채취권, 어기(漁基)·미역바위, 보(洑)나 저수지 등도 점유를 채권자에 이전하는 것이 아니라 이자를 수세하는 것이라고 보았다.

조사지역은 25곳이었다. 경기에서는 경성, 개성, 인천, 수원, 안성, 충북은 청주, 충주, 영동, 경북은 대구, 상주, 안동, 경주, 경남은 울산, 동래, 창원, 진주, 전남은 제주, 낙안, 광주, 전북은 옥구, 남원, 충남은 공주, 청양, 예산 은진 등이다.

[가치정보]

이 보고서는 권리의 구분과 효력의 차이 등의 사례로부터 질권과 저당권의 지역별 관습을 확인할 수 있는 자료이다.

I-2-1-45 제41 질권자는 채권의 변제를 받을 때까지 질물을 점유해야 하는가

관리기호	기록번호	자료명	
B-1-313	조제101호의 2	第四十一 質權者ハ債權ノ辨濟ヲ 受クルマテ質物ヲ占有スヘキカ	
작성자	생산기관	생산 연도	
-	법전조사국	-	
지역	언어	분량	소장기관
제1관	일본어	35면	수원박물관
키워드	질권자, 전당권자, 문권, 입지, 표권		

[기본정보]

이 자료는 법전조사국이 작성한 자료로 자료명은 '제41 질권자는 채권의 변제를 받을 때까지 질물(質物)을 점유해야 하는가'로 되어 있다. 여기서 주 조사사항은 "질권설정자는 채무를 변제할 때까지 질물의 반환을 청구할 수 없는가. 질권자가 임의로 반환한다면 질권을 상실하는가" 등이다.

[내용정보]

조사내용은 다음과 같다. 동산질의 성질을 갖는 전당에서는 전당권자는 채권을 변제받을 때까지 전당물을 점유할 권리가 있다. 전당권 설정자는 채무 변제 전에 전당물의 반환을 요구할 수 없다고 했다. 전당권자가 임의로 반환하면 전당권을 상실하는 것으로 판정했다.

저당의 성질을 갖는 전당과 권리질의 성질을 갖는 전당에서 전당권자는 그 목적물을 점유하는 일이 없지만, 문권이나 표권(票券) 등을 갖고 있는 것이 전당권 존속의 요건이었다. 만약 도난이나 화재의 경우에는 관의 증명[입지(立旨)]을 받아야 했다. 따라서 전당권자가 임의로 이를 반환하면 전당권을 상실하는 것은 질권의 성질을 갖는 전당의 경우와 서로 동일하지만, 전당권 설정의 조건 또는 제3자에게 대항하는 조건으로 등록을 필요로 하는 경우에 반드시 증서류를 소지할 필요는 없다고 조사했다.

그리고 전당권자는 채권의 전액을 변제받지 않으면 전당의 목적물 또는 권리의 증빙인

문권이나 표권류(票券類)를 반환할 필요가 없다는 것이다. 전당권은 불가분의 성질을 갖는 것이기 때문이라고 했다.

조사지역은 경성, 개성, 인천, 수원, 안성, 청주, 충주, 영동, 대구, 상주, 안동, 경주, 울산, 동래, 창원, 진주, 제주, 낙안, 광주, 옥구, 남원, 공주, 청양, 예산, 은진 등이다.

[가치정보]

이 자료는 질권자의 질물 점유에 대해 질권설정자의 채무 변제의 경우와 질권자의 임의 반환시의 사례 등을 통해 설명하고 있다는 점에서 조사 대상 여러 지역에서 나타난 특징을 비교해 볼 수 있는 자료가 될 수 있다.

I-2-1-46 제41 질권자는 채권의 변제를 받을 때까지 질물을 점유해야 하는가

관리기호	기록번호	자료명	
B-1-523	조제101호의 3	第四十一 質權者ハ債權ノ辨濟ヲ受クルマテ質物ヲ占有スヘキカ	
작성자	생산기관	생산 연도	
-	법전조사국	-	
지역	언어	분량	소장기관
제2관	일본어	26면	수원박물관
키워드	질권자, 채권, 변제, 질물, 점유, 질권		

[기본정보]

이 자료는 법전조사국이 작성한 자료로 자료명은 '질권자는 채권의 변제를 받을 때까지 질물(質物)을 점유해야 하는가'로 되어 있다. 조사대상 지역은 해주, 황주, 평양, 삼화, 안주, 덕천, 용천, 강계, 의주, 영변, 경흥, 회령, 경성, 성진, 북청, 갑산, 함흥, 금성, 덕원, 춘천, 원주 등 지역이다. 이 자료는 19.5×27센티미터의 형태로 일본어로 만들어졌다.

[내용정보]

질권 설정자 즉 동산의 전당권설정자는 변제가 이루어질 때가지 질물의 반환(동산 자체나 부동산의 경우 교부한 수표와 문기)을 요구할 수 없다. 또 채무자가 일시라도 전당으로 제공한 물건이 필요하더라도 빌려 사용할 수 없다. 만일 채권자가 허락한 경우에 채무자가 전당물을 매각하거나 다른 사람에게 전당으로 제공한 경우가 있다면 채권자는 채권의 변제를 재촉할 수 있더라도 전당권은 소멸하는 것으로 한다. 전당권자는 임의로 반환하면 질권을 잃게 된다.

[가치정보]

이 자료는 질권자의 질물 점유에 대해 질권설정자의 채무 변제의 경우와 질권자의 임의 반환시의 사례 등을 통해 설명하고 있다는 점에서 조사 대상 여러 지역에서 나타난 특징을 비교해 볼 수 있는 자료가 될 수 있다.

I-2-1-47 제42 질권자가 변제를 받지 못할 때는 질물에 대하여 어떠한 권리를 가지는가

관리기호	기록번호	자료명	
B-1-314	조제102호의 1	第四十二 質權者カ辨濟ヲ受ケサルトキハ 質物ニ對シ如何ナル權利ヲ有スルカ	
작성자	생산기관	생산 연도	
-	법전조사국	-	
지역	언어	분량	소장기관
제1관	일본어	45면	수원박물관
키워드	질권자, 전당권자, 문권, 입지, 표권		

관리기호	기록번호	자료명	
B-1-315	조제102호의 3	第四十二 質權者カ辨濟ヲ受ケサルトキハ 質物ニ對シ如何ナル權利ヲ有スルカ	
작성자	생산기관	생산 연도	
-	법전조사국	-	
지역	언어	분량	소장기관
제1관	일본어	47면	수원박물관
키워드	질물, 권리, 귀속, 매각, 변제, 차액, 추징, 반환, 수표어음		

[기본정보]

이 자료는 법전조사국이 작성한 자료로 자료명은 '질권자가 변제를 받지 못할 때는 질물(質物)에 대해 어떠한 권리를 갖는가'로 되어 있다. '조제102호의 1'은 초서본, '조제102호의 3'은 정서본이다. 여기서 질권과 저당권의 차이도 조사 대상이었다. 질물을 매각할 경우 처리방식이 조사사항이었다. "대가에 대하여 변제를 받아야 하는가. 질물이 질권자의 소유로 귀속되는가. 질물의 가액이 채권액보다 많을 경우와 적을 경우의 처리방법" 등이었다. 이 자료는 19.5×27센티미터의 형태로 일본어로 만들어졌다.

[내용정보]

질채무자가 채무의 변제를 하지 않은 경우 질권자는 질물을 팔아 변제를 충당하는데, 동산과 부동산에 따라 다르다. 동산의 경우 전당권자에게 귀속되어 그것을 매각하거나, 자기 소유로 하며, 부동산은 그것을 매각하여 그 대가로 변제를 받는다.

질권 변제의 기한이 경과하였을 때 개성에서는 대개 5일간을 유예하여 매각하고 부동산은 기한 경과의 사유를 말하고 본인의 의사를 확인한다. 수원에서는 변제기에 이르렀는데도 채무를 이행하지 않을 때는 최고(催告)도 하지 않고 바로 자기의 소유로 할 수 있다고 한다.

그런데 전당물(동산)의 가격이 채권액보다 많은 경우에 그 차액을 반환하지 않으며, 채권액보다 작더라도 추징하지 않는다. 부동산의 경우에는 전당물의 가격이 채권액보다 많을 때는 차액을 전당권설정자에게 반환함이 보통이고, 작은 경우는 없으며, 있더라도 추징하지 않는다.

권리전당 즉 수표어음을 전당으로 한 경우 수표어음의 영수액이 채권액보다 많은 경우에 전당권설정자에게 차액을 반환하며, 경성의 경우 상환청구권이 있어 전당권설정자에 대해 채권액의 전부를 청구하는 경우도 있다. 그리고 부족액을 추징하지는 않는다.

전당권 설정계약에는 채권이 만기를 지나도 변제하지 않을 경우의 처리방식은 특약에 따라 달랐다. 대체로 양자 합의아래 매각하여 변제받거나 자기소유로 하는 것이 관례라고 했다. 처리시기는 합의아래 연기하거나 전당권자가 응하지 않을 경우 관청에 제소하고 일정한 유예기간을 준 다음 입지를 발급하여 권리이전절차를 밟았다고 했다. 실제 기간경과 후 바로 전당권자의 소유로 되는 예는 드물었다고 한다.

물(物)이나 권리의 가액이 채권을 초과할 경우 처리는 특약에 따라 결정되나 이 경우 전당권설정자가 스스로 변제하여 전당권을 소멸시키는 것이 일반적이다. 채권액에 부족한 경우는 부족액을 추징할 수 없는 것이 통례였다고 한다.

이러한 일반적인 예 외에 삼포(蔘圃)전당, 가옥전당에서 전세권(傳貰權)의 문제, 채권을 전세권자에 이전하고 증서를 교체한 경우 등과 같은 경우도 예시하고 있다. 하지만 〈토지가옥전당집행규칙(土地家屋典當執行規則)〉 시행 후는 이 규칙에 따라 소위 유질(流質) 특약이 있는 경우는 전당권자의 소유로 하고 그외에는 반드시 경매로 처리한다고 했다. 이 경우 경매대금이 채권액을 초과하면 이를 전당권 설정자에게 반환하여야 하고 부족하면 추징할 수 없다고 했다. 전당포에서 전당에서는 업주(業主)는 전주(典主)의 협의아래 매각하고 나머지는 반환하고 부족액은 추징하였다.

조사지역은 경성, 개성, 인천, 수원, 안성, 청주, 충주, 영동, 대구, 상주, 안동, 경주, 울산,

동래, 창원, 진주, 제주, 무안, 광주, 옥구, 남원, 공주, 청양, 예산, 은진 등이다.

[가치정보]

이 자료는 질물 매각시의 처리방식, 대가에 대한 변제, 질물의 소유 귀속 여부 등의 사례를 조사한 것으로 질권자가 질물에 대해 변제받지 못할 때 받는 권리에 대해 확인할 수 있는 자료이다.

Ⅰ-2-1-48 제43 질권설정에 관한 관습 여하

	관리기호	기록번호	자료명	
	B-1-316	조제103호의 1	第四十三 質權設定ニ關スル慣習如何	
	작성자	생산기관	생산 연도	
	-	법전조사국	-	
	지역	언어	분량	소장기관
	제1관	일본어	37면	수원박물관
	키워드	질권자, 질물, 매각, 전당권, 전세권, 채권액		

	관리기호	기록번호	자료명	
	B-1-317	조제103호의 3	第四十三 質權設定ニ關スル慣習如何	
	작성자	생산기관	생산 연도	
	-	법전조사국	-	
	지역	언어	분량	소장기관
	제1관	일본어	37면	수원박물관
	키워드	질권자, 질물, 매각, 전당권, 전세권, 채권액		

[기본정보]

　이 자료는 법전조사국이 작성한 자료로 자료명은 '제43 질권설정에 관한 관습 여하'로 되어 있다. '조제103호의 1'은 초서본, '조제103호의 3'은 정서본이다. 조사항목은 "질권은 당사자간에 의사의 합치가 있으면 바로 성립하는가, 또 질물의 인도 등의 행위가 없으면 질권은 성립하지 않는가" 등이다. 이 자료는 19.5×26.5센티미터의 형태로 일본어로 기록되었다.

[내용정보]

　조사내용은 다음과 같다. 전당권 설정은 계약으로 하는 것이지만, 단순히 당사자의 의사가 합치되는 것만으로는 성립하지 않는다. 동산 전당에서는 목적물을 채권자에게 인도함으로 성립하고, 부동산과 선박 전당에서는 문권을 채권자에게 인도함으로써 성립한다. 그리고 채권 등 재산권을 목적으로 하는 전당에서는 채권증서 또는 권리증서인 표권(票券)을 채권자에게 인도하지 않으면 성립하지 않는다. 전당권 설정계약서는 금전차용증서로 이를 수표라 부르는데, 부동산과 선박 전당에서는 반드시 이를 작성하고, 동산 전당에서는 이를 작성하지 않는 편이 많다는 것이다. 경성에서는 1893년 가계(家契) 발급 후 가옥의 전당은 한성부의 인허를 받는 것이 관례이지만 받지 않아도 무효가 되지는 않았다고 보고하고 있다.

　그리고 〈토지가옥증명규칙〉 시행 후에는 토지 가옥의 전당은 전당권 설정시에 증명을 받는 것이 통례이다. 전당포에서는 업주가 전당표를 전주에게 교부하고 따로 수표를 작성하지 않는다. 토지가옥의 전당에는 관의 인허를 받도록 했지만, 이를 받은 자는 거의 없다고 한다.

　조사지역은 경성, 개성, 인천, 수원, 안성, 청주, 충주, 영동, 대구, 상주, 안동, 경주, 울산, 동래, 창원, 진주, 제주, 낙안, 광주, 옥구, 남원, 공주, 청양, 예산, 은진 등이다.

　경성에서는 전당권의 내용을 설명하고 있으며, 다음은 지역별로 상황을 조사한 것을 순차 기록했다. 먼저 전당권은 당사자의 합의로 성립하는 것이 아니라 전당권의 목적물 또는 이에 대한 물을 인도하면서 성립한다고 정의하고 조건을 설명하고 있다. 토지 가옥을 전당의 목적으로 할 경우 전당 설정의 계약서인 수표(手票)와 토지 가옥의 문권을 전당권자에 교부해야 성립한다고 했다. 경성에서는 가옥의 지주와 부지는 동일물이고 성외(城外)에서는 다른 것이라고 했다. 차지증서가 있으면 이것도 인도해야 한다고 했다. 물품의 경우(〈전당포규칙〉은 제외)는 수표와 동시에 물품도 인도해야 하고, 소액의 경우는 구약(口約)

으로 하는 경우도 있다고 했다.

개성의 경우, 질권 설정은 당사자 합의만으로 성립하지 않고, 동산은 전물(典物)을, 부동산은 문기를 인도하고 금전을 수취하는 것으로 성립한다고 했다. 인천은 동산은 물의 인도, 부동산은 신구문기를 채권자에 인도하지 않으면 성립하지 않는다. 수원에서 질권의 성립조건은 수표를 작성해야 하는데, 저당권자의 경우도 마찬가지라고 했다. 안성의 경우 질권은 전당물을 제공하고 대주에게 금전을 교부하면 성립한다고 했다.

경북 상주의 전당(典當)[동산질(動産質)] 설정방법은 문기는 작성하지 않고 드물게 표(標)를 작성한다고 했다. 그리고 부동산질과 유사한 환퇴의 설정방법을 제시하고 있다. 환퇴문기를 작성하고 채권자로부터 금액을 수취한 다음 구문기와 환퇴문기를 상대방에 인도하면 성립한다는 것이다. 그리고 환퇴문기의 예를 제시하며, 문기 가운데 소위 유질(流質) 계약의 내용을 포함하고 있다고 설명하고 있다. 문기의 수수와 동시에 목적물의 점유(占有)를 이전(移轉)하지만, 질권성절자의 대리점유를 금지하고 있다고 했다. 다음은 전당권 설정방법을 제시하고 전집문기를 예시하고 있다. 그리고 환퇴와 전집에서 이자 지불의 차이를 설명하고 있다.

이하 각 지역의 질권 설정에 대한 관습을 조사 보고했는데, 대체로 동일한 모습으로 설명하고 있다. 요점은 전당권은 동산의 경우 당사자 합의와 동시에 전당물을 인도해야 하며, 부동산은 신구문기를 인도하는 것으로 성립한다는 것이다. 그리고 창원에서는 부동산 질권 설정조건을 환퇴문기를 예를 들어 설명하고 있다. 부동산의 점유권을 이전하는 것이며 질권설정자의 대리점유는 없다고 했다. 전집은 채무자의 부동산을 담보로 점유이전하고 채권자로부터 금전을 차입하는 것인데 성립 시기는 전집문기를 교부할 때라고 했다. 전집문기 양식을 예로 들고 있다. 대체로 동산 전당은 물품의 인도가 조건이고 부동산전당은 문기의 인도가 성립조건이라는 옥구군의 예가 일반적이었다. 특이하게 예산군의 조사에서는 미성년자와 정신병자의 경우는 증인을 요한다고 조사 보고하고 있다.

[가치정보]

본서는 제1관 지역에서 확인되는 질권설정에 관한 관습에 대해 지역별 사례를 비교해 볼 수 있는 자료이다.

I-2-1-49 제45 제3자가 채무자를 위하여 질권을 설정할 수 있는가

관리기호	기록번호	자료명	
B-1-318	조제105호의 1	第四十五 第三者カ債務者ノ為メニ 質權ヲ設定スルコトヲ得ルカ	
작성자	생산기관	생산 연도	
-	법전조사국	-	
지역	언어	분량	소장기관
제1관	일본어	32면	수원박물관
키워드	채무자, 질권, 전당물, 가계, 구상권		

[기본정보]

이 자료는 법전조사국이 작성한 자료로 자료명은 '제45 제3자가 채무자를 위하여 질권을 설정할 수 있는가'로 되어 있다. 조사항목은 "제목과 같은 경우가 있다면 효력은 어떠한가. 질권자는 채무자가 질권을 설정한 경우와 동일한 권리를 갖는가. 질권설정자의 채무자에 대한 권리는 어떠한가" 등이다. 이 자료는 19.5×26.5센티미터의 형태로 일본어로 기록되었다.

[내용정보]

조선의 관습에서 타인의 채무에 대하여 제3자가 전당권설정자가 되는 일이 없다고 하지만, 제3자가 채무자를 위하여 전당물을 대여하거나 스스로 채무자가 되어 전당권을 설정하는 예가 적지 않다고 했다. 제3자가 채무자에 전당물을 대여한 경우 그 물(物)이 동산이면 채무자는 이를 자기 소유물로 채권자에게 인도하는 경우가 많다. 그리고 부동산이면 문기 또는 가계(家契)에 의하여 채무자의 소유가 아닌 것이 분명하므로, 채무자는 전당권설정증서인 수표에 소유자를 명시하거나 소유자의 승낙서를 첨부했다. 소유자를 증인으로 수표에 서명하게 하는 예가 있다. 그렇지만 채권자가 그 물의 소유자와 채무자의 관계를 알았을 경우에는 소유자를 명시하지 않는 경우가 없지 않다. 그리고 이전수표(移典手票), 승낙서(承諾書), 전당물차용증서(典當物借用證書), 전당물대여승낙증서 신식(典當物貸與承諾證書 新式)의 예를 제시하였다.

전당의 효력은 일반적인 경우와 다를 바가 없다고 해석했다. 전당권 실행의 결과 제3자가 전당물의 소유권을 상실한 때는 그 손실에 대하여 채무자에게 구상권(求償權)을 갖지만, 채무자가 일반적으로 자력이 없음으로 실제로 구상권을 한 예는 듣지 못했다고 답했다.

채권을 전당의 목적으로 한 경우에도 채권의 수표에 채권자가 기재되어 있지 않은 때에는 채권자 및 제3자는 이를 채무자에게 대여하고 채무자가 스스로 전당권설정자가 된다고 했다. 또 수표에 채권자가 기재된 때에는 전당수표(典當手票)에 누구의 채권임을 명기하여 채무자가 스스로 전당권 설정자로 되거나, 채권자인 제3자가 스스로 채무자가 되어 전당권을 설정하는 것은 물(物)의 전당에서와 다르지 않았다. 그 효력에 대해서도 채무자가 자기의 채권을 전당 한 경우와 다르지 않으며, 제3자가 전당권의 실행으로 채권을 상실한 경우에 구상권을 갖는 것은 물(物)의 전당(典當)과 같다고 했다.

조사지역은 경성, 개성, 인천, 수원, 안성, 청주, 충주, 영동, 대구, 상주, 안동, 경주, 울산, 동래, 창원, 진주, 제주, 낙안, 광주, 옥구, 남원, 공주, 청양, 예산, 은진 등이다.

[가치정보]

이 자료는 질권설정에 관한 관습에 대해 질권 성립의 조건, 동산 전당과 채권 전당 등의 사례를 통해 설명하고 있다는 점에서 조사 대상 여러 지역에서 나타난 특징을 비교해 볼 수 있는 자료가 될 수 있다.

Ⅰ-2-1-50 제46 질권자는 질물을 사용, 수익을 얻을 수 있는가

관리기호	기록번호	자료명	
B-1-319	조제106호의 3	第四十六 質權者ハ質物ノ使用, 收益ヲ爲スコトヲ得ルカ	
작성자	생산기관	생산 연도	
-	법전조사국	-	
지역	언어	분량	소장기관
제1관	일본어	33면	수원박물관
키워드	질권, 동산, 부동산, 사용, 수익		

[기본정보]

이 자료는 법전조사국이 작성한 것이며 자료명은 '질권자는 질물을 사용, 수익을 얻을 수 있는가'로 되어 있다.

조사항목은 "토지의 전당으로 전당권자가 전당물을 사용, 수익을 얻는 것이 있는지, 또 부동산질이 있는지, 가옥에 대하여 부동산질이 있는지, 만약 그 권리가 있다면 관리 비용 기타 조세 등은 소유자의 부담인가, 질권자의 부담인가, 이자를 청구할 수 있는지의 여부, 동산과 부동산의 차이는 없는가" 등이다. 이 자료는 19.5×26.5센티미터의 형태로 일본어로 기록되었다.

[내용정보]

조사내용은 다음과 같다. 질(質)의 성질을 갖는 전당의 경우 전당권자는 전당물을 점유 하지만, 전당권자는 이를 사용·수익할 수 없다. 보존책임은 전당권자에게 있고, 비용이 필요하면 전당권자가 부담해야 하지만 실제로 보존비용이 필요한 경우는 거의 없다. 다만 소·말을 전당할 경우 전당권자가 사육을 담당하고 어느 정도 사용하는 것이 무방하다고 하지만 이것이 일반 관습인가는 불분명하며, 전당권자가 점유하지 않고 이를 사용할 수 없는 것이 통례라고 했다. 또 질(質)의 성질을 갖는 전당에서는 전당물에 대하여 조세·공과 를 납부하는 예가 없다. 이자는 어느 경우에도 이를 지불하여야 한다고 한다. 이와 달리 어떤 지방에서는 경작지의 전당으로서 그 소작료를 이자에 충당하는 경우에는 전당권자가 이를 수익하는 것이 통례라고 했다. 그리고 지세는 소작인이 직접 납부하는 것이 관례이지 만, 부담은 지주인 채무자에게 있다. 보(洑)·저수지 등의 전당도 전당권자가 이자로 수세(水 稅)를 수취하는 경우는 전당권자가 수익하는 것이 된다. 이것들은 모두 저당(抵當)의 성질 을 갖는 전당이다.

조사지역은 경성, 개성, 인천, 수원, 안성, 충북은 청주, 충주, 영동, 경북은 대구, 상주, 안동, 경주, 경남은 울산, 동래, 창원, 진주, 전남은 제주, 낙안, 광주, 전북은 옥구, 남원, 충남은 공주, 청양, 예산, 은진 등이다.

[가치정보]

이 자료는 질권자의 질물 사용에 대해 점유는 가능하지만 이를 사용하여 수익을 얻을 수는 없다는 것을 다양한 사례를 통해 설명하고 있는 점에서 조사 대상 여러 지역에서 나타난 특징을 비교해 볼 수 있는 자료가 될 수 있다.

Ⅰ-2-1-51 제46 질권자는 질물을 사용, 수익을 얻을 수 있는가

관리기호	기록번호	자료명	
B-1-524	조제106호의 2	第四十六 質權者ハ質物ノ使用, 收益ヲ爲スコトヲ得ルカ	
작성자	생산기관	생산 연도	
-	법전조사국	-	
지역	언어	분량	소장기관
제2관	일본어	23면	수원박물관
키워드	질권, 동산, 부동산, 사용, 수익		

[기본정보]

이 자료는 법전조사국이 작성한 것이며 자료명은 '질권자는 질물을 사용, 수익을 얻을 수 있는가'로 되어 있다. 이 자료는 19.5×26.5센티미터의 형태로 일본어로 기록되었다.

[내용정보]

채권자는 채무자로부터 제공받은 전당물을 사용, 수익하지 못한다. 게다가 어떤 지역에서는 우마와 같은 것의 점유를 이전하지 않아서 우마를 사용, 수익할 수 없다. 전당물의 관리비용을 채무자와 채권자 중 누가 부담하는지는 지역에 따라 다르다. 관리의 비용이 과대한 경우에는 채무자의 부담으로 하기도 한다(덕천). 그리고 전당권자는 이식을 청구할 수 있다. 저당권에서는 이식은 설정자의 부담으로 한다.

조사지역은 해주, 황주, 평양, 삼화, 안주, 덕천, 용천, 강계, 의주, 영변, 경흥, 회령, 경성, 성진, 북청, 갑산, 함흥, 금성, 덕원, 춘천, 원주 등이다.

[가치정보]

이 자료는 질권자의 질물 사용에 대해 점유는 가능하지만 이를 사용하여 수익을 얻을 수는 없다는 것을 다양한 사례를 통해 설명하고 있다는 점에서 조사 대상 여러 지역에서 나타난 특징을 비교해 볼 수 있는 자료가 될 수 있다.

관리기호	기록번호	자료명	
B-1-320	조제107호의 3	第四十七 質權ニ存續期間アルカ	
작성자	생산기관	생산 연도	
-	법전조사국	-	
지역	언어	분량	소장기관
제1관	일본어	31면	수원박물관
키워드	부동산, 동산, 전당기간, 계권, 전당포규칙		

[기본정보]

이 자료는 법전조사국이 작성한 자료로 자료명은 '제47 질권에 존속기간이 있는가'로 되어 있다.

조사사항은 "부동산의 전당기간과 동산질의 기간이 보통 어느 정도인지, 그리고 질권을 설정하는데 일정기간을 넘을 수 없는 것이 있는가, 있다면 채권이 아직 소멸하지 않아도 그 기간을 지나면 질권은 소멸하는가, 또 동산·부동산의 차이는 없는가" 등이다. 이 자료는 19.5×27센티미터의 형태로 일본어로 만들어졌다.

[내용정보]

조사사항을 정리하면 다음과 같다. 전당권의 존속기간은 채권의 변제기에 따르고, 채권이 존속하는 동안 전당권은 소멸하지 않기 때문에 전당권에 대하여 특히 기간을 약정하는 것이 없고, 존속기간도 관습상 제한이 없다. 그러나 실제로 채권의 존속기간은 동산(動産) 전당의 경우 2, 3개월 전후이고, 부동산(不動産) 전당의 경우는 1년 전후이나 일정하지 않다. 〈전당포규칙〉 제14조에 "부동산 계권(契券) 3개월 기용잡물 3개월 의류와 포백 3개월, 금, 은, 보패 등은 5개월"로 정했다. 전당포의 전당은 법정기한이 있다. 조사지역은 25곳이었다. 경기에서는 경성, 개성, 인천, 수원, 안성, 충북은 청주, 충주, 영동, 경북은 대구, 상주, 안동, 경주, 경남은 울산, 동래, 창원, 진주, 전남은 제주, 낙안, 광주, 전북은 옥구, 남원, 충남은 공주, 청양, 예산, 은진 등이다.

[가치정보]

이 자료는 질권의 존속기간에 대해 부동산의 전당기간, 동산질의 기간, 채권 기간과의 관계, 동산과 부동산의 차이 등에 관한 사례를 확인할 수 있는 자료이다.

Ⅰ-2-1-53 제47 질권에 존속기간이 있는가

관리기호	기록번호	자료명	
B-1-525	조제107호의 2	第四十七 質權ニ存續期間アルカ	
작성자	생산기관	생산 연도	
-	법전조사국	-	
지역	언어	분량	소장기관
제2관	일본어	23면	수원박물관
키워드	질권, 존속기간, 채권, 이식 지불		

[기본정보]

이 자료는 법전조사국이 작성한 자료로 자료명은 '제47 질권에 존속기간이 있는가'로 되어 있다. 법전조사국에서 해주, 황주, 평양, 삼화, 안주, 덕천, 용천, 강계, 의주, 영변, 경흥, 회령, 경성, 성진, 북청, 갑산, 함흥, 금성, 덕원, 춘천, 원주 등의 지역에서 질권에 존속기간이 있는지를 조사하였다. 이 자료는 19.5×26.5센티미터의 형태로 일본어로 기록되었다.

[내용정보]

질권과 저당권을 설정함에 일정의 기간을 넘을 수 없다는 관습은 없더라도 보통 동산질은 3개월 정도이며, 부동산은 1년 정도이다. 저당권은 2·3년의 기간으로 설정하며, 그보다 길게 설정하더라도 제한은 없다. 질권의 존속기간은 지역에 따라 편차가 있으며, 그 기간은 모두 계약으로 정한다. 존속기간을 수년 이상으로 설정한다는 관습은 없다. 실제에 있어서 이자를 넣어서 기간을 연장하기도 한다. 전당물을 채무자에게 의연히 점유하고 사용, 수익하는 경우 즉 토지, 가옥, 산림, 선박 등을 전당으로 한 경우에도 동일하다.

전당 채권을 변제하지 않으면 채권이 소멸되지 않아 전당권도 소멸되지 않는다. 동산, 부동산에 상관없다.

[가치정보]

이 조사보고서는 질권의 존속기간에 대해 제2관 지역의 관습을 자세히 비교해볼 수 있는 자료이다.

I-2-1-54 제48 토지위에 설정된 질권은 그 위에 있는 건물과 나무에 미치는가 아닌가

관리기호	기록번호	자료명	
B-1-321	조제108호의 1	第四十八 土地ノ上ニ設定シタル質權ハ 其上ニ存スル建物竹木ニ及フヤ否ヤ	
작성자	생산기관	생산 연도	
-	법전조사국	-	
지역	언어	분량	소장기관
제1관	일본어	45면	수원박물관
키워드	질권, 건물, 부지, 가옥, 가대(家垈)		

[기본정보]

조사항목은 "건물에 대한 질권은 부지에 미치는가, 토지에 질권을 설정할 당시 이미 건물이 있는 경우와 후일 건설한 경우 사이에 차이가 있는가, 위 어느 경우에도 토지 또는 건물만이 질권(質權)의 목적이면, 질권의 목적이 아닌 토지나 건물과의 관계는 어떻게 결정하는가" 등이다.

[내용정보]

조사내용은 다음과 같다. 토지가 전당의 목적인 경우에는 가옥 등 건물이 있어도 전당권이 미치지 않는 예는 각 지방의 관습이 일치한다고 했다. 그리고 건물이 전당권 설정

당시 존재한 것과 후에 건설한 것 사이에 차이는 없다. 그렇지만 지상에 있는 나무에 대해서 산림 또는 나무를 전당한 경우에는 단순히 토지만을 전당으로 하지 않고 나무와 함께 전당하는 것은 의심할 여지가 없다. 택지 또는 경지에 있는 나무는 전당권 설정시에 존재한 경우와 설정후에 심은 것과는 차이가 있었다.

건물과 부지의 소유자가 다르면 전당권은 부지에 미치지 않지만, 양자가 동일하면 전당권은 그 부지에 미쳤다. 옛날에 수표(手票)에 가대(家垈)로 기재하여 가옥(家屋)과 부지(敷地)를 포함시켰으며, 현재는 가옥(家屋)과 가대(家垈)를 명기하는 예가 있다. 토지만을 전당한 경우 전당권 실행의 결과로 토지가 전당권자나 제3자의 소유가 되면, 새 토지소유자는 건물의 소유자를 위하여 차지권을 인정해야 했다. 건물을 위한 차지(借地)는 누구도 거절할 수 없는 관습이 있다고 했다.

조사지역은 경성, 개성, 인천, 수원, 안성, 충북은 청주, 충주, 영동, 경북은 대구, 상주, 안동, 경주, 경남은 울산, 동래, 창원, 진주, 전남은 제주, 낙안, 광주, 전북은 옥구, 남원, 충남은 공주, 청양, 예산, 은진 등이다.

[가치정보]

이 자료는 토지 위에 설정된 질권의 효력 대해 질권이 설정된 토지 위의 건물이나 나무, 산림의 존재 등 지역별 관습을 확인할 수 있는 자료이다.

Ⅰ-2-1-55 제48 토지위에 설정된 질권은 그 위에 있는 건물과 나무에 미치는가 아닌가

	관리기호	기록번호	자료명	
	B-1-526	조제108호의 2	第四十八 土地ノ上ニ設定シタル質權ハ 其上ニ存スル建物竹木ニ及フヤ否ヤ	
	작성자	생산기관	생산 연도	
	-	법전조사국	-	
	지역	언어	분량	소장기관
	제2관	일본어	28면	수원박물관
	키워드	토지, 택지, 질권, 건물, 죽목, 수목		

[기본정보]

법전조사국에서 해주, 황주, 평양, 삼화, 안주, 덕천, 용천, 강계, 의주, 영변, 경흥, 회령, 경성, 성진, 북청, 갑산, 함흥, 금성, 덕원, 춘천, 원주 등의 지역에서 토지 상에 설정된 질권은 그 상에 존재하는 건물·죽목에 미치는지를 조사하였다.

[내용정보]

토지 상에 설정된 질권이 건물이나 기타 수목에 미치는지에 대해서 지역마다 다소 다르다. 건물과 토지의 소유자가 동일인이더라도 건물에 대해서는 전당권이 미치지 않는다는 지역이 있으며, 동일인이라면 전당을 설정할 때에 토지와 건물이 함께 목적이 된다고 하기도 한다(황주). 전당을 설정한 이후에 새롭게 세운 건물에 대해서는 전당권이 건물에 미치지 않는다고 한다. 그래서 그러한 경우에 채무자가 기한에 변제를 하지 못해 토지를 경매(競賣)에 붙여 채권자는 토지 위에 건설된 가옥이나 기타 건물의 제거를 청구할 수 없다. 그리고 건물의 경우와 달리 수목에 대해서는 토지 상에 설정된 질권의 효력이 미친다고 한다.

한편, 건물 상에 질권이 설정되었을 경우 가옥이나 건물을 전당으로 하면 당연히 토지는 부수되어 전당으로 한다고 한다. 혹은 부지와 건물의 소유자가 동일인인지 여부를 따져서, 부지와 건물의 소유자가 동일인이라면 질권이 부지에 미치며, 부지가 다른 사람의 소유라면 미치지 않는다고 한다.

[가치정보]

이 조사보고서는 토지 위에 설정된 질권의 효력 대해 질권이 설정된 토지 위의 건물이나 나무, 산림의 존재 등 사례를 구체적으로 확인할 수 있는 자료가 될 수 있다.

Ⅰ-2-1-56 제51 관습상의 이율

관리기호	기록번호	자료명	
B-1-321	조제111호의 1	第五十一 慣習上ノ利率	
작성자	생산기관	생산 연도	
-	법전조사국	1910년 경	
지역	언어	분량	소장기관
제1관	일본어	40면	수원박물관
키워드	이자, 이율, 공채, 사채, 중리(重利)		

관리기호	기록번호	자료명	
B-1-322	조제111호의 3	第五十一 慣習上ノ利率	
작성자	생산기관	생산 연도	
-	법전조사국	1910년 경	
지역	언어	분량	소장기관
제1관	일본어	44면	수원박물관
키워드	이자, 이율, 공채, 사채, 중리(重利)		

[기본정보]

조사지역 제1관 구역에 해당되는 경성, 개성, 인천을 비롯한 26개 지역을 대상으로 지역별 채무관계의 계약상의 내용 외에 관습상의 이율에 대해 조사한 보고서이다. '조제 111호의 1'은 초서본, '조제111호의 3'은 정서본이다.

[내용정보]

조사항목을 보면, "계약상 또는 관습상 이자(利子)[변리(邊利) 또는 이식(利息)]를 지불해야 하는 경우 특별히 이율(利率)을 약정하지 않으면 어떻게 하는가 만약 관습상의 이율이 있다면 그 이율은 어느 정도인가" 등에 대한 것이다.

친족 혹은 친구 간의 특별한 경우를 제외하고, 문기를 작성하는 계약에서는 반드시 이자가 있고, 이율을 정하는 것이 일반적이다. 지역에 따라 담보(擔保)의 유무(有無), 신용(信用)의 정도, 금액(金額)의 다과(多寡), 기한(期限)의 장단(長短) 등에 따라 그 이율은 다소 차이가 있는 것으로 조사되었으나 대체로 월(月) 2~5푼(分) 정도의 월변(月邊)에 의거하여 대주(貸主)와 차주(借主)가 수의(收議)로 결정하는 경우가 많았다. 그러나 고리(高利)인 경우는 5푼(分) 이상 1할(割)에 이르기도 했고, 개성 지역에서는 상업상의 특정한 이율이 존재하여 2월과 7월에 금전대부업자(金錢貸付業者) 또는 거간(居間)들이 모여 그 표준을 만들기도 했다. 그리고 경주 일부 지역에서는 5일마다 열리는 장시(場市)와 장시 사이에서 5일간 2/100의 이자[월 1할 2푼]로써 시장에 출장하는 상인이 사용하는 시변(市邊) 혹은 시리(市利)에 의한 이율이 정해지기도 했다.

상환기간이 지나도 변제하지 못한 채무에 대해서는 원칙상 인정되지 않고 법적으로 금지되었으나 청주 지역에서는 그 이자에 원금(元金)을 추가하는 중리(重利)[복리(複利)]의 적용 관습이 있었다. 조사지역은 경성, 개성, 인천, 수원, 안성, 청주, 충주, 영동, 대구, 상주, 안동, 경주, 울산, 동래, 창원, 진주, 제주, 무안, 광주, 옥구, 전주, 남원, 공주, 온양, 예산, 은진 등 26개 지역이다.

[가치정보]

이 자료에서 현재와 비교해 보면 상당히 높은 고율의 이율이 적용되고 있는 점을 알 수 있으며, 이를 통해 관습상으로 그러한 이율이 적용될 수 있었던 당대인들의 경제관념의 일면을 추적해 볼 만한 가치가 있는 자료가 될 수 있다.

Ⅰ-2-1-57 제52 중리에 관한 관습 여하

관리기호	기록번호	자료명	
B-1-462	조제112호의 3	第五十二 重利ニ關スル慣習如何	
작성자	생산기관	생산 연도	
-	법전조사국	-	
지역	언어	분량	소장기관
제1관	일본어	33면	수원박물관
키워드	중리(重利), 가변(加邊), 가리(加利), 변상가변(邊上加邊), 이상가리(利上加利)		

[기본정보]

이 자료는 법전조사국이 작성한 자료로 자료명은 '제52 중리에 관한 관습 여하'로 되어 있다. 조사지역 제1관 구역에 해당되는 경성, 개성, 인천을 비롯한 26개 지역을 대상으로 하였으며 지역별 중리(重利)에 관한 관습에 대해 조사한 보고서이다. 이 자료는 일본어로 기록되어 있다.

[내용정보]

중리(重利)는 경성에서는 가변(加邊) 혹은 가리(加利), 개성에서는 변상가변(邊上加邊), 또는 이상가리(利上加利)라 한다. 기한이 도래한 후에도 채무자가 채무를 변제하지 못했을 때에는 이식(利息)을 원본에 넣어서 채권증서(債權證書)를 고쳐쓰는 경우도 있지만 이는 채무자가 요구를 받아들일 경우이다. 채무자가 이를 부인하여 관(官)에 소송을 할 때에는 관에서는 중리(重利)를 허용하지 않는 것으로 한다. 요컨대 합의상의 이식을 원본에 넣는 경우는 있지만, 법률상으로는 이식을 원본에 산입하는 것이 불가능하다. 중리(重利)에 관한 금제(禁制)는 1894년 8월 18일 의안(議案) '저채(邸債)를 남봉(濫捧)하는 사(事)를 금(禁)하는 건(件)'에서도 확인된다.

[가치정보]

이 자료는 기한 내 채무를 변제하지 못했을 때 중리(重利)를 요구할 수 있는지에 관한 관습에 대한 지역별 사례를 자세히 확인할 수 있는 자료이다.

Ⅰ-2-1-58 제53 채무자가 불이행자로 되는 시기 여하

	관리기호	기록번호	자료명	
	B-1-463	조제113호의 3	第五十三 債務者カ不履行者トナル時期如何	
	작성자	생산기관	생산 연도	
	-	법전조사국	-	
	지역	언어	분량	소장기관
	제1관	일본어	42면	수원박물관
	키워드	채무자, 불이행자, 채무불이행, 기한부채무, 무기한채무, 방채(放債), 대거(貸去)		

[기본정보]

이 자료는 법전조사국이 작성한 자료로 자료명은 '제53 채무자가 불이행자로 되는 시기 여하'로 되어 있다. 조사지역 제1관 구역에 해당되는 경성, 개성, 인천을 비롯한 26개 지역을 대상으로 하였으며 지역별 채무자의 채무불이행시의 관습에 대해 조사한 보고서이다. 이 자료는 일본어로 기록되어 있다.

[내용정보]

조사내용은 기한부 채무는 기한의 도래까지 이를 이행하지 않으면 불이행으로 되는가, 장차 기한이 도래한 후 채권자의 청구를 기다려 이를 이행하지 않는 것도 불이행으로 되지 않는가, 기한을 정하지 않는 채무는 어떠한가 등이다. 당국에서는 채무불이행(債務不履行)의 제재(制裁)에 관한 관습이 없기 때문에 불이행자로 되는 시기에 관한 관습도 없는 것으로 한다.

불이행자의 제재로 보아야 하는 것은 이식(利息)이지만 이 이식도 기한도래 후 5일간은 이식을 지불하지 않는 것이 관습이고, 그 중에는 10일 혹은 20일 후에도 이식을 지불하지 않는 것도 있어서 불이행의 시기를 정하는 것은 매우 곤란하다. 5일간 이식을 부여하지 않는 것은 금전채무(金錢債務)에 한한 것으로서, 다른 재산의 채무는 5일간의 유예가 없다.

기한이 없는 채무는 채권자가 청구하여 변제하지 않을 때에는 다시 기한을 정하는 것이 보통이다. 그러므로 다시 정한 기한이 기한의 도래 후에 없다면 불이행의 문제는 발생되지 않는 것으로 한다. 기한부채무(期限附債務)는 '방채(放債)'라 칭하고 무기한채무(無期限債務)는 '대거(貸去)'라 한다. 방채는 수표(手票)가 있는 것이 보통이고 대거는 수표가 없는 것이 보통이다.

조사지역은 경성, 개성, 인천, 수원, 안성, 청주, 충주, 영동, 대구, 상주, 안동, 경주, 울산, 동래, 창원, 진주, 제주, 무안, 광주, 옥구, 전주, 남원, 공주, 온양, 예산, 은진 등 26개 지역이다.

[가치정보]

이 자료는 채무자를 불이행자로 보는 시기에 관한 관습과 기한부채무, 무기한채무 등 관습에 대하여 지역별 사례를 통해 자세히 확인할 수 있는 자료이다.

Ⅰ-2-1-59 제54 채무자가 임의로 채무를 이행하지 않을 때는 강제로 이를 이행시킬 수 있는가

관리기호	기록번호	자료명	
B-1-464	조제114호의 3	第五十四 債務者カ任意ニ債務ヲ履行セサルトキハ 強制シテ之ヲ履行セシムル事ラ得ルカ	
작성자	생산기관	생산 연도	
-	법전조사국	-	
지역	언어	분량	소장기관
제1관	일본어	53면	수원박물관
키워드	강제이행, 보행, 손해배상, 구류, 차압, 수가(收家)		

[기본정보]

조사지역 제1관 구역에 해당되는 경성, 개성, 인천을 비롯한 26개 지역을 대상으로 채무자가 채무를 성실히 이행하지 않을 때 이를 강제할 수 있는 요건과 절차 등에 대해 조사한 보고서이다.

[내용정보]

질문 사항은 "채무자가 임의로 채무를 이행하지 않는 경우에 이를 강제로 이행시킬 수 있지, 아니면 손해배상 등 간접제재에 그치는지, 그리고 제재의 방법은 어떠한지" 등이다.

오래 전부터 이용되어 온 방식으로 '보행(步行)'이라는 관습이 존재했다. 서장(書狀)을 전달하는 일을 업으로 한 '보행(步行)'을 보내어 채무의 독촉도 겸하게 하는 것이다. 이러한 보행의 관습은 개성 지역에서 가장 성행했다. 그러나 지금은 대개 관청에 제소(提訴)하여 공권력을 통해 채무를 이행하지 않은 자를 구류하여 채무를 이행하도록 하는 방법이 일반적이고 이를 통해 채무자의 재산을 차압(差押)하여 변제케 하는 경우도 있다. 채권자가 임의로 채무자의 재산의 전부 또는 일부를 수취하거나 매각하여 채권의 변제로 삼는 예가 종종 있는데 이를 '수가(收家)'라 불렀다. 그러나 이는 저당권(典當權)이 설정된 경우를 제외하고는 일반적으로 인정되지 않았다.

채무불이행의 제재방법으로는 이처럼 제한적인 범위 내에서의 강제이행 외에도 손해배상, 계약해제, 이자부과 등과 질책 및 일반으로부터 배척 등 도덕적 제재가 있다고 한다. 다만 강제이행 또는 계약해제 등의 제재도 채무의 내용[사람(人), 일(事), 물품(物)]에 따라 허용되는 경우와 그렇지 않은 경우로 지역에 따라 일정하지 않았다. 손해배상의 경우는 계약서에 위약금이 명시되어 있으면 이를 청구할 수 있었지만, 그 계약을 통해 차후에 또 다른 제3자와의 관계를 통해 얻게 될 예상 수익부분에 대한 손해배상을 청구할 수 없었다. 조사지역은 경성, 개성, 인천, 수원, 안성, 청주, 충주, 영동, 대구, 상주, 안동, 경주, 울산, 동래, 창원, 진주, 제주, 무안, 광주, 옥구, 전주, 남원, 공주, 온양, 예산, 은진 등 26개 지역이다.

[가치정보]

이 자료는 지역별로 채무를 이행하지 못한 채무자에 대한 강제 집행과 그 채무의 내용이 다양하게 이루어지고 있는 모습을 살필 수 있는 자료가 될 수 있다.

I-2-1-60 제54 채무자가 임의로 채무를 이행하지 않을 때는 강제로 이를 이행시킬 수 있는가

관리기호	기록번호	자료명	
B-1-527	조제114호의 2	第五十四 債務者カ任意ニ債務ヲ履行セサルトキハ强 制シテ之シヲ履行サセムル事ヲ得ンカ	
작성자	생산기관	생산 연도	
-	법전조사국	-	
지역	언어	분량	소장기관
제2관	일본어	32면	수원박물관
키워드	강제이행, 채송(債訟), 손해배상, 유치[구류], 차압		

[기본정보]

조사지역 제2 구역에 해당되는 황해도, 평안도, 함경도, 강원도의 20개 지역을 대상으로 채무자가 채무를 성실히 이행하지 않을 때 이를 강제할 수 있는 요건과 절차 등에 대해 조사한 보고서이다.

[내용정보]

조사 대상을 보면, 채무자가 임의로 채무를 이행하지 않으면 강제로 이를 이행시킬 수 있는가 또는 손해배상 등 간접제재가 있음에 그치는가 그리고 그 제재의 방법은 어떠한가 등에 대한 것이다.

금전 채무의 경우에는 채무자가 이를 임의로 채무를 이행하지 않으면 '채송(債訟)'이라고 하여 존래에는 관아에 제소하여 이행하게 하였다. 관아에서는 채무자를 유치(留置)[구류(拘留)]하여 이를 강제하거나 채무자의 재산을 압류하여 이행하게 하였다. 그러나 자력(資力)이 없는 자로 판명되면, 강제해도 효력이 없기 때문에 유치하지 않았다. 그리고 지금은 대개 채무를 이행하지 않는 자에 대해서 전당물(典當物)이 있으면 채권자는 이로써 변제에 충당케 하고 전당물이 없는 경우에는 재판소에 제소하였다. 한편 노무(勞務)를 매개로 한 채무는 강제 이행을 재촉할 수 없고 오직 계약을 해제하는 수밖에 없으며 손해배상의 관습도 없었다고 한다.

174

금전과 노무 관계를 통한 채무관계 외에도 산림의 입목을 매매한 경우, 미곡을 수확하기 전 예약하여 매매를 하는 경우, 기교를 지닌 주목수(舟木手)·주목공(舟木工)·목기공(木器工)·은공(銀工)·자기공(磁器工) 등과의 관계에서 채무의 강제 이행이 가능한지, 손해배상을 청구하는 경우와 손해배상은 금전으로만 지불하는지에 대해서도 조사하고 있다. 조사 대상은 해주, 황주, 평양, 삼화, 안주, 덕천, 용천, 강계, 영변, 경흥, 회령, 경성, 성진, 북청, 갑산, 함흥, 덕원, 금성, 춘천, 원주 등 20여 지역이다.

[가치정보]

이 자료는 채무를 이행하지 못한 채무자에 대한 강제 집행이 그 채무의 내용과 대상, 그리고 지역에 따라 다양하게 이루어지고 있는 모습을 살필 수 있는 자료가 될 수 있다.

제57 채무불이행의 제재에 관한 특약이 있는가

관리기호	기록번호	자료명	
B-1-466	조제117호의 1	第五十七 債務不應行ノ制裁ニ關シ 特約ヲナス事アルカ	
작성자	생산기관	생산 연도	
-	법전조사국	-	
지역	언어	분량	소장기관
제1관	일본어	35면	수원박물관
키워드	채무불이행, 특약, 위약금, 이자, 손해배상		

관리기호	기록번호	자료명	
B-1-465	조제117호의 3	第五十七 債務不應行ノ制裁ニ 關シ特約ヲナス事アルカ	
작성자	생산기관	생산 연도	
-	법전조사국	-	
지역	언어	분량	소장기관
제1관	일본어	37면	수원박물관
키워드	채무불이행, 특약, 위약금, 이자, 손해배상		

[기본정보]

조사지역 제1관구역인 경성, 개성, 인천 등 26곳을 대상으로 채무불이행의 제재의 특약과 효력, 채무자는 위약금을 지불하는 경우에 이자 및 손해배상을 해야 하는지 등에 대해 조사한 보고서이다. '조제117호의 1'은 초서본이고 '조제117호의 3'은 정서본이다. 초서본에는 정서본과는 달리 일부 지역에서는 조사에 대한 응답자의 성명과 연령이 기재된 지역이 있다.

[내용정보]

질문 항목은 "채무불이행의 제재에 대한 특약의 여부, 있다면 그 종류와 효력은 어떠한가, 재판소에서 그 금액을 증감할 수 있는가" 등에 대한 것이다. 채무불이행으로 인한 특약으로 위약금을 설정하는 관습은 종래에 없었다. 그러나 근래에 일본인이 많이 거주하면서 생기기 시작하여 조사대상 가운데 8개 지역에 이러한 특약이 존재한 것으로 조사되었다.

기존의 관습상으로는 특약은 없었지만 채무불이행의 경우 관에 제소할 수 있었다. 그리고 대구의 사례에서는 기한 내에 변제하지 못하면 이자율을 높이기도 했다. 다만 이는 채권자와 채무자 사이에는 효력이 있었지만 관에서는 이를 인정하지 않는 것이었다. 안동지역에서도 채무를 이행하지 않을 경우 원래의 이자에 1개월 치를 더하였는데 관에서 이를 관습상 용인했으나 법률상으로 유효한 것은 아니었다.

한편, 특약이 있더라도 관이나 재판소에서 그 금액을 증감시킬 수 없었고, 울산, 광주 등의 몇몇 지역을 제외하고는 채무자는 위약금 외에 추가로 이자나 손해배상을 하지 않았다. 위약금 등의 지불은 보통 금전으로 지불되었으나 미곡, 잡화 등의 현물로 하는 경우도 있었다.

조사 대상은 경성, 개성, 인천, 수원, 안성, 청주, 충주, 영동, 대구, 상주, 안동, 경주, 울산, 동래, 창원, 진주, 제주, 무안, 광주, 옥구, 전주, 남원, 공주, 온양, 예산, 은진의 26개 지역이다.

[가치정보]

이 자료는 계약 당시 채무 이행을 하지 못한 경우에 발생하는 특약이 관습상 존재하지 않았고, 대개 일본인들이 거주하기 시작하면서 생겨나기 시작했음을 보여주는 자료가 될 수 있다.

I-2-1-62 제57 채무불이행의 제재에 관한 특약이 있는가

관리기호	기록번호	자료명	
B-1-528	조제117호의 2	第五十七 債務不應行ノ制裁ニ關シ 特約ヲナス事アルカ	
작성자	생산기관	생산 연도	
-	법전조사국	-	
지역	언어	분량	소장기관
제2관	일본어	24면	수원박물관
키워드	특약, 위약금, 이자, 손해배상, 이자		

[기본정보]

조사지역 제2관구역인 해주, 황주, 평양 등 20여 지역을 대상으로 채무불이행의 제재의 특약과 효력, 채무자는 위약금을 지불하는 경우에 이자 및 손해배상을 해야 하는지 등에 대해 조사한 보고서이다.

[내용정보]

조사항목은 제1관 구역을 대상으로 한 '조제117호의 1', '조제117호의 3'의 기록과 동일하다. 제1관 구역의 조사내용과 유사하게 채무불이행으로 인한 특약으로 위약금을 설정하는 관습은 종래에 없었고 근래에 일본인이 많이 거주하면서 일부 지역에서 생기기 시작한 것으로 파악하고 있다.

조사대상 지역 중 용천의 사례를 보면, 특약으로 소금 제조시에 정한 기한 내에 보내지 못하면 그 값을 일정한 비율로 감하는 계약을 체결하는 예가 있지만, 보통은 미리 위약금을 정하는 일은 없다고 한다. 그리고 위약금으로 인한 분쟁이 간혹 발생하여 관에 출소(出訴)했을 때 관아에서는 그 액수가 부당하게 많으면, 감소시키기도 했지만 소액(少額)을 증가시키는 일은 없었다.

채권자가 채무자에게 이자나 손해배상을 추가로 청구하는가에 대한 조사에서는 위약금만 지불하면 되었기 때문에 추가로 이러한 비용을 지불하는 예는 존재하지 않았다. 다만 이와 관련된 관습은 지역에 따라 차이가 있었다. 예를 들면, 강계 지역에서는 산림(山林)의 입목(立木)의 매매(賣買), 곡물(穀物)의 예약매매(豫約賣買) 등의 경우에 한하여 벌금(罰金)·위약금(違約金)을 미리 정하여 채무불이행의 제재로 활용하였다. 그러나 춘천에서는 미곡(米穀) 및 기타 물품의 거래과정에서 인도의 기한을 넘기면 위약금의 지불을 특약하기보다는 대금(代金)에 일정한 이자[利息]를 붙여 반환(返還)하도록 약속하는 관습이 있었다.

조사 대상은 해주, 황주, 평양, 삼화, 안주, 덕천, 용천, 강계, 영변, 경흥, 회령, 경성, 성진, 북청, 갑산, 함흥, 덕원, 춘천, 금성, 원주 등 20개 지역이다.

[가치정보]

이 기록은 전통적으로 채무불이행의 제재로 특약하는 관습이 없었으나 근래 일본인과의 관계에서 형성되어 구체화하는 경향을 살펴볼 수 있는 자료가 된다.

Ⅰ-2-1-63 제58 채권자는 채무자의 권리를 대신 이행할 수 있는가

관리기호	기록번호	자료명	
B-1-467	조제118호의 3	第五十八 債權者ハ債務者ノ權利ヲ 代リ行フコトヲ得ルカ	
작성자	생산기관	생산 연도	
-	법전조사국	-	
지역	언어	분량	소장기관
제1관	일본어	45면	수원박물관
키워드	채권자, 채무자, 대위(代位), 위임, 승낙, 기한부채권자		

[기본정보]

이 보고서는 채무자 또 다른 제3자에게 채권을 갖고 있을 때 채권자가 본래의 채무자를 대신하여 제3자에 대해 채무 상환의 권리를 가질 수 있는가에 대해 조사한 내용이다. 조사지역은 제1관구역인 경성, 개성, 인천 등 26곳이다.

[내용정보]

조사내용은 "채권자가 제3자에 대한 채권을 가지게 될 경우, 채무자의 승낙이나 위임이 꼭 필요한가, 기한부채권자는 기한도래(期限到來) 전에도 이 권리를 행사할 수 있으며, 그 효력(效力)은 어떠한가" 등이다.

일반적으로 채무자가 또 다른 제3자에게 채권을 갖고 있을 때 채권자는 본래의 채무자를 대신하여 제3자에 대해서 직접적으로 그러한 채무의 이행을 청구하는 권리는 없었다. 단 채무자의 고의, 태만으로 채권자에게 불이익이 발생한 경우에는 채권자가 이 권리를 행사할 수 있었으나 이때에도 채권자가 직접 제3자에게 이행을 촉구할 수 없고, 사전에 채무자의 승낙이나 위임이 반드시 요구되었다. 그리고 기한부채권(期限附債權)에서 이러한 대위(代位) 관계의 성립에 대해서 보면, 주로 기한이 도래한 때에 성립하는 것이 일반적이었다. 그러나 기한 전에도 채무자는 제3자의 채무를 자신의 채권자에게 지불하도록 승인할 수 있으며 3인의 합의하에 채권자와 채무자 사이의 수기(手記)를 소멸시키고 채권자와 제3자 사이에 다시 수기(手記)를 작성하는 '길거(拮据)'라고 불린 과정이 필요했다. 결국 이 과정을 통해 채권자는 자신의 이름으로 제3자에게 청구할 수 있었다.

한편 채권관계에서 그 효력은 당사자 사이에서만 발생하는 것이 원칙이었고, 제3자에 효력을 미치는 관습으로는 아들의 채무를 아버지에게 구하고 아버지의 채무를 아들에게 구하는 것 등은 가능하며, 그것도 청구(請求)에 그치는 것이었다. 특히, 안동지역의 사례를 보면, 채무자가 위탁한 경우 외에는 채권자의 불이익과는 상관없이 제3자에 대해 이행을 청구할 수 없다고 알려져 있다.

그런데, 재판소가 많은 지역에서는 예외적으로 채권자가 채무자의 양도 없이 채무자의 대리 등의 명의 하에 제3자로부터 징수하는 예가 존재하였는데, 이는 채무자가 승낙하지 않는 경우에는 기소(起訴)함으로써 재판소로 하여금 제3자에게 그 이행을 촉구하고자 했던 방식이었다고 한다.

[가치정보]

이 자료는 제3자에 대한 채권을 가진 채무자와 채권자 사이의 채무이행 과정에서 제3자의 대위(代位)가 성립되기 위해서 필요한 요건과 절차, 그리고 그 효력을 살펴 볼 수 있는 자료가 된다.

관리기호	기록번호	자료명	
B-1-468	조제120호의 3	第六十 債權者又ハ債務者數人アル 場合ニ於テハ其各自ノ權利義務如何	
작성자	생산기관	생산 연도	
-	법전조사국	-	
지역	언어	분량	소장기관
제1관	일본어	69면	수원박물관
키워드	채권자, 채무자, 연대채무, 공동변제, 공동이행, 면제		

[기본정보]

이 보고서는 조사지역 제1관구역인 경성, 개성, 인천 등 26곳을 대상으로 채권자나 채무자가 여러 사람일 때 그 채권 및 채무에 관한 개개인의 권리와 의무 등에 대해 조사한 내용을 담고 있다.

[내용정보]

조사항목을 보면, "채권자, 채무자가 여러 사람인 경우에 그 채권 및 채무를 1개로 보는가, 여러 개로 보는가에 따른 각 당사자의 권리 및 의무" 등에 대한 것이다.

여기에 대해 19개의 지역은 1개의 채권, 채무로 인식하였고, 나머지 7개 지역은 여러 개로 보았다. 조사자는 여기에 대해 채권자 또는 채무자가 수인(數人)인 때는 '연대(連帶)' 또는 '불가분(不可分)'을 명시하지 않더라도 불가분(不可分)이라고 하는 관념의 관습에 따라 1개의 것으로 파악하였다.

채권자가 여러 사람인 대표적인 경우는 계(契)에서 볼 수 있다. 여러 사람이 금액을 모아 특정한 1인에게 대여하는 경우 채무자는 채권자 여러 사람이 연명한 1통의 수표를 작성한다. 따라서 채무의 이행은 각각의 채권자가 아닌 공동으로 청구하고 그 권리 부분[출금한 한도]에 근거하여 분배하게 된다. 혹 채권자 1인이 채무를 면제했다면 채무자는 그 채권자의 지분을 공제하고 나머지 돈을 다른 채권자들에게 변제해야 하며, 이때 그 채권자 1인은 다른 채권자들이 받은 채권 금액의 분배를 청구할 수 없다.

한편, 채무자가 여러 사람인 경우에는 자기의 부담만을 이행하는 것으로 책임이 면제되지 않았는데, 그 이유는 이를 공동으로 부담하는 1개의 채무로 보기 때문이다.

따라서 채권자가 채무의 이행을 청구하면 채무자 사이에 협의를 통해 채권액 전체를 모아 공동으로 한 번에 변제해야 했다. 부득하게 한 사람의 채무자가 전액을 상환하게 되면, 그 채무자는 다른 채무자들로부터 그 부담부분에 대해 구상(求償)을 행할 수 있다. 이때 채무자 가운데 무자력자(無資力者)가 있는 경우, 나머지 채무자들이 그 부분을 평균 분담하였다. 동사(同事)에 있어서 여러 사람의 채무자가 연대한 채무로 인식한 연대채무(連帶債務)가 되었고, 채주(債主)의 이름을 수표(手票)에 연명(連名)하였다.

[가치정보]

이 자료는 1대 1의 채무·채권관계가 아닌 1대 수인(數人)의 채무·채권 관계, 혹은 그 반대의 경우, 각 지역별로 그러한 채권채무관계를 어떻게 인식하고 있는가를 알 수 있는 자료이다. 관습상 1개의 채무·채권으로 인정하고 있는 가운데 관련된 1인 혹은 각 개개인의 권리와 의무를 살펴볼 수 있다.

Ⅰ-2-1-65 제61 불가분채무에 관한 관습 여하

관리기호	기록번호	자료명	
B-1-470	조제 121호의 1	第六十一 不可分債務ニ關スル慣習如何	
작성자	생산기관	생산 연도	
-	법전조사국	-	
지역	언어	분량	소장기관
제1관	일본어	47면	수원박물관
키워드	채권자, 채무자, 불가분채무, 면제, 구상권		

관리기호	기록번호	자료명	
B-1-469	조제121호의 3	第六十一 不可分債務ニ關スル慣習如何	
작성자	생산기관	생산 연도	
-	법전조사국	-	
지역	언어	분량	소장기관
제1관	일본어	50면	수원박물관
키워드	채권자, 채무자, 불가분채무, 면제, 구상권		

[기본정보]

이 보고서는 조사지역 제1관구역인 경성, 개성, 인천 등 26곳을 대상으로 그 특성상 분할하여 이행할 수 없는 물건의 거래 시에 채무자가 여러 사람일 경우 각자의 권리, 의무 등에 대해 조사한 내용을 담고 있다. '조제121호의 1'은 초서본, '조제121호의 3'은 정서본이다.

[내용정보]

질문 내용을 보면, "분할이행이 불가한 특정물의 인도를 채권의 목적으로 하는 경우,

채권자 또는 채무자가 여러 사람일 경우에 발생하는 채무자 개개인의 권리 및 의무"에 대한 것이다. 이 조사항목은 질문의 내용은 다르지만, 앞의 제60의 질문과 유사한 조사내용이라고 할 수 있다.

불가분채무에 관한 관습이 없다고 답한 지역도 있으나[경성, 충주, 대구 등] 대부분의 지역에서는 건물을 축조하거나 우마(牛馬) 등 가축의 거래에서 발생되는 여러 사람의 채권·채무 관계가 형성되었던 사례에 대해 조사하고 있다.

불가분채무에서 채권자가 여러 사람인 경우, 예를 들면, 여러 사람이 1인으로부터 가옥 1동을 건축하도록 요구받았을 때 다수의 채권자는 각자가 전부의 이행을 청구할 수밖에 없다. 그리고 채무자는 어느 채권자에게도 채무를 이행할 수 있으며, 채권자 중의 1인이 불가분채무(不可分債務)의 이행을 받았을 때는 그 채무는 소멸하였다. 이를테면, 채권자 1인은 채권자 전원을 위해 이행을 청구할 수 있고, 채무자도 채권자 1인에 대해 채권자 전원을 위해 이행할 수 있다. 다만 채권자 1인이 변제받은 채무는 그와 동시에 수령한 물건[건축물, 우마 등]을 다른 채권자와 공유하거나 그렇지 않은 경우는 그것을 매각하여 각 채권자가 가진 권리의 부분 따라 분배해야 했다. 다른 채권자 역시 자기가 가진 권리의 부분에 관해서 청구할 수 있었다.

불가분채무(不可分債務)에서 채무자가 여러 사람인 경우 채권자는 누구에 대해서도 채무의 이행을 요구할 수 있다. 그리고 다수의 채무자는 각자가 이행의 의무를 지녔으나 채무의 성질이 불가분(不可分)이어서 분할하여 변제할 수 없기 때문에 각 채무자는 1인이 전부를 이행하지 않을 수 없었다. 1인의 채무자가 이행하면 나머지 다른 채무자는 변제의 의무를 면하였고, 채무를 이행한 당사자는 다른 채무자에 대해 구상권(求償權)을 가지게 된다. 이때 무자력(無資力)·도망 등의 상황이 발생함으로써 채무자 가운데 구상할 수 없는 자가 있으면 나머지 채무자가 이를 분담했다.

[가치정보]

이 자료는 제60의 조사항목에서 다수의 채무자와 채권자, 반대로 다수의 채권자와 채무자의 관계에서 이를 1개의 채무·채권으로 인정하고 있는 관습이 특성상 분할하여 이행할 수 없는 물건의 거래에서도 동일하게 적용되었음을 알 수 있는 자료이다. 본 보고서의 내용에서 보이듯 이러한 분할이행이 불가분한 특정 물건의 거래 관념에서 유래했음을 유추해 볼 수 있는 기록이다.

관리기호	기록번호	자료명	
B-1-471	조제122호의 3	第六十二 連帶債務ニ關スル慣習如何	
작성자	생산기관	생산 연도	
-	법전조사국	-	
지역	언어	분량	소장기관
제1관	일본어	88면	수원박물관
키워드	채권자, 채무자, 연대, 채무, 동대(同貸)		

[기본정보]

조사지역 제1관 구역에 해당되는 경성, 개성, 인천 등 26개 지역을 대상으로 여러 사람이 지닌 연대채무의 상환 절차와 요건 등에 대해 조사한 보고서이다.

[내용정보]

조사항목을 보면, "당사자 사이에 연대나 유사한 특약을 하는 사례가 있는가 또 채권자와 채무자 1인 사이의 행위의 효력이 또 다른 채무자에게 미치는 경우가 있는가 채무자 1인이 전부변제를 한 경우 다른 채무자에 대해 어떠한 권리를 가지는가" 등이다.

여러 사람이 공동으로 금전이나 미곡 등을 차용하는 것을 '동대(同貸)'라고 부른다. 이때 이들 가운데 신용이 있는 자 1인의 명의로, 혹은 여러 사람의 연명(連名)으로 수표를 발행하는 절차가 지역에 따라 존재하였다. 이 경우에 각각의 차주(借主)는 연대(連帶)와 같은 관계가 성립되어 공동으로 1개의 채무를 부담하는 것으로 보고 각 채무자가 각각 1개의 채무를 부담하는 것으로 보지 않는다. 그러므로 채권자는 여러 사람의 채무자로부터 1개의 채권을 가진 것이 되어 채무자 1인이나 또는 그 전원으로부터 변제를 받든 상관없었다. 그러나 채권자가 회수하는 액수는 그 총액이 전체 채무액을 초과하지 않아야 했다.

한편, 채무를 변제한 채무자 1인 또는 그 일부는 그로 인해 다른 채무자의 채무도 소멸되었으므로, 이들은 다른 채무자들에게 각자의 부담부분에 대해서 상환을 청구할 수 있다. 이 과정에서도 무자력(無資力), 도망 등의 사정으로 상환하지 못하는 자가 발생하게 되면,

나머지 채무자가 그 부분을 분담하였다.

[가치정보]

이 자료는 하나의 채권에 대해 여러 사람이 공동으로 채무를 부담하는 경우에 발생하는 채권채무관계의 지역별 관습의 양상을 살필 수 있는 자료가 된다.

I-2-1-67 제62 연대채무에 관한 관습 여하

관리기호	기록번호	자료명	
B-1-519	-	第六十二 連帶債務ニ關スル慣習如何	
작성자	생산기관	생산 연도	
-	법전조사국	-	
지역	언어	분량	소장기관
제2관	일본어/국한문혼용	59면	수원박물관
키워드	채권자, 채무자, 연대채무, 동대(同貸), 변제(辨濟), 동표(同標)		

[기본정보]

조사지역 제2관 구역에 해당되는 황해도, 평안도, 함경도, 강원도의 20개 군현을 대상으로 여러 사람이 지닌 연대채무의 상환 절차와 요건 등에 대해 조사한 보고서이다.

[내용정보]

이 자료는 필체가 각각 다르고, 초서체의 한자로 되어 있는 것으로 보아 각 지방에서 조사 당시 조사관들에 의해 처음 작성된 초고본[초서본]으로 보이며, 맨 앞의 표지가 결락되어 구체적인 문서번호도 확인할 수 없다.

질문사항을 보면, "당사자 사이에 연대나 유사한 특약을 하는 예의 여부, 예를 들면, 1개의 채권에 대해 여러 사람의 채무자가 있을 때 각각의 채무자는 그 일부를 부담하는 것이 원칙이지만, 특약이 있는 경우에는 채권자는 한 사람의 채무자에게 모든 채무를 청구할 수 있는가" 등에 관하여 조사한 것이다.

여러 사람이 공동으로 금전이나 미곡 등을 차용하는 것을 '동대(同貸)'라고 부르며 이 경우에는 수인(數人)이 공동으로 1개의 채무를 부담하는 것이 된다. 따라서 채권자는 여러 사람의 채무자에 대해서 1개의 채권을 가지고, 채무자 1인, 또는 그 전원으로부터 변제를 받든 상관없다. 다만 이 경우 본래의 채무전액(債務全額)을 초과하면 안 된다.

채무의 상환이 채무자가 1인 또는 일부의 변제(辨濟)로 이루어졌을 때, 채무관계가 소멸되므로 이를 판제한 채무자는 부담부분(負擔部分)을 안고 있는 또 다른 채무자에게 다시 구상권(求償權)을 가진다. 부분채무를 부담한 자가 무자력(無資力) 또는 도망 등의 사정으로 상환이 여의치 않으면 나머지 채무자가 그 부담부분(負擔部分)을 다시 분담해야 한다. 수인(數人)이 공동으로 금전·미곡을 차용한 채무관계의 계약 시에는 그 중 신용이 있는 자 1인의 명의(名義)로, 혹은 수인(數人)이 연명(連名)으로 수표(手票)를 발행하는 관습이 있다. 이를 '동표(同票)' 혹은 '동대표(同貸票)'라고 하며 그 양식을 소개하고 있다.

조사대상 지역은 제2관 구역에 해당되는 해주, 황주, 평양, 삼화, 안주, 덕천, 용천, 강계, 영변, 경흥, 회령, 경성, 성진, 북청, 갑산, 함흥, 덕원, 춘천, 금성, 원주 등 20곳에 걸쳐 있다. 조사 지역을 달리한 동일한 제목의 조사보고서로 '조제122호의 3'이 있다.

[가치정보]

이 자료는 하나의 채권에 대해 여러 사람의 공동으로 채무를 부담하는 경우에 발생하는 채권채무관계의 지역별 관습의 양상을 살필 수 있는 자료다.

I-2-1-68 제64 보증인이 2인 이상인 경우에 각자 책임 여하

관리기호	기록번호	자료명	
B-1-472	조제124호의 1	第六十四 保證人二人以上アル場合ニ於テ其各自責任如何	
작성자	생산기관	생산 연도	
-	법전조사국	-	
지역	언어	분량	소장기관
제1관	일본어	31면	수원박물관
키워드	채권자, 채무자, 보인, 보증인, 채무부담		

[기본정보]

이 보고서의 조사 지역은 제1관 구역에서 영동이 누락된 25개 지역을 대상으로 보증인이 2인 이상 있는 경우에 채권자가 이들에 대해 행사할 수 있는 권리에 대해 조사한 것이다.

[내용정보]

조사내용은 "보증인이 2인 이상이 있는 경우 채권자는 보증인 개개인에 전액을 청구할 수 있는가 아니면 그 인원수에 따라 일부를 청구할 수 있는 것에 그치는가" 등에 대한 것이다.

보증인, 곧 보인(保人)이 두 사람 이상일 때에는 이들의 책임은 그 숫자에 따라 분할되었다. 따라서 채권자는 보증인 1인에게 그 전부(全部)를 청구할 수 없었다고 한다. 조사대상 일부 지역에서 한 사람의 보증인에게 전부를 청구하는 경우가 있었으나 대개는 자신의 부담만으로 책임을 면하는 것이 일반적이었다. 이와 같이 보인 전원이 채무전액을 담보하는 것으로 보기 때문에 인원수에 따라 균등하게 책임을 지는 것이지만, 만약 보인 가운데 무자력(無資力)·도주(逃走)·사망(死亡) 등으로 이행하지 않는 경우가 발생하면 나머지 보인이 그 부분을 균일하게 부담보증하게 되었다.

채권자의 입장에서 보면, 이로 인해 보인 가운데 불이행자가 생겨도 나머지 보인에게 자력(資力)이 있으면 전부의 이행을 받을 수 있었고, 보증인은 원칙적으로는 인원수에 따라 책임을 분담하였으나 이행하지 못하는 자가 있으면 그 책임의 범위가 자연히 늘어나고, 심한 경우 전부에 대해 책임을 질 수도 있게 되었다.

그러므로 조사자는 보증인이 2인 이상이 있는 경우는 처음부터 그 전액의 청구를 받지 않는 점에서 다른 면도 있지만 결과적으로 보면 동대(同貸) 등 채무자가 여러 사람인 있는 연대채무의 경우와 거의 다르지 않은 것으로 파악하였다.

[가치정보]

이 기록은 여러 사람의 보인(保人)이 있는 채무관계에서 보증인 1인의 책임은 분할되어 있는 듯 보이지만, 실제로는 무자력(無資力)·도주(逃走)·사망(死亡)의 이유로 보증인 개인의 책임이 늘어나면서 사실상 연대채무와 유사한 것으로 인식되었던 관습을 살필 수 있는 자료가 된다.

I-2-1-69 제66 보증인이 변제를 했을 때에는 주된 채무자에 대해 어떤 권리를 갖는가

관리기호	기록번호	자료명	
B-1-473	조제126호의 1	第六十六 保證人カ辨濟ヲナシタルトキハ主タル債務者 ニ對シテ如何ナル權利ヲ有スルカ	
작성자	생산기관	생산 연도	
-	법전조사국	-	
지역	언어	분량	소장기관
제1관	일본어	34면	수원박물관
키워드	채권자, 채무자, 주채무자, 보증인, 이자, 이율, 구상권		

[기본정보]

조사지역 제1관 구역에 해당되는 경성, 개성, 인천, 수원 등 26개 지역을 대상으로 채무자의 보증인이 채무를 변제하는 과정에서 발생한 손해에 대한 배상을 청구할 수 있는가에 대해 조사한 보고서이다

[내용정보]

조사내용은 "보증인이 변제를 한 경우에 보증인은 주채무자에 대해 어떤 권리를 갖는가

다시 말해 변제한 금액의 상환을 청구할 수 있는 것에 그치는가 아니면 이자 및 손해배상까지도 청구할 수 있는 것인가" 등이다.

대체로 보증인은 변제한 채무와 기타 자기의 출연(出捐)에 의해서 채무를 소멸시킨 경우에 주채무자(主債務者)에 대해 그 배상을 청구할 수 있었으나 그 범위는 제한되었다. 보증인이 구상권(求償權)을 행사할 수 있는 범위는 변제를 한 금액 또는 출연한 금액, 또는 출연일 이후의 보통이율에 의한 이자와 이행에 소요된 비용 등이었다. 그리고 보증인이 본래의 보증채무보다 높은 이율로 타인(他人)으로부터 자금을 빌려와서 변제를 하더라도 이를 사전에 채무자로부터 승낙받았을 경우에는 이로 인해 발생한 비용 손해에 대해 보통 상환(償還) 받아야 하지만, 그렇지 않은 경우에는 상환(償還) 받을 수 없었다.

이 자료는 각 지방에서 조사 당시 조사관들에 의해 처음 작성된 초서체의 초본으로 생각된다. 조사 지역은 제1관 구역인 경성, 개성, 인천, 수원, 안성, 청주, 충주, 영동, 대구, 상주, 안동, 경주, 울산, 동래, 창원, 진주, 제주, 무안, 광주, 옥구, 전주, 남원, 공주, 온양, 예산, 은진 지역 26곳이다.

[가치정보]

이 기록은 제2관 구역을 조사대상 지역으로 한 '조제126호의 2'의 기록과 함께 채무를 보증한 보증인이 채무자를 대신하여 채무를 변제한 이후 보증인의 주 채무자에 대해 행사할 수 있는 권리의 내용과 한계를 지역별로 살필 수 있는 자료가 된다.

I-2-1-70 제66 보증인이 변제를 했을 때에는 주된 채무자에 대해 어떤 권리를 갖는가

관리기호	기록번호	자료명		
B-1-529	조제126호의 2	第六十六 保證人カ辨濟ヲナシタルトキハ主クル債務者 ニ對シテ如何ナル權利ヲ有スルカ		
작성자	생산기관	생산 연도		
-	법전조사국	-		
지역	언어	분량	소장기관	
제2관	일본어	24면	수원박물관	
키워드	채권자, 채무자, 주채무자, 보증인, 상환, 구상권			

[기본정보]

조사지역 제2관 구역에 해당되는 해주, 황천, 평양, 삼화 등 20여 지역을 대상으로 채무자의 보증인이 채무를 변제하는 과정에서 발생한 손해에 대한 배상을 청구할 수 있는가에 대해 조사한 보고서이다.

[내용정보]

질문 사항은 "보증인이 변제를 하면 보증인은 주 채무자에 대해 변제한 금액의 상환을 요구하는 것 외에도 이자 및 손해의 배상까지도 청구할 수 있는 것인가" 등에 대한 것이다.

여기에 대한 답변은 대체로 보증인은 변제한 채무와 기타 자기의 출연(出捐)에 의해서 채무를 소멸(消滅)시킨 경우에 주채무자(主債務者)에 대해 그 배상을 청구할 수 있는 것으로 조사되었다. 다만 이때 이자(利子)는 청구할 수 있으나 손해에 대한 배상은 청구할 수 없는 것이 일반적인 관습이었다고 한다. 예컨대, 구상권(求償權)을 행사할 수 있는 범위는 변제를 한 금액 또는 출연한 금액, 또는 출연일 이후의 보통이율에 의한 이자와 이행과정에 발생한 비용 등으로 한정되었다. 그런데 사전에 채무자의 승낙(承諾)을 받고 본래의 보증채무보다도 높은 이율로 다른 사람으로부터 자금을 빌려서 변제했을 때는 이 과정에서 발생한 비용을 채무자에게 상환받을 수 있었지만, 그렇지 않은 경우에는 상환(償還)받지 못했었다.

이 자료는 해주 지역의 경우 같은 쪽이 중복된 편철의 오류도 보이며, 지역에 따라 필체도 다르고, 대부분 초서체로 되어 있는 것으로 보아 조사 당시 조사관들에 의해 처음 작성된 초본으로 생각된다.

[가치정보]

이 기록은 채무를 보증한 보증인이 채무자를 대신하여 채무를 변제한 이후 보증인의 주 채무자에 대해 행사할 수 있는 권리의 내용과 한계를 살필 수 있는 자료가 된다.

I-2-1-71 제67 보증인이 여럿인 경우에 그 중 한 사람이 전액의 변제를 했을 때에는 다른 보증인에 대해서 어떤 권리를 갖는가

관리기호	기록번호	자료명	
B-1-474	조제127호의 3	第六十七 保證人數人アル場合ニ於テ基一人カ全額ノ辨濟ヲナシタルトキハ他ノ保證人ニ對シテ如何ナル權利ヲ有スルカ	
작성자	생산기관	생산 연도	
-	법전조사국	-	
지역	언어	분량	소장기관
제1관	일본어	33면	수원박물관
키워드	채권자, 채무자, 보인, 연대책임, 구상권, 손해배상		

[기본정보]

이 기록은 조사지역 제1관 구역에 해당되는 경성, 개성, 인천, 수원 등 26개 지역을 대상으로 여러 사람의 보증인 가운데 1인이 채무를 변제한 뒤 다른 보증인에 대해 행사할 수 있는 권리에 대한 조사내용을 담고 있다.

[내용정보]

조사항목은 "보증인이 수인인 경우에 그 중 1인이 전액을 변제하면 다른 보증인에 대해서는 어떤 권리를 갖는가, 예컨대 다른 보증인 1인에 대해 자기의 부담부분을 제외한 잔액의 전부를 청구할 수 있는가, 아니면 보증인 인원수에 따라 각자에 대해 일부의 상환만을 청구할 수 있는가" 등에 대한 것이다.

채권자에 대해서 각 보인은 연대책임을 짐으로써 1인으로서도 전부의 변제에 응해야 하는 의무가 있지만, 보인 사이에 있어서는 인원수에 따라 분담하는 것이 일반적인 관습이다. 그리고 보인 중에 만약 무자력(無資力) 또는 도망(逃亡) 등의 이유로 보증 책임을 회피한 자가 있을 때 그 사람의 부담분을 다른 보인이 분담해야 하는 것이다. 그리고 보인이 수인(數人)인 경우는 매우 적고, 많아도 2, 3인 정도가 통례이다. 불가피하게 여러 보인 가운데 한 사람이 채무를 변제하게 되면 변제를 한 보인은 다른 보인에 대해 각자의 부담부분에 대해서만 상환을 청구할 권리가 있었다. 그런데 무자력(無資力), 도망 등으로 상환하지 않는 자가 있으면 그 자의 부담부분에 대해서는 나머지 보인과 같은 비율로 부담하는 것이 관습이므로 그 분담액에 대해서도 역시 구상권을 가진다.

이 보고서는 조사내용을 기록한 필체가 동일하고 비교적 보기 쉬운 정서체로 작성된 것으로 보아, 조사관들에 의해 작성된 것을 토대로 다시 정리한 정서본(正書本)으로 생각된다. 조사 지역은 경성, 개성, 인천, 수원, 안성, 청주, 충주, 영동, 대구, 상주, 안동, 경주, 울산, 동래, 창원, 진주, 제주, 무안, 광주, 옥구, 전주, 남원, 공주, 온양, 예산, 은진 등 중남부 지역 26곳이다.

[가치정보]

이 기록은 제2관 구역을 조사대상 지역으로 한 '조제127호의 2'의 기록과 함께 여러 사람의 보증인 가운데 한 사람의 보증인이 채무자의 채무를 변제한 이후 또 다른 보증인에 대해 행사할 수 있는 권리의 내용과 한계를 살필 수 있는 자료가 된다.

Ⅰ-2-1-72 제67 보증인이 여럿인 경우에 그 중 한 사람이 전액의 변제를 했을 때에는 다른 보증인에 대해서 어떤 권리를 갖는가

관리기호	기록번호	자료명	
B-1-530	조제127호의 2	第六十七 保證人數人アル場合ニ於テ基一人カ全額 ノ辨濟ヲナレタルトキハ他ノ保證人ニ對 シテ如何ナル權利ヲ有スルカ	
작성자	생산기관	생산 연도	
-	법전조사국	-	
지역	언어	분량	소장기관
제2관	일본어	23면	수원박물관
키워드	채권자, 채무자, 보인, 연대책임, 구상권, 손해배상		

[기본정보]

이 기록은 조사지역 제2관 구역에 해당되는 해주, 황주, 평양, 삼화 등 20여 개 지역을 대상으로 보증인이 여러 사람인 경우 각각의 보증인이 가지게 되는 의무와 권리 등에 대한 조사내용을 담고 있다.

[내용정보]

질문 내용은 "보증인이 여러 명인 경우에 전액을 변제한 보증인은 다른 보증인 1인에게 자기의 부담부분을 제외한 잔액의 전부를 청구할 수 있는가 아니면 보증인 인원수에 따라 각자에 대해 일부의 상환만을 청구할 수 있는가" 등이다.

여기에 대한 답변을 보면, 각각의 보증인은 채권자에 대해 연대책임을 지게 된다. 따라서 1인이 전부를 변제할 의무가 있지만, 보증인 간에는 그 인원수에 따라 그 책임을 분담하는 것이 일반적인 관습이라고 한다. 또한 보증인 가운데 무자력(無資力) 또는 도망(逃亡) 등으로 부재(不在)한 자가 발생하게 되면 그 사람의 부담분을 나머지 보증인이 분담해야 했다. 그런데 보증인의 수는 보통 많아도 2~3인 정도가 일반적이었기 때문에 1~2인이 여기서 그러한 이유로 빠져나가게 되면 한 사람이 전액을 이행하는 경우가 빈번하게 발생하였다. 반면 지역에 따라 보증인 가운데 한 사람이 스스로 전액을 변제하는 예도 없지 않다고 한다. 이러한 경우에 변제를 한 보증인은 또 다른 보증인에 대해 각자의 부담부분에 대해서만 상환을 청구할 수 있고, 한 사람에 대해 자신의 부담부분 이외의 나머지 모든 액수를 청구할 수는 없었다. 다만 이 경우에도 그렇지만 무자력(無資力), 도망 등으로 상환 하지 않는 자가 있으면 그 자의 부담부분에 대해서는 나머지 보증인과 동일한 비율로 부담하는 것이 관습이므로 그 분담액에 대해서도 역시 구상권을 가지게 된다.

[가치정보]

이 기록은 여러 사람의 보증인 가운데 한 사람의 보증인이 채무자의 채무를 변제한 이후 또 다른 보증인에 대해 행사할 수 있는 권리의 내용과 한계를 살필 수 있는 자료가 된다.

I-2-1-73 제68 채권은 이를 양도할 수 있는가

관리기호	기록번호	자료명	
B-1-475	조제128호의 1	第六十八 債權ハ之ヲ讓渡スコトヲ得ルカ	
작성자	생산기관	생산 연도	
-	법전조사국	-	
지역	언어	분량	소장기관
제1관	일본어	50면	수원박물관
키워드	채권자, 채무자, 채권양도, 채권양수인, 승낙, 채권증서		

[기본정보]

이 기록은 조사지역 제1관 구역인 경성, 개성, 인천, 수원, 안성, 청주 등 26개 지역을 대상으로 채권양도의 요건, 채무자가 채권양수인에 대항할 수 있는 조건 등 채권을 양도와 관계된 절차와 요건에 대해 조사한 내용을 담고 있다.

[내용정보]

질문 내용을 보면, "채권의 양도에는 어떠한 절차가 필요한가, 채무자의 승낙이나 통지가 있어야 하는가, 채권자와 채무자의 특약으로 양도를 금지하는 사례, 관습상 양도할 수 없는 채권의 존재 여부"등에 대한 것이다.

채권의 양도는 변제기일의 전후를 논하지 않고 가능하지만 보통은 채무자의 승낙을 필요로 하고, 이를 거부할 수 없다. 그리고 미리 채권양도를 금지하는 사례가 있지만, 채권자가 이를 무시하고 양도하더라도 채무자가 채권자에게 배상을 청구할 수 없었다.

채무자는 채권증서를 소유하고 있는 자에게 변제를 하는 것이 원칙이기 때문에 채무의 양도로 인해 채무자가 구(舊)채권자에게 변제하는 등의 착오는 발생하지 않았다. 채권을 양도하는 절차는 단지 채권증서(債權證書)를 양도하는 것으로 성립되었기 때문에 다른 서류를 첨부하거나 또는 기존의 증서를 개서(改書)하는 사례는 드물었다고 한다. 다만 증서가 없는 채권을 양도하는 경우에도 채무자는 그 양도를 거부할 수 없으며, 그 때는 관련 3자가 모여 합의하고 새로운 증서(證書)를 만들어 양수인에게 교부해야 하기 때문에 채무불이행이 되더라도 양도인에게 책임이 없다. 그리고 금전 이외에 미곡(米穀), 포목(布木)과 같은 현물에 대한 채권을 양도할 때에는 채무자의 승낙을 필요로 하지 않았다.

[가치정보]

이 자료는 지역에 따라 조사내용이 소략한 곳도 있지만, 청주(淸州)지역의 경우 5면에 걸쳐 매우 세밀한 조사내용을 자세히 소개하고 있다. 채권을 양도하는 과정에서 필요한 절차와 요건에 대한 지역별 사례를 통해 그 관습의 차이를 살펴볼 수 있는 자료가 된다.

관리기호	기록번호	자료명	
B-1-476	조제129호의 1	第六十九 第三者カナシタル辨濟ハ有效ナルヤ否カ	
작성자	생산기관	생산 연도	
-	법전조사국	-	
지역	언어	분량	소장기관
제1관	일본어	33면	수원박물관
키워드	채권자, 채무자, 제3변제자, 친족, 이해관계		

[기본정보]

이 보고서는 조사 지역 제1관 구역인 경성, 개성, 인천 등 26개 지역을 대상으로 제3변제자가 채무를 변제할 경우의 효력 여부와 그 요건, 절차에 대해 조사한 내용을 담고 있다. 조사 자료의 서체는 지역에 따라 정서(正書)된 경우도 있지만 조사 당시 조사관들에 의해 처음 작성된 초고(草稿)로 추정되는 기록이 혼재되어 있다.

[내용정보]

조사항목은 "제3자가 한 변제는 유효 여부, 유효하다면 필요한 조건, 이를테면, 누구라도 유효하게 변제가 가능한가 채권자 또는 채무자의 의사에 반해서도 이를 행할 수 있는지" 등에 대한 것이다.

이에 대한 대답을 보면, 제3자의 변제는 효력이 있는 것으로 인정하는 것이 일반적인 관습이라고 한다. 그러나 채무의 성질상 다른 사람을 대신하여 이행할 수 없는 것, 예를 들면 숙련된 화가가 서화를 그리는 사역의 의무와 같은 것은 허용될 수 없었다고 한다. 그리고 제3자로써 변제를 할 수 있는 자는 대개 관념상 친족, 우인(友人)처럼 정의상(情義上)의 관계자, 담보물의 대여자 및 보인 등과 같이 재산상의 이해관계자 등이 중심이었다. 그 밖의 경우에는 채무자의 승낙이 없다면 유효한 변제가 불가능했던 것으로 판단된다.

이 자료는 채무변제의 관습상 제3자 변제가 가능한 사례와 그러한 관계가 성립되는 절차와 요건을 살필 수 있는 자료가 된다.

I-2-1-75 제70 수취증서의 지참인에게 한 변제는 유효한가

관리기호	기록번호	자료명	
B-1-477	조제130호의 1	第七十 受取證書ノ持參人ニナシタル 辨濟ハ有效ナルカ	
작성자	생산기관	생산 연도	
-	법전조사국	-	
지역	언어	분량	소장기관
제1관	일본어	33면	수원박물관
키워드	채권자, 채무자, 수표, 수취증서, 수취권한, 지참인		

[기본정보]

이 보고서는 조사 지역 제1관 지역에 해당되는 경성, 개성, 인천, 수원, 안성 등 26개 지역을 대상으로 채무자가 영수증을 지참한 자에게 변제를 행하였을 때 채무자의 의무가 면제되는가에 대해 조사한 내용을 담고 있다.

[내용정보]

질문 내용을 보면, "영수증[수취증서]의 지참인, 곧 채권자의 사역인이 영수증을 소지했을 때 채무자가 그 사람에게 채무를 변제를 함으로써 그 의무를 면할 수 있는가"에 관한 것이다.

이러한 경우 채무자가 선의(善意)로 변제한 것이라면 여기에 대한 효력이 있는 것으로 인정되어 의무를 면할 수 있었다고 한다. 이때 채무자는 영수증 지참인의 자격, 예컨대, 채권자로부터 정당한 수취권한(受取權限)을 부여 받은 자인지의 여부를 조사할 의무는 없었다.

수표(手票)와 동일한 영수증 역할을 하는 봉상표(捧上標)의 양식은 경성 및 예산 지역의 사례에서 소개되고 있는데, 예산의 경우는 그 표(標)의 소지인의 성명을 명기하고 표주(標主) 외에 증인(證人)까지 기록하고 있어 내용이 한층 세밀하고 구체적이다.

[가치정보]

이 자료는 채권자의 사역인이 영수증을 소지했을 때 채무자가 이들에게 채무를 변제함으로 그 의무를 면할 수 있다는 사실을 확인할 수 있으며, 이러한 효력을 지닌 수취증서의 양식을 살필 수 있는 자료가 된다.

Ⅰ-2-1-76 제73 채무자가 변제했을 때는 채권증서의 반환을 요구할 권리가 있는가

관리기호	기록번호	자료명	
B-1-478	조제133호의 3	第七十三 債務者カ辨濟ヲナレタルトキハ 債權證書ノ返還ヲ求ムル權利アルカ	
작성자	생산기관	생산 연도	
-	법전조사국	-	
지역	언어	분량	소장기관
제1관	일본어	32면	수원박물관
키워드	채권자, 채무자, 채권증서, 수표, 수취인, 변제		

[기본정보]

이 조사보고서는 조사지역 제1관 지역에 해당되는 경성, 개성을 비롯한 26개 지역을 대상으로 채무자가 채권을 변제하면 채권자는 채권증서의 반환할 의무가 있는가에 대해 조사한 내용을 담고 있다. 이 조사 자료는 일관된 서체(書體)로 보아 당시 현지 조사관들에 의해 처음 작성된 초고(草稿)를 토대로 다시 한 사람에 의해 새로 정리한 정서본(正書本)으로 추정된다.

[내용정보]

　조사내용은 "채무자가 채무이행을 하면서 채권자에게 채권증서의 반환을 요구할 권리가 있는지, 이를테면, 채권자가 채권증서를 반환하지 않으면 채무자는 변제를 거부할 수 있는가, 아니면 일단 변제를 한 후에 그 반환을 청구하는가" 등에 관한 것이다.

　여기에 대한 대답을 보면, 일반적으로 채권자가 변제를 받으면 채권증서를 채무자에게 반환해야 하고, 채무자는 증서의 반환을 요구할 권리가 있었다고 한다. 따라서 채권자가 채권증서를 반환하지 않으면 채무자는 변제를 거부할 수 있으며, 그 이후에 이로 인해 발생한 이자 역시 지급하지 않아도 되었다. 채권자가 채권증서를 분실하거나 부득이한 사유로 이를 반환하지 못하는 상황이 생기면 채무자는 후일 그 증서를 발견하더라도 무효(無效)이고, 그것으로 다시 청구하지 않는다는 내용을 담은 새로운 증서(證書), 곧 불망기(不忘記)를 작성·교부받은 후 채무를 변제를 하는 것이 관례였다. 또 채무를 이행하고 다음날 채권증서(債權證書)를 반환하는 경우도 있으나 그 때에도 채무자는 영수증[수취증]을 받아두어야 하며, 여러 번에 걸쳐 변제하는 경우에도 전부를 변제하기까지는 역시 그때마다 영수증[수취증]을 받아두고 마지막에 전부를 변제하면 채권증서(債權證書)를 반환받는 절차가 있었다고 한다. 예산(禮山)지역의 조사내용에는 불망기(不忘記)의 구체적인 양식을 살펴볼 수 있는 사례가 첨부되어 있다.

[가치정보]

　이 자료는 채무자가 채무를 변제했을 때 채권자와 이를 입증하는 채권증서 또는 여기에 준하는 증서를 반드시 돌려받아야 채무의 변제가 완료된다는 것을 살펴볼 수 있는 자료가 된다.

I-2-1-77 제74 채권자가 변제받기를 거부했을 때는 채무자는 어떻게 해야 하는가

관리기호	기록번호	자료명	
B-1-479	조제134호의 1	第七十四 債權者カ辨濟ヲ受クルコトヲ拒シタルトキハ債務者ハ如何ニスヘキカ	
작성자	생산기관	생산 연도	
-	법전조사국	-	
지역	언어	분량	소장기관
제1관	일본어	39면	수원박물관
키워드	채권자, 채무자, 기탁, 금전, 이자		

관리기호	기록번호	자료명	
B-1-480	조제134호의 3	第七十四 債權者カ辨濟ヲ受クルコトヲ拒シタルトキハ債務者ハ如何ニスヘキカ	
작성자	생산기관	생산 연도	
-	법전조사국	-	
지역	언어	분량	소장기관
제1관	일본어	44면	수원박물관
키워드	채권자, 채무자, 기탁, 금전, 이자		

[기본정보]

이 보고서는 조사지역 제1관 구역인 경성, 개성, 인천, 수원, 안성 등 26개 지역을 대상으로 채권자가 채무자의 채무 변제 수령을 거절하는 경우에 해당되는 다양한 상황에서 채무자가 채무를 변제할 수 있는 요건과 절차 등에 대해 조사한 내용을 담고 있다.

[내용정보]

조사항목은 "① 채권자가 변제의 수령을 거절하면 채무자는 어떻게 해야 하는가, ② 단지 변제를 제공한 것만으로 채무자는 불이행의 책임을 면할 수 있는가, ③ 일정 장소에 채무의 목적물을 기탁하면 채무를 면할 수 있는가, ④ 변제를 제공한 이후의 이자는 지불하는가, ⑤ 친족 등에게 기탁하거나 혹은 되가져간 채무의 목적물이 천재에 의해 멸실된 경우 그 책임은 누가 지게 되는가" 등에 대하여 조사하고 있다.

채권자가 고의로 변제의 수령을 거절하거나 혹은 부재 등 기타의 사유로 변제를 받지 못하면 채무자는 채무의 목적물을 되가져가는 것이 일반적이라고 한다. 예컨대, 일정 장소에 기탁하여 변제를 대신하는 등의 관례는 보이지 않는다. 그러나 형제(兄弟)·가족(家族)·친족(親族) 등에게 채무의 목적물을 맡기고 수취증을 받아두는 경우는 있었던 같다.

채무자가 여러 가지 사유로 채무의 목적을 다시 가져가는데 드는 운반비나 보관(保管)에 드는 비용은 채권자에게 배상을 청구하는 것이 일반적이었다. 그리고 채무자가 되가져간 물품 혹은 금전채무(金錢債務)가 도난 또는 천재로 인해 채무의 목적물에 손실이 발생한 경우에는 채무자가 손실을 부담해야 했다. 다만 채권자의 가인(家人)에게 맡긴 경우에 발생한 손실에 대해서는 채무자의 책임은 없었다.

대체로 채무자가 실제로 변제의 제공을 하고 또 그 내용이 채무의 본지에 적합하면 채무자는 이후 지체와 관련한 책임을 지지 않는 것이 관례였다고 한다.

[가치정보]

이 자료는 채권자가 채무의 변제를 부득이한 이유로 거절하는 상황에서 채무자의 책임과 권리를 살펴볼 수 있는 자료가 된다.

관리기호	기록번호	자료명	
B-1-481	조제135호의 1	第七十五 保證人其他他人ノタメニ辨濟ヲナシタル者 ハ債權者ノ權利ヲ代リテ行クコトヲ得ルカ	
작성자	생산기관	생산 연도	
-	법전조사국	-	
지역	언어	분량	소장기관
제1관	일본어	47면	수원박물관
키워드	보증인, 연대채무, 저당권, 구상권, 대위(代位)		

관리기호	기록번호	자료명	
B-1-482	조제135호의 3	第七十五 保證人其他他人ノタメニ辨濟ヲナシタル者 ハ債權者ノ權利ヲ代リテ行クコトヲ得ルカ	
작성자	생산기관	생산 연도	
-	법전조사국	-	
지역	언어	분량	소장기관
제1관	일본어	50면	수원박물관
키워드	보증인, 연대채무, 저당권, 구상권, 대위(代位)		

[기본정보]

이 보고서는 조사 지역 제1관 구역에 해당되는 경성, 개성, 인천, 수원 등의 지역을 대상으로 보증인 등이 다른 사람을 위해 변제하였을 때 그로 인해 채권자의 권리를 대위(代位)할 수 있는 요건과 권리에 대해 조사한 내용을 담고 있다.

[내용정보]

질문 내용은 "보증인 등이 다른 사람을 위해 변제를 할 때, 예를 들면 채권자가 저당권을 가지고 있는 경우에 보증인이 변제를 하면 그 저당권을 행사하여 변제한 것을 상환받을 권리가 있는가, 보증인 이외에 이 권리를 가질 수 있는 자와 그렇지 않은 자" 등에 대한 것이다.

채무에 담보물이 끼여 있는 경우에도 보증인이 있을 수 있고 연대채무에는 저당권(抵當權)이 설정될 수 있다. 이때 보증인 및 연대채무자 중의 1인이 다른 사람을 위해 채무의 전부를 변제한 자는 그 담보물에 대해서는 자기의 구상권(求償權) 범위 내에서 채권자와 동일한 권리를 가지게 된다. 따라서 조사자는 이 점에서는 관습상의 대위(代位)를 인정하는 것으로 해석하였다. 수원지역의 사례에서는 보증인과 연대채무자는 대위권(代位權)을 행사할 수 있는 반면에 제3자가 이러한 권리를 행사하기 위해서는 채무·채권자의 동의를 필요로 했고, 보증인이 있으면 승낙도 필요했다. 그리고 보증인이 여러 사람인 경우는 사람 수에 평균하게 대위권(代位權)을 행사하였다.

채무 전부의 대위변제(代位辨濟)가 이루어지면 채권증서 및 담보물은 대위변제자(代位辨濟者)에게 인도(引渡)되며, 대위권(代位權)은 채권의 일부에 대해서는 성립될 수 없다. 그런데 실제로는 보증인이 있는 경우에 전당이 있고, 공동채무에 대해 전당권(典當權)을 설정하는 사례 등은 드물며, 비록 병존하는 경우라도 보인(保人) 또는 공동채무자가 변제를 하는 것은 대개 전당물로 변제를 하고도 부족한 때에 한하는 것이므로 보인 또는 공동채무자가 대위권(代位權)을 행사할 여지는 극히 적은 것이 관습상의 상례였다고 한다.

[가치정보]

이 자료는 보증인, 또는 제3자가 채권자의 권리를 대위(代位)할 수 있는 다양한 상황에 대해 지역별 사례를 통해 비교해 볼 수 있는 자료가 된다.

Ⅰ-2-1-79 제76 상쇄에 관한 관습 여하

관리기호	기록번호	자료명	
B-1-531	조제136호의 2	第七十六 相殺ニ關スル慣習如何	
작성자	생산기관	생산 연도	
-	법전조사국	-	
지역	언어	분량	소장기관
제2관	일본어	28면	수원박물관
키워드	채권자, 채무자, 상쇄, 채무, 채권, 상계(相計)		

[기본정보]

조사지역 제2관 구역에 해당되는 황해도, 평안도, 함경도, 강원도의 17개 군현을 대상으로 쌍방간에 채무를 상쇄할 때 요건과 절차 등에 대해 조사한 보고서이다.

[내용정보]

조사 대상 군현은 해주, 황주, 평양, 삼화 안주, 덕천, 용천, 강계, 영변, 회령, 경성, 성진, 갑산, 함흥, 덕원, 춘천, 원주 등이다.

상쇄는 상계(相計)라고도 하며, 채무자가 채권자로부터 이행청구를 받았을 때 그 채무자가 상대 채권자에 비슷한 종류의 채권을 가지게 되는 경우, 서로간의 채무 상당액의 상쇄를 통해 해결하는 것을 말한다.

여러 지역의 사례 가운데, 황해도 해주의 사례를 통해 상쇄를 위해서는 일정한 조건이 전제되었음을 볼 있다. 먼저 쌍방의 채무가 함께 변제기간이 있어야 하고, 동일한 종류의 채무, 곧 시장가격이 같아야 한다는 것이다. 또한 불법행위에 의한 채무와 같은 성질을 지닌 것은 상쇄의 대상이 될 수 없었다. 이러한 조건이 일치할 때는 한쪽의 의사표시로 가능했고, 변제기간이 다른 채무일 경우에는 양자간의 합의가 필요했다고 한다.

[가치정보]

이 기록의 채권자와 채무자 사이에 쌍방의 합의에 의해 그러한 채무를 상쇄하는 관습이 각 지역에서 일반적으로 행해졌던 사실을 살필 수 있는 자료가 된다.

Ⅰ-2-1-80 제77 경개에 관한 관습 여하

관리기호	기록번호	자료명	
B-1-532	조제137호의 2	第七十七 更改ニ關スル慣習如何	
작성자	생산기관	생산 연도	
-	법전조사국	-	
지역	언어	분량	소장기관
제2관	일본어	39면	수원박물관
키워드	채권자, 채무자, 채무, 채권, 경개(更改), 경체(更替)		

[기본정보]

조사지역 제2관 구역에 해당되는 황해도, 평안도, 함경도, 강원도의 20개 군현을 대상으로 갑·을·병 삼자간의 채무관계의 변개[변정]과정에 이루어진 요건과 절차 등에 대해 조사한 보고서이다.

[내용정보]

경개(更改)는 3인 이상의 연관된 채무와 채권관계에서 채무를 최종적으로 담당하는 행위를 말한다. 예를 들면, 갑이 을에 대해 채무가 있고, 을은 병에 대해 채무를 부담하는 경우 갑의 을에 대한 채무를 최종적으로 병의 채무로 하여, 갑과 을, 을과 병간의 채무를 소멸시키는 것을 말한다. 여러 지역의 사례 가운데, 평양의 관습에 따르면, 경개(更改)는 경체(更替)라고도 지칭하며, 그러한 관계의 의의, 내용, 효력 등에 대해 기술하고 있다. 이 지역에서는 채무자의 친척·친구 등이 채권자에 대한 동일한 채무를 지고 구채무자의 채무를 면제시키는 일 등을 말한다. 채무를 소멸하기 위한 경개는 금전채무를 미곡채무로 변경하거나 또는 물품채무를 다른 물품채무로 변경하는데서 성립되었고, 이때 최종적으로 채무의 소멸을 위해 관련 채권자와 채무자의 합의가 전제됐으며, 수표가 있을 경우 이를 바꾸어 대신하였다고 한다.

[가치정보]

이 기록은 채권과 채무관계가 있는 3자간에 합의를 통해 채무가 변개되는 관습이 조사대상 여러 지역에서 관행적으로 행해졌던 사실을 살필 수 있는 자료가 된다.

Ⅰ-2-1-81 제78 면제에 관한 관습 여하

관리기호	기록번호	자료명	
B-1-483	조제138호의 1	第七十八 免除ニ關ス慣習如何	
작성자	생산기관	생산 연도	
-	법전조사국	-	
지역	언어	분량	소장기관
제1관	일본어	31면	수원박물관
키워드	채권자, 채무자, 채권, 채무, 면제, 채권증서		

[기본정보]

조사지역 제1관 구역에 해당되는 인천, 대구, 제주, 광주, 전주, 예산 등의 지역과 그 외 창원, 무안, 옥구 등의 지역을 조사대상으로 삼아 채무가 면제되는 요건과 절차에 대해 조사한 보고서이다.

[내용정보]

채무관계 면제에 대한 다른 명칭, 채무자와 채권자 사이에 채무의 면제가 이루어지기 위해서는 어떠한 절차가 필요한지에 대해 조사하고 있다.

채무의 면제는 당연히 채무자가 채권자에게 적극적으로 간청하고 채권자가 이를 받아들였을 때 가능하지만, 간혹 채권자가 임의로 채무를 면제하는 경우도 있다고 한다. 따라서 면제를 위한 특별한 방식은 필요 없고 채권자의 승낙표시만 있으면 성립되었다. 단지,

채권증서가 있을 때는 이를 채무자에게 반환하며 이를 반환할 수 없는 경우, 대신하여 면제의 내용을 인정한 서면을 채무자에게 교부하였다고 한다.

한편, 다수의 채권자가 있는 경우, 이들 가운데 한 사람이 채무를 면제하면 채무자는 해당 채권자로부터 채무를 면제받을 수 있었다.

[가치정보]

이 기록은 채권자와 채무자 사이에 채무관계를 면제받는 관습이 지역에 따라 어떻게 이루어졌는지는 살필 수 있는 자료가 된다.

Ⅰ-2-1-82 제79 계약의 신청은 이를 취소할 수 있는가

관리기호	기록번호	자료명		
B-1-484	조제139호의 1	第七十九 契約ノ申込ハ之ヲ取消スコトヲ得ルカ		
작성자	생산기관	생산 연도		
-	법전조사국	-		
지역	언어	분량	소장기관	
제1관	일본어	49면	수원박물관	
키워드	계약, 청약, 승낙, 승낙기간			

[기본정보]

조사지역 제1관 구역인 경성, 개성, 인천, 수원, 안성, 대구, 창원, 무안, 광주, 옥구, 예산 등의 지역에서 쌍방간 계약의 성립과 취소과정에서 필요한 요건과 절차 등에 대해 조사한 보고서이다.

[내용정보]

질문사항을 보면, "계약의 성립을 위한 승낙기간의 유무에 구별이 있는가, 그리고 만일 승낙기간이 있을 때 그 기간내 승낙의 통지를 받지 않을 경우, 기간을 정하지 않았을 때에는 언제라도 승낙할 수 있는가" 등에 대해 조사하고 있다.

이에 대해 계약을 요청한 뒤 상대방의 승낙이 있기 전까지 언제라도 이를 취소할 수 있었고, 대체로 승낙기간의 유무에 따른 구별은 없었다고 한다. 그러나 승낙기간을 정한 경우, 반드시 그 기간 내에 이를 받아들인다는 통지가 계약 요청자에게 도착해야 했다. 승낙기간을 정하지 않은 계약은 확실한 정한(定限)은 없었지만, 일정기간 내 승낙이 없이 상당한 시간이 지난 뒤 하게 되는 승낙은 이를 거절할 수 있었다고 조사되었다. 대체로 실제 거래 계약의 과정에서는 계약 요청자가 승낙기간을 정하지 않는 경우가 많았고, 승낙기간이 있을 때는 기간 내 회답하는 것이 관례였다고 한다.

[가치정보]

이 기록은 계약이 성립되기 위해 필요한 승낙기간의 유무에 따라 쌍방 간의 계약이 성립될 수 있는 요건에 대해 살필 수 있는 자료가 된다.

I-2-1-83 제80 쌍무 계약 당사자의 한쪽은 상대방이 채무의 이행을 제공할 때까지 자기의 채무의 이행을 거부할 수 있는가

관리기호	기록번호	자료명	
B-1-485	조제140호의 1	第八十 雙務契約ノ當事者ノ一方ハ相手方カ其ノ債務ノ履行ヲ提供スルマデ自己ノ債務ノ履行ヲ拒ムコトヲ得ルカ	
작성자	생산기관	생산 연도	
일본어	법전조사국	-	
지역	언어	분량	소장기관
제1관	일본어	32면	수원박물관
키워드	채무, 쌍무 계약, 매매계약, 유예기간, 매매 목적물		

[기본정보]

조사지역 제1관 구역에 해당되는 경성, 개성 등의 지역을 대상으로 쌍무 계약에 의한 채무 이행의 의무에 관한 관습에 대해 조사한 보고서이다.

조사항목은 "계약관계에서 매매 목적물을 매도하려는 매도인은 매수인이 대가를 지불할 때까지 해당 매매 목적물의 인도를 거절할 수 있는가" 등이다.

갑·을 간의 쌍무 계약에 의한 채무의 이행은 반드시 양자가 동시에 이행해야 하는 것이 관례였다. 따라서 갑이 그러한 의무를 행해지 않으면 또한 그 채무의 이행을 거절할 수 있다. 예를 들면, 매매계약시 판매자는 매매 목적물을 매수자에게 넘겨줘야 할 의무가 있고, 매수자는 이에 대한 대금을 지불할 의무가 있으며, 매수자가 대가를 지불할 때까지 매매 목적물의 인도를 거부할 수 있다고 한다.

그러나 매매대상 목적물이 토지나 가옥의 경우 문권의 수수(授受)로 권리의 이전이 시작되는 것으로 인정되었다. 따라서 이러한 거래에서 동시이행의 원칙은 매매 목적물의 문권과 대금의 수수를 통해 적용되고, 그 목적물인 토지·가옥의 인도가 동시에 이행될 것을 요구하지는 않았다. 이와 같은 모습은 가옥의 인도는 초가는 10일, 기와집은 15일의 유예기간을 인정하고 있는 경성의 거래 관행에서 살펴볼 수 있다.

[가치정보]

이 기록은 쌍무 계약 당사자의 매매 목적물과 대금의 이래이거의 과정에서 양자 사이에 권리와 의무 이행의 관습을 살필 수 있는 자료가 된다.

Ⅰ-2-1-84 제81 위험문제에 관한 관습 여하

관리기호	기록번호	자료명	
B-1-533	조제141호의 2	第八十一 危險問題ニ關スル慣習如何	
작성자	생산기관	생산 연도	
-	법전조사국	-	
지역	언어	분량	소장기관
제2관	일본어	35면	수원박물관
키워드	위험문제, 천재(天災), 매도인, 매수인		

[기본정보]

조사지역 제2관 구역의 안주, 성천, 강계, 회령 지역에서 거래 과정에서 발생하는 불가피한 위험문제(천재)를 계약당사자간 어떠한 방식으로 처리해 가고 있는가에 대해 조사한 보고서이다.

[내용정보]

조사항목은 "가옥의 매매계약 성립 후 매수인이 인도하기 전에 천재(天災)로 인해 가옥이 멸실되었을 때 매도인의 대가청구 가능성의 유무, 이미 인수대금을 받을 경우에 반환 여부 그리고 일부 훼손이 발생하면 매수인은 이에 대한 감액을 청구할 수 있는가" 등이다.

가옥의 매매는 통상적으로 문권의 인수와 대금지불로 성립됨으로써 소유권이 이전되었다고 한다. 따라서 문권이 이전이 완료되었다면 매매대상 가옥이 천재로 인해 멸실되거나 훼손되었다고 하더라도 매도인에게는 어떠한 책임도 없고, 그로 인해 발생한 손실은 전적으로 매수인의 부담이 되었다.

한편, 가옥과 같은 부동산이 아닌 물건의 인도와 대금의 지불이 동시이행 되는 동산의 매매과정에서는 이러한 위험문제가 발생하지 않았다. 그러나 대규모의 상거래에서 상품의 인수는 대금의 지불과 동시에 이행되지 않는 사례가 적지 않았다. 이러한 경우에 발생하는 위험문제는 매수인이 그 위험을 부담하거나 반대로 매도인이 이를 부담하는 등 지역에 따라 정해진 관습이 있는 것은 아니었다고 한다.

[가치정보]

이 기록은 계약관계의 이행과정에서 천재(天災)로 인한 손해가 발생했을 때 매수인과 매도인 사이에 그러한 손해 부담을 누구에게 귀속시키는가를 살필 수 있는 자료가 된다.

Ⅰ-2-1-85 제82 제3자를 위한 계약의 효력을 인정하는가

관리기호	기록번호	자료명	
B-1-486	조제142호의 1	第八十二 第三者ノタメニスル契的ノ效力ヲ認ムルカ	
작성자	생산기관	생산 연도	
-	법전조사국	-	
지역	언어	분량	소장기관
제1관	일본어	39면	수원박물관
키워드	계약, 급부, 의사표시, 제3자		

[기본정보]

조사지역 제1관 구역에 해당되는 경성을 비롯한 12개 지역을 대상으로 계약 관계시 제3자가 개입되었을 때 갑·을·병간의 계약의 효력이 성립되는 요건과 절차에 대해 조사한 보고서이다.

[내용정보]

질문사항은 "갑과 을 사이에 계약으로 을이 병에게 재산을 주겠다고 약속하면 그 계약은 유효한가, 즉 갑은 을에게 이를 강요할 수 있는가 또는 병은 을에 대해 그 계약의 이행을 청구할 수 있는가" 등이다.

여기에 대해, 을이 병에게 백원의 금액을 지불하는 내용으로 갑과 을 사이에 계약을 체결하게 되면, 갑은 을에게 그러한 계약의 내용을 이행하도록 강요할 수 있었다고 한다. 그리고 병도 이 계약에 근거해 이익을 얻는 것을 승낙하게 되면, 승낙시기부터 을에 대해서 직접 채권을 취득할 수 있었다. 그러나 이러한 형태의 제3자가 개입되는 계약은 흔하게 발생하는 일은 아니었고, 친척이나 친구 또는 기타의 특별한 관계자 사이에서 드물게 나타나고 있는 것이라고 한다. '조제142호의 2'는 조사 지역을 달리한 동일한 제목의 조사보고서이다.

[가치정보]

이 보고서는 드문 경우이긴 하지만, 쌍방간의 계약에 제3자가 개입되었을 때 이들 삼자 사이에 계약이 효력을 가질 수 있는 요건을 살필 수 있는 자료가 된다.

I-2-1-86 제82 제3자에 의한 계약의 효력을 인정하는가

관리기호	기록번호	자료명	
B-1-534	조제142호의 2	第八十二 第三者ノタメニスル契的ノ效力ヲ認ケルカ	
작성자	생산기관	생산 연도	
-	법전조사국	-	
지역	언어	분량	소장기관
제2관	일본어	24면	수원박물관
키워드	계약, 급부, 의사표시, 제3자		

[기본정보]

조사지역 제2관 구역에 해당되는 황해도, 평안도, 함경도, 강원도의 18개 군현을 대상으로 계약 관계시 제3자가 개입되었을 때 갑·을·병간의 계약의 효력이 성립되는 요건과 절차에 대해 조사한 보고서이다.

[내용정보]

조사항목의 요지는 "갑과 을 사이에 계약에서 만일 을이 제3자인 병에게 재산을 주겠다고 약속한 경우 효력을 지닐 수 있는가"에 대한 것이다. 이때 "갑은 을에게 그 재산을 병에게 주도록 강요할 수 있는가 또는 병은 을에 대해 그 계약시 약속에 대한 이행을 청구할 수 있는가" 등에 대해 묻고 있다. 이러한 경우 계약은 관습상 유효한 것으로 조사되었다. 제3자인 병이 급부를 받을 의사표시를 하게 되면 갑과 을 사이 약속에 응한 상대방에 대해 그 계약의 의무를 이행시킬 수 있고, 제3자인 을도 그러한 계약의 이행을 청구할 수 있었다.

안주의 사례에서는 예를 들면, 갑이 을을 위해 쟁기의 제작을 대장장이 병에게 의뢰하는 계약을 맺는 경우, 갑이 병에게 이를 재촉할 수 있으며, 마찬가지로 을도 병에게 이를 재촉할 수 있다고 한다. 덕천의 사례를 보면, 갑과 을 사이의 계약으로 을로 하여금 병에게 재산을 물려주라고 할 때, 을은 병에게 그 계약에 따라 재산을 물려주어야 했다.

[가치정보]

이 보고서는 드문 경우이긴 하지만, 쌍방간의 계약에 제3자가 개입되었을 때, 이들 삼자 사이에 계약이 효력을 가질 수 있는 요건을 살필 수 있는 자료가 된다.

Ⅰ-2-1-87 제83 계약 당사자의 한쪽이 그 채무를 이행하지 않을 때 상대방은 계약을 해제할 수 있는가

관리기호	기록번호	자료명	
B-1-487	조제143호의 1	第八十三 契約ノ當事者ノ一方カ其債務ヲ 履行セサルトキハ相手方ハ契約ヲ 解除スルコトヲ得ルカ	
작성자	생산기관	생산 연도	
-	법전조사국	-	
지역	언어	분량	소장기관
제1관	일본어	56면	수원박물관
키워드	매도인, 매수인, 계약, 최고(催告), 파약(罷約)		

[기본정보]

이 보고서는 계약성립 후 매수인이 매도인에 대한 대가의 지불을 게을리 할 때 해당 계약의 성립 혹은 해제를 위한 요건과 절차에 대해 조사한 기록이다. 조사지역은 제1관 구역에 해당되는 개성, 인천, 수원, 안성, 충주, 청주, 영동, 대구, 상주, 안동, 경주, 창원, 제주, 무안, 광주, 전주, 예산 등이다.

[내용정보]

조사항목은 "매도인은 계약성립 후 매수인의 대가 지불이 지연되면 즉시 계약을 해지할 수 있는가, 아니면 일단 최고(催告)를 하고 난 뒤에도 계약 해지가 가능한가, 그리고 이러한 과정에서 계약해지의 요건과 절차는 어떠한가" 등이다.

관습상 이러한 경우 파약(罷約)이라고 해서 계약을 해지할 수 있지만 일단 상대방에게 이를 최고(催告)한 뒤 그래도 이행하지 않을 경우에 가능했다. 그리고 계약 해지에는 일정한 절차 없이 통지만으로 가능했다. 계약이 해지 된 경우, 계약 당사자 쌍방은 원상회복의 의무를 부담해야 했으나 지불 이행으로 인해 이자를 지급하는 관습은 없었고, 또한 계약 해지의 효력은 제3자에게 미치지는 않았다.

[가치정보]

이 기록은 쌍무 계약 당사자간의 매매 목적물과 대금의 거래 과정에서 매수인이 계약 이행을 지체할 경우 상대방이 행할 수 있는 권리에 대해서 살필 수 있는 자료가 된다.

Ⅰ-2-1-88 제84 증여에 관한 관습 여하

관리기호	기록번호	자료명	
B-1-488	조제144호의 1	第八十四 贈與ニ關スル慣習如何	
작성자	생산기관	생산 연도	
-	법전조사국	-	
지역	언어	분량	소장기관
제1관	일본어	44면	수원박물관
키워드	증여, 증여자, 수증자, 승낙, 의사표시		

[기본정보]

이 보고서는 증여자와 수증자간의 증여가 이루어질 때 필요한 요건과 절차에 대해 조사한 내용을 담고 있다. 조사지역은 제1관 구역에 해당되는 경성, 개성, 인천, 수원, 안성, 충주, 청주, 영동, 대구, 상주, 안동, 경주, 울산, 동래, 창원, 제주, 무안, 광주, 전주, 옥구, 공주, 예산 등 22개 지역이다.

[내용정보]

질문항목을 보면, "증여가 이루어질 때 증여자의 의사만으로 가능한가, 아니면 수증자의 승낙이 필요한가, 그리고 이 과정에서의 의사표시나 서명 등의 절차와 방식 여부"에 대한 것이다.

이에 대해 증여의 과정은 증여자의 의사에 의해서 성립된다고 한다. 그리고 이는 서면이나 구두를 통한 단순한 의사표시만으로 가능하다고 조사되었다. 이는 증여가 본래 일반 계약과는 달리 증여자의 시혜(施惠)의 성격이 강했기 때문이라고 한다. 다만 이때 수증 대상자가 이를 승낙하는 의사표시가 없으면 증여는 성립되지 않는 것이 일반적인 관습이었다. 토지나 가옥의 증여과정에서 필요한 절차는 대체로 구문권(舊文券)의 전달만으로 가능했다고 한다.

[가치정보]

이 기록은 증여의 과정에서 필요한 증여자와 수증자 간의 절차상의 관습을 살필 수 있는 자료가 된다.

I-2-1-89 제85 수부에 관한 관습 여하

관리기호	기록번호	자료명	
B-1-489	조제145호의 1	第八十五 手附ニ關スル慣習如何	
작성자	생산기관	생산 연도	
-	법전조사국	-	
지역	언어	분량	소장기관
제1관	일본어	40면	수원박물관
키워드	매수인, 매도인, 선전(先錢), 수부(手附), 계약금		

[기본정보]

조사지역 제1관 구역에 해당되는 경성을 비롯한 22개 지역을 대상으로 매도인과 매수인 사이 계약관계의 성립 여부에 따라 계약금[수부(手附)]은 어떠한 방식으로 지급되거나 반환되는가, 또는 누구의 이익이 되는가에 대해 조사한 보고서이다.

[내용정보]

조사항목은 "매수인이 우선 지불한 계약금을 포기했을 때 계약 해지의 여부, 반대로 매도인이 이를 반환했을 때 계약 해지의 여부, 또는 계약이 성립되었을 때 계약금은 매도인의 이익이 되는가 아니면 대가의 일부로 충당되는가" 등이다.

대구의 사례에서는 이를 선전(先錢)이라는 명칭으로 불렀고, 보통 매수인과 매도인에게 대가(代價)의 1할에서 많게는 절반정도를 지급하는 관례가 있었다. 매수자가 선전(先錢)의 지급을 포기하면 자유롭게 계약을 해지할 수 있었으나 이미 선전(先錢)을 받은 경우라면 관례상 매도인은 계약을 해지할 수 없었다고 한다. 다만, 매도인이 이를 배(倍)로 반환하게 되면 언제든지 계약을 해지할 수 있었다.

[가치정보]

이 자료는 쌍방간의 거래계약의 성립과정에서 계약금의 여부에 따른 계약관계의 해지와 성립에 관한 관습을 살필 수 있는 자료가 된다.

I-2-1-90 제87 타인의 물건 매매에 관한 관습 여하

관리기호	기록번호	자료명	
B-1-490	조제147호의 1	第八十七 他人ノ物ノ賣買ニ關スル慣習如何	
작성자	생산기관	생산 연도	
-	법전조사국	-	
지역	언어	분량	소장기관
제1관	일본어	37면	수원박물관
키워드	매매, 매도인, 매수인, 손해배상		

[기본정보]

이 보고서는 매매의 거래과정에서 매매 목적물이 타인의 소유일 경우에 매도인이 지는 책임은 어떤 것인가에 대해 조사한 내용을 담고 있다. 조사지역은 제1관 구역에 해당되는 경성, 개성, 인천, 수원, 안성 등 22개 지역이다.

[내용정보]

질문사항은 "다른 사람의 물건의 매매가 유효한가, 그리고 명백히 타인 소유의 물건임이 발견되었을 때, 매도인은 매수인에게 어떠한 책임을 지는가" 등이다.

울산의 사례를 통해 보면, 타인의 물건임을 사전에 알고도 거래를 함으로 인해 매수자에게 발생한 손해는 매도인이 배상하는 것이 관례라고 한다. 아울러 본래의 주인에게 매매 목적물을 돌려주어야 할 상황이 발생할 경우에는 계약을 해지하거나 매도인에게 손해배상을 청구할 수 있었다.

[가치정보]

이 자료는 타인의 물건을 매매하는 과정에서 발생된 매수인의 손해에 대해 매수자는 어떠한 책임을 지고 있는가를 살필 수 있는 자료가 된다.

ㅣ-2-1-91 제87 타인의 물건 매매에 관한 관습 여하

관리기호	기록번호	자료명	
B-1-535	조제147호의 2	第八十七 他人ノ物ノ賣買ニ關スル慣習如何	
작성자	생산기관	생산 연도	
-	법전조사국	-	
지역	언어	분량	소장기관
제2관	일본어	26면	수원박물관
키워드	매매, 매도인, 매수인, 손해배상		

[기본정보]

이 보고서는 매매의 거래과정에서 매매 목적물이 타인의 소유일 경우에 매도인이 지는 책임의 범위는 어디까지인가에 대해 조사한 내용을 담고 있다. 조사지역은 제2관 구역에 해당되는 해주, 황주, 평양, 삼화, 안주, 덕천, 용천, 강계, 경흥, 회령, 경성, 성진, 북청, 갑산, 함흥, 춘천, 원주 등이다.

[내용정보]

조사항목은 "다른 사람의 물건의 매매가 유효한가, 그리고 타인 소유의 물건으로 발견되었을 때, 매도인이 매수인에게 지는 책임의 범위는 어디까지인가" 등이다.

매매 목적물이 타인의 물건임이 발견되어, 매도인이 그 매매이행의 의무를 하지 못할 때에 매수인은 거래를 취소할 수 있으며, 매도인도 그러한 이유로 거래의 해지를 요청할 수 있었다. 그런데 거래가 취소되어 매수인이 손해를 입게 되더라도 만일 매도인의 선의(善意)이거나 매수인의 악의(惡意)로 인한 요인이 중요한 이유였다면 매도인에게 손해배상의 책임은 없었다고 한다. '조제147호의 1'은 조사 지역을 달리한 동일한 제목의 조사보고서이다.

[가치정보]

이 자료는 타인의 물건을 매매하는 과정에서 발생된 매수인의 손해에 대해 매수자는 어떠한 책임을 지고 있는가를 살필 수 있는 자료가 된다.

I-2-1-92 제88 매매의 목적물상에 타인이 권리를 갖게 되어 매주가 손해를 받았을 때는 어떠한가

관리기호	기록번호	자료명	
B-1-491	조제148호의 1	第八十八 賣買ノ目的物ノ上ニ他人カ權利ヲ有スルタメ買主カ損害ヲ受ケタルトキハ如何	
작성자	생산기관	생산 연도	
-	법전조사국	-	
지역	언어	분량	소장기관
제1관	일본어	37면	수원박물관
키워드	계약, 차지권, 영소작권, 지상권, 질권		

[기본정보]

이 보고서는 조사지역 1관 구역인 경성, 개성, 인천, 수원, 안성 등 24개 지역을 대상으로, 타인(他人)이 차지권을 지닌 토지의 매매거래 과정에서 발생한 손해를 매수인은 어떠한 방식으로 대응하였는가에 대해 조사한 내용을 담고 있다.

[내용정보]

질문사항은 "토지의 매매과정에서 매매 목적물이 된 토지에 질권, 저당권 등이 설정되어 매수인이 그 소유권을 잃거나 채무를 변제한 경우에 매수인의 어떠한 권리를 행사할 수 있는가"에 대한 것 등이다. 32면~26면에는 토지 매매 매매계약서와 질권계약서의 양식을 부기하고 있다.

개성의 사례에 따르면, 인삼밭에 영소작권이 설정되어 있는 상태에서 매수인이 그 사실을 미리 알지 못하고, 계약을 체결할 경우, 계약의 해지 또는 손해 배상을 청구할 수 있었다.

토지 거래의 경우에 해당 토지를 실제 경작하는 경작자에게 일정 권리가 주어진 영소작권, 화리전답(禾利田畓), 지상권 등으로 불리는 질권이 설정되어 있는 사례가 적지 않았다. 그런데 토지 소유자[매도인]가 이를 매수인에게 알리지 않고, 이를 인수했을 때에는 해당 계약을 해지하거나 손해배상을 청구할 수 있었다. 그러나 오랜 토지소유와 경작관계의 관습상 그러한 경우는 매우 적었다고 한다.

[가치정보]

이 자료는 조선후기 이래 토지의 소유자와 경작자 간에 관습상 인정된 경작자의 권리가 있었고, 그러한 토지를 매매하는 쌍방의 당사자는 오랜 관습으로 이를 대부분 인지하고 있었던 사실을 확인해 볼 수 있는 자료가 된다.

I-2-1-93 제89 매매의 목적물에 숨은 결점이 있을 때는 어떠한가

관리기호	기록번호	자료명	
B-1-492	조제149호의 1	第八十九 賣買ノ目的物ニ隱シタル 缺點アルトキハ如何	
작성자	생산기관	생산 연도	
-	법전조사국	-	
지역	언어	분량	소장기관
제1관	일본어	34면	수원박물관
키워드	가축, 폐사, 손해배상, 매수인, 매도인		

[기본정보]

이 보고서는 매매 목적물이 거래 후 뒤늦게 하자가 발생했을 때 매수인이 행할 수 있는 권리에 대해 조사한 내용을 담고 있다. 조사대상 지역은 제1관에 해당되는 경성, 개성, 인천, 수원, 안성, 충주, 청주, 영동, 대구, 상주, 안동, 경주, 울산, 동래, 창원, 제주, 무안, 광주, 남원, 전주, 옥구, 은진 공주, 예산이다.

[내용정보]

조사항목을 보면, "만일 매매대상물인 된 가축이 병에 걸린 사실을 알지 못하고 매수한 뒤 그로 인해 폐사했다면 매수인은 매도인에게 어떠한 권리를 청구할 수 있는가" 등이다.

울산의 사례를 보면, 우마(牛馬)의 경우 관습상 5일 이내에 이러한 상황이 발생하면 당연히 계약을 해지하거나 손해배상을 청구할 수 있었으나, 근래에 들어 그 시일이 3일 이내로 제한되었다고 한다. 따라서 3일 후에는 매도인의 책임은 없고 모든 손해는 매수인에게 있었다.

이처럼 지역에 따라 인수한 후 일정 기간의 차이가 있었으나 대개는 그 기간 내에는 해약할 수 있는 관습이 존재했다.

[가치정보]

이 자료는 주로 우마(牛馬)와 같은 짐승이 매매 목적물로 거래가 이루어질 때 발생하는 하자에 대한 매수인과 매도인간의 책임과 권리, 의무를 살펴볼 수 있는 자료가 된다.

I-2-1-94 제89 매매의 목적물에 숨은 결점이 있을 때는 어떠한가

	관리기호	기록번호	자료명	
	B-1-538	조제149호의 2	第八十九 賣買ノ目的物ニ隱シタル 缺點アルトキハ如何	
	작성자	생산기관	생산 연도	
	-	법전조사국	-	
	지역	언어	분량	소장기관
	제2관	일본어	26면	수원박물관
	키워드	가축, 폐사, 손해배상, 매수인, 매도인		

[기본정보]

이 보고서는 매매 목적물이 거래 후 뒤늦게 하자가 발생했을 때 매수인이 행할 수 있는 권리에 대해 조사한 내용을 담고 있다. 조사대상 지역은 제2관에 해당되는 해주, 황주, 평양, 안주, 용천, 강계, 경흥, 회령, 경성, 갑산, 함흥, 금성 등이다.

[내용정보]

질문사항은 "가축이 매매대상물인 매매거래의 과정에서 매수인이 가축의 병을 알지 못하고 매수하여 그 뒤 폐사했다면 매수인은 어떠한 권리를 갖는가" 등이다.

조사대상 대부분의 지역에서는 이와 같은 상황에서 일정 기간 내에 계약을 취소할 수 있었다고 한다. 다만 그 기간은 조금씩 차이가 있어서 경흥지역에서는 우마(牛馬)와 같은 가축은 10일 이내, 일반 물건은 3~4일 이내에 하자가 발견되면 매수인의 취소가 가능했다. 또 강계지역 경우에는 소는 5일, 말은 15일 이내에 병에 걸린 사실을 알게 되면 계약을 취소할 수 있었다. '조제149호의 1'은 조사 지역을 달리한 동일한 제목의 조사보고서이다.

[가치정보]

이 자료는 매매 목적물에 흠이 발견되었을 때 특히 우마(牛馬) 등의 가축의 거래과정에서 발생하는 하자에 대한 매수인과 매도인간의 책임과 권리, 의무를 살펴볼 수 있는 자료가 된다.

I-2-1-95 제90 매매 목적물의 과실은 누구의 소득으로 되는가

	관리기호	기록번호	자료명	
	B-1-493	조제150호의 1	第九十 賣買ノ目的物ノ果實ハ何人ノ所得トナルカ	
	작성자	생산기관	생산 연도	
	-	법전조사국	-	
	지역	언어	분량	소장기관
	제1관	일본어	32면	수원박물관
	키워드	과수(果樹), 가축, 새끼, 소유권, 매도인, 매수인			

[기본정보]

이 보고서의 조사대상 지역은 제1관에 해당되는 경성, 개성, 인천, 수원, 안성을 비롯한 24개 지역을 대상으로 매매대상물의 부속물에 대한 소유는 어떠한 방식으로 처리하고 있는가에 대한 내용을 담고 있다.

[내용정보]

조사항목은 "매매대상물의 부속물에 대한 권리, 예를 들면 가옥을 매매할 때 그 가옥에 과수(果樹)가 있다면 매매 당시에 이를 매도자의 소득으로 할 수 있는가" 등이다.

여기에 대해 대부분은 특약에 의해 그 귀속이 결정되고, 여기에 대한 대가까지 포함하여 인수한 경우 당연히 매수인의 소유가 되었으며, 대가가 포함되지 않더라도 매도인이 별다른 의사 표시가 없이 권리가 이전되면 그 과실은 매수인의 소유가 될 수 있었다.

가축의 경우를 보면, 대구에서는 매수인에게 인도하기 전에 낳은 새끼도 이미 매도인이 대가를 지불받았기 때문에 매수인의 소득이 되었다. 그러나 안동에서의 조사내용에 의하면, 토지를 매매할 때 그 과수(果樹)에서 열린 과일은 매도인의 소유가 되었다고 한다. 그리고 개성에서는 매도인과 매수인이 이를 평분(平分)한다고 하는 관습이 있지만 일정하지는 않았다.

[가치정보]

이 기록은 매매 목적물에 부속물에 대한 소유와 권리가 지역에 따라 어떠한 방식으로 매도인, 매수인의 권리로 귀속되는가를 살필 수 있는 자료가 된다.

Ⅰ-2-1-96 제90 매매 목적물의 과실은 누구의 소유로 돌아가야 하는가

관리기호	기록번호	자료명	
B-1-536	-	第九十 賣買ノ目的物ノ果實ハ何人ノ所有歸スヘキカ	
작성자	생산기관	생산 연도	
-	법전조사국	-	
지역	언어	분량	소장기관
제2관	일본어	23면	수원박물관
키워드	과수(果樹), 가축, 새끼, 소유권, 매도인, 매수인		

[기본정보]

이 보고서는 조사대상 지역은 제2관에 해당되는 해주, 황주, 평양, 삼화, 안주 등 20개 지역으로 매매대상물의 부속물[토지 매매 후 수확물 등]에 대한 소유는 어떠한 방식으로 처리하고 있는가에 대한 내용을 담고 있다.

[내용정보]

질문내용은 "매매대상물에 부속된 과실은 인도하기 전에는 매도인의 소유가 될 수 있는지, 아니면 매수인의 소유가 되는가" 등이다.

가축의 매매거래 시에는 대개 인도 전에 낳은 새끼라도 이미 계약이 성립되었으므로 매수인의 소유가 되었다. 그러나 토지의 수확이나 임차료에 대해서는 별도의 계약으로 분명하게 그 소유를 정하는 것이 일반적이었다. 다만 계약내용상에 이와 관련된 내용이 없을 때에는 토지에 부속된 과실물의 성숙 여부에 따라 달라졌다. 만일 성숙한 시기의 거래였다면 매도인의 소득이 되었고, 아직 성숙하지 않은 시기에 거래가 이루어지면 매수인의 소유가 되었다고 한다. '조제150호의 1'은 조사 지역을 달리한 동일한 제목의 조사보고서이다.

[가치정보]

이 기록은 매매 목적물의 부속물의 대한 소유와 권리가 지역에 따라 어떠한 방식으로 매도인, 매수인의 권리로 귀속되는가를 살필 수 있는 자료가 된다.

Ⅰ-2-1-97 제91 매주가 대가의 이자를 지불해야 하는가

관리기호	기록번호	자료명	
B-1-494	조제151호의 1	第九十一 買主カ代價ノ利息ヲ拂フヘキカ	
작성자	생산기관	생산 연도	
-	법전조사국	-	
지역	언어	분량	소장기관
제1관	일본어	28면	수원박물관
키워드	매주, 대가, 대금 지불, 이자, 차용금		

이 보고서는 매매거래 과정에서 매수인이 대가 지불이 지연될 경우 여기에 대한 이자를 매도인에게 지급해야 하는가에 대한 조사내용을 담고 있다. 조사지역은 제1관에 해당되는 경성, 개성, 인천, 수원, 안성, 충주, 청주, 영동, 대구, 상주, 안동, 경주, 울산, 동래, 창원, 제주, 무안, 광주, 남원, 전주, 옥구, 은진, 공주, 예산, 온양이다.

[내용정보]

매매거래에서 대금 지불의 지체로 인한 이자 지급의 요건에 대한 내용을 조사하고 있는데, 개성의 사례에 따르면, 상업자간 대금의 지불을 1개월로 약속한 매매계약이 성립된 후 그 기간을 넘기게 되면 이자를 반드시 지불한다.

토지, 가옥, 미곡의 매매 계약시 예정된 기간에 그 대금의 지불이 이루어지지 않는 경우는 보통 상호 신용하는 자 사이의 거래라고 여기는 관습이 있다. 따라서 매도인이 대금지불의 지연을 이유로 여기에 대한 이자를 청구하는 관습은 없었다. 다만 대금의 지불이 장기간 지체 되면 이를 차용금이라는 명목으로 변경하여 상당한 이자를 첨부하는 경우도 있었다.

[가치정보]

이 자료는 매매계약 성립 후 예정된 기간을 넘겨 대금의 지불이 이행되지 않을 때 이자를 지불하는 요건에 대해 살펴볼 수 있는 자료가 된다.

Ⅰ-2-1-98 제91 매주가 대가의 이자를 지불해야 하는가

관리기호	기록번호	자료명	
B-1-537	조제151호의 2	第九十一 買主カ代金ノ利息ヲ拂フヘキ事アルカ	
작성자	생산기관	생산 연도	
-	법전조사국	-	
지역	언어	분량	소장기관
제2관	일본어	21면	수원박물관
키워드	매주, 대가, 대금 지불, 이자, 차용금		

[기본정보]

이 보고서는 조사지역 제2관에 해당되는 해주, 황주, 평양 등 20개 지역을 대상으로 매매거래 과정에서 매수인이 대가 지불이 지연될 경우 여기에 대한 이자를 매도인에게 지급해야 하는가에 대한 조사내용을 담고 있다.

[내용정보]

조사항목은 "매매거래시 대금 지불의 지체가 발생했을 때 여기에 대한 이자를 지불하는가"에 대한 것이다. 물건의 대금 지불이 예정된 기간을 많이 초과하게 되면 이를 차용금이라는 명목으로 변경하여 상당한 이자를 첨부하는 경우도 있었다. 그러나 대개의 매도인은 대금지불의 지연을 이유로 여기에 대한 이자를 청구하는 관습은 없었다고 한다. '조제151호의 1'은 조사 지역을 달리한 동일한 제목의 조사보고서이다.

[가치정보]

이 자료는 매매계약 성립 후 예정된 기간을 넘겨 대금의 지불이 이행되지 않을 때 이자를 지불하는 요건에 대해 살펴볼 수 있는 자료가 된다.

Ⅰ-2-1-99 제92 환매에 관한 관습 여하

관리기호	기록번호	자료명	
B-1-495	조제152호의 1	第九十二 買戾ニ關スル慣習如何	
작성자	생산기관	생산 연도	
-	법전조사국	-	
지역	언어	분량	소장기관
제1관	일본어	67면	수원박물관
키워드	매려(買戾), 환퇴, 권매(權買), 환매		

   조사지역 제1관 구역에 해당되는 개성, 인천, 수원, 안성, 충주를 비롯한 24개 지역을
대상으로 매매거래의 종류 가운데 일정기간이 지난 후 매매대상 목적물을 다시 원가를
주고 돌려받기 위한 요건과 절차에 대해 조사한 내용을 담고 있다. 조사 대상 지역 가운데
은진의 경우에는 조사 응답자들의 이름, 직업, 나이만을 적었다.

   [내용정보]

   매매대상이 된 목적물을 일정기간이 지난 후 다시 대가를 주고 돌려받는 것을 매려(買
戾) 또는 환퇴(還退), 권매(權買) 등이라고 한다. 질문사항을 보면 "이러한 매매거래의 성립
시에 특약을 첨부하는지의 여부, 특약이 있다면 매매대상 목적물이 동산과 부동산의 경우
차이가 있는지, 그리고 그 요건과 절차상에 대한 것" 등이다.

   매려(買戾)는 매매대상 목적물에 따라 약간의 차이가 있다. 물건의 매매거래시 계약서에
는 환매의 권리를 유보하는 특약을 포함하는 것은 오래된 관습이었다. 따라서 동산의
매매 과정에서는 없으며, 부동산의 매매에서만 찾아볼 수 있다고 한다. 환퇴하는 기간은
계약시 분명히 정하고, 관습상 기간의 제한은 없는데, 대체로 1~5년 정도였다. 그리고
일부 지역에서는 기간을 정하지 않고 매도인이 자력을 회복한 시점에서 환퇴하겠다는
뜻을 포함한 특약을 맺기도 했다.

   [가치정보]

   이 기록은 환퇴(還退)의 계약이 각 지역별로 성립되는 요건과 절차 등에 대해 살필
수 있는 자료가 된다.

Ⅰ-2-1-100 제92 환매에 관한 관습 여하

관리기호	기록번호	자료명	
B-1-539	조제152호의 2	第九十二 買戾ニ關スル慣習如何	
작성자	생산기관	생산 연도	
-	법전조사국	-	
지역	언어	분량	소장기관
제2관	일본어	42면	수원박물관
키워드	매려(買戾), 환퇴, 권매(權買), 환매		

[기본정보]

조사지역 제2관 구역에 해당되는 황해도, 함경도, 평안도의 각 군현을 대상으로 매매거래의 종류 가운데 일정기간이 지난 후 매매대상 목적물을 다시 원가를 주고 돌려받기 위한 요건과 절차에 대해 조사한 내용을 담고 있다. '조제152호의 1'은 조사 지역을 달리한 동일한 제목의 조사보고서이다.

[내용정보]

조사항목을 보면 "매려(買戾)에 특약이 첨부되는가, 이자나 대가 외에 일정 금액이 추가되는가, 환매를 위해서 정해진 기간은 어떠한가" 등이다. 조사대상 지역 가운데 대부분은 매려의 관습이 있지만, 함경도의 몇몇 지역에서는 없다고 조사되었다.

토지의 환퇴(還退)는 약정한 기한 혹은 이를 다소 넘겨도 가능했다. 그리고 기한의 약정이 없더라도 수확기를 한번 경과한 뒤에는 원가를 반환하고 문기를 돌려받았다. 환퇴의 대금은 환퇴할 당시의 시가로 하거나 본래 거래 대금에서 올려 받지 못하며, 이자를 붙이는 관습도 없었다. 만일 매도인이 환퇴를 원하지 않을 경우 매수인은 영영방매문기를 작성하여 환퇴문기와 상환하는 것이 관례였다.

평안도와 안주의 조사내용의 말미에는 환퇴문기의 사례를 예시로 제시하고 있다. 환퇴의 거래에서 매도인은 '전고매주(田姑賣主)', '전방매주(田放賣主)', '매주(賣主)' 등으로 표시되어 이 거래가 환매를 전제하고 있음을 보여주기도 한다.

이 기록은 각 지역별로 환퇴(還退)의 계약이 성립되는 요건과 절차 등에 대해 비교해 가며 살필 수 있는 자료가 된다.

I-2-1-101 제93 교환에 관한 관습 여하

관리기호	기록번호	자료명	
B-1-496	조제153호의 1	第九十三 交換ニ關スル慣習如何	
작성자	생산기관	생산 연도	
-	법전조사국	-	
지역	언어	분량	소장기관
제1관	일본어	37면	수원박물관
키워드	매매, 교환, 상환, 환색, 등가		

[기본정보]

조사지역 제1관 구역에 해당되는 경성, 개성, 인천, 수원, 안성, 충주를 비롯한 25개 지역을 대상으로 매매거래시 매도인과 매수인 쌍방 간에 오가는 금전(金錢)외에 물건 교환(交換)의 관습에 대해 조사한 내용을 담고 있다.

[내용정보]

조사항목은 "매매대상 목적물에 대해 금전(金錢)이 오가는 거래는 쌍방이 물건으로 교환하는 경우와 구별되는가" 등이다. 물건끼리의 교환은 상환(相換)이라고도 하며 일본의 관습과 거의 차이가 없었다고 한다. 교환하는 물건이 동산이면 쌍방이 동시에 주고받았고, 부동산은 문기를 주고받았다고 한다. 이때의 매매절차는 보통의 매매거래와 유사했으며, 특히 토지나 가옥 또는 선박을 교환하는 경우에는 교환문기를 작성하는 것이 아니라 매매 문기를 작성하는 것이 상례였다.

이 자료는 금전이 아닌 등가의 물건을 거래 쌍방이 주고받는 과정에서 관습상 이루어진 요건과 절차를 살필 수 있는 자료가 된다.

Ⅰ-2-1-102 제93 교환에 관한 관습 여하

관리기호	기록번호	자료명	
B-1-540	조제153호의 2	第九十三 交換二關スル慣習如何	
작성자	생산기관	생산 연도	
-	법전조사국	-	
지역	언어	분량	소장기관
제2관	일본어	25면	수원박물관
키워드	매매, 교환, 상환, 환색, 등가		

[기본정보]

안주를 비롯한 조사지역 제2관 구역을 대상으로 매도인과 매수인 쌍방 간에 오가는 금전(金錢)외에 물건 교환(交換)의 관습에 대해 조사한 내용을 담고 있다.

[내용정보]

금전이 오가지 않는 점에서 매매거래와 형식상 다르게 보이지만, 금전(金錢)을 주고받지 않는 형태일 뿐 그 나머지 거래의 요건과 절차는 매매거래와 관습상 거의 차별이 없었다. 안주의 사례를 보면, 미곡과 포목 또는 염을 교환하고자 할 때 먼저 거래 당사자가 거래하고자 하는 물건의 등가를 정하여 여기에 따라 서로 교환하는 방식이었다. '조제153호의 1'은 조사 지역을 달리한 동일한 제목의 조사보고서이다

[가치정보]

이 기록은 등가의 물건으로 쌍방이 교환하는 형태의 거래 과정에서 관습상 이루어진

요건과 절차를 살필 수 있는 자료가 된다.

Ⅰ-2-1-103 제94 소비대차에 관한 관습 여하

관리기호	기록번호	자료명	
B-1-497	조제154호의 1	第九十四 消費貸借ニ關スル慣習如何	
작성자	생산기관	생산 연도	
-	법전조사국	-	
지역	언어	분량	소장기관
제1관	일본어	49면	수원박물관
키워드	대차, 소비대차, 본색대차, 대주(貸主), 차주(借主)		

[기본정보]

개성을 비롯한 조사지역 제1관 구역을 대상으로 대차(貸借) 계약의 거래가 성립되는 요건과 절차에 대해 조사한 내용을 담고 있다.

[내용정보]

질문 항목을 보면, "대차인이 대주(貸主)로부터 수취한 금전이나 기타 물품을 소비하고 이와 등가인 비슷한 물품으로 반환하는 대차관계의 성립 여부, 대주(貸主)와 차주(借主) 사이에 거래관계 성립의 요건" 등에 대해 묻고 있다.

이러한 소비대차의 거래는 다른 말로 본색대차(本色貸借)라고도 한다. 소비대차는 그 목적물의 수수로써 성립되며, 대개의 경우 여기에 대한 이자가 첨부되었다. 기한은 계약시 정하는데, 지역에 따라 그 기한에 차이가 있어서 일정하게 정해진 기한은 없으나 짧은 경우 5일, 긴 것은 수년에 이르기도 했다.

[가치정보]

이 자료는 소비대차의 거래, 곧 차주(借主)가 대주(貸主)로부터 대차한 물건을 소비한 뒤에 이를 대주(貸主)에게 다시 상환하는 거래의 관습을 지역별로 살필 수 있는 기록이 된다.

I-2-1-104 제94 소비대차에 관한 관습 여하

관리기호	기록번호	자료명	
B-1-541	조제154호의 2	第九十四 消費貸借ニ關スル慣習如何	
작성자	생산기관	생산 연도	
-	법전조사국	-	
지역	언어	분량	소장기관
제2관	일본어	33면	수원박물관
키워드	대차, 소비대차, 본색대차, 대주(貸主), 차주(借主)		

[기본정보]

강계를 비롯한 조사지역 제1관 구역을 대상으로 대차(貸借) 계약의 거래가 성립되는 요건과 절차에 대해 조사한 내용을 담고 있다. '조제154호의 1'은 조사 지역을 달리한 동일한 제목의 조사보고서이다.

[내용정보]

조사항목을 보면, "소비대차는 물건의 수수로 성립하는가, 아니면 쌍방의 동의만으로도 가능한가, 대차(貸借)에 기간은 어떠한가, 다른 이유로 부담한 채무를 이로써 바꾸는 예가 있는가" 등이다.

소비대차는 금전이나 물건을 빌린 차주(借主)가 이를 소비한 뒤에 대주(貸主)에게 상환하는 거래 관계를 말한다. 차주는 계약서에 동종의 물건으로 반환한다는 내용이 있으면 반드시 여기에 따라야 했다. 그러나 금전을 차용하여 소비한 경우 미곡 등 다른 물품으로 반환하거나 반대로 물품을 빌렸다가 금전으로 반환하기도 했다. 그리고 이때는 원본(元本)의 종류와 상관없이 반드시 이자가 더해졌다.

[가치정보]

이 자료는 소비대차의 거래, 곧 차주(借主)가 대주(貸主)로부터 대차한 물건을 소비한 뒤에 이를 대주(貸主)에게 다시 상환하는 거래의 관습을 지역별로 살필 수 있는 기록이 된다.

I-2-1-105 제95 사용대차에 관한 관습 여하

	관리기호	기록번호	자료명	
	B-1-498	조제155호의 1	第九十五 使用貸借ニ關スル慣習如何	
	작성자	생산기관	생산 연도	
	-	법전조사국	-	
	지역	언어	분량	소장기관
	제1관	일본어	52면	수원박물관
	키워드	동산, 부동산, 대차, 반환, 차주		

[기본정보]

이 보고서는 울산을 비롯한 조사지역 제1관 구역을 대상으로 사용대차의 성격, 대주(貸主)와 차주(借主)의 의무, 반환의 기한 등에 대해 조사한 내용을 담고 있다.

[내용정보]

질문사항을 보면, "동산이나 부동산을 무상으로 대여하는 사례의 여부, 차주(借主)가 대주(貸主)에게 빌린 물건을 타인에게 사용하여 수익을 얻을 수 있는가, 대주(貸主)가 반환을 요청하는 절차와 기한, 차주(借主)의 사망이후 상속인이 이를 사용하여 수익을 얻을 수 있는지"의 여부 등이다.

무상의 경우, 대개는 친척이나 친구 간에 행해지며, 대차 대상 물건은 대부분 동산이 많지만 때로는 부동산이 대상이 되기도 한다. 그리고 대상 물건은 계약에 따라야 하며 다른 사람에게 사용하여 수익을 얻을 수는 없다. 대주(貸主)는 계약의 내용과 다르거나 이처럼 타인에게 사용하여 수익을 얻으려 한다면 즉시 계약을 해지할 수 있었다.

울산의 사례를 보면, 대차의 대상은 거의 단기간의 동산이었고, 부동산은 거의 없었다고
한다. 그리고 가옥 및 가옥의 부지는 예부터 무상의 대차를 행하는 관습이 있었으며, 예외
적으로 사용 수익하게 할 수 있었다.

[가치정보]

이 기록은 다양한 형태로 이루어졌던 사용대차의 관습을 지역별로 비교해 볼 수 있는
자료가 된다.

Ⅰ-2-1-106 제95 사용대차에 관한 관습 여하

관리기호	기록번호	자료명	
B-1-542	조제155호의 2	第九十五 使用貸借ニ關スル慣習如何	
작성자	생산기관	생산 연도	
-	법전조사국	-	
지역	언어	분량	소장기관
제1관	일본어	31면	수원박물관
키워드	동산, 부동산, 대차, 반환, 차주		

[기본정보]

이 보고서는 조사지역 제2관 구역인 평안도, 함경도의 여러 지역을 대상으로 사용대차
의 성격, 대주(貸主)와 차주(借主)의 의무, 반환의 기한 등에 대해 조사한 내용을 담고
있다. '조제155호의 1'은 조사 지역을 달리한 동일한 제목의 조사보고서이다

[내용정보]

사용대차 거래계약시 차주(借主)가 기간을 약정한 경우, 대상 물건은 이 기간이 만료된
후 또는 사용·수익이 끝나면 즉시 반환해야 한다. 그리고 차주는 자신이 빌린 물건의

유지와 운영을 위한 여러 명목의 추가비용을 부담하는 것이 상례였다. 대주(貸主)는 기간을 약정하지 않은 경우에는 언제라도 반환을 요청할 수 있었다. 긴요한 경우에는 기간을 정하거나 사용수익의 특약을 한 경우에도 반환을 청구할 수 있었으나, 특수한 경우를 제외하고는 기간이 종료하기 전에 반환을 청구하지 않는 것이 일반적이었다. 특히 경작중인 토지는 그 수확을 마칠 때까지 반환을 청구할 수 없는 것이 관례였다고 한다.

차주(借主)가 사망하면 해당 계약은 효력을 상실하고 상속인에게 계승되지 않았다. 다만 경작중인 토지의 수확을 마칠 때까지, 또는 특별한 목적을 위해 대차한 물건의 사용을 종료할 때의 경우에는 잠시 상속인이 이를 사용하는 것을 용인해 주기도 했다.

[가치정보]

이 기록은 지역별로 조금씩 상이한 사용대차의 관습을 비교해 볼 수 있는 자료가 된다.

Ⅰ-2-1-107 제96 임대차에 관한 관습 여하

관리기호	기록번호	자료명	
B-1-499	조제156호의 1	第九十六 賃貸備ニ關スル慣習如何	
작성자	생산기관	생산 연도	
-	법전조사국	-	
지역	언어	분량	소장기관
제1관	일본어	101면	수원박물관
키워드	임대차, 가옥, 토지, 전세, 월세, 도지, 병작		

[기본정보]

이 자료는 법전조사국에서 각 지역별로 임대차에 관한 관습을 조사한 책이다. 경성, 경기도, 경상도, 전라도, 충청도 지역의 조사 사례이다. 구체적으로 경성, 개성, 인천, 수원, 안성, 충주, 청주, 영동, 대구, 상주, 경주, 동래, 창원, 제주, 무안, 광주, 전주, 옥구, 은진, 공주, 예산, 온양 등의 지역을 조사하였다. 지역의 사례 조사 중에 토지매매문서 양식이 기록된 곳이 몇 군데 있다.

[내용정보]

가옥, 택지, 토지(전답), 산림 등의 임대차에 관한 관습을 조사하였다. 처음에 경성에서 가옥의 임대차에 관한 사례 조사가 나오고, 다음에는 경기도 지방부터 토지, 택지, 산림에 관한 임대차에 관한 사례 조사가 나온다.

토지의 임대차에는 경작을 위해서 하는 도지와 병작의 두 종류가 있다. 소작료는 도지의 경우에 금전 또는 곡물로 미리 그 액을 정하는 것이 상례이지만, 단순히 수확에 대한 비율만을 정하거나, 또는 이를 정하지 않고 추수할 때 수확량을 측정하여 그 액을 결정하는 예가 있다. 소작인이 지세와 물세를 부담하는 것이 통례이다. 소작료는 수확량의 1/3 내지 1/2이라고 하지만 지방과 토지의 비옥도에 따라 차이가 있다. 병작의 경우는 다양한데, 지주가 종자와 지세를 부담하고 수확물을 평분(平分)하는 경우, 지주가 지세를 부담하고 수확물 가운데서 종자에 상당하는 분량을 공제한 잔액을 평분하는 경우, 소작인이 종자를 부담하고 수확물을 반분하는 경우, 지주가 종자를 제공하고 수확물 중에서 이를 반환한 나머지를 반분하는 경우, 또는 지주가 종자를 부담하고 수확물을 반분하여 지세는 소작인이 소작분에서 납부하는 경우 등 지역에 따라 다양한 사례가 있다.

가옥의 임대차에 관한 관습도 지역별로 차이가 있다. 가옥의 임대차에는 전세와 월세 두 종류가 있다. 전세는 한국에서 가장 보편적으로 행해지는 가옥임대차의 방법으로, 임차 시에 차주(借主)가 일정한 금액을 가주(家主)에게 맡기고 별도로 임대료를 지불하지 않고, 가옥 반환시에 그 금액을 반환받는 것이다. 그 기간은 보통 1년인데, 계약에 의해 기간을 정하며, 또한 기간을 약정하지 않는 수도 있다. 다음으로 월세는 매 달마다 일정액의 금액을 금전으로 지불한다. 옛날에는 점포 외에 이러한 임대차를 하는 예는 거의 없었지만, 수십 년 이래로 일반적으로 성행하게 되었다. 차임은 선불인 것과 후불인 것이 있는데, 계약에 의하며 일정하지 않다.

[가치정보]

이 자료는 임대차에 관한 관습에 대해 가옥, 택지, 토지, 산림 등의 사례를 통해 설명하고 있다는 점에서 조사 대상 여러 지역에서 나타난 특징을 비교해 볼 수 있는 자료가 될 수 있다.

Ⅰ-2-1-108 제96 임대차에 관한 관습 여하

관리기호	기록번호	자료명	
B-1-543	조제156호의 2	第九十六 賃貸借ニ關スル慣習如何	
작성자	생산기관	생산 연도	
-	법전조사국	-	
지역	언어	분량	소장기관
제2관	일본어	71면	수원박물관
키워드	임대차, 가옥, 토지, 전세, 월세, 도지, 병작		

[기본정보]

이 자료는 법전조사국에서 각 지역별로 임대차에 관한 관습을 조사한 책이다. 일본어로 작성하고 있으며, 분량은 71면으로 구성되어 있다.

[내용정보]

황해도, 평안도, 함경도, 강원도 등 제2관 지역을 조사한 사례이다. 가옥, 택지, 토지(전답), 산림 등의 임대차에 관한 관습을 조사하였다. 토지의 임대차에는 경작을 위해서 하는 도지와 병작의 두 종류가 있다. 소작료는 도지의 경우에 금전 또는 곡물로 미리 그 액을 정하는 것이 상례이지만, 단순히 수확에 대한 비율만을 정하거나, 또는 이를 정하지 않고 추수할 때 수확량을 측정하여 그 액을 결정하는 예가 있다. 소작인이 지세와 물세를 부담하는 것이 통례이다. 소작료는 수확량의 1/3 내지 1/2이라고 하지만 지방과 토지의 비옥도에 따라 차이가 있다. 병작의 경우는 다양한데, 지주가 종자와 지세를 부담하고 수확물을 평분(平分)하는 경우, 지주가 지세를 부담하고 수확물 가운데서 종자에 상당하는 분량을 공제한 잔액을 평분하는 경우, 소작인이 종자를 부담하고 수확물을 반분하는 경우, 지주가 종자를 제공하고 수확물 중에서 이를 반환한 나머지를 반분하는 경우, 또는 지주가 종자를 부담하고 수확물을 반분하여 지세는 소작인이 소작분에서 납부하는 경우 등 지역에 따라 다양한 사례가 있다.

가옥의 임대차에 관한 관습도 지역별로 차이가 있다. 가옥의 임대차에는 전세와 월세

두 종류가 있다. 전세는 한국에서 가장 보편적으로 행해지는 가옥임대차의 방법으로, 임차 시에 차주(借主)가 일정한 금액을 가주(家主)에게 맡기고 별도로 임대료를 지불하지 않고, 가옥 반환시에 그 금액을 반환받는 것이다. 그 기간은 보통 1년인데, 계약에 의해 기간을 정하며, 또한 기간을 약정하지 않는 수도 있다. 다음으로 월세는 매 달마다 일정액의 금액을 금전으로 지불한다. 옛날에는 점포 외에 이러한 임대차를 하는 예는 거의 없었지만, 수십 년 이래로 일반적으로 성행하게 되었다. 차임은 선불인 것과 후불인 것이 있는데, 계약에 의하며 일정하지 않다.

[가치정보]

이 자료는 임대차에 관한 관습에 대해 가옥, 택지, 토지, 산림 등의 사례를 통해 설명하고 있다는 점에서 조사 대상 여러 지역에서 나타난 특징을 비교해 볼 수 있는 자료가 될 수 있다.

I-2-1-109 제97 고용에 관한 관습 여하

	관리기호	기록번호	자료명	
	B-1-500	조제157호의 1	第九十七 雇傭ニ關スル慣習如何	
	작성자	생산기관	생산 연도	
	-	법전조사국	-	
	지역	언어	분량	소장기관
	제1관	일본어	74면	수원박물관
	키워드	고용, 차인, 노비, 사환, 모군		

[기본정보]

이 조사보고서는 관습법상의 고용의 형태에 대한 조사로, 고용의 성질, 기간, 보수 등에 대해 조사하고 있으며, 고용인도 조사 대상 지역에 따라 종류와 명칭에 다소 차이가 있다는 내용을 담고 있다.

경성, 경기도, 경상도, 전라도, 충청도의 23개 군현의 고용 관습에 대해 조사한 보고서이다. 고용의 칭호, 보수, 계약의 형식과 효력, 기간, 해약 등 당 시기 고용 관습의 전반에 대해 조사하고 있다. 고용인의 종류는 상가의 지배인으로 이해한 차인(差人)과 심부름을 하는 사환(使喚), 머슴 등 하인에 해당하는 고용(雇用)을 비롯해, 노비(奴婢), 모군(募軍)의 다섯 종류가 있다고 서술하고 있다.

고용인에 대한 보수의 지불은 농가와 상가 고용인과 차이가 있었으며, 전자는 년 1회로 수확기에 지급되는 것이 일반적이었고, 후자는 매달 말에 지급되었지만, 지역에 따라 연말에 지불하는 경우도 있었다. 고용주가 그 권리를 타인에게 양도하는 경우에는 고용인의 승낙이 있어야 했다. 그리고 고용인도 역시 질병 등의 부득이한 경우 고용주의 사전 허락을 받아 일시적으로 대행인을 보낼 수 있었다. 고용주와 고용인은 언제라도 서로 해약을 할 수 있었지만 농번기의 경우 고용인은 반드시 대행인을 보내야 해약이 가능했다. 고용기간은 대개 1년이지만, 상가의 견습생은 그 기간이 최소 3년 내지 5년이고, 관습상 최장기의 제한은 없었다.

지역을 달리한 동일한 조사내용을 담고 있는 '조제157호의 2'가 있다.

[가치정보]

이 기록은 조선후기 이래 다양한 형태로 존재한 고공(雇工)의 운영 방식을 조사한 기록이며, 지역별로 고공 운영형태를 비교 검토해 볼 수 있는 자료이다.

관리기호	기록번호	자료명	
B-1-544	조제157호의 2	第九十七 雇傭ニ關スル慣習如何	
작성자	생산기관	생산 연도	
-	법전조사국	-	
지역	언어	분량	소장기관
제2관	일본어	45면	수원박물관
키워드	고용, 차인, 노비, 사환, 모군		

[기본정보]

이 조사보고서는 관습법상의 고용의 형태에 대한 조사로, 고용의 성질, 기간, 보수 등에 대해 조사하고 있으며, 고용인도 조사 대상 지역에 따라 종류와 명칭에 다소 차이가 있다는 내용을 담고 있다.

[내용정보]

황해도의 해주, 평안도, 함경, 강원도를 비롯해 20여 개 지역의 고용 관습에 대해 조사한 보고서이다. 고용의 칭호, 보수, 계약의 형식과 효력, 기간, 해약 등 당 시기 고용 관습의 전반에 대해 조사하고 있다. 고용인의 종류는 상가의 지배인으로 이해한 차인(差人)과 심부름을 하는 사환(使喚), 머슴 등 하인에 해당하는 고용(雇用)을 비롯해, 노비(奴婢), 모군(募軍)의 다섯 종류가 있다고 서술하고 있다.

고용인에 대한 보수의 지불은 농가와 상가 고용인과 차이가 있었으며, 전자는 년 1회로 수확기에 지급되는 것이 일반적이었고, 후자는 매달 말에 지급되었지만, 지역에 따라 연말에 지불하는 경우도 있었다. 고용주가 그 권리를 타인에게 양도하는 경우에는 고용인의 승낙이 있어야 했다. 그리고 고용인도 역시 질병 등의 부득이한 경우 고용주의 사전 허락을 받아 일시적으로 대행인을 보낼 수 있었다. 고용주와 고용인은 언제라도 서로 해약을 할 수 있었지만 농번기의 경우 고용인은 반드시 대행인을 보내야 해약이 가능했다. 고용기간은 대개 1년이지만, 상가의 견습생은 그 기간이 최소 3년 내지 5년이고, 관습상 최장기의 제한은 없었다.

[가치정보]

이 기록은 조선후기 이래 다양한 형태로 존재한 고용의 운영 방식을 조사한 기록이며, 지역별로 고용 운영형태를 비교 검토해 볼 수 있는 자료이다.

Ⅰ-2-1-111 제98 청부에 관한 관습 여하

관리기호	기록번호	자료명	
B-1-501	조제158호의 1	第九十八 請負ニ關スル慣習如何	
작성자	생산기관	생산 연도	
-	법전조사국	-	
지역	언어	분량	소장기관
제1관	일본어	56면	수원박물관
키워드	청부(請負), 도급(都給), 보수지불, 후급, 하자(瑕疵)		

[기본정보]

이 보고서는 경성, 부산, 영동을 비롯한 조사지역 제1관 구역을 대상으로 청부의 명칭 및 개념, 보수지불의 시기 하자의 보수와 청구 등에 대한 조사내용을 담고 있다. 지역을 달리한 동일한 조사내용을 담고 있는 '조제158호의 2'가 있다.

[내용정보]

청부는 다른 말로 도급이라고도 한다. 청부 대상물에 들어가는 재료는 계약에 따라 청부를 요청한 자가 부담하거나 청부인이 재료까지 부담하여 시행하였으나 가옥의 건축의 재료는 보통 청부를 요청한 자가 공급하는 경우가 많다고 한다.

청부에 대한 보수지불의 시기는 보통 청부 대상 목적물의 인도와 동시에 이루어졌으나 가옥과 같은 경우는 완성한 뒤에 지급되었다. 보수의 지불은 그 일부를 나누어 먼저 지급하고 잔액을 후급(後給)하거나 전부 후급하는 등 일정하지 않았다. 가옥과 같은 청부사무의 목적물이 인도 전 혹은 완성 전에 천재(天災) 등 불가피한 이유로 멸실 훼손된 경우에는 청부를 요청한 자는 보수를 지급할 필요가 없었다. 이미 보수가 일부 또는 전액이 지급되었다면 반환을 청구할 수 있었다.

청부인의 하자 보수에 대한 책임은 부산의 사례에서는 가옥은 인도 후 2개월, 영동은 공사완성 후 2~3개월, 충주는 1개월 등 지역에 따라 기간에 다소 차이가 있었다.

[가치정보]

이 자료는 가옥의 건축, 의류의 제작 의뢰와 같은 목적으로 행해지는 계약관계인 도급의 관습을 지역별로 비교해 볼 수 있는 자료가 될 수 있다.

Ⅰ-2-1-112 제98 청부에 관한 관습 여하

관리기호	기록번호	자료명	
B-1-545	조제158호의 2	第九十八 請負ニ關スル慣習如何	
작성자	생산기관	생산 연도	
-	법전조사국	-	
지역	언어	분량	소장기관
제2관	일본어	30면	수원박물관
키워드	청부(請負), 도급(都給), 보수지불, 후급, 하자(瑕疵)		

[기본정보]

이 보고서는 덕천을 비롯한 제2관을 조사대상 지역으로 청부의 명칭 및 개념, 보수지불의 시기, 하자의 보수와 청구 등에 대한 조사내용을 담고 있다.

[내용정보]

청부는 다른 말로 도급(都給)이라고도 하며, 가옥의 건축이나 의류의 제조 등에서 행해지는 계약관계를 말한다. 평안도 덕천의 사례에 따르면 가옥의 건축과 소작은 여러 사람에게 공동으로 청부하며, 이 밖에도 벌목, 제언의 수축을 위해서 청부를 행하였다.

청부인은 자기의 재료로 사무하거나 청부를 요청한 자가 이를 부담하여 행하였는데, 후자의 경우에는 그 재료에 하자가 생기더라도 청부인에게는 책임이 없었다고 한다.

[가치정보]

이 자료는 가옥의 건축, 의류의 제작 의뢰와 같은 목적으로 행해지는 계약관계인 도급의 관습을 지역별로 비교해 볼 수 있는 자료가 될 수 있다.

Ⅰ-2-1-113 제99 위임에 관한 관습 여하

관리기호	기록번호	자료명	
B-1-502	조제159호의 1	第九十九 委任ニ關スル慣習如何	
작성자	생산기관	생산 연도	
-	법전조사국	-	
지역	언어	분량	소장기관
제1관	일본어	61면	수원박물관
키워드	위임, 대리, 부탁, 권한, 효력, 종료		

[기본정보]

이 보고서는 조사지역 제2관 구역인 평안도, 함경도의 여러 지역을 대상으로 위임의 사항, 권한, 효력, 위임의 종료, 위임과 대리 관계 등에 대한 조사한 내용을 담고 있다. '조제595호의 2'는 조사 지역을 달리한 동일한 제목의 조사보고서이다.

[내용정보]

질문항목을 보면, "수임자는 보수를 받을 권리가 있는가, 받는다면 지불 시기는 언제인가, 위임은 쌍방간 언제든지 해지가능한가, 위임 종료는 어떻게 되는가" 등이다.

위임은 법률행위 등의 사무를 타인에게 위탁하는 과정에서 빈번하게 행해졌다. 위임자로부터 사무를 수임한 수임자는 성실하게 사무를 처리하되, 사무의 진행에 들어간 비용을 선불로 받았다. 만일 수임자가 이를 대납하게 되면 여기에 대한 이자를 위임자에게 청구할 수 있었다. 수임자에 대한 보수는 위임 당시에 약정하는 것이 보통이고, 수임자가 이를 전문으로 하는 자라면 약정이 없어도 보수를 청구할 수 있었다. 해약의 시점은 기간설정과 상관없이 필요에 따라 쌍방이 언제든지 할 수 있었다. 다만 해약의 결과가 눈에 띄게 위임자에게 불리할 경우에는 위임자는 해약을 거절할 수 있었다.

[가치정보]

이 자료는 위임이 보통 법률행위 등의 사무를 타인에게 위탁하는 경우에 발생하고 있다는 점에서 당시 법률의 운영과 관련된 일면을 살필 수 있는 보조 자료로 이용될 수 있다.

Ⅰ-2-1-114 제99 위임에 관한 관습 여하

관리기호	기록번호	자료명	
B-1-546	조제159호의 2	第九十九 委任ニ關スル慣習如何	
작성자	생산기관	생산 연도	
-	법전조사국	-	
지역	언어	분량	소장기관
제2관	일본어	34면	수원박물관
키워드	위임, 대리, 부탁, 권한, 효력, 종료		

[기본정보]

이 보고서는 조사지역 제2관 구역인 평안도, 함경도의 여러 지역을 대상으로 위임의 사항, 권한, 효력, 위임의 종료, 위임과 대리 관계 등에 대한 조사한 내용을 담고 있다.

조사항목은 "위임의 사항, 위임사무권한, 위임[종류]의 효력, 위임 종료 등 위임의 관습이 성립되고 종료되는 요건과 절차" 등에 대한 것이다.

평안도 삼화지역의 사례에 따르면, 이 지역에서는 이를 부탁(付託)이라는 용어로 부르며, 위임자는 그에 대한 대가를 수임자에 지불하는 의무가 있었다. 위임의 사무가 끝났을 때 또는 쌍방이 합의하여 계약이 해지되었을 때 위임사무는 종료된다고 한다.

[가치정보]

이 자료는 위임이 보통 법률행위 등의 사무를 타인에게 위탁하는 경우에 발생하고 있다는 점에서 당시 법률의 운영과 관련된 일면을 살필 수 있는 보조 자료로 이용될 수 있다.

I-2-1-115 제104 불법행위에 관한 관습 여하

관리기호	기록번호	자료명	
B-1-503	조제164호의 1	第百四 不法行爲ニ關スル慣習如何	
작성자	생산기관	생산 연도	
-	법전조사국	-	
지역	언어	분량	소장기관
제1관	일본어	90면	수원박물관
키워드	불법행위, 고의, 과실, 타인, 손해배상		

[기본정보]

이 보고서는 조사지역 제1관 구역인 경성, 경기, 충청, 경상, 전라도의 해당 여러 지역을 대상으로 고의나 과실로 타인의 권리나 생명, 재산 등을 침해하게 되는 다양한 행위의 결과에 대한 책임의 내용과 범위 등에 대해 조사한 내용을 담고 있다.

[내용정보]

조사항목을 보면, "고의나 과실로 타인의 권리를 침해한 자의 책임범위, 타인에게 피살된 자의 가족은 가해자에게 어떠한 권리를 행사하는가, 유소년, 정신병자 등에 의한 손해는 이를 감독할 책임과 의무가 있는 자[부모, 후견인 등]에게도 미치는가, 토지의 공작물, 수목 등에서 생긴 손해는 소유자[또는 점유자]가 배상할 책임이 있는가, 2인 이상이 공동으로 행한 불법행위에 대한 책임소재 여부" 등이다.

이에 대해 조사한 내용을 보면, 고의로 살해하는 경우 복수가 유일한 제재였고, 다만 과실로 인한 경우는 피해자가 치료비·장례비 등을 청구하는 것이 관례였다.

유소년, 정신병자로 인한 피해는 그 보호자가 책임을 지게 된다. 공작물 수목 등에서 생긴 손해는 원칙적으로 그 소유자[점유자]에게 책임이 있는 것으로 조사되었다.

[가치정보]

이 자료는 다양한 상황에서 발생하는 불법행위에 따라 어떠한 경우는 명백히 관습상은 물론 법률상의 책임이 부과되고, 또 다른 경우[예를 들면 타인의 명예를 훼손한 경우]에는 관습상의 책임유무가 존재하지 않는가 등을 살필 수 있는 자료가 된다.

Ⅰ-2-1-116 제104 불법행위에 관한 관습 여하

관리기호	기록번호	자료명	
B-1-547	조제164호의 2	第百四 不法行爲ニ關スル慣習如何	
작성자	생산기관	생산 연도	
-	법전조사국	-	
지역	언어	분량	소장기관
제2관	일본어	43면	수원박물관
키워드	불법행위, 고의, 과실, 타인, 손해배상		

[기본정보]

이 보고서는 조사지역 제2관 구역인 평안도, 함경도 등의 해당 여러 지역을 대상으로 고의나 과실로 타인의 권리나 생명, 재산 등을 침해하게 되는 다양한 행위의 결과에 대한 책임의 내용과 범위 등에 대해 조사한 내용을 담고 있다. '조제164호의 1'은 조사 지역을 달리한 동일한 제목의 조사보고서이다.

[내용정보]

질문내용을 보면, "고의 또는 과실로 타인의 권리를 침해한 자는 어떠한 책임을 지는가, 타인에게 피살된 자의 가족 또는 근친은 가해자에게 어떠한 권리를 행사하는가, 유소년, 정신병자 등에 의한 손해는 이를 감독할 책임과 의무가 있는 자[부모, 후견인 등]에게도 미치는가, 토지의 공작물, 수목 등에서 생긴 손해는 소유자[또는 점유자]가 배상할 책임이 있는가, 동물이 끼친 손해에 대해서는 어떠한가, 2인 이상이 공동으로 행한 불법행위에 대한 책임소재 여부" 등이다.

이에 대해 조사된 내용을 보면, 고의로 살해하는 경우 복수가 유일한 제재였고, 다만 과실로 인한 경우는 피해자가 치료비·장례비 등을 청구하는 것이 관례였다.

유소년, 정신병자로 인한 피해는 그 보호자가 책임을 지게 된다. 공작물 수목 등에서 생긴 손해는 원칙적으로 그 소유자[점유자]에게 책임이 있는 것으로 조사되었다. 동물로부터 받은 손해는 그 소유자 또는 점유자에게 책임이 있는 것이 관례였고, 생명을 잃은 경우에는 피해자의 근친이 이를 상살할 권리가 있다고 한다.

[가치정보]

이 자료는 다양한 상황에서 발생하는 불법행위에 따라 관습상의 책임유무와 범위에 대해 살필 수 있는 자료가 된다.

Ⅰ-2-1-117 제105 친족의 범위 여하

관리기호	기록번호	자료명	
B-1-504	조제165호의 1	第百五 親族ノ範圍如何	
작성자	생산기관	생산 연도	
-	법전조사국	-	
지역	언어	분량	소장기관
제1관	일본어	54면	수원박물관
키워드	친족, 상례, 유복친, 무복친, 참쇠복(斬衰服), 재쇠복(齋衰服), 대공복(大功服), 소공복(小功服), 시마복(緦麻服)		

관리기호	기록번호	자료명	
B-1-505	조제165호의 3	第百五 親族ノ範圍如何	
작성자	생산기관	생산 연도	
-	법전조사국	-	
지역	언어	분량	소장기관
제1관	일본어	58면	수원박물관
키워드	친족, 상례, 유복친, 무복친		

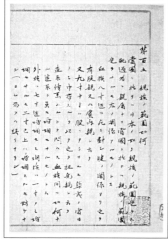

[기본정보]

이 자료는 법전조사국에서 친족(親族)의 범위에 관한 사항을 조사한 것이다. '조제165호의 1'은 초서본, '조제165의 3'은 정서본이다. 작성자, 생산연도는 미상이다. 이 자료는 일본어로 기록되어 있다.

[내용정보]

조사구역의 1관 지역, 즉 경성, 개성, 인천, 수원*, 안성*, 청주*, 충주, 영동, 대구, 상주, 안동, 경주, 울산*, 동래, 창원, 진주, 제주, 무안, 광주(光州), 옥구*, 전주, 남원*, 공주, 온양,

예산, 은진 등에서 친족의 범위나 규정에 대해 조사하거나 문답을 요약한 26건의 보고서이다. 간혹 본종친족오복지도(本宗親族五服之圖), 동종친속(同宗親屬)의 범위, 외당처당친속범위 도해(外堂妻堂親屬範圍 圖解) 등(위의 *표시가 있는 곳의 보고서에 기록됨)으로 친인척관계를 나타낸 그림이 삽입되어 있다. 또한 친족(親族)을 친속(親屬)으로 쓰거나 친족(親族)으로 글자를 고친 경우를 볼 수 있다.

친족의 범위에 대해서는 보통 상례(喪禮) 때에 상복을 입는가 아닌가에 따라 친족을 유복친과 무복친으로 나누어 제시하고 있다. 상복은 참쇠복, 재쇠복, 대공복, 소공복, 시마복 다섯 종류가 있는데, 그것에 따라 아래와 같이 유복친의 친족을 구별하였다.

가. 참쇠복 : 부(父), 장자(長子)[적손(嫡孫)이 승중(承重)(부(父)가 사망하여 자(子)가 대신하여 복(服)을 입는 것)한 경우에는 장자(長子)와 같다], 부(夫)의 부(父)[상동]

나. 재쇠복 : 모가장자(母家長子), 적모(嫡母), 계모(繼母), 수양부모(收養父母), 자모(慈母), 부(夫)의 모(母)[이상 3년]. 증조부모(曾祖父母)[5월], 고조부모(高祖父母), 금부동거계부(今不同居繼父)(원래 동거한 계부)[3월]. 기친 중자녀(期親 衆子女), 가모(嫁母), 출모(出母), 처(妻)[이상 장기(杖期)], 조부모(祖父母)[부장기(不杖期)], 장자부(長子婦), 장손(長孫), 장증손(長曾孫), 장현손(長玄孫), 형제(兄弟), 자매(姉妹), 백숙부모(伯叔父母), 고모(姑母), 질(姪), 질녀(姪女), 부(夫)의 질(姪), 부(夫)의 첩(妾), 부(父)의 자(子), 기자(己子), 동거계부(同居繼父).

다. 대공복 : 부(夫)의 조부모(祖父母), 부(夫)의 백숙부모(伯叔父母), 부(夫)의 질부(姪婦), 중자부(衆子婦), 중손(衆孫), 질부(姪婦), 종형제자매(從兄弟姉妹).

라. 소공복 : 장손부(長孫婦), 장증손부(長曾孫婦), 형제(兄弟)의 처(妻), 종조부모(從祖父母), 대고모(大姑母), 종손녀(從孫女), 종백숙부모(從伯叔父母), 종고모(從姑母), 종질(從姪), 종질녀(從姪女), 재종형제자매(再從兄弟姉妹), 외조부모(外祖父母), 외숙부(外叔父), 이모(姨母), 종질(從姪), 종질녀(從姪女), 동모이부형제자매(同母異父兄弟姉妹), 부(夫)의 고(姑), 부(夫)의 형제(兄弟)와 그 처(妻), 부(夫)의 자매(姉妹), 부(夫)의 종질(從姪)과 종질녀(從姪女), 부(夫)의 종손자녀(從孫子女), 장손부(長孫婦), 장증손부(長曾孫婦), 장현손부(長玄孫婦)

마. 시마복 : 중손부(衆孫婦), 중증손부(衆曾孫婦), 중현손부(衆玄孫婦), 종형제(從兄弟)의 처(妻), 종손부(從孫婦), 종증조부모(從曾祖父母), 증대고(曾大姑), 종질부(從姪婦), 종증손자녀(從曾孫子女), 재종조부모(再從祖父母), 재종대고(再從大姑), 재종백숙부모(再從伯叔父母), 재종고모(再從姑母), 재종질(再從姪), 재종질녀(再從姪女), 재종손자녀(再從孫子女), 삼종형제자매(三從兄弟姉妹), 외숙모(外叔母), 생질부(甥姪婦), 내종형제자매(內從兄弟姉妹), 외종형제자매(外從兄弟姉妹), 처부모(妻父母), 여서(女婿), 외손자녀(外孫子女), 외손부(外孫婦), 이종형

제자매(姨從兄弟姉妹), 서모(庶母), 유모(乳母), 부(夫)의 고증조부모(高曾祖父母), 부(夫)의 종조부모(從祖父母), 부(夫)의 대고모(大姑母), 부(夫)의 종백숙부모(從伯叔父母), 부(夫)의 종고(從姑), 부(夫)의 종형제(從兄弟)와 그 처(妻), 부(夫)의 종자매(從姉妹), 부(夫)의 종질부(從姪婦), 부(夫)의 재종질(再從姪), 재종질녀(再從姪女), 부(夫)의 재종손자녀(再從孫子女), 부(夫)의 종증손자녀(從曾孫子女), 부(夫)의 종손부(從孫婦), 중손부(衆孫婦), 중증손(衆曾孫), 중현손(衆玄孫).

무복친(無服親)에는 단문례(袒免禮)를 하는 단면친(袒免親)과 이성(異姓)의 무복친(無服親)이 있다. 단(袒)은 윗도리의 왼 소매를 벗는 것이고, 문(免)은 두건을 머리에 쓰는 것을 의미한다. 5세조를 같이 하는 자는 무복(無服)으로 다만 단문례를 하므로 특히 이를 단면친(袒免親)이라고 부르는 것이다. 다음으로 이성무복친(異性無服親)에는 모계혈족(母系血族), 시가(媤家)의 혈족(血族)과 인척(姻戚)[인족(姻族)], 처(妻)의 본가(本家)의 본종친족(本宗親族)과 외척(外戚)인 인척(姻戚)과 인척(姻戚)의 배우자(配偶者)를 포함한다.

[가치정보]

이 자료는 유복친과 무복친의 사례를 통해 친족의 범위에 대해 상례 때에 상복을 입는지 여부를 설명하고 있으며 조사 대상 여러 지역에서 나타난 특징을 비교해 볼 수 있는 자료가 될 수 있다.

관리기호	기록번호	자료명		
B-1-548	조제165호의 2	第百五 親族ノ範圍如何		
작성자	생산기관	생산 연도		
-	법전조사국	-		
지역	언어	분량	소장기관	
제2관	일본어	28면	수원박물관	
키워드	친족, 상례, 유복친, 무복친, 참쇠복(斬衰服), 재쇠복(齋衰服), 대공복(大功服), 소공복(小功服), 시마복(緦麻服)			

[기본정보]

이 자료는 법전조사국에서 친족(親族)의 범위에 관한 사항을 조사한 것이다. 작성자, 생산연도는 미상이다. 이 자료는 모두 28면이며 일본어로 기록되어 있다.

[내용정보]

조사구역의 2관 지역에서 친족의 범위나 규정에 대해 조사하거나 문답을 요약한 20건의 보고서이다. 해주에는 인척급외척도(姻戚及外戚圖)가 첨부되어 있으며, 친족(親族)을 친속(親屬)으로 썼다가 다시 친족(親族)으로 글자를 고쳐 썼다. 원주의 보고서에는 구체적 조사 내용의 기술에 앞서 친족(親族) 이외에 족척(族戚), 친속(親屬), 친척(親戚) 등의 용어에 대해 해설하고 있다.

친족의 범위에 대해서는 보통 상례(喪禮) 때에 상복을 입는가 아닌가에 따라 친족을 유복친과 무복친으로 나누어 제시하고 있다. 상복은 참쇠복, 재쇠복, 대공복, 소공복, 시마복 다섯 종류가 있는데, 그것에 따라 아래와 같이 유복친의 친족을 구별하였다.

가. 참쇠복 : 부(父), 장자[적손(嫡孫)이 승중(承重)(부가 사망하여 자가 대신하여 복을 입는 것)한 경우에는 장자(長子)와 같다], 부(夫)의 부(父)[상동]

나. 재쇠복 : 모가장자(母家長子), 적모(嫡母), 계모(繼母), 수양부모(收養父母), 자모(慈母), 부의(夫) 모(母)[이상 3년]. 증조부모(曾祖父母)[5월]. 고조부모(高祖父母), 금부동거계부(今不同居繼父)(원래 동거한 계부)[3월]. 기친 중자녀(期親 衆子女), 가모(嫁母), 출모(出母), 처

(妻)[이상 장기(杖期)], 조부모(祖父母)[부장기(不杖期)], 장자부(長子婦), 장손(長孫), 장증손(長曾孫), 장현손(長玄孫), 형제(兄弟), 자매(姉妹), 백숙부모(伯叔父母), 고모(姑母), 질(姪), 질녀(姪女), 부(夫)의 질(姪), 부(夫)의 첩(妾), 부(父)의 자(子), 기자(己子), 동거계부(同居繼父).

다. 대공복 : 부(夫)의 조부모(祖父母), 부(夫)의 백숙부모(伯叔父母), 부(夫)의 질부(姪婦), 중자부(衆子婦), 중손(衆孫), 질부(姪婦), 종형제자매(從兄弟姉妹).

라. 소공복 : 장손부(長孫婦), 장증손부(長曾孫婦), 형제(兄弟)의 처(妻), 종조부모(從祖父母), 대고모(大姑母), 종손녀(從孫女), 종백숙부모(從伯叔父母), 종고모(從姑母), 종질(從姪), 종질녀(從姪女), 재종형제자매(再從兄弟姉妹), 외조부모(外祖父母), 외숙부(外叔父), 이모(姨母), 종질(從姪), 종질녀(從姪女), 동모이부형제자매(同母異父兄弟姉妹), 부(夫)의 고(姑), 부(夫)의 형제(兄弟)와 그 처(妻), 부(夫)의 자매(姉妹), 부(夫)의 종질(從姪)과 종질녀(從姪女), 부(夫)의 종손자녀(從孫子女), 장손부(長孫婦), 장증손부(長曾孫婦), 장현손부(長玄孫婦)

마. 시마복 : 중손부(衆孫婦), 중증손부(衆曾孫婦), 중현손부(衆玄孫婦), 종형제(從兄弟)의 처(妻), 종손부(從孫婦), 종증조부모(從曾祖父母), 증대고(曾大姑), 종질부(從姪婦), 종증손자녀(從曾孫子女), 재종조부모(再從祖父母), 재종대고(再從大姑), 재종백숙부모(再從伯叔父母), 재종고모(再從姑母), 재종질(再從姪), 재종질녀(再從姪女), 재종손자녀(再從孫子女), 삼종형제자매(三從兄弟姉妹), 외숙모(外叔母), 생질부(甥姪婦), 내종형제자매(內從兄弟姉妹), 외종형제자매(外從兄弟姉妹), 처부모(妻父母), 여서(女婿), 외손자녀(外孫子女), 외손부(外孫婦), 이종형제자매(姨從兄弟姉妹), 서모(庶母), 유모(乳母), 부(夫)의 고증조부모(高曾祖父母), 부(夫)의 종조부모(從祖父母), 부(夫)의 대고모(大姑母), 부(夫)의 종백숙부모(從伯叔父母), 부(夫)의 종고(從姑), 부(夫)의 종형제(從兄弟)와 그 처(妻), 부(夫)의 종자매(從姉妹), 부(夫)의 종질부(從姪婦), 부(夫)의 재종질(再從姪), 재종질녀(再從姪女), 부(夫)의 재종손자녀(再從孫子女), 부(夫)의 종증손자녀(從曾孫子女), 부(夫)의 종손부(從孫婦), 중손부(衆孫婦), 중증손(衆曾孫), 중현손(衆玄孫).

무복친(無服親)에는 단문례(袒免禮)를 하는 단면친(袒免親)과 이성(異姓)의 무복친(無服親)이 있다. 단(袒)은 윗도리의 왼 소매를 벗는 것이고, 문(免)은 두건을 머리에 쓰는 것을 의미한다. 5세조를 같이 하는 자는 무복(無服)으로 다만 단문례를 하므로 특히 이를 단면친(袒免親)이라고 부르는 것이다. 다음으로 이성무복친(異性無服親)에는 모계혈족(母系血族), 시가(媤家)의 혈족(血族)과 인척(姻戚)[인족(姻族)], 처(妻)의 본가(本家)의 본종친족(本宗親族)과 외척(外戚)인 인척(姻戚)과 인척(姻戚)의 배우자(配偶者)를 포함한다.

[가치정보]

이 자료는 유복친과 무복친의 사례를 통해 친족의 범위에 대해 상례 때에 상복을 입는지 여부를 설명하고 있으며 조사 대상 여러 지역에서 나타난 특징을 비교해 볼 수 있는 자료가 될 수 있다.

I-2-1-119 제106 촌수의 계산법 여하

관리기호	기록번호	자료명	
B-1-506	조제166호의 3	第百六 親等ノ計算法如何	
작성자	생산기관	생산 연도	
-	법전조사국	-	
지역	언어	분량	소장기관
제1관	일본어	54면	수원박물관
키워드	촌수, 친등(親等), 세대, 직계혈족, 방계혈족		

[기본정보]

이 자료는 법전조사국에서 촌수의 계산방법에 관한 사항을 조사한 것이다. 작성자, 생산연도는 미상이다. 이 자료는 모두 54면이며 일본어로 기록되어 있다.

[내용정보]

조사구역의 1관 지역, 즉 경성, 개성, 인천, 수원, 안성, 청주, 충주, 영동, 대구, 상주, 안동, 경주, 울산, 동래, 창원, 진주, 제주, 무안, 광주(光州), 옥구, 전주, 남원, 공주, 온양, 예산, 은진 등 26곳에서 친인척의 친소관계를 촌수계산법과 함께 보고하고 있다. 상주나 동래, 진주, 광주 등지의 조사보고서에는 친등계산표(親等計算表), 방계친촌칭(傍系親寸稱)의 도(圖) 등이 상세히 그려져 있으며, 특히 상주의 경우는 『농서이씨족보(隴西李氏族譜)』를 족보 기재양식의 예시로서 제시하고 있다. 무안의 조사서에는 이 조사항목에 본종친족오복지도(本宗親族五服之圖)를 그려 넣었다. 여기에는 또한 촌수(寸數)의 원근(遠近)으로 실습상(實習上) 어떠한 차이가 있는가 하는 세목도 조사되었다.

촌수[親等]는 세대(世代)에 의해서 이를 계산하고 일세대(一世代)를 일촌(一寸)으로 한다. 그리고 직계혈족(直系血族)은 자기로부터 상하 각각의 촌수를 산출하고, 방계혈족(傍系血族)은 자기로부터 동일시조에 소급하여 그 방계친족으로 내려오는 세대수에 의해서 촌수를 산출한다. 그러므로 부모(父母)와 자녀(子女)는 각 일촌(一寸)이며 고조부모(高祖父母)와 현손(玄孫)은 각 사촌(四寸)에 해당하고 형제자매(兄弟姉妹)는 이촌(二寸), 백숙부(伯叔父)와 고모(姑母)는 삼촌(三寸)에 해당한다. 또 인척(姻戚)의 촌수는 혈족의 배우자는 그 혈족의 촌수에 준하고, 배우자의 혈족은 배우자로부터 직계는 상하로 이를 계산하고 방계는 동일 시조로 소급하여 다시 아래로 내려오는 것은 혈족의 경우와 같다. 그러므로 종조부(從祖父)의 배우자인 종조모(從祖母)는 종조부와 같이 사촌(四寸), 재종형제의 처는 재종형제와 같이 육촌(六寸)이다. 처 또는 부의 조부모, 외조부모는 이촌(二寸), 그 형제자매도 역시 이촌(二寸)이고 인척의 배우자에 대하여도 역시 이 예에 따른다. 그리고 자기의 배우자와는 촌수가 없다.

[가치정보]

이 자료는 촌수의 계산법에 대해 세대에 의한 계산과 직계혈족, 방계혈족의 촌수 계산의 사례를 자세히 설명하고 있는 자료이다.

Ⅰ-2-1-120 제106 촌수의 계산법 여하

	관리기호	기록번호	자료명	
	B-1-549	조제166호의 4	第百六 親等ノ計算法如何	
	작성자	생산기관	생산 연도	
	-	법전조사국	-	
	지역	언어	분량	소장기관
	제2관	일본어	39면	수원박물관
	키워드	촌수, 친등(親等), 세대, 직계혈족, 방계혈족		

이 자료는 법전조사국에서 촌수의 계산방법에 관한 사항을 조사한 것이다. 작성자, 생산연도는 미상이다. 이 자료는 모두 39면이며 일본어로 기록되어 있다.

[내용정보]

조사구역의 2관 지역, 즉 해주, 황주, 평양, 삼화, 안주, 용천, 강계, 영변, 경흥, 회령, 경성(鏡城), 성진(城津), 북청, 갑산, 함흥, 덕원(德源), 춘천, 원주 등에서 친인척의 친소관계를 촌수계산법과 함께 보고한 18건의 문서, 삼화, 경성(鏡城)은 친등표(親等表), 복기지도(服忌之圖)를 첨부하였는데, 기타 지역도 대부분 촌수에 따른 친소관계를 장례와 기제사 시의 의례를 예로 함께 제시하여 설명하고 있다. 함흥과 덕원의 경우는 친등표를 혈족(血族), 외척(外戚), 인족(姻族)으로 나누어 자신을 중심으로 그 관계를 나타내었다. 여기에는 또한 촌수(寸數)의 원근(遠近)으로 실습상(實習上) 어떠한 차이(差異)가 있는가 하는 세목도 조사되었다.

촌수[親等]는 세대(世代)에 의해서 이를 계산하고 일세대(一世代)를 일촌(一寸)으로 한다. 그리고 직계혈족(直系血族)은 자기로부터 상하 각각의 촌수를 산출하고, 방계혈족(傍系血族)은 자기로부터 동일시조에 소급하여 그 방계친족으로 내려오는 세대수에 의해서 촌수를 산출한다. 그러므로 부모(父母)와 자녀(子女)는 각 일촌(一寸)이며 고조부모(高祖父母)와 현손(玄孫)은 각 사촌(四寸)에 해당하고 형제자매(兄弟姉妹)는 이촌(二寸), 백숙부(伯叔父)와 고모(姑母)는 삼촌(三寸)에 해당한다. 또 인척(姻戚)의 촌수는 혈족의 배우자는 그 혈족의 촌수에 준하고, 배우자의 혈족은 배우자로부터 직계는 상하로 이를 계산하고 방계는 동일시조로 소급하여 다시 아래로 내려오는 것은 혈족의 경우와 같다. 그러므로 종조부(從祖父)의 배우자인 종조모(從祖母)는 종조부와 같이 사촌(四寸), 재종형제의 처는 재종형제와 같이 육촌(六寸)이다. 처 또는 부의 조부모, 외조부모는 이촌(二寸), 그 형제자매도 역시 이촌(二寸)이고 인척의 배우자에 대하여도 역시 이 예에 따른다. 그리고 자기의 배우자와는 촌수가 없다.

[가치정보]

이 자료는 촌수의 계산법에 대해 세대에 의한 계산과 직계혈족, 방계혈족의 촌수 계산의 사례를 자세히 설명하고 있는 자료이다.

관리기호	기록번호	자료명		
B-1-577	조제167호의 1	第百七 養子ト養親及ヒ其血族トノ間ニハ如何ナル親族關係ヲ生スルカ		
작성자	생산기관	생산 연도		
-	법전조사국	-		
지역	언어	분량	소장기관	
제1관	일본어	40면	수원박물관	
키워드	양자, 적장자, 수양자, 양친, 상속, 혈족			

[기본정보]

이 자료는 법전조사국이 작성한 자료로 자료명은 '제107 양자와 양친 및 혈족 사이에는 어떠한 친족관계가 생기는가'로 되어 있다.

이 자료는 양자와 양친, 그리고 양자와 기타 혈족 사이에 발생하는 친족관계에 대한 조사를 보고하고 있다. 대부분 양자의 종류, 즉 양자와 수양자에 따른 양부 및 그 혈족과의 관계를 설명한다. 여기에는 양자(養子)를 인정하는가, 만약 인정한다면 양자(養子)와 양친(養親) 등 혈족간(血族間)에는 자연혈족(自然血族)과 완전히 동일한 관계가 발생하는가, 아니면 다소 다른 관계가 발생하는가 등이 조사되었다. 이 자료는 19.5×26.5센티미터의 형태로 일본어로 기록되었다.

[내용정보]

조선에서는 기혼남(旣婚男)에게 친생자손(親生子孫) 중 남(男)이 없으면 반드시 남계 혈족 중에서 남자를 양자로 삼는 것이 관례이다. 그 목적은 첫째로 제사자(祭祀者)가 되게 함에 있다. 그래서 양자는 입양일부터 양친의 적장자(嫡長子)의 신분을 취득하여, 양친과 그 혈족간에 친생자(親生子)와 동일한 친족관계가 발생한다.

양자(養子) 외에 수양자(收養子)가 있다. 3세 이하의 기아(棄兒)를 수양(收養)하여 양자로 삼는 것을 허용하고, 수양자(收養者)의 성(姓)에 따르게 할 수 있지만, 이를 상속인(相續人)으로 할 수 없다. 또 수양자의 혈족과의 사이에는 친족관계(親族關係)가 생기지 않는다.

또 시양자(侍養子)라는 것이 있는데 양자로 삼을 수 없는 타인의 자를 양육(養育)하는 경우로 그 성(姓)은 본종(本宗)을 따르고, 그를 상속인(相續人)으로 할 수 없다. 시양자(侍養子)와 양육자(養育者) 및 그 혈족간(血族間)에는 친족관계(親族關係)가 발생하지 않는다.

조사구역은 1관 지역, 즉 경성, 개성, 인천, 수원, 안성, 청주, 충주, 영동, 대구, 상주, 안동, 경주, 울산, 동래, 창원, 진주, 제주, 무안, 광주(光州), 옥구, 전주, 남원, 공주, 온양, 예산, 은진 등 26곳이다.

[가치정보]

이 자료는 양자와 양친 및 그 혈족간의 친족관계, 즉 양자와 수양자에 따른 양부 및 그 혈족과의 관계, 양자의 인정 여부에 따른 양자와 양친 사이의 관계에 관한 관습을 지역별로 살필 수 있는 자료가 될 수 있다.

관리기호	기록번호	자료명	
B-1-551	조제167호의 2	第百七 養子ト養親及ヒ其血族トノ間ニハ 如何ナル親族關係ヲ生スルカ	
작성자	생산기관	생산 연도	
-	법전조사국	-	
지역	언어	분량	소장기관
제2관	일본어	24면	수원박물관
키워드	양자, 적장자, 수양자, 양친, 상속, 혈족		

관리기호	기록번호	자료명	
B-1-550	조제167호의 4	第百七 養子ト養親及ヒ其血族トノ間ニハ 如何ナル親族關係ヲ生スルカ	
작성자	생산기관	생산 연도	
-	법전조사국	-	
지역	언어	분량	소장기관
제2관	일본어	26면	수원박물관
키워드	양자, 적장자, 수양자, 양친, 상속, 혈족		

[기본정보]

이 자료는 법전조사국이 작성한 자료로 자료명은 '제107 양자와 양친 및 혈족 사이에는 어떠한 친족관계가 생기는가'로 되어 있다. '조제167호의 2'는 초서본, '조제167호의 4'는 정서본이다.

이 자료는 양자와 양친, 그리고 양자와 기타 혈족 사이에 발생하는 친족관계에 대한 조사를 보고하고 있다. 대부분 양자의 종류, 즉 양자와 수양자에 따른 양부 및 그 혈족과의 관계를 설명한다. 여기에는 양자(養子)를 인정하는가, 만약 인정한다면 양자(養子)와 양친(養親) 등 혈족간(血族間)에는 자연혈족(自然血族)과 완전히 동일한 관계가 발생하는가, 아니면 다소 다른 관계가 발생하는가 등이 조사되었다. 이 자료는 19.5×26.5센티미터의 형태로 일본어로 기록되었다.

[내용정보]

조선에서는 기혼남(旣婚男)에게 친생자손(親生子孫) 중 남(男)이 없으면 반드시 남계혈족 중에서 남자를 양자로 삼는 것이 관례이다. 그 목적은 첫째로 제사자(祭祀者)가 되게 함에 있다. 그래서 양자는 입양일부터 양친의 적장자(嫡長子)의 신분을 취득하여, 양친과 그 혈족간에 친생자(親生子)와 동일한 친족관계가 발생한다.

양자(養子) 외에 수양자(收養子)가 있다. 3세 이하의 기아(棄兒)를 수양(收養)하여 양자로 삼는 것을 허용하고, 수양자(收養者)의 성(姓)에 따르게 할 수 있지만, 이를 상속인(相續人)으로 할 수 없다. 또 수양자의 혈족과의 사이에는 친족관계(親族關係)가 생기지 않는다. 또 시양자(侍養子)라는 것이 있는데 양자로 삼을 수 없는 타인의 자를 양육하는 경우로 그 성(姓)은 본종(本宗)을 따르고, 그를 상속인(相續人)으로 할 수 없다. 시양자(侍養子)와 양육자(養育者) 및 그 혈족간(血族間)에는 친족관계(親族關係)가 발생하지 않는다.

조사지역은 2관 지역, 즉 해주, 황주, 평양, 삼화, 안주, 용천, 강계, 영변, 경흥, 회령, 경성(鏡城), 성진(城津), 북청, 갑산, 함흥, 덕원(德源), 춘천, 원주 등 18지역이다.

[가치정보]

이 자료는 양자와 양친 및 그 혈족간의 친족관계, 즉 양자와 수양자에 따른 양부 및 그 혈족과의 관계, 양자의 인정 여부에 따른 양자와 양친 사이의 관계에 관한 관습을 지역별로 살필 수 있는 자료가 될 수 있다.

관리기호	기록번호	자료명	
B-1-578	조제168호의 1	第百八 繼親子及ヒ嫡母 庶子トノ關係如何	
작성자	생산기관	생산 연도	
-	법전조사국	-	
지역	언어	분량	소장기관
제1관	일본어	44면	수원박물관
키워드	계친자, 적모, 서자, 친생자, 계부, 계모		

[기본정보]

이 자료는 법전조사국이 작성한 자료로 자료명은 '제108 계친자와 적모 및 서자와의 관계 여하'로 되어 있다.

조사구역의 1관 지역, 즉 경성, 개성, 인천, 수원, 안성, 청주, 충주, 영동, 대구, 상주, 안동, 경주, 울산, 동래, 창원, 진주, 제주, 무안, 광주(光州), 옥구, 전주, 남원, 공주, 온양, 예산, 은진 등 26개 지역에서 계자(繼子)·친자(親子)와 정모(正母) 및 서자(庶子)와의 관계에 대해 조사한 보고서이다. 여기에는 누구를 계부(繼父) 또는 계모(繼母)라고 하는가, 또 이와 계자(繼子)와의 관계는 어떠한가, 과연 친생자(親生子)와 같은가, 만약 같지 않다면 그 차별은 어떠한가 등이 조사되었다. 이 자료는 19.5×26.5센티미터의 형태로 일본어로 기록되었다.

[내용정보]

계부자관계(繼父子關係) : 계부(繼父)에는 동거계부(同居繼父), 부동거계부(不同居繼父), 금부동거계부(今不同居繼父)가 있다. 계자(繼子)가 모(母)와 함께 계부의 가에서 살면 자연히 계부의 보호·감독을 받고 따라서 부에 대한 예(禮)를 하는 것이 많다. 이러한 관계에서는 사실상 친생자(親生子)와 거의 다르지 않다고 하지만, 남계혈통을 중시하는 조선의 습속에서는 계자(繼子)는 절대로 계부(繼父)의 자(子)인 신분을 취득할 수 없다. 다만 계부와 동거하거나 동거한 계자에 한하여 모(母)의 후부(後夫)로서 은의상(恩義上) 상복(喪服)을 입는 것에 그친다. 그러므로 동거계부와 금부동거계부(今不同居繼父)는 전문후반(前問後半)의 기술처럼 법제상 친족의 범위에 속하게 하였으나, 계부자간(繼父子間)에는 친자관계가 생기지 않는 것이라 하겠고, 특히 원부동거계부(元不同居繼父)에 대해서는 친자관계가 전혀 없는 것이라 하겠다.

계모자관계(繼母子關係) : 계모자관계는 전혀 친생자관계와 다르지 않다. 법령에 단순히 모(母)라고 칭한 경우에는 대개 계모도 포함하고, 상복(喪服)과 같은 것도 친생모(親生母)와 완전히 같다. 그렇지만 계모(繼母)는 부의 후처(後妻)[후배(後配)]인 관계에서 계자간(繼子間)에 모자관계(母子關係)가 생기므로, 만약 계모가 이혼을 당하면 모자관계(母子關係)가 소멸한다. 이것이 친생자와 다른 것이다.

적모서자관계(嫡母庶子關係) : 적모(嫡母)와 서자(庶子)의 관계도 또한 친생 모자관계와 다르지 않다. 그리고 서자(庶子)는 생모(生母)에 대해서도 친생모자관계(親生母子關係)를 잃지 않는다.

[가치정보]

이 기록은 조선후기 이래 적장자 계승의 관념이 우세한 친족관계 내에 계친자(繼親子)의 관습상 지위가 어떠했는가를 살필 수 있는 자료가 될 수 있다.

Ⅰ-2-1-124 제108 계친자와 적모, 서자와의 관계 여하

관리기호	기록번호	자료명	
B-1-552	조제168호의 2	第百八 繼親子及ヒ嫡母 庶子トノ關係如何	
작성자	생산기관	생산 연도	
-	법전조사국	-	
지역	언어	분량	소장기관
제2관	일본어	29면	수원박물관
키워드	계친자, 적모, 서자, 친생자, 계부, 계모		

관리기호	기록번호	자료명	
B-1-268	조제168호의 4	第百八 繼親子及ヒ嫡母庶子トノ關係如何	
작성자	생산기관	생산 연도	
-	법전조사국	-	
지역	언어	분량	소장기관
제2관	일본어	29면	수원박물관
키워드	계친자, 적모, 서자, 친생자, 계부, 계모		

[기본정보]

이 자료는 법전조사국이 작성한 자료로 자료명은 '제108 계친자와 적모 및 서자와의
관계 여하'로 되어 있다. '조제168호의 2'는 초서본, '조제168호의 4'는 정서본이다.

조사구역의 2관 지역, 즉 해주, 황주, 평양, 삼화, 안주, 용천, 강계, 영변, 경흥, 회령,
경성(鏡城), 성진(城津), 북청, 갑산, 함흥*, 덕원(德源), 금성(金城)*, 춘천, 원주 등 19개 지역(*
표시한 지역은 정서본에 나타나지 않음)에서 계자(繼子)·친자(親子)와 정모(正母) 및 서자
(庶子)와의 관계에 대해 조사한 보고서이다. 여기에는 누구를 계부(繼父) 또는 계모(繼母)라
고 하는가, 또 이와 계자(繼子)와의 관계는 어떠한가, 과연 친생자(親生子)와 같은가, 만약

같지 않다면 그 차별은 어떠한가 등이 조사되었다. 이 자료는 19.5×26.5센티미터의 형태로 일본어로 기록되었다.

[내용정보]

친족관계상 누구를 계부(繼父) 또는 계모(繼母)라고 하는가, 그리고 이들과 계자(繼子)와의 관계는 친생자(親生子)와 같은가, 만일 다르다면 어떠한 차별이 있는가를 조사하고 있다.

먼저 계부(繼父)와의 관계를 보면, 동거(同居) 여부에 따라 동거계부(同居繼父), 부동거계부(不同居繼父)가 있으며, 현재는 동거하지 않지만 예전에 동거한 금부동거계부(今不同居繼父)도 있다. 계자(繼子)가 어머니와 함께 계부(繼父)의 집에 살게 될 경우 당연히 계부의 보호·감독을 받고 계부가 죽었을 때도 은의상(恩義上) 상복을 입는 등 아버지에 대한 예(禮)를 행해야 했다. 따라서 사실상 친생자(親生子)와 거의 다르지 않았지만, 남계혈통(男系血統)을 중시하는 관습으로 계부(繼父)의 친생자(親生子)와 동일한 자격을 얻을 수 없었다. 그러므로 동거계부와 금부동거계부(今不同居繼父)는 법제상으로는 친족의 범위에 속했지만 계부자간(繼父子間)에는 관습상 친자관계가 생기지 않으며, 원래부터 부동거계부(不同居繼父)는 친자관계가 전혀 없는 것으로 인정되었다. 다음으로 계모(繼母)와의 관계는 상복(喪服)의 예제도 친생모와 동일하게 하는 등 친생자관계와 다름이 없는 것을 인정되었다. 다만, 계모(繼母)는 부의 후처(後妻)[후배(後配)]의 지위에 있기 때문에 모자관계(母子關係)가 성립되었기 때문에, 만일 이혼할 경우 모자관계(母子關係)가 사라진다는 점은 친생자와 다른 점이었다. 한편, 적모(嫡母)와 적자(庶子)의 관계도 또한 친생자와 동일했고, 적자는 생모(生母)에 대한 모자(母子) 관계도 그대로 유지했다.

[가치정보]

이 기록은 조선후기 이래 적장자 계승의 관념이 우세한 친족관계 내에 계친자(繼親子)의 관습상 지위가 어떠했는가를 살필 수 있는 자료가 될 수 있다.

관리기호	기록번호	자료명	
B-1-579	조제169호의 3	第百九 姻族關係及ヒ前二項ノ關係ハ 何レノ時二止ムカ	
작성자	생산기관	생산 연도	
-	법전조사국	-	
지역	언어	분량	소장기관
제1관	일본어	42면	수원박물관
키워드	혼척, 계친자(繼親子), 적모(嫡母), 서모(庶子), 양자, 양친		

[기본정보]

이 자료는 법전조사국이 혼척관계와 앞에서 설문한 두 항목, 즉 '양자와 양친 및 혈족 사이에 발생하는 친족관계' 그리고 '계친자와 적모 및 서자와의 관계'는 언제 소멸하는지에 대해 조사한 보고서이다. 조사지역은 조사구역의 1관 지역, 즉 경성, 인천, 수원, 안성, 청주, 충주, 영동, 대구, 상주, 안동, 경주, 울산, 동래, 창원, 진주, 제주, 무안, 광주(光州), 옥구, 전주, 남원, 공주, 온양, 예산, 은진 등 25개 지역이다. 일본어로 작성되어 있으며 분량은 42면으로 구성되어 있다.

[내용정보]

인척관계(姻戚關係) : 인척관계는 이혼으로 소멸한다. 부부 일방의 사망은 인척관계가 소멸하는 직접 원인이 되지 않고, 다만 생존배우자가 거가(去家)한 경우에 비로소 그 관계 가 소멸한다. 그리고 이는 거가한 배우자의 재혼 여부와 관련이 없다.

계친자(繼親子)와 적모서자관계(嫡母庶子關係) : 계부(繼父)와 계자(繼子)의 관계는 동거 하는 경우는 사실상 친자관계(親子關係)와 거의 다르지 않지만, 본래 친자관계가 생기지 않으므로 여기에 기술해야 할 관습은 없다. 계모(繼母)와 계자(繼子)의 관계는 부(父)와 계모(繼母)의 이혼(離婚)으로 소멸하고, 또 부(父)가 사망하여 계모가 거가한 경우에 소멸하 는 것이다. 그리고 적모서자관계(嫡母庶子關係)에 대해서도 계모(繼母)와 계자(繼子)의 관계 와 다르지 않은 듯하다.

양친자관계(養親子關係) : 양자와 양친 그리고 그 혈족간의 친족관계는 파양(罷養)으로 소멸하고, 양자의 처·비속은 양자와 함께 양가를 떠나는 것이다. 그리고 양친이 파양(罷養)으로 거가(去家)하면 양자도 역시 이를 따라서 그 가를 떠나므로 양친과의 관계는 변경이 없지만 양가에서의 조부모(祖父母)와 그 혈족과의 관계는 간접적으로 단절되는 것이다. 다만 실제로 이와 같은 경우가 생기는 일은 거의 없다.

[가치정보]

이 자료는 인척관계, 계친자와 적모서자관계, 양친자관계의 소멸에 대해 설명하고 있으며 조사 대상 여러 지역에서 나타난 특징을 비교해 볼 수 있는 자료가 될 수 있다.

I-2-1-126 제109 인족관계 및 앞 2항의 관계는 언제 끊어지는가

관리기호	기록번호	자료명	
B-1-553	조제169호의 2	第百九 姻族關係及ヒ前二項ノ關係ハ 何レノ時止ムカ	
작성자	생산기관	생산 연도	
-	법전조사국	-	
지역	언어	분량	소장기관
제2관	일본어	25면	수원박물관
키워드	혼척, 계친자(繼親子), 적모(嫡母), 서자(庶子), 양자, 양친		

관리기호	기록번호	자료명	
B-1-554	조제169호의 4	第百九 姻族關係及ヒ前二項ノ關係ハ 何レノ時止ムカ	
작성자	생산기관	생산 연도	
-	법전조사국	-	
지역	언어	분량	소장기관
제2관	일본어	26면	수원박물관
키워드	혼척, 계친자(繼親子), 적모(嫡母), 서자(庶子), 양자, 양친		

[기본정보]

이 자료는 법전조사국에서 혼척관계와 앞에서 설문한 두 항목, 즉 '양자와 양친 및 혈족 사이에 발생하는 친족관계' 그리고 '계친자와 적모 및 서자와의 관계'는 언제 소멸하는지에 대해 조사한 보고서이다. '조제169호의 2'는 초서본, '조제169호의 4'는 정서본이다. 조사지역은 조사구역의 2관 지역, 즉 해주, 황주, 평양, 삼화, 안주, 덕천, 용천, 강계, 영변, 경흥, 회령, 경성(鏡城), 성진, 북청, 갑산, 함흥, 덕원, 금성, 춘천, 원주 등 20개 지역이다. 일본어로 작성되어 있으며 분량은 각각 25면, 26면이다.

IV. 법전조사국 관습조사 문제별 지역조사서   267

인척관계(姻戚關係) : 인척관계는 이혼으로 소멸한다. 부부 일방의 사망은 인척관계가 소멸하는 직접 원인이 되지 않고, 다만 생존배우자가 거가(去家)한 경우에 비로소 그 관계가 소멸한다. 그리고 이는 거가한 배우자의 재혼 여부와 관련이 없다.

계친자(繼親子)와 적모서자관계(嫡母庶子關係) : 계부(繼父)와 계자(繼子)의 관계는 동거하는 경우는 사실상 친자관계(親子關係)와 거의 다르지 않지만, 본래 친자관계가 생기지 않으므로 여기에 기술해야 할 관습은 없다. 계모(繼母)와 계자(繼子)의 관계는 부(父)와 계모(繼母)의 이혼(離婚)으로 소멸하고, 또 부(父)가 사망하여 계모가 거가한 경우에 소멸하는 것이다. 그리고 적모서자관계(嫡母庶子關係)에 대해서도 계모(繼母)와 계자(繼子)의 관계와 다르지 않은 듯하다.

양친자관계(養親子關係) : 양자와 양친 그리고 그 혈족간의 친족관계는 파양(罷養)으로 소멸하고, 양자의 처·비속은 양자와 함께 양가를 떠나는 것이다. 그리고 양친이 파양(罷養)으로 거가(去家)하면 양자도 역시 이를 따라서 그 가를 떠나므로 양친과의 관계는 변경이 없지만 양가에서의 조부모(祖父母)와 그 혈족과의 관계는 간접적으로 단절되는 것이다. 다만 실제로 이와 같은 경우가 생기는 일은 거의 없다.

[가치정보]

이 자료는 인척관계, 계친자와 적모서자관계, 양친자관계의 소멸에 대해 설명하고 있으며 조사 대상 여러 지역에서 나타난 특징을 비교해 볼 수 있는 자료가 될 수 있다.

관리기호	기록번호	자료명		
B-1-580	조제170호의 1	第百十 家族ノ範圍如何		
작성자	생산기관	생산 연도		
-	법전조사국	-		
지역	언어	분량	소장기관	
제1관	일본어	42면	수원박물관	
키워드	가족, 가속(家屬), 처첩(妻妾), 친족, 호주			

관리기호	기록번호	자료명		
B-1-581	조제170호의 3	第百十 家族ノ範圍如何		
작성자	생산기관	생산 연도		
-	법전조사국	-		
지역	언어	분량	소장기관	
제1관	일본어	42면	수원박물관	
키워드	가족, 가속(家屬), 처첩(妻妾), 친족, 호주			

[기본정보]

이 자료는 법전조사국에서 가족의 범위에 관한 사항을 조사한 것이다. '조제170호의 1'은 초서본, '조제170호의 3'은 정서본이다. 작성자, 생산연도는 미상이다. 이 자료는 모두 42면이며 일본어로 기록되어 있다.

[내용정보]

조사구역의 1관 지역, 즉 경성, 인천, 수원, 안성, 청주, 충주, 영동, 대구, 상주, 안동, 경주, 울산, 동래, 창원, 진주, 제주, 무안, 광주(光州), 옥구, 전주, 남원, 공주, 온양, 예산,

은진 등 25개 지역에서 가족의 개념과 그 범위에 대해 조사한 보고서이다. 여기에는 가족은 반드시 친족(親族)인가, 아니면 친족이 아닌 자(者)가 있는가, 호주(戶主)와 가족의 배우자도 역시 가족인가, 호주의 변경이 있는 경우에 전호주(前戶主)와 그 가족이 친족(親族)이 아니더라도 이를 가족으로 하는가, 않는가 등이 조사되었다.

가족의 범위에 대해서는 『대명률(大明律)』에 가속(家屬)이란 용어로 처첩(妻妾), 조부모(祖父母), 자손(子孫) 등을 열거하고 있으며, 동거가구(同居家口)라든지 가인(家人)이란 말로 표현하나 그 범위를 제시하지 않았다. 조선의 구법전(舊法典)에도 『경국대전(經國大典)』「예전(禮典)」 '호구식조(戶口式條)' 규정 외에 거의 전거할 것이 없다. 그리고 1896년의 〈호구조사세칙(戶口調査細則)〉에는 "제3조 : 호주의 부모형제자손(父母兄弟子孫)이라도 각호(各戶)에 분거(分居)하야 호적(戶籍)이 별유(別有)한 시(時)는 해적내(該籍內)에 전입(填入)지 아니하여 인구(人口)가 누재(壘載)치 아니케 하며 …", "제4조 : 인민(人民) 중에 무가무의(無家無依)하야 원적(原籍)을 별성(別成)치 못하고 친척지구간(親戚知舊間)의 호내(戶內)에 기거(寄居)하거나 일신(一身) 기식(寄食)하야도 기구(寄口)에 참입(參入)하야 인구(人口) 누락(漏落)함이 무(無)케 함"이라는 항목에서 호적에 등재되는 가족의 범위를 제시하였다.

그러나 〈민적법(民籍法)〉에는 제2조에 "가족"이라는 말을 사용하고 〈민적법집행심득(民籍法執行心得)〉[1909년(융희 3)] 〈내부훈령(內部訓令)〉 제39호에도 "가족"이란 말을 사용하였다. 또 민적(民籍)에 기재해야 할 사항으로써 "① 호주 ② 호주의 직계존속 ③ 호주의 배우자 ④ 호주의 직계비속과 그 배우자 ⑤ 호주의 방계친(傍系親)과 그 배우자 ⑥ 호주의 친족(親族)이 아닌 자(者)"를 기재하고 첩(妾)은 처(妻)에 준하고 기아(棄兒)는 일가(一家)를 창립하는 것으로, 수양자는 양자로 취급해야 하는 취지를 규정하였다.

[가치정보]

이 자료는 가족의 범위에 대해 『경국대전(經國大典)』「예전(禮典)」 '호구식조(戶口式條)' 규정과 〈호구조사세칙(戶口調査細則)〉의 호적에 등재되는 가족의 범위 등을 인용해 설명하고 있으며, 제2관지역에서 조사한 가족의 개념과 범위를 기록하여 조사 대상 여러 지역에서 나타난 특징을 비교해 볼 수 있는 자료이다.

Ⅰ-2-1-128 제110 가족의 범위 여하

관리기호	기록번호	자료명	
B-1-555	조제170호의 4	第百十 家族ノ範圍如何	
작성자	생산기관	생산 연도	
-	법전조사국	-	
지역	언어	분량	소장기관
제2관	일본어	27면	수원박물관
키워드	가족, 가속(家屬), 처첩(妻妾), 친족, 호주		

[기본정보]

이 자료는 법전조사국에서 가족의 범위에 관한 사항을 조사한 것이다. 작성자, 생산연도는 미상이다. 이 자료는 모두 27면이며 일본어로 기록되어 있다.

[내용정보]

조사구역의 2관 지역, 즉 해주, 황주, 평양, 삼화, 안주, 용천, 강계, 영변, 경흥, 회령, 경성(鏡城), 성진, 북청, 갑산, 함흥, 덕원, 금성, 춘천, 원주 등 19개 지역에서 가족의 개념과 그 범위에 대해 조사한 보고서이다. 여기에는 가족은 반드시 친족(親族)인가, 아니면 친족(親族)이 아닌 자(者)가 있는가, 호주(戶主)와 가족의 배우자도 역시 가족인가, 호주의 변경이 있는 경우에 전호주(前戶主)와 그 가족이 친족(親族)이 아니더라도 이를 가족으로 하는가, 않는가 등이 조사되었다.

가족의 범위에 대해서는 『대명률(大明律)』에 가속(家屬)이란 용어로 처첩(妻妾), 조부모(祖父母), 자손(子孫) 등을 열거하고 있으며, 동거가구(同居家口)라든지 가인(家人)이란 말로 표현하나 그 범위를 제시하지 않았다. 조선의 구법전(舊法典)에도 『경국대전(經國大典)』 「예전(禮典)」 '호구식조(戶口式條)' 규정 외에 거의 전거 할 것이 없다. 그리고 1896년의 〈호구조사세칙(戶口調査細則)〉에는 "제3조 : 호주의 부모형제자손(父母兄弟子孫)이라도 각 호(各戶)에 분거(分居)하야 호적이 별유(別有)한 시(時)는 해적내(該籍內)에 전입(塡入)지 아니하여 인구가 루재(壘載)치 아니케 하며 …", "제4조 : 인민(人民) 중에 무가무의(無家無

依)하야 원적(原籍)을 별성(別成)치 못하고 친척지구간(親戚知舊間)의 호내(戶內)에 기거(寄居)하거나 일신(一身) 기식(寄食)하야도 기구(寄口)에 참입(參入)하야 인구(人口) 누락(漏落)함이 무(無)케 함"이라는 항목에서 호적에 등재되는 가족의 범위를 제시하였다.

그러나 〈민적법(民籍法)〉에는 제2조에 "가족"이라는 말을 사용하고 〈민적법집행심득(民籍法執行心得)〉[1909년(융희 3)] 〈내부훈령(內部訓令)〉 제39호에도 "가족"이란 말을 사용하였다. 또 민적(民籍)에 기재해야 할 사항으로써 "① 호주 ② 호주의 직계존속 ③ 호주의 배우자 ④ 호주의 직계비속과 그 배우자 ⑤ 호주의 방계친(傍系親)과 그 배우자 ⑥ 호주의 친족(親族)이 아닌 자(者)"를 기재하고 첩(妾)은 처(妻)에 준하고 기아(棄兒)는 일가(一家)를 창립하는 것으로, 수양자는 양자로 취급해야 하는 취지를 규정하였다.

[가치정보]
이 자료는 가족의 범위에 대해 『경국대전(經國大典)』 「예전(禮典)」 '호구식조(戶口式條)' 규정과 〈호구조사세칙(戶口調査細則)〉의 호적에 등재되는 가족의 범위 등을 인용해 설명하고 있으며 제2관지역에서 조사한 가족의 개념과 범위를 기록하여 조사 대상 여러 지역에서 나타난 특징을 비교해 볼 수 있는 자료이다.

Ⅰ-2-1-129 제111 아들이 입적해야할 가(家)의 여하

관리기호	기록번호	자료명		
B-1-582	조제171호의 1	第百十一 子ノ入ルヘキ家如何		
작성자	생산기관	생산 연도		
-	법전조사국	-		
지역	언어	분량	소장기관	
제1관	일본어	49면	수원박물관	
키워드	입적, 일가창립(一家創立), 전적(轉籍), 사생아			

[기본정보]

이 자료는 법전조사국에서 자(子)가 입적하여야 할 가(家)의 여하에 관한 사항을 조사한 것이다. 작성자, 생산연도는 미상이다. 이 자료는 모두 49면이며 일본어로 기록되어 있다.

[내용정보]

조사구역의 1관 지역, 즉 경성, 인천, 수원, 안성, 청주, 충주, 영동, 대구, 상주, 안동, 경주, 울산, 동래, 창원, 진주, 제주, 무안, 광주(光州), 옥구, 전주, 남원, 공주, 온양, 예산, 은진 등 25개 지역에서 자(子)가 입적(入籍)하여야 할 가(家)는 어떠한가에 대한 조사를 보고하였다. 예컨대 자(子)는 부가(父家)에 입적(入籍)해야 하는가. 부(父)를 알지 못하면 모가(母家)에 입적(入籍)해야 하는가, 부모(父母)를 모두 알지 못하면 일가(一家)를 창립하는가, 회태후(懷胎後) 출생전(出生前)에 부·모(父·母)가 가(家)를 전적(轉籍)하면 어떠한가, 가족(家族)의 서자(庶子) 또는 사생아(私生兒)는 호주의 동의 없이 부·모가(父·母家)에 입적(入籍)할 수 있는가, 만약 호주의 동의가 있어야 한다면 서자(庶子)가 부가(父家)에 입적(入籍)할 수 없는 경우에 모가(母家)에 입적(入籍)해야 하는가, 또 부·모가(父·母家)에 입적(入籍)할 수 없는 사생아(私生兒)는 일가(一家)를 창립하는가 등이 조사되었다.

부(父)를 알지 못하는 자가 모가(母家)에 입적해야 하는지 여부에 대해서는 조선의 풍속상 자(子)의 인지(認知)를 거부하는 것을 수치로 여기고, 또 부가 분명하지 않더라도 그 모가 지정한 자가 대개 인지를 하므로, 부를 알지 못하는 자가 입적할 가(家)에 대한 확실한 관습은 없는 것 같다. 사실상 부의 인지를 받을 수 없는 경우에는 모가(母家)에 입적할 수밖에 없을 것이다. 또 부모 모두를 알 수 없는 자는 기아(棄兒) 외에는 거의 그 예가 없다. 회태후(懷胎後) 출생전(出生前)에 부가 전가(轉家)하는 경우는 이혼(離婚)으로 거가(去家)하는 경우에만 생기는 것으로 이 경우에는 자(子)는 출생시의 부가(父家)에 입적하고, 또 모(母)가 부가(夫家)를 전가(轉家)한 경우에도 그 자는 부가에 입적해야 한다. 출생전 부가 전가하면 자는 출생 당시의 부가에 입적해야 한다. 가족(家族)의 서자(庶子)는 호주의 동의 유무에 불구하고 당연히 부가(父家)에 입적하는 것으로, 호주가 입적을 거부할 권리가 없다.

[가치정보]

이 자료는 자가 입적하여야 할 집의 여하에 대해 조사 대상 여러 지역에서 나타난 특징을 비교해 볼 수 있는 자료이다.

I-2-1-130 제111 아들이 입적해야할 가(家)의 여하

관리기호	기록번호	자료명	
B-1-556	조제171호의 4	第百十一 子ノ入ルヘキ家如何	
작성자	생산기관	생산 연도	
-	법전조사국	-	
지역	언어	분량	소장기관
제2관	일본어	33면	수원박물관
키워드	입적, 일가창립(一家創立), 전적(轉籍), 사생아, 인지(認知)		

[기본정보]

이 자료는 법전조사국에서 자가 입적하여야 할 가(家)의 여하에 관한 사항을 조사한 것이다. 작성자, 생산연도는 미상이다. 이 자료는 모두 33면이며 일본어로 기록되어 있다.

[내용정보]

조사구역의 2관 지역, 즉 해주, 황주, 평양, 삼화, 안주, 용천, 강계, 영변, 경흥, 회령, 경성(鏡城), 성진, 북청, 갑산, 함흥, 덕원, 금성, 춘천, 원주 등 19개 지역에서 자(子)가 입적(入籍)하여야 할 가(家)는 어떠한가에 대한 조사를 보고하였다. 예컨대 자(子)는 부가(父家)에 입적해야 하는가. 부(父)를 알지 못하면 모가(母家)에 입적해야 하는가, 부모(父母)를 모두 알지 못하면 일가(一家)를 창립하는가, 회태후(懷胎後) 출생전(出生前)에 부·모(父·母)가 가(家)를 전적(轉籍)하면 어떠한가, 가족의 서자(庶子) 또는 사생아(私生兒)는 호주의 동의 없이 부·모가(父·母家)에 입적할 수 있는가, 만약 호주의 동의가 있어야 한다면 서자(庶子)가 부가(父家)에 입적할 수 없는 경우에 모가(母家)에 입적해야 하는가, 또 부·모가(父·母家)에 입적할 수 없는 사생아(私生兒)는 일가(一家)를 창립하는가 등이 조사되었다.

부(父)를 알지 못하는 자가 모가(母家)에 입적해야 하는지 여부에 대해서는 조선의 풍속상 자(子)의 인지를 거부하는 것을 수치로 여기고, 또 부가 분명하지 않더라도 그 모가 지정한 자가 대개 인지를 하므로, 부를 알지 못하는 자가 입적할 가(家)에 대한 확실한 관습은 없는 것 같다. 사실상 부의 인지를 받을 수 없는 경우에는 모가(母家)에 입적할

274

수밖에 없을 것이다. 또 부모 모두를 알 수 없는 자는 기아(棄兒) 외에는 거의 그 예가 없다. 회태후(懷胎後) 출생전(出生前)에 부가 전가(轉家)하는 경우는 이혼(離婚)으로 거가(去家)하는 경우에만 생기는 것으로 이 경우에는 자(子)는 출생시의 부가(父家)에 입적하고, 또 모(母)가 부가(夫家)를 전가(轉家)한 경우에도 그 자는 부가에 입적해야 한다. 출생전 부가 전가하면 자는 출생 당시의 부가에 입적해야 한다. 가족(家族)의 서자(庶子)는 호주의 동의 유무에 불구하고 당연히 부가(父家)에 입적하는 것으로, 호주가 입적을 거부할 권리가 없다.

[가치정보]

이 자료는 자가 입적하여야 할 가(家)의 여하에 대해 조사 대상 여러 지역에서 나타난 특징을 비교해 볼 수 있는 자료이다.

I-2-1-131 제112 입부혼인을 인정하는가

관리기호	기록번호	자료명	
B-1-557	조제172호의 2	第百十二 入夫婚嫡ヲ認ムルカ	
작성자	생산기관	생산 연도	
-	법전조사국	-	
지역	언어	분량	소장기관
제2관	일본어	25면	수원박물관
키워드	입부혼(入夫婚), 여호주(女戶主), 초서(招婿), 췌서(贅壻), 여가(女家)		

[기본정보]

이 자료는 법전조사국에서 입부혼의 인정에 관한 사항을 조사한 것이다. 작성자, 생산연도는 미상이다. 이 자료는 모두 25면이며 일본어로 기록되어 있다. 간략한 내용을 보면 조선에서 호구구성을 위한 입부혼인(入夫婚姻)은 법제적으로 인정되었다. 또 관습상으로도 인정하여 초서(招婿) 또는 췌서(贅壻)라고 하였다.

　조사구역의 2관 지역, 즉 해주, 황주, 평양, 삼화, 안주, 덕천, 용천, 강계, 영변, 경흥, 회령, 경성(鏡城), 성진, 북청, 갑산, 함흥, 덕원, 금성, 춘천, 원주 등 20개 지역에서 남편이 처가에 들어오는 입부혼(入夫婚)에 대해 조사한 보고서이다. 만약 인정한다면 여호주(女戶主)만 할 수 있는가, 또는 가족(家族)인 여자(女子)도 할 수 있는가, 여호주의 입부혼의 경우에 입부(入夫)는 당연히 호주가 되는가, 아니면 여호주가 여전히 호주인가 등이 조사되었다.

　『경국대전(經國大典)』「예전(禮典)」 '호구식조(戶口式條)'에 "사위는 본관을 함께 기록한다"라 하여, 호구구성을 위한 입부혼인(入夫婚姻)은 법제가 인정하였다. 또 관습상으로도 인정하여 그것을 초서(招婿) 또는 췌서라고 하였다. 대개 초서의 풍속은 혼인의 변례(變例)로서 혼인은 가취(嫁娶)를 원칙으로 하지만 남자가 없고 여자만 있는 경우에는 가끔 그녀를 출가시키지 않고 초서 혼을 하는 예가 있다. 이 경우에는 사위는 여가(女家)의 호적에 입적하고 그 가의 가족이 되지만, 여가의 성을 따르지는 않는다. 또 여가를 계승할 수 없으므로 호주의 사후에 그 가(家)는 단절된다. 별도로 양자를 하여 그 가를 계승하는 경우는 특별한 경우이다. 이때에 사위는 일가를 창립하는 경우가 많다. 그래서 가(家)의 단절을 바라지 않는 자는 초서를 하지 않고 여(女)를 출가(出嫁)함과 동시에 입양을 하는 것을 예로 한다. 여호주의 입부혼인은 법제가 인정하지 않는 것으로서 이에 관한 관습이 없다. 또 가족인 과녀(寡女)의 입부혼인에 대해서도 법제, 관습 모두 그 예가 없다.

[가치정보]

　이 자료는 입부혼인의 인정 여부에 대해 입부혼인의 법제적, 관습적 인정의 사례를 통해 설명하고 있으며 조사 대상 여러 지역에서 나타난 특징을 비교해 볼 수 있는 자료이다.

관리기호	기록번호	자료명
B-1-583	조제173호의 1	第百十三 轉籍ヲ許スカ
작성자	생산기관	생산 연도
-	법전조사국	-
지역	언어	분량	소장기관
제1관	일본어	47면	수원박물관
키워드	전적, 일가창립(一家創立), 폐가(廢家), 파양(罷養), 복적(復籍)		

[기본정보]

이 자료는 법전조사국에서 전적을 인정하는가에 관한 사항을 조사한 것이다. 작성자, 생산연도는 미상이다. 이 자료는 모두 47면이며 일본어로 기록되어 있다.

[내용정보]

조사구역의 1관 지역, 즉 경성, 인천, 수원, 안성, 청주, 충주, 영동, 대구, 상주, 안동, 경주, 울산, 동래, 창원, 진주, 제주, 무안, 광주(光州), 옥구, 전주, 남원, 공주, 온양, 예산, 은진 등 25개 지역에서 전적(轉籍)을 인정하는지에 대한 조사를 보고하였다.

종래의 관습으로는 호주(戶主)가 타가의 가족으로 되는 것을 인정하지 않은 듯하고, 분가(分家)로 일가창립자(一家創立者)는 언제라도 폐가(廢家)하고 본가의 가족이 될 수 있다고 하는 자가 있으나, 이는 다만 사실상 본가(本家)에서 생활하는 것에 지나지 않고 폐가(廢家)하고 본가의 가족이 되는 것은 아니다. 또 가족이 전적(轉籍)을 하여 타가의 가족으로 되는 것은 조선에서의 친족조직과 가족관념으로는 이를 인정하지 않는 것이라고 하는 것이 온당하다. 혼인(婚姻)·입양(入養) 등으로 가족이 타가에 입적하는 외에 가족이 전적(轉籍)으로 타가의 가족이 되는 경우를 상상할 수 없다. 다만 근래에는 기술한 바와 같이 누구(漏口)를 막기 위해 기구(寄口)라는 것을 인정하고 친족의 여부를 불문하고 동거가(同居家)의 호적에 입적시킴으로써 타가의 호주 또는 가족이어야 할 자가 기구(寄口)로서 그 가의 호적에 입적하는 예는 아주 많다. 그렇지만 이것은 피용인(被傭人)을 고용인가(雇用

人家)의 호적에 기재한 것과 큰 차이가 없고 특히 전적을 하여 그 가에 입적하는 것이 아니고 법령에 소위 기식(寄食)의 사실에 의하여 그 가의 호적(戶籍)에 전입(塡入)하는 것에 지나지 않으므로 이를 전적으로 보는 것은 온당하지 않다. 기타 입양(入養) 등으로 타가에 업적하는 자의 배우자(配偶者)와 비속(卑屬)[양자가 호주이면 그 가족]은 당연히 이에 수반하여 입적하고 또 양자(養子)가 파양(罷養)으로 생가(生家)로 복적(復籍)하는 경우에는 이들도 역시 당연히 수반하여 생가에 입적하는 것이 관습이므로, 양자가 입양 후에 그 배우자 비속 등을 양가(養家)의 가족으로 하는 경우가 생기지 않는다. 또 파양복적후(罷養復籍後)에 이들을 생가의 가족으로 하는 경우가 없다. 그리고 초서가 이혼으로 생가로 복적하는 경우에도 그 비속(卑屬)은 당연히 수반하여 그 생가에 입적하는 듯하다. 그래도 이러한 경우는 본래 전적(轉籍)이라 말할 수 없다.

[가치정보]

이 기록은 당시 전적(轉籍)이 허용되거나 불허되었던 경우와 그러한 가운데 여러 가지 사례를 통한 요건과 절차를 볼 수 있는 자료로 이용될 수 있다.

I-2-1-133 제113 전적을 인정하는가

관리기호	기록번호	자료명	
B-1-269	조제173호의 4	第百十三 轉籍ヲ許スカ	
작성자	생산기관	생산 연도	
-	법전조사국	-	
지역	언어	분량	소장기관
제2관	일본어	39면	수원박물관
키워드	전적, 파양, 복적, 폐가, 분가		

[기본정보]

이 보고서는 해주, 황주를 비롯한 조사구역 2관의 19개 지역을 대상으로 다양한 가족관계 속에서 나타난 전적(轉籍)의 용인 여부에 대한 조사내용을 담고 있다.

[내용정보]

기존의 관습상 호주의 전적(轉籍)은 인정되지 않았고, 새로운 일가(一家)로 분가한 자의 경우 다시 본가(本家)의 구성원이 될 수 있었다. 그러나 이는 완전히 폐가(廢家)한 뒤 본가의 구성원이 되는 것을 의미하는 것은 아니었다. 그리고 호주가 아닌 다른 가족구성이 혼인(婚姻)이나 입양(入養) 등의 입적(入籍)되는 경우를 제외하고 전적(轉籍)으로 타가의 가족이 되는 경우는 관습상 인정되지 않았다.

다만, '기구(寄口)'라는 것이 있어서 친족의 여부를 불문하고 동거가(同居家)의 호적에 입적시킴으로써 타가의 호주 또는 가족이어야 할 자가 기구(寄口)라는 명목으로 그 집의 호적에 입적하는 사례는 적지 않았다. 그런데, 이는 정확히 보면, 전적(轉籍)이라기보다는 호적대장상에 고주(雇主)가 피용인(被傭人)을 호적에 기재하던 관행과 비슷한 성격이었다. 예컨대, 법령에 이른바 '기식(寄食)'을 근거로 그 가의 호적에 전입(塡入)하는 것에 지나지 않았던 현상으로 입적(入籍) 과정을 거친 전적(轉籍)으로 파악하기에는 무리가 있다. 한편, 입양(入養) 등으로 다른 집안에 입적(入籍)한 자의 배우자나 비속(卑屬)[양자가 호주이면 그 가족]은 당연히 따라 입적되었으나 파양(罷養)으로 생가(生家)에 복적(復籍)하는 경우에는 이들도 역시 당연히 생가로 복적(復籍)되는 것이 관례였다.

[가치정보]

이 기록은 당시 전적(轉籍)이 허용되거나 불허되었던 경우와 그러한 가운데 여러 가지 사례를 통한 요건과 절차를 볼 수 있는 자료로 이용될 수 있다.

Ⅰ-2-1-134 제114 혼인 또는 양자연조로 인해 타가에 들어갔던 자는 이혼 또는 이연의 경우에 있어서 실가에 복적하는가

관리기호	기록번호	자료명		
B-1-584	조제174호의 1	第百十四 婚姻又ハ養子緣組ニ 因リテ他家ニ入リタル者ハ離婚 又ハ離緣ノ場合ニ於テ實家ニ復籍スルカ		
작성자	생산기관	생산 연도		
-	법전조사국	-		
지역	언어	분량	소장기관	
제1관	일본어	32매	수원박물관	
키워드	혼인, 입양, 입적, 이혼, 파양(罷養), 복적(復籍)			

관리기호	기록번호	자료명		
B-1-585	조제174호의 3	第百十四 婚姻又ハ養子緣組ニ 因リテ他家ニ入リタル者ハ離婚 又ハ離緣ノ場合ニ於テ實家ニ復籍スルカ		
작성자	생산기관	생산 연도		
-	법전조사국	-		
지역	언어	분량	소장기관	
제1관	일본어	31면	수원박물관	
키워드	혼인, 입양, 입적, 이혼, 파양(罷養), 복적(復籍)			

[기본정보]

이 자료는 법전조사국에서 혼인(婚姻) 또는 입양(入養)으로 타가(他家)에 입적(入籍)한 자는 이혼(離婚) 또는 파양(罷養)한 경우에 친가(親家)로 복적(復籍)하는가에 관한 사항을 조사한 것이다. '조제174호의 1'은 초서본, '조제174호의 3'은 정서본이다. 작성자, 생산연도는 미상이다. 이 자료는 일본어로 기록되어 있다.

[내용정보]

경기, 충청, 경상, 전라 지역의 각 군에서 작성한 조사보고서 가운데 혼인(婚姻)이나 입양(入養)으로 타가(他家)에 입적(入籍)한 자는 이혼(離婚) 또는 파양(罷養)의 경우 친가(親家)로 복적(復籍)하는지, 만일 친가가 폐절(廢絶)된 경우 일가(一家)를 창립하는지의 여부에 대한 내용만을 추려서 정리하였다.

초서본은 각 지역별로 필체가 다르게 작성되어 각 지역에서 작성된 보고서 가운데 해당 문항을 뽑은 것임을 알 수 있다. 반면 정서본은 처음부터 끝까지 동일한 필체로 작성되었다. 초서본과 비교해 상당히 정갈한 필체로 기록되어 읽기가 쉽다. 또한 초서본에서 지역을 알 수 없었던 진주와 전주 등의 지역도 이 자료를 통하여 확인이 가능하다. 초서본 가운데 인천 다음에 나오는 지역 불명의 한 부분이 이 자료에는 누락되어 있다. 이를 제외하고 이 자료의 내용은 초서본과 동일하다.

수록 지역은 총 26개 군이다. 경기도가 5개 군, 충청도가 7개 군, 경상도가 8개 군, 전라도가 6개 군이다. 평안, 함경, 강원 지역의 보고서에 비하여 상대적으로 자세히 작성되었다. 경성, 대구, 동래 등 4개 군을 제외한 22개 군은 문답 형식으로 작성되었다. 문항도 기본 2문항 외에 이와 관련된 다른 문항이 삽입된 경우도 많으며, 보다 구체적으로 문항을 세분화한 경우도 존재한다. 동래와 은진의 경우에는 응답자도 기술하였다. 동래는 3인의 응답자를 대상으로 조사하였으며, 이규상(李圭祥) 등 성명만을 기록하였다. 반면 은진은 2인의 응답자를 대상으로 하였으며, "도곡면거(道谷面居) 농(農) 김현일(金顯一) 53세"와 같이 성명 외에 거주지와 직업 및 연령까지를 기록하였다.

기본 문항인 "혼인 또는 입양으로 타가에 입적한 자는 이혼 또는 파양한 경우에 친가로 복적하는가"란 질문에 대하여 대부분은 그렇다는 답변을 제시하였다. 다만 창원 등의 예와 같이 타가에 기식하는 경우에 대하여 함께 언급하는 경우도 존재한다.

부수 문항인 "친가의 폐절 등으로 친가에 복적할 수 없으면 일가를 창립하는가"와 관련한 질문에 대해서는 각 군별로 남성과 여성, 창립과 재흥 등의 문제와 관련된 차별적인 기록을 볼 수 있다. 인천의 경우는 남성과 여성을 구분하여 서술하였는데, 여성에 대해서는 갑오개혁 당시의 여성재가허용조치와 함께 그럼에도 지속되는 재혼에 대한 부정적 관습을 언급하였다. 남성에 대해서는 친가의 재흥과 더불어 제사의 계승을 중시하는 효의 관념을 말하였다.

경주와 울산 등에서도 인천과 마찬가지로 남성의 경우 친가의 재흥을 언급하였다. 경주에서는 친가의 대가 끊긴 경우 양가에서 파양하여 생가를 계승토록 하는 관례를 언급하였다. 울산 역시 인천과 비슷한 언급을 하면서도 당연히 재흥하는 것이고, 일가를 창립하지는 않는다고까지 언급하였다.

여성에 대해서는 '아내가 돌아갈 친정이 없을 때는 내치지 않는다'는 "삼불거(三不去)"의 한 조항을 제시하며, 이혼하지 않는 관례를 언급하는 지역이 다수 눈에 띈다. 울산(호주권), 동래, 옥구(호주권), 공주, 온양 등 6개 군에서 이와 같은 내용을 확인할 수 있다. 이 가운데 울산과 옥구에서는 그 이유를 여성은 호주권이 없어 일가를 창립할 수 없기 때문이라 설명하고 있다.

[가치정보]

이 기록은 이혼이나 파양의 사유로 호적상의 변동이 발생할 경우 이들의 호적상 법적 지위변화에 관한 사회적 관습을 살필 수 있는 자료가 될 수 있다.

Ⅰ-2-1-135 제114 혼인 또는 양자연조로 인하여 타가에 들어갔던 사람은 이혼 또는 이연의 경우에 있어서 실가에 복적하는가

관리기호	기록번호	자료명	
B-1-270	조제174호의 2	第百十四 婚姻又ハ養子緣組ニ因リテ他家ニ入リタル者ハ離婚又ハ離緣ノ場合ニ於テ實家ニ復籍スルカ	
작성자	생산기관	생산 연도	
-	법전조사국	-	
지역	언어	분량	소장기관
제2관	일본어	23면	수원박물관
키워드	혼인, 입양, 생가, 복적, 파양		

[기본정보]

이 보고서는 혼인(婚姻) 또는 입양(入養)으로 타가에 입적했다가 이혼 등의 사유가 발생할 경우에 호적상의 변동에 따른 관습에 대해 조사한 기록이다. 이혼이나 파양(罷養)의 경우에 당연히 생가에 복적했다. 그러나 만일 이혼으로 혼가(婚家)를 떠난 남자[초서(招

婿)]의 생가(生家)가 폐절(廢絶)되어 복적할 수 없으면, 새로운 일가를 만들었으나 반드시 일가를 창립하는 관습은 없었다는 내용 등을 담고 있다.

[내용정보]

본서의 조사대상 지역은 해주, 황주, 평양 등 조사구역의 제2관 지역에 해당되는 20개 군현이다. 혼인·입양으로 다른 집에 입적(入籍)된 자가 이후 이혼 또는 이연(離緣)될 때에는 당연히 생가에 복적하는 것이 관례였다고 한다. 그러나 이혼으로 혼가를 떠난 남자[초서(招婿)]의 생가가 폐적되어 복적할 수 없는 경우에는 새로운 일가를 만들었다. 다만 당연히 일가(一家)를 세우는 관습은 없었다. 여자의 경우 이혼사유가 있어도 복적할 생가가 없으면, 법제상으로는 이혼을 허락하지 않았다고 한다. 그러나 실제는 이혼하는 사례가 적지 않았으며 이들은 지인가(知人家)에 의탁하거나 타인의 첩이 되는 경우가 많았다. 따라서 조사자는 여자의 경우 일가를 창립하는 관습은 없는 듯하다고 판단하였다.

한편, 파양(罷養)된 자는 새로운 일가(一家)를 만들 수 있었지만, 실제로는 그러한 관습은 거의 없었다고 한다. 대체로 다른 집의 여서(女壻)나 양자로 들어가는 자는 보통 차남 이하의 자로서 그 생가는 장남이 이미 상속을 하는 예가 많았기 때문이다.

[가치정보]

이 기록은 이혼이나 파양의 사유로 호적상의 변동이 발생할 경우 이들의 호적상 법적 지위변화에 관한 사회적 관습을 살필 수 있는 자료가 될 수 있다.

I-2-1-136 제115 혼인 또는 양자로 인해 타가에 들어갔던 자는 다시 혼인 또는 양자연조로 인해 타가에 들어갈 수 있는가

관리기호	기록번호	자료명		
B-1-586	조제175호의 1	第百十五 婚姻又ハ養子緣組ニ因リテ他家ニ入リタル者ハ更ニ婚姻又ハ養子緣組ニ因リテ他家ニ入ルコトヲ得ルカ		
작성자	생산기관	생산 연도		
-	법전조사국	-		
지역	언어	분량	소장기관	
제1관	일본어	32면	수원박물관	
키워드	혼인, 입양, 입적, 이혼, 파양, 복적, 친가, 생가, 폐절			

관리기호	기록번호	자료명		
B-1-587	조제175호의 3	第百十五 婚姻又ハ養子緣組ニ因リテ他家ニ入リタル者ハ更ニ婚姻又ハ養子緣組ニ因リテ他家ニ入ルコトヲ得ルカ		
작성자	생산기관	생산 연도		
-	법전조사국	-		
지역	언어	분량	소장기관	
제1관	일본어	28면	수원박물관	
키워드	혼인, 입양, 입적, 이혼, 파양, 복적, 친가, 생가, 폐절			

[기본정보]

이 자료는 법전조사국에서 혼인 또는 입양으로 타가에 입적한 자는 다시 이혼 또는 입양으로 타가에 입적할 수 있는가에 관한 사항을 조사한 것이다. '조제175호의 1'은 초서본, '조제175호의 3'은 정서본이다. 작성자, 생산연도는 미상이다. 이 자료는 일본어로 기록되어 있다.

[내용정보]

조사구역의 1관 지역, 즉 경성, 인천, 수원, 안성, 청주, 충주, 영동, 대구, 상주, 안동, 경주, 울산, 동래, 창원, 진주, 제주, 무안, 광주(光州), 옥구, 전주, 남원, 공주, 온양, 예산, 은진 등 25개 지역에서 혼인 또는 입양으로 타가에 입적한 자는 다시 이혼 또는 입양으로 타가에 입적할 수 있는지에 대한 조사를 보고하였다. 또는 일단 생가(生家)에 복귀한 후가 아니면 이를 할 수 없는가, 만약 즉시 타가(他家)에 입적(入籍)할 수 있다면 그 조건은 어떠한가, 예컨대 생가(生家)의 호주(戶主)의 동의를 요하지 않는가 등도 조사되었다.

혼인(婚姻)으로 타가에 입적한 여자(女子)가 다시 혼인을 하는 것은 부(夫)의 사망(死亡)과 이혼(離婚)한 경우로, 부가 사망한 경우에는 일단 생가에 복적한 후가 아니면 재혼을 할 수 없다. 또 이혼한 경우에는 당연히 생가에 복적하고 생가의 폐절(廢絶)로 복적(復籍)할 수 없더라도 반드시 혼가(婚家)에서 나와야 하므로 혼가에서 곧바로 타가에 입적할 수 없다. 그리고 여자의 양자를 인정하지 않으므로 혼인으로 타가에 입적한 여자가 입양(入養)으로 타가에 입적하는 예는 절대로 없다. 또 혼인으로 타가에 입적한 남자[초서(招婿)]는 처의 사망 또는 이혼으로 재혼하여 타가에 입적하는 예가 없지 않으나, 배우자가 사망한 경우에는 생가에 복적하거나 일가를 창립하지 않으면 재혼을 할 수 없다. 이혼한 경우에는 당연히 생가에 복적하는 것으로 혼가에서 즉시 타가에 입적하는 일은 없다. 그리고 혼인으로 타가에 입적한 남자가 타가의 양자가 되는 경우에도 일단 생가로 복적한 후 양가에 입적해야 하는 것이다. 입양으로 타가에 입적한 자는 그 양가(養家)를 상속(相續)해야 하는 자이므로, 혼인 또는 입양으로 타가에 입적하는 일이 거의 없다. 만약 혼인으로 타가에 입적하거나 입양으로 입적해야 할 필요가 있으면 이혼을 하여 생가에 복적한 뒤에 타가에 들어갈 수밖에 없다. 그러므로 양가에서 즉시 타가에 입적하는 경우는 없다.

[가치정보]

이 기록은 친족관계의 구성에 있어서 이혼이나 배우자의 사망 등으로 인해 재혼이나 입양을 통해 새로운 집에 입적(入籍)되는 과정에서 이루어지고 있는 관습상의 요건이나 절차 등을 살필 수 있는 자료이다.

Ⅰ-2-1-137 제115 혼인 또는 양자로 인해 타가에 들어갔던 자는 다시 혼인 또는 양자연조로 인해 타가에 들어갈 수 있는가

관리기호	기록번호	자료명		
B-1-271	조제175호의 2	第百十五 婚姻又ハ養子緣組ニ因リテ 他家ニ入リタル者ハ更ニ婚姻又ハ 養子緣組ニ因リテ他家ニ入ルコトヲ得ルカ		
작성자	생산기관	생산 연도		
-	법전조사국	-		
지역	언어	분량		소장기관
제2관	일본어	24면		수원박물관
키워드	혼인, 입적, 입양, 생가, 폐절, 복적			

[기본정보]

이 보고서는 혼인(婚姻) 또는 입양(入養)으로 타가에 입적했다가 이혼 등의 사유로 재차 다른 집에 입적(入籍)하는 경우에 따른 관습에 대해 조사한 기록이다. 대체로 이러한 상황에서 타가(他家)에 입적하는 것은 관습상 거의 없다는 내용을 담고 있다.

[내용정보]

이 보고서는 조사구역의 2관 지역인 해주, 황주, 평양 등 20개 지역을 대상으로 하고 있다. 주요 조사내용은 "혼인·입양으로 다른 집에 입적되었던 자가 이혼 또는 입양으로 또 다른 집에 재차 입적할 수 있는가의 여부"에 대해 묻고 있다. 그리고 "만일 재차 입적할 때에는 반드시 생가로 다시 돌아왔다가 해야 하는가, 만일 곧 바로 다른 집에 입적(入籍)할 경우, 생가(生家)의 호주(戶主)의 동의를 요하지 않는가" 등 재차 입적하는 상황의 조건에 대해서 조사하였다.

여자는 혼인한 뒤 남편의 사망이나 또는 이혼의 경우, 반드시 생가에 복적(復籍)한 후 재차 다른 집에 입적이 가능했다. 이때 여자의 양자는 인정되지 않았기 때문에 혼인으로 한번 다른 집에 입적했던 여자가 입양의 방법을 통해 재차 또 다른 집에 입적되는 예는 전무하였다.

혼인으로 처가에 입적한 남자[초서(招婿)]는 처의 사망 또는 이혼의 경우, 재혼하여 재차 다른 집에 입적하는 사례가 드물지 않았다. 다만 처의 사망으로 재혼할 때에는 반드시 생가에 복적(復籍)한 뒤이거나 새로운 일가(一家)를 만들지 않으면 재혼이 불가능했다. 이혼의 경우는 여자와 마찬가지로 반드시 생가(生家)에 복적(復籍)한 뒤에야 가능했다. 그리고 혼인으로 한번 입적했던 남자가 다시 또 다른 집의 양자로 들어갈 때에도 반드시 생가로의 복적이 필요했다.

[가치정보]

이 기록은 친족관계의 구성에 있어서 이혼이나 배우자의 사망 등으로 인해 재혼이나 입양을 통해 새로운 집에 입적(入籍)되는 과정에서 이루어지고 있는 관습상의 요건이나 절차 등을 살필 수 있는 자료이다.

I-2-1-138 제116 타가상속, 분가 및 폐절가 재흥에 관한 관습 여하

관리기호	기록번호	자료명	
B-1-588	조제176호의 3	第百十六 他家相續, 分家, 廢絶家再興ニ關スル慣習如何	
작성자	생산기관	생산 연도	
-	법전조사국	-	
지역	언어	분량	소장기관
제1관	일본어	49면	수원박물관
키워드	타가상속, 분가, 폐절가재흥, 제사상속, 적장자		

[기본정보]

이 자료는 법전조사국에서 타가상속, 분가와 폐절가재흥에 관한 관습을 조사한 것이다. 작성자, 생산연도는 미상이다. 이 자료는 모두 49면이며 일본어로 기록되어 있다.

[내용정보]

조사구역의 1관 지역, 즉 경성, 개성, 인천, 수원, 안성, 청주, 충주, 영동, 대구, 상주,

안동, 경주, 울산, 동래, 창원, 진주, 제주, 무안, 광주(光州), 옥구, 전주, 남원, 공주, 온양, 예산, 은진 등 26개 지역에서 타가상속(他家相續), 분가(分家)와 폐절가재흥(廢絶家再興)의 관습에 대한 조사를 보고하였다.

타가상속(他家相續) : 조선에서의 상속은 제사상속(祭祀相續)을 주로 하고 제사상속을 하는 자에게 호주상속(戶主相續)을 하게 하는 것을 원칙으로 한다. 다만 제사상속을 할 자가 없는 경우에는 망호주(亡戶主)의 처(妻) 또는 모(母)가 호주가 되는 것에 지나지 않는 다. 망호주의 처 또는 모가 호주가 되는 외에 호주만의 상속은 없으며 따라서 타가상속은 제사상속에 대해서만 있다. 그래서 제사상속을 해야 하는 자는 피상속인(被相續人)의 적장자(嫡長子)이고, 적장자가 없으면 서자(庶子)가 승적(承嫡)하고, 남자가 전혀 없으면 남계혈족(男系血族) 중 자행렬자(子行列者)를 입양하여 상속을 하게 한다. 그래서 타가상속은 항상 입양[양부사후(養父死後)의 입양]으로 하고 이외의 타가상속은 없다.

분가(分家) : 장자상속원칙(長子相續原則)을 택하는 조선에서는 차남 이하의 남자는 반드시 분가해야 한다. 그 시기는 반드시 일정하지 않지만 적어도 성혼후(成婚後)이어야 한다. 대개 부(父) 사후(死後)에 하는데, 부(父) 생전(生前)에 분가하는 예도 전혀 없지는 않다. 그리고 이를 결정하는 것은 부 생전에는 부(父), 부(父) 사후(死後)에는 호주(戶主)인 장자(長子)가 하는 것을 통례로 하지만, 자산이 없고 생계가 곤란한 자가 아니면 부(父) 사후(死後)에 오래 동안 장자와 함께 지내지 않는다. 또한 본인의 의사로 분가(分家)를 하는 예도 가끔 볼 수 있다. 이 경우에는 호주(戶主)의 동의가 필요한 것은 물론이지만 호주가 동의를 거부하는 예는 거의 없다. 또 15세 미만 자를 분가(分家)시키는 예는 거의 없다. 그리고 분가하는 경우에는 분가자(分家者)의 처자(妻子)와 직계비속(直系卑屬)과 그 처(妻)는 당연히 함께 그 분가에 입적(入籍)한다.

폐가재흥(廢家再興) : 폐가(廢家)는 후술처럼 호주가 타가상속을 하기 위해 양자로 된 경우에만 발생하는 것이다. 조선의 가계계승법칙(家系繼承法則)으로 말한다면, 폐가(廢家)를 재흥(再興)함에는 그 가의 양자가 되는 것 외에는 방법이 없으므로, 그 가에 제사를 지낼 조상(祖上)이 있어야 하고 단대(斷代)로 폐가된 가는 재흥할 수 없다. 또 재흥자(再興者)는 폐가된 가의 선대의 친자와 동행렬(同行列)의 남계혈족남자가 아니면 안 된다. 그러므로 폐가재흥은 분가호주가 본가상속을 하고 분가를 상속해야 하는 자여야 하므로, 그 가가 폐가된 경우에 분가의 선대와 친자의 항렬자가 나타나는 경우에만 이를 보는 것이다.

절가재흥(絶家再興) : 호주(戶主)가 사망하고 장기간 상속할 자가 없으면 그 가는 스스로 절가(絶家)가 되는 것이다. 그러나 오랜 후에 이를 상속할 자가 있으면 그 가(家)는 재흥(再

興)된다. 그리하여 절가(絶家)의 재흥(再興)도 역시 양부사후(養父死後)의 양자(養子)와 다르지 않다. 그래서 그 가의 최후호주(最後戶主)[그 처 또는 모가 호주인 경우 제외]와 친자(親子)의 행렬(行列)에 있는 남계혈족남자가 아니면 재흥(再興)할 수 없다.

[가치정보]

이 기록의 조사자는 절가(絶家)를 언급하며 남성만이 상속이 가능하므로 여성밖에 없는 경우는 당연히 절가가 되었다고 하는 내용 등이 보인다. 그러나 조선후기 재산이나 호적상의 호는 여성이나 사위에게 계승되는 사례도 존재하였다. 따라서 조사자는 타가상속(他家相續), 폐절가재흥(廢絶家再興)의 과정에서 발생하는 상속을 계후(繼後), 곧 대를 잇는다는 의미로만 간주했던 것으로 판단되며 상속의 개념에 따르는 또 다른 지역의 다양한 사례들과 비교해 볼 만하다.

Ⅰ-2-1-139 제116 타가상속, 분가 및 폐절가 재흥에 관한 관습 여하

관리기호	기록번호	자료명	
B-1-227	조제176호의 2	第百十六 他家相續, 分家, 廢絶家再興ニ關スル慣習如何	
작성자	생산기관	생산 연도	
-	법전조사국	-	
지역	언어	분량	소장기관
제2관	일본어	31면	수원박물관
키워드	타가상속, 분가, 폐절가재흥, 제사상속, 적장자		

관리기호	기록번호	자료명	
B-1-272	조제176호의 4	第百十六 他家相續, 分家, 廢絶家再興ニ關スル慣習如何	
작성자	생산기관	생산 연도	
-	법전조사국	-	
지역	언어	분량	소장기관
제2관	일본어	34면	수원박물관
키워드	타가상속, 분가, 폐절가재흥, 제사상속, 적장자		

[기본정보]

이 자료는 법전조사국에서 타가상속, 분가와 폐절가재흥에 관한 관습에 사항을 조사한 것이다. '조제176호의 2'는 초서본, '조제176호의 4'는 정서본이다. 작성자, 생산연도는 미상이다. 이 자료는 일본어로 기록되어 있다.

[내용정보]

조사구역의 2관 지역, 즉 해주, 황주, 평양, 삼화, 안주, 덕천, 용천, 강계, 영변, 경흥, 회령, 경성(鏡城), 성진, 북청, 갑산, 함흥, 덕원, 금성, 춘천, 원주 등 20개 지역에서 타가상속

(他家相續), 분가(分家)와 폐절가재흥(廢絶家再興)의 관습에 대한 조사를 보고하였다.

그 세부적인 문항을 보면, 그와 같은 관습이 행해질 수 있는 호주나, 미성년자의 부모나 후견인의 동의 여부, 부모·호주와 본인의 의사와의 관계나 직계비속에 대한 영향력 등에 대해 묻고 있다. 먼저 타가상속은 호주(戶主)에게 제사와 상속할 만한 아들이 없는 경우이며, 입양은 남계혈족(男系血族)의 자행렬자(子行列者)를 대상으로 이루어지는 것이 일반적이었다. 다음으로 분가(分家)는 차남 이하의 아들이 혼인 및 일정한 연령에 이르면 호주나 부모의 동의하에 이루어졌다. 대개 미성년자를 분가시키는 예는 거의 없으며, 분가하는 경우에 분가자의 처자와 직계비속 및 그 처는 당연히 그 분가에 입적되었다.

분가는 특별한 형식과 절차는 요구했던 것은 아니어서 그런지 지역에 따라 그 의미와 용어에 다소 차이가 있었다. 예를 들면, 삼화(三和), 경흥, 북청 등에서는 분산(分産)을 의미한다고 하였으며, 원주에서는 '분호(分戶)'라고 칭하였고, 춘천에서는 단지 가옥을 지어 주거를 달리하는 것을 분가로 간주하다고 조사되었다. 분가와 더불어 재산의 분할이나 호적상의 분호 등이 그러한 분가의 중요한 요소로 인식되었기 때문으로 볼 수 있다.

한편, 폐가는 호주가 타가상속을 하기 위해 양자가 되었을 때, 절가는 호주(戶主)가 사망하고 장기간 상속할 자가 없을 경우를 말한다. 따라서 이러한 폐절가의 재흥 또한 입양을 통해 가능했다고 조사되었다.

[가치정보]

이 기록의 조사자는 절가(絶家)를 언급하며 남성만이 상속이 가능하므로 여성의 경우는 당연히 절가가 되었다고 하는 내용 등이 보인다. 그러나 조선후기 재산이나 호적상의 호는 여성이나 사위에게 계승되는 사례도 존재하였다. 따라서 조사자는 타가상속(他家相續), 폐절가 재흥(廢絶家再興)의 과정에서 발생하는 상속을 계후(繼後), 곧 대를 잇는다는 의미로만 간주했던 것으로 판단되며 상속의 개념에 따르는 또 다른 지역의 다양한 사례들과 비교해 볼 만하다.

I-2-1-140 제117 법정의 추정 가독상속인은 타가에 들어가거나 또는 일가를 창립할 수 있는가

관리기호	기록번호	자료명	
B-1-589	조제177호의 1	第百十七 法定ノ推定家督相續人ハ他家ニ入リ又ハ一家ヲ創立スルコトヲ得ルカ	
작성자	생산기관	생산 연도	
-	법전조사국	-	
지역	언어	분량	소장기관
제1관	일본어	33면	수원박물관
키워드	가독상속, 타가입적, 일가창립, 적장자, 승적(承嫡), 서장자(庶長子)		

관리기호	기록번호	자료명	
B-1-590	조제177호의 3	第百十七 法定ノ推定家督相續人ハ他家ニ入リ又ハ一家ヲ創立スルコトヲ得ルカ	
작성자	생산기관	생산 연도	
-	법전조사국	-	
지역	언어	분량	소장기관
제1관	일본어	33면	수원박물관
키워드	가독상속, 타가입적, 일가창립, 적장자, 승적(承嫡), 서장자(庶長子)		

[기본정보]

이 자료는 법전조사국에서 법정추정 가독상속인은 타가에 입적하고 또 일가를 창립할 수 있는가에 관한 사항을 조사한 것이다. '조제177호의 1'은 초서본, '조제177호의 3'은 정서본이다. 작성자, 생산연도는 미상이다. 이 자료는 모두 33면이며 일본어로 기록되어 있다.

조사구역의 1관 지역, 즉 경성, 인천, 수원, 안성, 청주, 충주, 영동, 대구, 상주, 안동, 경주, 울산, 동래, 창원, 진주, 제주, 무안, 광주(光州), 옥구, 전주, 남원, 공주, 온양, 예산, 은진 등 25개 지역에서 법정추정 가독상속인은 타가에 입적하고 또 일가를 창립할 수 있는지에 대한 조사를 보고하였다. 만약 할 수 있는 경우와 할 수 없는 경우가 있다면 각각 그 경우는 어떠한가에 대해서도 조사되었다.

관습상 당연히 그 가의 상속인이어야 할 자를 봉사자(奉祀者)라고 한다. 즉 봉사자가 될 지위에 있는 자로서 적장자(嫡長子)임을 원칙으로 한다. 적장자가 없는 경우에는 서장자(庶長子)를 승적(承嫡)시키는 것으로 한다. 그리하여 적장자(嫡長子) 또는 승적(承嫡)한 서장자(庶長子)는 그 가를 상속해야 하는 자이므로 입양 기타의 사유로 타가에 입적할 수 없다. 그래도 본가를 중시하는 결과로 만약 본가에 상속인이 없으면 분가의 상속인인 장자는 출가하여 본가의 양자가 되어서 그가 상속하여야 한다(물론 분가상속인인 장자가 본가의 망 호주의 자 항렬자이어야 한다). 이 경우에는 분가상속은 차자(次子)가 하고 분가에 상속인이 없으면 입양하여 상속을 하는 것이다. 또 봉사자는 어떠한 경우에도 일가를 창립할 수 없다.

[가치정보]

이 자료는 법정 지정 가독상속인의 타가 입적, 일가 창립 가능 여부에 대해 봉사자(奉祀者)로서의 역할의 사례를 통해 설명하고 있으며 각 지방의 관행을 상세하게 조사하여 확인할 수 있는 자료이다.

Ⅰ-2-1-141 제117 법정의 추정 가독상속인은 타가에 들어가거나 또는 일가를 창립할 수 있는가

	관리기호	기록번호	자료명		
	B-1-228	조제177호의 2	第百十七 法定ノ推定家督相續人ハ他家ニ入リ又ハ一家ヲ創立スルコトヲ得ルカ		
	작성자	생산기관	생산 연도		
	-	법전조사국	-		
	지역	언어	분량	소장기관	
	제2관	일본어	26면	수원박물관	
	키워드	가독상속, 타가입적, 일가창립, 적장자, 승적(承嫡), 서장자(庶長子)			

	관리기호	기록번호	자료명		
	B-1-229	조제177호의 4	第百十七 法定ノ推定家督相續人ハ他家ニ入リ又ハ一家ヲ創立スルコトヲ得ルカ		
	작성자	생산기관	생산 연도		
	-	법전조사국	-		
	지역	언어	분량	소장기관	
	제2관	일본어	26면	수원박물관	
	키워드	가독상속, 타가입적, 일가창립, 적장자, 승적(承嫡), 서장자(庶長子)			

[기본정보]

이 자료는 법전조사국에서 법정추정 가독상속인은 타가에 입적하고 또 일가를 창립할 수 있는가에 관한 사항을 조사한 것이다. 작성자, 생산연도는 미상이다. 이 자료는 모두 26면이며 일본어로 기록되어 있다.

[내용정보]

조사구역의 2관 지역, 즉 해주, 황주, 평양, 삼화, 안주, 덕천, 용천, 강계, 영변, 경흥,

회령, 경성(鏡城), 성진, 북청, 갑산, 함흥, 덕원, 금성, 춘천, 원주 등 20개 지역에서 법정추정 가독상속인은 타가에 입적하고 또 일가를 창립할 수 있는지에 대한 조사를 보고하였다. 만약 할 수 있는 경우와 할 수 없는 경우가 있다면 각각 그 경우는 어떠한가에 대해서도 조사되었다.

관습상 당연히 그 가의 상속인이어야 할 자를 봉사자(奉祀者)라고 한다. 즉 봉사자가 될 지위에 있는 자로서 적장자(嫡長子)임을 원칙으로 한다. 적장자가 없는 경우에는 서장자(庶長子)를 승적(承嫡)시키는 것으로 한다. 그리하여 적장자(嫡長子) 또는 승적(承嫡)한 서장자(庶長子)는 그 가를 상속해야 하는 자이므로 입양 기타의 사유로 타가에 입적할 수 없다. 그래도 본가를 중시하는 결과로 만약 본가에 상속인이 없으면 분가의 상속인인 장자는 출가하여 본가의 양자가 되어서 그가 상속하여야 한다(물론 분가상속인인 장자가 본가의 망 호주의 자 항렬자이어야 한다). 이 경우에는 분가상속은 차자(次子)가 하고 분가에 상속인이 없으면 입양하여 상속을 하는 것이다. 또 봉사자는 어떠한 경우에도 일가를 창립할 수 없다.

[가치정보]

이 자료는 법정 지정 가독상속인의 타가 입적, 일가 창립 가능 여부에 대해 봉사자(奉祀者)로서의 역할의 사례를 통해 설명하고 있으며 각 지방의 관행을 상세하게 조사하여 확인할 수 있는 자료이다.

I-2-1-142 제118 부가 타가에 들어가거나 또는 일가를 창립했을 때 처는 이에 따라 그 가에 들어가는가 아닌가

관리기호	기록번호	자료명	
B-1-230	조제178호의 2	第百十八 夫ガ他家ニ入リ又ハ一家ヲ 創立シタルトキハ妻ハ之レニ隨ヒテ 其家ニ入ルヤ否ヤ	
작성자	생산기관	생산 연도	
-	법전조사국	-	
지역	언어	분량	소장기관
제2관	일본어	24면	수원박물관
키워드	부, 타가, 입적, 일가창립, 처, 동의		

이 자료는 법전조사국에서 부(夫)가 타가에 입적하거나 일가를 창립하면 처는 수반하여 가에 입적하는가에 관한 사항을 조사한 것이다. 작성자, 생산연도는 미상이다. 이 자료는 모두 24면이며 일본어로 기록되어 있다.

[내용정보]

조사구역의 2관 지역, 즉 해주, 황주, 평양, 삼화, 안주, 덕천, 용천, 강계, 영변, 경흥, 회령, 경성(鏡城), 성진, 북청, 갑산, 함흥, 덕원, 금성, 춘천, 원주 등 20개 지역에서 부(夫)가 타가에 입적하거나 일가를 창립하면 처는 수반하여 그 가(家)에 입적하는가 아닌가에 대한 조사를 보고하였다. 이 경우에 처(妻)의 동의가 필요한지에 대해서도 조사되었다.

조선의 관습에는 처는 항상 부를 추종하여 가(家)를 함께 해야 한다. 그래서 부가 타가에 입적하거나 일가를 창립하면 처는 당연히 부에 수반하여 그 가에 입적하는 것이다. 그리고 부가 타가에 입적하거나 일가를 창립함에는 처의 동의를 얻어야 하는 관습은 없다. 그러므로 부가 타가에 입적 또는 일가를 창립한 경우에 처를 입적시킴에 대하여 처의 동의가 필요한 경우는 생기지 않는다.

[가치정보]

이 자료는 부가 타가에 입적하거나 일가를 창립했을 때 처의 입적 여부와 부가 타가에 입적하거나 일가를 창립할 때 처의 동의 여부에 대한 관습을 지역별로 살필 수 있는 기록이다.

Ⅰ-2-1-143 제119 호주 및 가족은 동일한 씨를 칭하는가

관리기호	기록번호	자료명	
B-1-591	조제179호의 1	第百十九 戸主及ヒ家族ハ同一ノ氏ヲ稱スルカ	
작성자	생산기관	생산 연도	
-	법전조사국	-	
지역	언어	분량	소장기관
제1관	일본어	34면	수원박물관
키워드	호주, 가족, 성씨, 직계비속, 방계혈족, 향관(鄕貫)		

관리기호	기록번호	자료명	
B-1-592	조제179호의 3	第百十九 戸主及ヒ家族ハ同一ノ氏ヲ稱スルカ	
작성자	생산기관	생산 연도	
-	법전조사국	-	
지역	언어	분량	소장기관
제1관	일본어	34면	수원박물관
키워드	호주, 가족, 성씨, 직계비속, 방계혈족, 향관(鄕貫)		

[기본정보]

이 자료는 법전조사국에서 호주와 가족은 동일한 성씨를 사용하는가에 관한 사항을 조사한 것이다. '조제179호의 1'은 초서본, '조제179호의 3'은 정서본이다. 작성자, 생산연도는 미상이다. 이 자료는 모두 34면이며 일본어로 기록되어 있다.

[내용정보]

조사구역의 1관 지역, 즉 경성, 인천, 수원, 안성, 청주, 충주, 영동, 대구, 상주, 안동, 경주, 울산, 동래, 창원, 진주, 제주, 무안, 광주(光州), 옥구, 전주, 남원, 공주, 온양, 예산,

은진 등 25개 지역에서 호주와 가족은 동일한 성씨를 사용하는지에 대한 조사를 보고하였다. 예컨대 처(妻)는 생가(生家)의 성(姓)[씨(氏)]을 사용하지 않는가, 그 외 타가(他家)에서 입적(入籍)한 자는 구가(舊家)의 성(姓)을 쓰는 관습(慣習)은 없는가도 조사되었다.

조선 사람은 모두 성(姓)이 있다. 그리고 개인의 성은 부(父)의 성에 따라 정해지고, 신분이나 호적의 변동이 있어도 이를 변경하는 일은 없다. 그러므로 남계혈족은 모두 동성(同姓)이다. 그렇지만 동성인 자가 모두 남계혈족이라고 말할 수는 없다. 혈족이 아니어도 동성인 자가 아주 많다. 예컨대, 양주(楊州) 조씨(趙氏)와 평양(平壤) 조씨(趙氏)는 혈족이 아니어도 동일하게 조성(趙姓)을 쓰는 예이다. 이 때문에 성(姓) 외에 본관(本貫)을 사용하여 동성간에 남계혈족임과 아님을 구별한다. 즉 본관은 조상의 향관(鄕貫)으로서 남계혈족이 아닌 동성은 반드시 본관을 달리 하기 때문에 이로써 구별을 할 수밖에 없다.

사람의 성은 부의 성(姓)에 따라 정하고 이를 고칠 수 없으므로 호주(戶主)와 가족(家族)은 동성(同姓)도 있고 이성(異姓)도 있다. 즉 가족중(家族中) 호주(戶主)의 직계비속(直系卑屬), 방계혈족(傍系血族)과 그 직계비속(直系卑屬)은 호주의 남계혈족(男系血族)이므로 항상 동성(同姓)이지만, 호주의 직계존속인 모(母), 조모(祖母) 등은 대개 이성(異姓)이고, 호주의 처·첩, 호주의 직계비속·방계혈족 또는 그 직계비속의 처, 사위와 같은 자는 대개 이성(異姓)이다. 이는 이성(異姓)이나 본관(本貫)을 달리하는 동성(同姓)이 아니면 혼인을 할 수 없는 것에서 연유하는 것으로, 가족 중에 본관을 달리하는 동성을 발견하는 것은 대체로 매우 드물다. 또 여호주의 경우에는 호주와 가족은 대개 그 성을 달리하는 것이다.

[가치정보]

이 기록은 조선의 성씨 관념에 대해 조사한 내용으로 이중 여성 이외에 호주와 성을 달리하는 가족구성의 다양한 사례가 언급되어 있다. 이러한 사례를 통해 당 시기 가호 구성의 또 다른 측면을 살필 수 있는 자료로 활용해 볼 수 있는 가치가 있다.

관리기호	기록번호	자료명	
B-1-273	조제179호의 4	第百十九 戸主及ヒ家族ハ同一ノ氏ヲ稱スルカ	
작성자	생산기관	생산 연도	
-	법전조사국	-	
지역	언어	분량	소장기관
제2관	일본어	25면	수원박물관
키워드	호주, 가족, 이성, 본관, 동성		

[기본정보]

이 보고서는 '호주(戸主)와 가족(家族)은 동일한 성(姓)을 사용하는가'에 대한 조사내용을 담고 있다. 대체로 호주의 남계혈족은 동일한 성을 사용하고, 타가에서 혼인해 온 여성들은 호주와 다른 친가의 성을 사용한다는 사실을 기록하고 있다.

[내용정보]

조사 대상 지역은 황해도, 평안도, 함경도, 강원도의 19개 군현이다. 질문 내용을 보면, "처는 생가(生家)의 성씨(姓氏)를 사용하지 않는지, 그 외 타가(他家)에서 입적한 자는 구가(舊家)의 성을 쓰는 관습은 없는지"에 대해 묻고 있다.

여성의 호칭은 황주 등 많은 지역에서 혼인 이전에 부른 유명(幼名)이 있었고 혼인 이후에는 이름이 아닌 '이모처김씨(李某妻金氏)'와 같이 불리며, 남편이 사망한 과부는 성 뒤에 '조이[소사(召史)]'를 붙여 칭한다고 하였다. 원주에서 조사내용에는 여성은 유명(幼名)은 있으나 관명(冠名)은 없으며 혼인 후에는 이름을 부르지 않는다고 한다. 여성 이외에 호주와 성을 달리하는 가족으로 수양자(收養子)와 타가에서 입적하여 각자 본성을 사용하는 식솔(食率) 등이 있었던 사실을 기술하고 있다.

이상 각 지역에서 조사된 대체적인 내용은 개인의 성은 아버지의 성에 따르고, 신분이나 호적의 변동이 있어도 변경하지 않기 때문에 남계혈족은 모두 동성(同姓)이다. 따라서 가족 가운데 호주의 남계혈족(男系血族)은 항상 동성(同姓)이지만, 이들과 혼인으로 맺어진

이들은 대개 이성(異姓)이다. 그리고 이러한 모습은 이성(異姓)이나 본관(本貫)을 달리하는 동성(同姓)이 아니면 혼인을 할 수 없는 것에서 연유한 것이라고 판단하고 있다.

[가치정보]

이 기록은 조선의 성씨 관념에 대해 조사한 내용으로 이중 여성 이외에 호주와 성을 달리하는 가족구성의 다양한 사례가 언급되어 있다. 이러한 사례를 통해 당 시기 가호 구성의 또 다른 측면을 살필 수 있는 자료로 활용해 볼 수 있는 가치가 있다.

Ⅰ-2-1-145 제122 호주는 가족의 거소를 지정할 수 있는가

관리기호	기록번호	자료명	
B-1-593	조제182호의 3	第百二十二 戸主ハ家族ノ居所ヲ 指定スルコトヲ得ルカ	
작성자	생산기관	생산 연도	
-	법전조사국	-	
지역	언어	분량	소장기관
제1관	일본어	29면	수원박물관
키워드	호주, 가족, 거소, 이적, 가적(家籍)		

[기본정보]

이 자료는 법전조사국이 작성한 자료로 자료명은 '제122 호주(戸主)는 가족(家族)의 거소(居所)를 지정할 수 있는가'로 되어 있다.

경기, 충청, 경상, 전라 지역의 각 군에서 작성한 조사보고서 가운데 호주(戸主)는 가족(家族)의 거소(居所)를 지정할 수 있는지에 관한 관습(慣習)조사항목만을 추려서 정리하였다. 세부 문항으로는 만약 이 권리(權利)가 있다면 가족(家族)이 호주(戸主)의 명령(命令)을 듣지 않으면 제재(制裁)는 어떠한지에 대한 사항을 기술하였다. 이와 함께 황해, 평안, 함흥, 강원 지역에 대하여 동일한 항목과 형식으로 묶은 보고서 '조제182호의 2'도 함께 존재한다.

이 자료는 처음부터 끝까지 동일한 필체로 작성되었다. 다른 자료와 비교할 때 각 군의 조사보고서 가운데 해당문항을 추려서 철한 보고서가 저본으로 존재하며, 이 책은 저본을 그대로 베낀 것으로 추정되나 저본의 존재는 확인할 수 없다. 이 자료는 19.5×26.5센티미터의 형태로 일본어로 기록되었다.

[내용정보]

수록 지역은 26개 군이다. 경기도가 5개 군, 충청도가 7개 군, 경상도가 8개 군, 전라도가 6개 군이다. 수록 순서는 경성, 인천, 수원, 개성, 안성[이상 경기], 청주, 충주, 영동[이상 충북], 대구, 상주, 안동, 경주, 울산, 동래, 창원, 진주[이상 경상], 제주, 무안, 광주(光州), 옥구, 전주, 남원[이상 전라], 공주, 온양, 예산, 은진[이상 충남]의 순이다.

대체적인 내용은 가족의 성격에 따라 호주의 권한이 차이가 남을 기술하였다. 가족에는 호주인 존장이 있고 비유가 있다. 비유인 가족에 대해서 호주는 거소(居所)를 지정할 권리가 있는 것은 물론이지만, 존장인 가족에 대해서는 거소를 지정할 권리가 없다. 그리고 호주가 가족의 거소를 지정할 수 있는 경우에는 가족은 호주의 의사와 다르게 거소를 정할 수 없다. 그러나 가족이 그 지정에 복종하지 않는 경우의 제재에 대해서는 명확하지 않으며, 다만 거소지정에 복종하지 않는 자는 사실상 호주의 부양을 받을 수 없는 것에 지나지 않는 듯하다.

[가치정보]

이 자료는 호주의 가족 거소 지정 가능 여부에 대하여 가족의 성격에 따라 호주의 권한에 차이가 있음을 지역별로 살필 수 있는 기록이 된다.

I-2-1-146 제122 호주는 가족의 거소를 지정할 수 있는가

관리기호	기록번호	자료명	
B-1-231	조제182호의 2	第百二十二 戶主ハ家族ノ居所ヲ 指定スルコトヲ得ルカ	
작성자	생산기관	생산 연도	
-	법전조사국	-	
지역	언어	분량	소장기관
제2관	일본어	23면	수원박물관
키워드	호주, 가족, 거소, 이적, 가적(家籍)		

[기본정보]

이 자료는 법전조사국이 작성한 자료로 자료명은 '제122 호주(戶主)는 가족(家族)의 거소 (居所)를 지정할 수 있는가'로 되어 있다.

황해, 평안, 함경, 강원 지역의 각 군에서 작성한 조사보고서 가운데 호주(戶主)는 가족(家族)의 거소(居所)를 지정할 수 있는지에 관한 관습(慣習)조사항목만을 추려서 정리하였다. 세부 문항으로는 만약 이 권리(權利)가 있다면 가족(家族)이 호주(戶主)의 명령(命令)을 듣지 않으면 제재(制裁)는 어떠한지에 대한 사항을 기술하였다. 이와 함께 경기, 충청, 경상, 전라 지역에 대하여 동일한 항목과 형식으로 묶은 보고서 '조제182호의 3'도 함께 존재한다. 이 자료는 19.5×26.5센티미터의 형태로 일본어로 기록되었다.

[내용정보]

황해도가 2개 군, 평안도가 7개 군, 함경도가 8개 군, 강원도가 3개 군으로 총 20개 군에 대한 조사내용이 수록되었다. 수록 순서는 해주, 황주[이상 황해], 평양, 삼화, 안주, 덕천, 용천, 강계, 영변[이상 평안], 경흥, 회령, 경성(鏡城), 성진, 북청, 갑산, 함흥, 덕원[이상 함경], 금성, 춘천, 원주[이상 강원]의 순이다.

대체적인 내용은 가족의 성격에 따라 호주의 권한이 차이가 남을 기술하였다. 가족에는 호주인 존장이 있고 비유가 있다. 비유인 가족에 대해서 호주는 거소(居所)를 지정할 권리가 있는 것은 물론이지만, 존장인 가족에 대해서는 거소를 지정할 권리가 없다. 그리고 호주가 가족의 거소를 지정할 수 있는 경우에는 가족은 호주의 의사와 다르게 거소를 정할 수 없다. 그러나 가족이 그 지정에 복종하지 않는 경우의 제재에 대해서는 명확하지 않으며, 다만 거소지정에 복종하지 않는 자는 사실상 호주의 부양을 받을 수 없는 것에 지나지 않는 듯하다.

[가치정보]

이 자료는 호주의 가족 거소 지정 가능 여부에 대하여 가족의 성격에 따라 호주의 권한에 차이가 있음을 지역별로 살필 수 있는 기록이 된다.

I-2-1-147 제123 가족이 혼인 또는 양자로 갈 경우에 호주의 동의가 필요한가

관리기호	기록번호	자료명	
B-1-594	조제183호의 1	第百二十三 家族カ婚姻又ハ養子緣組ヲナスニ戸主ノ同意ヲ要スルカ	
작성자	생산기관	생산 연도	
-	법전조사국	-	
지역	언어	분량	소장기관
제1관	일본어	32면	수원박물관
키워드	가족, 양자, 혼인, 입양, 호주		

[기본정보]

이 자료는 법전조사국이 작성한 자료로 자료명은 '제123 가족(家族)이 혼인(婚姻) 또는 입양(入養)을 하는 경우 호주(戸主)의 동의(同意)가 필요한가'로 되어 있다.

경기, 충청, 경상, 전라 지역의 각 군에서 작성한 조사보고서 가운데 가족(家族)이 혼인(婚姻) 또는 입양(入養)을 하는 경우 호주(戸主)의 동의(同意)가 필요한지에 관한 관습(慣習)조사항목만을 추려서 정리하였다. 세부 문항으로는 만약 동의(同意)가 필요하면 가족(家族)은 호주(戸主)의 의사(意思)에 반하여 혼인(婚姻) 또는 입양(入養)을 할 수 없는지, 만약 이를 할 수 있다면 제재(制裁)는 어떠한지에 대한 사항을 기술하였다.

여타의 자료를 볼 때, 이와 함께 황해, 평안, 함흥, 강원 지역에 대하여 작성한 별도 자료가 있었을 것으로 추정된다. 그러나 그 존재를 확인할 수는 없다.

[내용정보]

수록 지역은 26개 군이다. 경기도가 5개 군, 충청도가 7개 군, 경상도가 8개 군, 전라도가 6개 군이다. 수록 순서는 경성, 인천, 개성, 수원, 안성[이상 경기], 청주, 충주, 영동[이상 충북], 대구, 상주, 안동, 경주, 울산, 동래, 창원[이상 경상], 제주, 무안, 광주(光州), 옥구, 남원[이상 전라], 공주, 온양, 예산, 은진[이상 충남]의 순이다.

우선 혼인에 대한 대체적인 내용은 혼인에 있어 부조(父祖) 등 존장(尊長)이 이를 정하고 본인의 의사는 묻지 않는다고 기술하였다. 따라서 가족은 호주의 의사에 반하여 혼인을 할 수 없다. 또 존장이 호주의 의사에 반하여 혼인을 정하는 경우는 없으므로, 호주의 의사와 다른 혼인의 효력과 그 제재에 대해서 관습상 일정한 예가 없다.

입양에 대해서는 양자로 되는 자가 가족이면 호주의 의사에 반하여 양자가 될 수 없는 것은 물론, 입양을 약속하는 자는 항상 조부(祖父) 등 존장(尊長)이므로 가족이 스스로 입양계약의 당사자가 되는 경우는 없다고 기술하였다. 그리고 호주의 의사와 다르게 입양을 한 경우에 입양의 효력과 그 제재에 대해서도 관습상 일정한 예가 없다.

[가치정보]

이 자료는 가족이 혼인 또는 입양이란 상황에서 요구되는 호주의 동의 여부에 대해 살필 수 있는 자료이다.

관리기호	기록번호	자료명	
B-1-596	조제184호의 1	第百二十四 戸主ハ家族ニ對シ前二項 以外ノ權利ヲ有スルカ	
작성자	생산기관	생산 연도	
-	법전조사국	-	
지역	언어	분량	소장기관
제1관	일본어	34면	수원박물관
키워드	가족, 혼인, 동의, 입양, 존장(尊長)		

[기본정보]

이 자료는 법전조사국이 작성한 자료로 자료명은 '제124 호주는 가족에 대하여 앞 2항 이외의 권리를 갖는가'로 되어 있다.

조사구역의 1관 지역, 즉 경성, 개성, 인천, 수원, 안성, 청주, 충주, 영동, 대구, 상주, 안동, 경주, 울산, 동래, 창원, 진주, 제주, 무안, 광주(光州), 옥구, 전주, 남원, 공주, 온양, 예산, 은진 등 26개 지역에서 호주는 가족에 대하여 앞의 2문, 즉 '호주는 가족의 거소를 지정할 수 있는가 외의 권리가 있는가', '가족이 혼인 또는 입양을 하는 경우에 호주의 동의가 필요한가'라는 설문에 있는 권리 이외의 권리가 있는지에 대해 조사, 보고하였다. 예컨대 가족(家族)에 대해 교육, 감호, 징계 등의 권리(權利)가 있는가, 가족이 취업을 하거나 다른 행위를 함에 호주(戶主)의 동의(同意)가 필요한가, 가족의 재산을 관리하는 것이 있는가 하는 등의 조사이다. 이 자료는 19.5×26.5센티미터의 형태로 일본어로 기록되었다.

[내용정보]

호주는 가족에 대해 교육, 감호, 징계 등의 권리가 있다. 그렇지만 이 역시 존장과의 관계와 서로 분리될 수 없다. 만약 가족이 존장이면 호주에게 그 권리가 없는 것은 물론이다. 그리고 그 가에 가족인 부·모가 있으면 부·모도 이 권리를 행사하므로 호주는 부·모에게 이를 위임하여 깊이 간섭하지 않는 것이 보통이다. 그렇지만 만약 호주가 가족의 부·모와 의견이 다른 경우에는 원래 존장인 호주의 의견에 따르지 않으면 안 된다.

가족이 취업함에도 호주의 동의를 얻어야 한다. 그리고 그 가에 가족인 부·모가 있으면 가족은 부·모의 동의를 얻어야 한다. 호주와 부·모가 의견을 달리하면 호주의 의견에 따라야 한다. 그 외의 중요한 행위에 대해서도 부모나 호주의 동의를 얻어야하는 듯하다.

가족의 재산은 호주가 이를 관리하는 것이 관습이지만, 실제로는 스스로 관리하는 예가 있다. 그리고 처의 재산은 가족인 부가 이를 관리한다. 특히 독립한 생계를 유지하는 가족의 특유재산은 가족이 스스로 관리하는 것이 통례이다.

[가치정보]

이 자료는 가족에 대한 호주의 권리에 대해 가족의 교육, 감호, 징계 등의 지역별 사례를 통해 자세히 알 수 있는 자료이다.

I-2-1-149 제124 호주는 가족에 대하여 앞 2항 이외의 권리를 갖는가

관리기호	기록번호	자료명	
B-1-232	조제184호의 4	第百二十四 戸主ハ家族ニ對シ前ニ項 以外ノ權利ヲ有スルカ	
작성자	생산기관	생산 연도	
-	법전조사국	-	
지역	언어	분량	소장기관
제2관	일본어	24면	수원박물관
키워드	가족, 혼인, 동의, 입양, 존장(尊長)		

[기본정보]

이 자료는 법전조사국이 작성한 자료로 자료명은 '제124 호주는 가족에 대하여 앞 2항 이외의 권리를 갖는가'로 되어 있다.

조사구역의 2관 지역, 즉 해주, 황주, 평양, 삼화, 안주, 용천, 강계, 영변, 경흥, 회령, 경성(鏡城), 성진, 북청, 갑산, 함흥, 덕원, 금성, 춘천, 원주 등 19개 지역에서 호주는 가족에 대하여 앞의 2문, 즉 '호주는 가족의 거소를 지정할 수 있는가 외의 권리가 있는가', '가족이

혼인 또는 입양을 하는 경우에 호주의 동의가 필요한가'라는 설문에 있는 권리 이외의 권리가 있는지에 대해 조사, 보고하였다. 예컨대 가족에 대해 교육, 감호, 징계 등의 권리(權利)가 있는가, 가족이 취업을 하거나 다른 행위를 함에 호주(戶主)의 동의(同意)가 필요한가, 가족(家族)의 재산을 관리하는 것이 있는가 하는 등의 조사이다. 이 자료는 19.5×26.5센티미터의 형태로 일본어로 기록되었다.

[내용정보]

호주는 가족에 대해 교육, 감호, 징계 등의 권리가 있다. 그렇지만 이 역시 존장과의 관계와 서로 분리될 수 없다. 만약 가족이 존장이면 호주에게 그 권리가 없는 것은 물론이다. 그리고 그 가에 가족인 부·모가 있으면 부·모도 이 권리를 행사하므로 호주는 부·모에게 이를 위임하여 깊이 간섭하지 않는 것이 보통이다. 그렇지만 만약 호주가 가족의 부·모와 의견이 다른 경우에는 원래 존장인 호주의 의견에 따르지 않으면 안 된다.

가족이 취업함에도 호주의 동의를 얻어야 한다. 그리고 그 가에 가족인 부·모가 있으면 가족은 부·모의 동의를 얻어야 한다. 호주와 부·모가 의견을 달리하면 호주의 의견에 따라야 한다. 그 외의 중요한 행위에 대해서도 부모나 호주의 동의를 얻어야하는 듯하다.

가족의 재산은 호주가 이를 관리하는 것이 관습이지만, 실제로는 스스로 관리하는 예가 있다. 그리고 처의 재산은 가족인 부가 이를 관리한다. 특히 독립한 생계를 유지하는 가족의 특유재산은 가족이 스스로 관리하는 것이 통례이다.

[가치정보]

이 자료는 가족에 대한 호주의 권리에 대해 가족의 교육, 감호, 징계 등의 지역별 사례를 통해 자세히 알 수 있는 자료이다.

I-2-1-150 제125 호주는 가족을 이적할 수 있는가

관리기호	기록번호	자료명	
B-1-233	조제185호의 2	第百二十五 戶主ハ家族ヲ離籍スルコトヲ得ルカ	
작성자	생산기관	생산 연도	
-	법전조사국	-	
지역	언어	분량	소장기관
제2관	일본어	23면	수원박물관
키워드	호주, 가족, 이적, 가적(家籍), 복가		

[기본정보]

이 자료는 법전조사국이 작성한 자료로 자료명은 '제125 호주는 가족을 이적시킬 수 있는가'로 되어 있다.

조사구역의 2관 지역, 즉 해주, 황주, 평양, 삼화, 안주, 덕천, 용천, 강계, 영변, 경흥, 회령, 경성(鏡城), 성진, 북청, 갑산, 함흥, 덕원, 금성, 춘천, 원주 등 20개 지역에서 호주는 가족을 이적(離籍)시킬 수 있는가에 대한 조사를 보고하였다. 만약 이적 또는 이와 유사한 것을 인정한다면 어떠한 경우에 이를 할 수 있는가, 또 그 효력은 어떠한가에 대해서 조사하였다. 이 자료는 19.5×27센티미터의 형태로 일본어로 기록되었다.

[내용정보]

종전에는 국외로 망명하거나 유형(流刑)으로 유찬(流竄)된 자를 식년성적시(式年成籍時)에 호구(戶口)에서 제외하는 예가 있는 듯하다. 그렇지만 이는 본래 이적(離籍)이 아니다. 또 가족이 강도, 살인 등의 죄를 짓거나 심한 패륜행위(悖倫行爲)를 하고도 개전(改悛)하지 않거나, 사통(私通)을 한 경우 등에 축출하는 예가 가끔 있다. 출가녀(出嫁女)가 간통으로 이혼한 경우에도 복가(復家)를 거부하는 예가 많았으나, 관습상 이러한 경우에 호주가 그 가족을 가적(家籍)에서 제외하고 복적을 거부할 수 있는 권리가 있는 것은 아니다. 또 그 경우도 일정하지 않으므로 호주의 가족에 대한 징계권의 행사라고 보는 것이 온당하고, 이를 이적으로 보는 것은 타당하지 않은 듯하다.

[가치정보]

이 자료는 호주의 가족 이적 가능 여부에 대해 이적시킬 수 있는 경우와 효력에 대한 지역별 사례를 파악할 수 있는 자료이다.

Ⅰ-2-1-151 제126 호주가 그 권리를 행할 수 없을 경우의 여하

관리기호	기록번호	자료명	
B-1-595	조제186호의 3	第百二十六 戸主カ其權利ヲ 行ノコト能ハサルトキハ如何	
작성자	생산기관	생산 연도	
-	법전조사국	-	
지역	언어	분량	소장기관
제1관	일본어	32면	수원박물관
키워드	호주, 권리, 친족회, 가족, 호주권		

[기본정보]

이 자료는 법전조사국이 작성한 자료로 자료명은 '제126 호주가 권리를 행사할 수 없는 경우의 여하'로 되어 있다.

조사구역은 1관 지역, 즉 경성, 개성, 인천, 수원, 안성, 청주, 충주, 영동, 대구, 상주, 안동, 경주, 울산, 동래, 창원, 진주, 제주, 무안, 광주(光州), 옥구, 전주, 남원, 공주, 온양, 예산, 은진 등 26개 지역에서 호주가 권리를 행사할 수 없는 경우는 어떻게 하는가에 대해서 조사, 보고하였다. 예컨대 친족회(親族會) 등이 대리행사(代理行使)하는가, 또는 가족(家族) 중의 한 사람이나 다른 자가 이를 행사하는가를 조사하였다. 이 자료는 19.5×26.5 센티미터의 형태로 일본어로 기록되었다.

[내용정보]

조선의 관습으로는 호주가 유소(幼少)하여 그 권리를 행사할 수 없으면 모(母)가 이를 행사하는 것이 보통이고, 만약 모가 없으면 백부(伯父) 또는 숙부(叔父)가 행사하는 것이 보통이다. 그렇지만 실제로는 여자가 칩거하는 풍습이 있어 모가 있어도 백부, 숙부 등이 행사하는 예가 드물지 않다. 또 이러한 근친이 없으면 문회(門會)를 열어 친족 중에 이를 행사할 자를 선정하는 경우가 많다. 그리고 모(母) 등의 자가 호주권을 행사하는 것은 친권자나 후견인의 자격에서 대리하는 것으로 문회(門會)에서는 호주권을 행사하지는 않는다.

호주가 정신병자 또는 부재자이기 때문에 호주권을 행사할 수 없는 경우에는 장성한 상속인이 있으면 그 상속인이 이를 행사하고, 그렇지 않으면 처가 이를 행사하는 것이 관례이다. 만약 이런 자가 없으면 형제가 이를 행사하거나 백숙부가 행사하는 경우가 많다. 그렇지 못한 경우에는 문회를 열어 이를 행사하는 자를 선정하고, 문회에서는 호주권을 행사하지 않는다.

[가치정보]

이 자료는 호주의 권리 행사가 불가능한 경우에 대해 유소(幼少)한 경우, 정신병자이거나 부재자인 경우 등의 사례를 통해 확인할 수 있는 자료이다.

Ⅰ-2-1-152 제127 은거를 인정하는가

관리기호	기록번호	자료명	
B-1-597	조제187호의 1	第百二十七 隱居ヲ認スルカ	
작성자	생산기관	생산 연도	
-	법전조사국	-	
지역	언어	분량	소장기관
제1관	일본어	54면	수원박물관
키워드	은거, 상속, 가사, 은거자, 상속인		

관리기호	기록번호	자료명	
B-1-598	조제187호의 3	第百二十七 隱居ヲ認スルカ	
작성자	생산기관	생산 연도	
-	법전조사국	-	
지역	언어	분량	소장기관
제1관	일본어	60면	수원박물관
키워드	은거, 상속, 가사, 은거자, 상속인		

[기본정보]

이 자료는 법전조사국이 작성한 자료로 자료명은 '제127 은거를 인정하는가'로 되어 있다. '조제187호의 1'은 초서본, '조제187호의 3'은 정서본이다.

조사구역의 1관 지역, 즉 경성, 인천, 개성, 수원, 안성, 청주, 충주, 영동, 대구, 상주, 안동, 경주, 울산, 동래, 창원, 진주, 제주, 무안, 광주(光州), 옥구, 전주, 남원, 공주, 온양, 예산, 은진 등 26개 지역에서 은거(隱居)를 인정하는지에 대한 조사를 보고하였다. 만약 이를 인정한다면 그 조건은 어떠한가, 예컨대 연령 등에 제한이 없는가, 또 이를 관청에 신고하는 등의 절차가 필요하지 않는가, 만약 이를 신고해야 한다면 은거자(隱居者)가

하는가, 상속인(相續人)이 신고하는가, 아니면 양인(兩人)이 함께 신고하는가 등에 대해서 조사하였다. 이 자료는 19.5×27센티미터의 형태로 일본어로 기록되었다.

[내용정보]

조선에서는 호주가 노년이 되거나 질병 등으로 가사(家事)를 담당하기 어려우면 장성한 상속인에게 가사를 위임하는 경우가 있는데, 이를 보통 전가(傳家)라고 한다. 전가를 함에는 호주가 임의로 하고 연령의 정한이 없으며, 별도로 관청에 신고하는 등의 절차가 필요 없다. 그렇지만 전가(傳家)는 다만 사실상 상속인으로 하여금 가사를 담당시키는 데 불과하고 그 행위는 호주를 대리하는 것으로 간주되어, 전가 때문에 호주의 변경을 가져오지 않으므로 이를 은거(隱居)로 인정할 수 없다.

[가치정보]

이 자료는 은거의 인정 여부, 즉 인정시의 조건, 절차, 신고대상자 등에 대한 관습을 지역별로 살필 수 있는 기록이 된다.

Ⅰ-2-1-153 제127 은거를 인정하는가

관리기호	기록번호	자료명	
B-1-234	조제187호의 2	第百二十七 隱居ヲ認スルカ	
작성자	생산기관	생산 연도	
-	법전조사국	-	
지역	언어	분량	소장기관
제2관	일본어	29면	수원박물관
키워드	은거, 상속, 가사, 은거자, 상속인		

관리기호	기록번호	자료명	
B-1-235	조제187호의 4	第百二十七 隱居ヲ認スルカ	
작성자	생산기관	생산 연도	
-	법전조사국	-	
지역	언어	분량	소장기관
제2관	일본어	34면	수원박물관
키워드	은거, 상속, 가사, 은거자, 상속인		

[기본정보]

이 자료는 법전조사국이 작성한 자료로 자료명은 '제127 은거를 인정하는가'로 되어 있다. '조제187호의 2'는 초서본, '조제187호의 4'는 정서본이다.

조사구역의 1관 지역, 즉 경성, 인천, 개성, 수원, 안성, 청주, 충주, 영동, 대구, 상주, 안동, 경주, 울산, 동래, 창원, 진주, 제주, 무안, 광주(光州), 옥구, 전주, 남원, 공주, 온양, 예산, 은진 등 26개 지역에서 은거(隱居)를 인정하는지에 대한 조사를 보고하였다. 만약 이를 인정한다면 그 조건은 어떠한가, 예컨대 연령 등에 제한이 없는가, 또 이를 관청에 신고하는 등의 절차가 필요하지 않는가, 만약 이를 신고해야 한다면 은거자(隱居者)가

하는가, 상속인(相續人)이 신고하는가, 아니면 양인(兩人)이 함께 신고하는가 등에 대해서 조사하였다. 이 자료는 19.5×27센티미터의 형태로 일본어로 기록되었다.

[내용정보]

조선에서는 호주가 노년이 되거나 질병 등으로 가사(家事)를 담당하기 어려우면 장성한 상속인에게 가사를 위임하는 경우가 있는데, 이를 보통 전가(傳家)라고 한다. 전가를 함에는 호주가 임의로 하고 연령의 정한이 없으며, 별도로 관청에 신고하는 등의 절차가 필요 없다. 그렇지만 전가(傳家)는 다만 사실상 상속인으로 하여금 가사를 담당시키는 데 불과하고 그 행위는 호주를 대리하는 것으로 간주되어, 전가 때문에 호주의 변경을 가져오지 않으므로 이를 은거(隱居)로 인정할 수 없다.

[가치정보]

이 자료는 은거의 인정 여부, 즉 인정시의 조건, 절차, 신고대상자 등에 대한 관습을 지역별로 살필 수 있는 기록이 된다.

	관리기호	기록번호	자료명	
	B-1-599	조제188호의 1	第百二十八 廢家ヲ認スルカ	
	작성자	생산기관	생산 연도	
	-	법전조사국	-	
	지역	언어	분량	소장기관
	제1관	일본어	38면	수원박물관
	키워드	폐가, 신창립가(新創立家), 가독상속, 신호(新戶), 타가상속		

	관리기호	기록번호	자료명	
	B-1-600	조제188호의 3	第百二十八 廢家ヲ認スルカ	
	작성자	생산기관	생산 연도	
	-	법전조사국	-	
	지역	언어	분량	소장기관
	제1관	일본어	43면	수원박물관
	키워드	폐가, 신창립가(新創立家), 가독상속, 신호(新戶), 타가상속		

[기본정보]

이 자료는 법전조사국이 작성한 자료로 자료명은 '제128 폐가를 인정하는가'로 되어 있다. '조제188호의 1'은 초서본, '조제188호의 3'은 정서본이다.

조사구역의 1관 지역, 즉 경성, 개성, 인천, 수원, 안성, 청주, 충주, 영동, 대구, 상주, 안동, 경주, 울산, 동래, 창원, 진주, 제주, 무안, 광주(光州), 옥구, 전주, 남원, 공주, 온양, 예산, 은진 등 26개 지역에서 폐가를 인정하는지의 여부를 조사, 보고하였다. 만약 인정한다면 그 조건은 어떠한가, 예컨대 호주(戶主)의 의사만으로 할 수 있는가, 아니면 관청의 허가가 필요한가, 또 신창립가(新創立家)와 가독상속(家督相續)으로 계속하는 가(家) 사이에는 차이가 없는가, 폐가(廢家)의 효력은 어떠한가, 예컨대 호주(戸主)는 반드시 타가에 입적해야 하는가, 가족은 호주(戸主)를 따라 그 가(家)에 입적해야 하는가 등도 조사되었다. 이 자료는 19.5×27센티미터의 형태로 일본어로 기록되었다.

[내용정보]

조선의 관습에는 신호(新戸)를 창립한 가(家)는 호주의 의사에 따라 폐가(廢家)할 수 있게 하고, 또 상속으로 계속하는 가(家)는 그 가의 조상제사가 필요하므로 이를 폐가할 수 없는 것을 원칙으로 한다. 그렇지만 신호를 창립한 가(家)라도 함부로 폐가하는 것을 인정하지 않는다. 또 상속으로 계속하는 가라도 일정한 경우에는 폐가를 인정하는데, 그 경우는 타가상속 때문에 그 가의 호주가 타가에 입적하는 경우이다. 타가상속의 경우 외에 폐가를 인정하지 않는 것이라고 하겠다. 즉 폐가의 경우에는 본가 상속의 경우로서 본가에 속인이 없고 또 본가에 입양할 자가 없는 경우에 분가의 호주가 본가의 망호주와 소목(昭穆)의 서열에 해당하면, 분가의 호주는 반드시 본가의 양자로 되어서 그가 상속을 하지 않으면 안 된다. 이 경우에 그 분가가 신분가자(新分家者)가 아니면 그 가에는 제향(祭享)할 조상이 있으므로 그 분가의 호주는 본가의 양자로 됨과 동시에 자가의 양자를 선정하여 그 가(家)가 단절되는 것을 막지 않으면 안 된다. 따라서 그 분가는 폐가(廢家)되지는 않지만 만약 입양할 자가 없으면 자연히 폐가되는 것이다. 본가 이외의 타가상속의 경우로 새로 분가를 하고 그 외에 일가를 창립한 가의 호주는 언제라도 동일종족인 타가의 양자로 되어 상속을 할 수 있다. 그리고 그 가에는 제향할 조상이 없고 따라서 호주가 타가의 상속을 함과 동시에 자가의 상속인을 정할 수 없으므로 그 가는 호주의 타가상속과 동시에 당연히 패가가 되는 것이다.

[가치정보]

이 자료는 폐가 인정시의 조건, 절차, 효력 등에 관한 지역별 사례를 자세히 알 수 있는 자료이다.

관리기호	기록번호	자료명		
B-1-236	조제188호의 2	第百二十八 廢家ヲ認スルカ		
작성자	생산기관	생산 연도		
-	법전조사국	-		
지역	언어	분량	소장기관	
제2관	일본어	25면	수원박물관	
키워드	폐가, 신창립가(新創立家), 가독상속, 신호(新戶), 타가상속			

관리기호	기록번호	자료명		
B-1-237	조제188호의 4	第百二十八 廢家ヲ認スルカ		
작성자	생산기관	생산 연도		
-	법전조사국	-		
지역	언어	분량	소장기관	
제2관	일본어	28면	수원박물관	
키워드	폐가, 신창립가(新創立家), 가독상속, 신호(新戶), 타가상속			

[기본정보]

이 자료는 법전조사국이 작성한 자료로 자료명은 '제128 폐가를 인정하는가'로 되어 있다. '조제188호의 2'는 초서본, '조제188호의 4'는 정서본이다.

조사구역의 2관 지역, 즉 해주, 황주, 평양, 삼화, 안주, 덕천, 용천, 강계, 영변, 경흥, 회령, 경성(鏡城), 성진, 북청, 갑산, 함흥, 덕원, 금성, 춘천, 원주 등 20개 지역에서 폐가를 인정하는지의 여부를 조사, 보고하였다. 만약 인정한다면 그 조건은 어떠한가, 예컨대 호주(戶主)의 의사만으로 할 수 있는가, 아니면 관청의 허가가 필요한가, 또 신창립가(新創立家)와 가독상속(家督相續)으로 계속하는 가(家) 사이에는 차이가 없는가, 폐가(廢家)의 효력은 어떠한가, 예컨대 호주(戶主)는 반드시 타가에 입적해야 하는가, 가족은 호주(戶主)를 따라 그 가(家)에 입적해야 하는가 등도 조사되었다. 이 자료는 19.5×27센티미터의 형태로 일본어로 기록되었다.

[내용정보]

조선의 관습에는 신호(新戶)를 창립한 가(家)는 호주의 의사에 따라 폐가(廢家)할 수 있게 하고, 또 상속으로 계속하는 가(家)는 그 가의 조상제사가 필요하므로 이를 폐가할 수 없는 것을 원칙으로 한다. 그렇지만 신호를 창립한 가라도 함부로 폐가하는 것을 인정하지 않는다. 또 상속으로 계속하는 가(家)라도 일정한 경우에는 폐가를 인정하는데, 그 경우는 타가상속 때문에 그 가의 호주가 타가에 입적하는 경우이다. 타가상속의 경우 외에 폐가를 인정하지 않는 것이라고 하겠다. 즉 폐가의 경우에는 본가상속의 경우로서 본가에 속인이 없고 또 본가에 입양할 자가 없는 경우에 분가의 호주가 본가의 망호주와 소목(昭穆)의 서열에 해당하면, 분가의 호주는 반드시 본가의 양자로 되어서 그가 상속을 하지 않으면 안 된다. 이 경우에 그 분가가 신분가자(新分家者)가 아니면 그 가에는 제향(祭享)할 조상이 있으므로 그 분가의 호주는 본가의 양자로 됨과 동시에 자가의 양자를 선정하여 그 가(家)가 단절되는 것을 막지 않으면 안 된다. 따라서 그 분가는 폐가(廢家)되지는 않지만 만약 입양할 자가 없으면 자연히 폐가되는 것이다. 본가 이외의 타가상속의 경우로 새로 분가를 하고 그 외에 일가를 창립한 가의 호주는 언제라도 동일종족인 타가의 양자로 되어 상속을 할 수 있다. 그리고 그 가에는 제향할 조상이 없고 따라서 호주가 타가의 상속을 함과 동시에 자가의 상속인을 정할 수 없으므로 그 가는 호주의 타가상속과 동시에 당연히 폐가가 되는 것이다.

[가치정보]

이 자료는 폐가의 인정시의 조건, 절차, 효력 등에 관한 지역별 사례를 자세히 알 수 있는 자료이다.

관리기호	기록번호	자료명	
B-1-238	조제189호의 2	第百二十九 絶家ニ關スル慣習如何	
작성자	생산기관	생산 연도	
-	법전조사국	-	
지역	언어	분량	소장기관
제2관	일본어	26면	수원박물관
키워드	절가(絶家), 호주, 상속인, 일가, 유산		

관리기호	기록번호	자료명	
B-1-239	조제189호의 4	第百二十九 絶家ニ關スル慣習如何	
작성자	생산기관	생산 연도	
-	법전조사국	-	
지역	언어	분량	소장기관
제2관	일본어	29면	수원박물관
키워드	절가(絶家), 호주, 상속인, 일가, 유산		

[기본정보]

이 자료는 법전조사국이 작성한 자료로 자료명은 '제129. 절가(絶家)에 관한 관습 여하'로 되어 있다. '조제189호의 2'는 초서본, '조제189호의 4'는 정서본이다.

황해, 평안, 함경, 강원 지역의 각 군에서 작성한 조사보고서 가운데 절가(絶家)에 관한 관습은 어떠한지에 관한 관습(慣習)조사항목만을 추려서 정리하였다. 세부 문항으로는 호주(戶主)를 잃은 가(家)에 상속인(相續人)이 없으면 자연히 절가(絶家)가 되는 것인데, 어떤 경우에 상속인(相續人)이 없다고 보아야 할 것인지, 이에 대한 절차는 어떠한지, 또 절가 후 가족(家族)이 있으면 각자 일가(一家)를 창립하는지, 자(子)는 부(父) 또는 모(母)와 수반하여 그 가(家)에 입적(入籍)하는지, 유산(遺産)은 어떻게 하는지에 대한 사항을 기술하였다.

여타의 자료들을 검토할 때 경기, 충청, 경상, 전라 지역에 대한 동일한 항목과 형식으로 묶은 자료가 함께 존재한 것으로 보인다. 그러나 그 존재는 확인할 수 없다. 이 자료는 19.5×27센티미터의 형태로 일본어로 만들어졌다.

[내용정보]

황해도가 2개 군, 평안도가 7개 군, 함경도가 8개 군, 강원도가 3개 군으로 총 20개 군에 대한 조사내용이 수록되었다. 수록 순서는 해주, 황주[이상 황해], 평양, 삼화, 안주, 덕천, 용천, 강계, 영변[이상 평안], 경흥, 회녕, 경성(鏡城), 성진, 북청, 갑산, 함흥, 덕원[이상 함경], 금성, 춘천, 원주[이상 강원]의 순이다.

대체로 조선에서는 호주가 사망하고 상속인이 없으면 입양을 하여 상속을 하며, 상속인으로 될 자가 없으면 자연히 절가가 된다. 절가가 되는 경우는 그 가에 제사상속인이 없고 또 혈족 중에 양자의 적격자가 없으며 또 호주로 될 여자가 없을 때라고 할 수 있으며, 미혼녀는 호주로 될 자격이 없다.

절가의 경우에 별도로 이행해야 할 절차가 없다. 절가로 된 가의 가족이 남자이면 일가를 창립하고, 또 여자이면 백 숙부 등의 가에 기구(寄口)하고 따로 일가를 창립하지 않는다. 유산은 가족이 있으면 재산상속순위에 따라 가족이 이를 상속하고, 가족이 없으면 친족이 이를 처분하고, 친족이 없으면 동리(洞里)의 소유로 된다.

[가치정보]

이 자료는 절가 인정시의 조건, 절차, 효력 등에 관한 지역별 사례를 자세히 알 수 있는 자료이다.

Ⅰ-2-1-157 제130 혼인의 요건 여하

관리기호	기록번호	자료명	
B-1-601	조제190호의 1	第百三十 婚姻ノ要件如何	
작성자	생산기관	생산 연도	
-	법전조사국	-	
지역	언어	분량	소장기관
제1관	일본어	140면	수원박물관
키워드	혼인, 혼인연령, 혼인식, 혼인신고, 동성동본혼		

[기본정보]

이 문서는 혼인의 요건에 관하여 경성, 개성, 인천, 수원, 안성, 청주, 충주, 영동, 대구, 상주, 안동, 경주, 울산, 동래, 창원, 진주 등 한국 중남부 지방을 조사한 것이다. 이 조사보고서는 혼인의 요건에 관한 조사항목을 혼인연령의 제한, 재혼의 허용 여부, 동성동본자의 혼인, 혼인성립의 방법과 시기, 부모의 동의 여부, 미성년자의 혼인 여부, 혼인신고의 절차 여부 등으로 나누어 조사한 것이다.

[내용정보]

모든 지역에서 혼인연령에는 제한이 없고 조혼이 행해지는 것으로 조사되었으나 지역마다 결혼하는 연령은 편차가 일부 있었던 것으로 조사되었다. 각 지역조사보고서 중에서는 경성 지역이 조사날짜와 응답자를 기록하였는데 특히, 응답자에 따라서 서로 다른 응답을 하는 경우가 있다. 예컨대, 12월 3일에 조사한 응답자는 혼인을 하는 연령에 제한은 없으나 사실상 남자 18세에 혼인을 한다고 기록하였다. 그러나 12월 4일에 조사한 응답자는 남자는 20세에 관(冠), 30세에 취처(娶妻)하지만 연령의 제한이 없기 때문에 사실상 10세부터 혼인을 하는 경우가 많다고 기록되어 있다. 동일한 지역에서도 응답자에 따라서 다르게 조사결과가 나왔음을 알 수 있다. 특히, 경성 지역보고서에서는 1894년 의안에서 허혼연령을 남자 20세, 여자 16세로 규정하였음에도 불구하고 현실에서는 지켜지지 않는다는 점을 기록하고 있어 법령과 현실과의 차이를 잘 보여주고 있다. 그리고 이 같은 조혼현상은 부모가 자손을 일찍 보고 싶어하는 관념에 의하여 발생하였다고 응답하였다.

재혼의 경우에는, 일반적으로 남자는 재혼이 자유롭지만 여자의 재혼은 허용되지 않는 것으로 조사되었다. 이 같은 남성과 여성의 차이는 거의 모든 지역에서 공통적으로 나타나고 있다. 경성 지역에서는 재취(再娶) 또는 재혼이라고 칭하고 있으며 1894년 〈의안〉에서 여자의 재혼을 허가하기는 하였으나 여전히 여자의 재혼은 이루어지지 않는다고 기록되었다. 또한, 상간자(相姦者)의 혼인에 대하여 한국의 관습에서는 혼인이라고 칭하지 않고 개가(改嫁)라고 칭한다고 기록하고 있다. 동성동본동항렬자(同姓同本同行列者)의 혼인은 엄격히 금지하는 것으로 조사되었다. 다만, 동성이본(同姓異本)은 혼인을 한다. 한국에서는 동성동본간의 혼인은 허용되지 않으며 반드시 이성(異姓)끼리 혼인을 한다고 조사되었다.

[가치정보]

이 자료는 혼인의 요건에 대해 연령의 제한, 재혼의 허용 여부, 동성동본자의 혼인, 혼인성립의 방법과 시기, 부모의 동의 여부, 미성년자의 혼인 여부, 혼인신고의 절차 여부 등에 관한 지역별 사례를 통해 설명함으로써 그 특징을 자세히 알 수 있는 자료이다.

관리기호	기록번호	자료명	
B-1-241	조제190호의 2	第百三十 婚姻ノ要件如何	
작성자	생산기관	생산 연도	
-	법전조사국	-	
지역	언어	분량	소장기관
제2관	일본어	73면	수원박물관
키워드	혼인, 혼인연령, 혼인식, 혼인신고, 동성동본혼		

관리기호	기록번호	자료명	
B-1-240	조제190호의 4	第百三十 婚姻ノ要件如何	
작성자	생산기관	생산 연도	
-	법전조사국	-	
지역	언어	분량	소장기관
제2관	일본어	82면	수원박물관
키워드	혼인, 혼인연령, 혼인식, 혼인신고, 동성동본혼		

[기본정보]

이 문서는 혼인의 요건에 관하여 해주, 황주, 평양, 삼화, 안주, 덕천, 용천, 영변, 위주, 강계, 회령, 경흥 등 한국 중북부 지방을 조사한 것이다. '조제190호의 2'는 초서본, '조제190호의 4'는 정서본이다. 이 조사보고서는 혼인의 요건에 관하여 혼인연령의 제한, 재혼의 허용 여부, 동성동본자의 혼인, 혼인성립의 방법과 시기, 부모의 동의 여부, 미성년자의 혼인 여부, 혼인신고의 절차 여부 등을 세부적으로 조사한 것이다.

　각 지역조사보고서에서 공통적으로 조사하는 것이 혼인연령의 문제였다. 모든 지역에서 혼인연령에는 제한이 없고 조혼이 행해지는 것으로 조사되었으나 지역마다 결혼하는 연령은 편차가 일부 있었던 것으로 조사되었다. 예컨대, 해주 지역은 일반적으로 혼인연령의 제한이 없으며 남녀 공히 12, 13세에 이르면 혼인을 하지만 정해진 바는 없는 것으로 조사되었다. 삼화지역의 조사보고서는 연령에 대해서는 특별한 관습이 없다는 점은 동일하지만 대개 남자 15세 이상, 여자는 16세 이상이 혼인연령이라고 기록하고 있다. 북청지역의 조사보고서는 혼인연령에 관한 근래의 변화상을 기록하고 있다. 예컨대, 과거에는 남녀 공히 20세 이상이 되어야 혼인의 적령이라고 보았으나 최근에 조혼의 폐해가 생겨서 남자 12세, 여자 15세에 혼인하는 경우가 있는 것으로 조사되었다. 덕천 지역에서는 남자 15, 16세 이상, 여자는 18, 19세 이상이 되어야 혼인하는 것으로 조사되었다. 이상에서 알 수 있듯이 모든 지역에서 혼인연령을 제한하거나 특정한 규정은 없으나 관행상으로 혼인을 할 수 있는 나이는 많은 편차가 있다.

　재혼의 경우, 일반적으로 남자는 재혼이 자유롭지만 여자의 재혼은 허용되지 않는 것으로 조사되었다. 이 같은 남성과 여성의 차이는 거의 모든 지역에서 공통적으로 나타나고 있다. 경성에서는 재취(再娶) 또는 재혼이라고 칭하고 있으며 1894년 〈의안〉에서 여자의 재혼을 허가하기는 하였으나 사실상 여자의 재혼은 이루어지지 않는 것으로 조사되었다. 동성동본동항렬자(同姓同本同行列者) 간의 혼인은 엄격히 금지하는 것으로 조사되었다. 다만 동성이본(同姓異本)은 혼인을 하는 등 한국에서는 반드시 이성(異姓)끼리 혼인을 한다고 조사되었다.

　혼인의 절차와 방법에서는 우선, 혼인을 하기 위해서는 연령에 관계없이 부모의 동의가 반드시 필요하며 다만, 양자의 경우에는 양부모의 동의만으로 가능한 것으로 조사되었다. 혼인의 의식은 지방마다 약간의 차이가 있지만 허혼서(許婚書), 혼서식(婚書式) 등의 서식을 갖추어 혼례식을 거행하는 것이 일반적이다. 한국에서는 혼인의 의식이 거행되면 혼인이 성립되는 것으로 파악되었다. 종전에는 지방관청에 혼인사실을 신고하는 절차는 없었으나 1909년 〈민적법〉이 시행되면서 해주 등의 일부 지역에서는 관할청에 신고하기도 하였다.

[가치정보]

　이 자료는 혼인의 요건에 대해 연령의 제한, 재혼의 허용 여부, 동성동본자의 혼인, 혼인성립의 방법과 시기, 부모의 동의 여부, 미성년자의 혼인 여부, 혼인신고의 절차 여부 등에 관한 지역별 사례를 통해 설명함으로써 그 특징을 자세히 알 수 있는 자료이다.

관리기호	기록번호	자료명	
B-1-602	조제191호의 3	第百三十一 妻ハ婚姻ニ因リテ夫ノ家ニ入ルカ	
작성자	생산기관	생산 연도	
-	법전조사국	-	
지역	언어	분량	소장기관
제1관	일본어	36면	수원박물관
키워드	혼인, 입적, 초서, 입부혼, 서양자		

[기본정보]

이 문서는 혼인을 하면 처(妻)가 부가(夫家)에 입적(入籍)하는지 여부를 경성, 개성, 인천, 수원, 안성, 청주, 충주, 영동, 대구, 상주, 안동, 경주, 울산 등 한국 중남부 지방의 관습을 조사한 것이다. 이 문서는 처의 부가(夫家) 입적(入籍) 여부 외에 일본 민법상의 입부혼과 서양자 관습이 한국에도 있는지 여부를 조사하고 있다. 관습조사보고서류 중에서 문제별 조사서에 해당된다.

[내용정보]

혼인으로 처(妻)가 부가(夫家)로 입적(入籍)하는 관습은 명확히 성립한 것으로 조사되었다. 한국에서는 거의 모든 지역에서 부(夫)가 처(妻)를 취하고 처(妻)는 부(夫)에게 시집가기 때문에 혼인으로 당연히 입적(入籍)하는 것으로 기록되었다. 각 지역조사보고서를 보면, 부가(夫家)에 들어간다는 것의 의미를 한국인 응답자들은 두 가지로 이해한 듯하다. 첫째는 혼인을 하게 되면 당연히 부(夫)와 동거하기 때문에 거주지를 같이 한다는 의미에서 사용되었다. 예컨대, 경성 지역조사보고서에서는 혼인식 후 3일째에 부가(夫家)로 들어간다고 응답하였던 것이다. "10세 전후의 연소자의 혼인에 대해서도 부가(夫家)로 들어가는지"에 대한 질문에 대해서는 중류이상에서는 남녀가 일정한 연령에 도달하기까지 여자는 여가(女家)에 있지만 여자가 빈가(貧家)인 경우에는 곧바로 부가(夫家)에 들어간다고 서술되어 있다. 이 같은 서술을 통하여 부가(夫家)로 들어간다는 의미를 파악할 수 있다. 둘째는 호적에 등록되는 것을 의미한다. 다만, 대한제국의 호적은 대체로 동거자를 중심으로 호적에 등재하였으므로 남녀가 결혼하여 동거하게 되면 일반적으로 호적에도 입적되는 것이다.

이 같은 조사를 하면서 일본 민법의 제도인 입부혼(入夫婚)과 서양자 관습에 대해서도 조사하였는데, 이 같은 관습은 없으며 유사한 사례로서 초서혼이 있지만 이 경우에는 사실상 부(夫)가 처가(妻家)에서 동거할 뿐으로 일본 민법의 입부혼이나 서양자와는 크게 다르다는 점이 밝혀졌다. 영동, 개성 지역 등의 조사보고서에는 입부혼 및 서양자는 한국 관습이 아니라는 점을 분명히 하고 있다.

[가치정보]

이 자료는 혼인에 따른 처(妻)의 부가(夫家) 입적 관습과 함께 입부혼 여부, 서양자 관습의 유무를 자세히 조사한 자료이다.

Ⅰ-2-1-160 제132 부는 처에 대하여 어떠한 권리를 갖는가

관리기호	기록번호	자료명	
B-1-603	조제192호의 3	第百三十二 夫ハ妻ニ對シ如何ナル權利ヲ有スルカ	
작성자	생산기관	생산 연도	
-	법전조사국	-	
지역	언어	분량	소장기관
제1관	일본어	34면	수원박물관
키워드	부권(夫權), 거소, 거소지정권, 동거권, 부양의무		

[기본정보]

'조제192호의 3'은 경성 인천, 수원, 안성, 청주, 충주, 영동, 대구, 상주, 안동, 경주, 울산, 동래, 창원, 진주, 제주, 무안, 광주, 옥구, 전주, 남원, 공주 등 한국 중남부 지방의 관습을 조사한 것이다. 주요 조사사항은 "부(夫)가 처(妻)에게 동거를 명할 수 있는지, 처(妻)의 거소(居所)를 지정할 수 있는지, 부부는 상호 부양의 의무가 있는지, 부(夫)는 처(妻)의 특유재산을 관리할 권한이 있는지, 처는 부에 대하여 복종할 의무가 있는지, 부는 처의 직업을 허락할 권한이 있는지" 등으로 구성되어 있다.

[내용정보]

부(夫)는 처의 거소(居所)를 지정할 수 있고 동거를 명령할 수 있으며 처의 직업에 대한 허락권이 있는 것으로 조사되었다. 이 같은 부권(夫權)은 부가 호주이거나 가족이거나를 막론하고 전혀 차이가 없는 것으로 조사되었다. 또한 부부는 서로 부양의 의무가 있으며 처는 부에 대하여 복종하는 것으로 조사되었다.

다만, 경성 지역조사보고서에는 중류이상의 가정에서는 처가 직업을 취득하지 않고 하류사회에서는 처가 직업을 취득한다고 조사되었다. 이때는 당연히 부(夫)의 허가를 받아야 한다. 인천 지역에서는 부(夫)가 처의 거소를 지정할 수는 있으나 그 경우는 부(夫)가 적당한 곳을 지정한 경우에 그러하고 조리에 반하는 불법의 지정에는 따르지 않는다고 조사하였다.

진주 지역은 부부간의 계약관계에 대해서 조사하고 있는 점이 특징이다. 여기에서는 부부간의 계약은 언제라도 부(夫)의 명령에 따라서 부(夫)가 취소할 수 있지만, 처는 그것을 준수해야 한다는 것이다. 특히 전주 지역은 부(夫)가 처에 대하여 모든 권리를 갖는다고 기록하는 등 전체적으로 부권(夫權)이 강력하다는 것을 알 수 있다.

[가치정보]

이 자료는 처(妻)에 대한 부(夫)의 권리에 대하여 동거, 거소지정, 부부 상호 부양, 재산 관리, 직업 허용 등에 관한 관습을 지역별로 살필 수 있는 기록이 된다.

관리기호	기록번호	자료명	
B-1-242	조제192호의 2	第百三十二 夫ハ妻ニ對シ如何ナル權利ヲ有スルカ	
작성자	생산기관	생산 연도	
-	법전조사국	-	
지역	언어	분량	소장기관
제2관	일본어	23면	수원박물관
키워드	부권(夫權), 거소, 거소지정권, 동거권, 부양의무		

관리기호	기록번호	자료명	
B-1-243	조제192호의 4	第百三十二 夫ハ妻ニ對シ如何ナル權利ヲ有スルカ	
작성자	생산기관	생산 연도	
-	법전조사국	-	
지역	언어	분량	소장기관
제2관	일본어	24면	수원박물관
키워드	부권(夫權), 거소, 거소지정권, 동거권, 부양의무		

[기본정보]

이 문서는 처(妻)에 대한 부권(夫權)의 종류에 관하여 해주, 황주, 평양, 삼화, 안주, 덕천, 용천, 영변, 위주, 강계, 회령, 경흥, 회령, 종성, 성진 등 한국 중북부 지방을 조사한 것이다. '조제192호의 2'와 '조제192호의 4'는 동일한 문서인데 '조제192호의 4'는 정서(淨書)된 형식으로 작성되어 있다. 관습조사보고서류 중에서 '문제별조사서'에 해당된다.

[내용정보]

주요 조사사항은 "부(夫)가 처(妻)에게 동거를 명할 수 있는지, 처(妻)의 거소(居所)를 지정할 수 있는지, 부부는 상호 부양의 의무가 있는지, 부(夫)는 처(妻)의 특유재산을 관리할 권한이 있는지, 처는 부에 대하여 복종할 의무가 있는지, 부는 처의 직업을 허락할 권한이 있는지" 등으로 구성되어 있다.

한국에서는 처에 대하여 부권(夫權)이 강력하여 거의 모든 지역에서 부(夫)는 처의 거소(居所)를 지정할 수 있고 동거를 명령할 수 있으며 처의 직업에 대한 허락권이 있는 것으로 조사되었다. 이 같은 부권(夫權)은 부(夫)가 호주이거나 가족이거나를 막론하고 전혀 차이가 없는 것으로 조사되었다.

부부간의 재산관계에 있어서도 처는 친가로부터 증여받은 재산을 소유하는 경우가 있는데, 삼화지역에서는 부(夫)는 처가 소유한 재산을 관리할 수 있는 권한이 있으며 그 재산에 대한 처분 권한도 있는 것으로 조사되었다. 그리고 이 경우에 부는 처의 승낙을 필요로 하지 않는 것으로 조사되었다. 따라서 한국에서의 부와 처의 행위능력에서는 부의 권리가 매우 강력한 것으로 해석되었고 처의 행위능력은 매우 제한된 것으로 조사되었다.

[가치정보]

이 자료는 처(妻)에 대한 부(夫)의 권리에 대하여 동거, 거소지정, 부부 상호 부양, 재산관리, 직업 허용 등에 관한 관습을 지역별로 살필 수 있는 기록이 된다.

Ⅰ-2-1-162 제133 부부간의 재산관계 여하

관리기호	기록번호	자료명	
B-1-604	조제193호의 1	第百三十三 夫婦間ノ財産關係如何	
작성자	생산기관	생산 연도	
-	법전조사국	-	
지역	언어	분량	소장기관
제1관	일본어	38면	수원박물관
키워드	특유재산, 이혼, 공유재산, 동의		

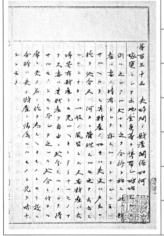

관리기호	기록번호	자료명	
B-1-605	조제193호의 3	第百三十三 夫婦間ノ財産關係如何	
작성자	생산기관	생산 연도	
-	법전조사국	-	
지역	언어	분량	소장기관
제1관	일본어	37면	수원박물관
키워드	특유재산, 이혼, 공유재산, 동의		

[기본정보]

'조제193호의 1'은 초서본, '조제193호의 3'은 정서본이다. 법전조사국에서 경성, 개성, 인천, 수원, 안성, 청주, 충주, 영동, 대구, 상주, 안동, 경주, 울산, 동래, 창원, 진주, 제주, 무안, 광주, 옥구, 전주, 남원, 공주, 온양, 예산, 은진 등의 지역에서 부부 사이의 재산관계는 어떠한지에 대해서 조사하였다. 이 보고서는 그 조사결과물로, 그 내용이 질의응답으로 구성된 지역들도 있다.

[내용정보]

이 보고서에 따르면 처의 특유재산을 인정하는지에 대한 논란이 있다. 이에 대해 각 지방마다 그 답의 차이가 크다. 상당수의 지방에서는 특유재산을 인정하고 있다. 그 특유재산이란 여자가 출가할 때 부모로부터 증여받아온 동산과 부동산을 이르는 말이다. 그런데 상주나 옥구, 공주 등의 지역들에서는 특유재산을 인정하지 않고 있다. 특히 옥구 지역 같은 경우에는 처가 가져온 재산 모두 부의 재산에 포함된다고 명시하고 있다. 이런 점들은 안성 등지에서도 마찬가지로 나타나고 있다.

부부간의 재산을 공유하는지에 대한 문제 역시 불분명하다. 각 지역마다 그에 대한 답이 다르다. 공유로 보는 지역도 있는 반면, 위에서 말한 지역들과 같이 모두 부의 재산에 귀속된다는 입장이 확인된 지역 또한 있다. 그런데 안성 지역은 특이하게도 처의 재산은 곧 부의 재산이라고 명시했음에도, 매각 시에는 처의 동의가 필요하다고 하는 애매한 모습을 보이기도 한다.

부는 처의 재산에 대해서 관리, 사용수익할 수 있다. 이것은 대부분의 지역들에서 처가 동의하지 않아도 이루어질 수 있었다. 그리고 부부간의 생활비, 교육비 등은 기본적으로 모두 부의 부담으로 했다. 한편 처는 이혼할 시에 자신이 가져왔던 재산을 가지고 돌아갈 수 있다.

[가치정보]

이 자료는 처의 특유재산 인정 여부, 부부간 재산관계, 재산의 공유, 생활비 담당, 재산의 관리 등에 관한 지역별 사례를 통해 부부간의 재산관계에 대한 관습을 자세히 알 수 있는 자료이다.

관리기호	기록번호	자료명	
B-1-249	조제193호의 2	第百三十三 夫婦間ノ財産關係如何	
작성자	생산기관	생산 연도	
-	법전조사국	-	
지역	언어	분량	소장기관
제2관	일본어	24면	수원박물관
키워드	특유재산, 이혼, 공유재산, 동의		

관리기호	기록번호	자료명	
B-1-244	조제193호의 4	第百三十三 夫婦間ノ財産關係如何	
작성자	생산기관	생산 연도	
-	법전조사국	-	
지역	언어	분량	소장기관
제2관	일본어	23면	수원박물관
키워드	특유재산, 이혼, 공유재산, 동의		

[기본정보]

'조제193호의 2'는 초서본, '조제193호의 4'는 정서본이다. 조사구역의 2관 지역, 즉 해주, 황주, 평양, 삼화, 안주, 용천, 강계, 영변, 경흥, 회령, 경성(鏡城), 성진, 북청, 갑산, 함흥, 덕원, 금성, 춘천, 원주 등 19개 지역에서 부부사이의 재산관계에 대한 조사를 보고하였다. 여기에는 처(妻)의 특유재산(特有財産)을 인정하는가, 만약 그렇다면 처재산(妻財産)과 부재산(夫財産)의 관계는 어떠한가, 예컨대 부부는 재산을 공유하는 예가 있는가, 공유로 하지 않으면 부부간의 생활비는 누가 부담하는가, 또 부(夫)는 처(妻)의 재산에 대하여 어떠한 권리(權利)도 갖지 않는가, 예컨대 부(夫)는 처(妻)의 재산을 사용·수익할 권리(權利)

가 있는가, 처(妻)의 재산은 처(妻) 자신이 관리하는가, 아니면 부(夫)가 관리하는가, 만약 부(夫)가 관리한다면 그 권한은 어떠한가, 예컨대 처(妻)의 재산을 매각하려면 처(妻)의 승낙이 필요한가 등등이 조사되었다.

[내용정보]

조선 종래의 관습에서 여자가 출가할 때에 부모가 논밭 등의 재산을 증여하는 예는 드물게 볼 수 있다. 또 때로는 여자가 혼인 후에 부조(父祖) 등 친족으로부터 유증을 받는 일이 있다. 그리고 유증하거나 증여한 자는 부 또는 호주의 재산으로 귀속시키려는 의사가 없는 것이 상례이고, 특히 처가 친정에서 받은 재산 등은 이혼을 하는 경우에 친정으로 가지고 돌아갈 수 있다. 그러므로 이와 같은 재산은 처의 특유재산으로 인정하는 것이 타당할 것이다. 그리고 처가 영업 등의 행위로 얻은 재산도 역시 그 특유재산으로 보아야 할 경우가 적지 않다. 또 부부의 재산을 공유로 보는 관념은 전혀 없는 듯하다.

혼인후의 생활비 부담에 대해서는 부(夫)는 처자를 양육하여야 하므로 부(夫)의 부담인 것은 물론이다. 그렇지만 부(夫)가 무력하고 처에게 재산이 있으면, 처의 재산으로 생활비를 충당하는 것을 상례로 한다. 처의 재산은 부(夫)가 이를 관리하고 또 사용수익을 얻을 수 있다. 그리고 부(夫)가 생활비를 부담하는지에 따라 차이가 없다. 부(夫)가 처의 재산을 처분할 수 있는지에 대해서는 다소 논의가 있는 바이지만, 부에게 처분권이 있다는 것이 통설이다. 처분할 경우에는 처의 승낙이 필요하다거나 필요하지 않다고 하여 일정하지 않다. 실제로는 승낙의 유무와 관계없이 부(夫)가 처분할 수 있는 듯하다. 이 점에서는 처의 재산은 부(夫)의 재산과 거의 구별이 없는 느낌이다. 그렇지만 이는 필경 처의 부(夫)에 대한 절대적 복종을 양속(良俗)으로 하는 조선의 부부관계의 상황이 그렇게 하는 것이다. 처의 사망 또는 이혼의 경우에 처가 친정에서 가져온 재산에 대해서는 사망의 경우에는 부 또는 호주의 소유로 된다. 이혼한 경우에는 처가 친정에서 가져온 재산은 친정에 반환하여야 하는 것을 언급하였다. 기타 처의 재산에 대한 관습은 분명하지 않다.

[가치정보]

이 자료는 처의 특유재산 인정 여부, 부부간 재산관계, 재산의 공유, 생활비 담당, 재산의 관리 등에 관한 지역별 사례를 통해 부부간의 재산관계에 대한 관습을 자세히 알 수 있는 자료이다.

Ⅰ-2-1-164 제134 이혼에 관한 관습 여하

관리기호	기록번호	자료명	
B-1-323	조제194호의 1	第百三十四 離婚ニ關スル慣習如何	
작성자	생산기관	생산 연도	
-	법전조사국	-	
지역	언어	분량	소장기관
제1관	일본어	56면	수원박물관
키워드	이혼, 이이(離異), 칠거, 삼불거, 협의이혼		

[기본정보]

이 문서는 이혼에 관하여 경성, 개성, 인천, 수원, 안성, 청주, 충주, 안동, 경주, 진주, 무안, 광주, 옥구, 예산, 은율 등 한국 중남부 지방의 관습을 조사한 것이다. '조제194호의 4'와 마찬가지로 이혼에 관한 조사항목을 크게 관습상 이혼을 허락하는지, 이혼의 명칭, 이혼의 조건, 이혼의 절차, 이혼의 효력 등으로 나누어 조사하는 방식으로 구성되어 있다.

[내용정보]

각 지역조사보고서는 대체로 이혼이 가능한 것으로 조사되었으나 이혼을 제기할 수 있는 쪽은 부(夫)뿐이고 처(妻)는 이혼을 요구할 수 없다고 조사되었다. 이혼에 대한 명칭도 기처(棄妻)라는 사실에서 잘 알 수 있다. 뿐만 아니라 부부가 서로 협의하여 이혼하는 것도 없다는 점은 널리 동의되는 관행이다. 그러나 옥구 지역에서는 협의이혼을 할 때는 쌍방 부모와 호주의 동의를 필요로 한다고 기록하고 있어 협의이혼을 인정하는 듯하다.

개성 지역에서는 이혼에 관한 부모의 역할이 잘 기술되어 있다. 우선, 부(夫)가 이혼하기 위해서는 부모의 동의가 필요하며 특히 부모의 의견에 따라 부부가 이혼하는 것도 가능하다. 그러나 처의 부모는 이혼을 청구할 수 없다. 그리고 부모가 없는 미성년자의 이혼의 경우에는 친속(친족)의 동의를 얻어야 하는 것으로 조사되었다. 그러나 울산 지역에서는 본인의 의사에 반하여 부모가 이혼을 강요하지는 못하는 것으로 조사되었으며 부모의 동의가 이혼의 조건이라고 말하기 어렵다고 조사되었다.

이혼의 조건으로는 칠거(七去)[무자(無子), 음일(淫佚), 불사구고(不事舅姑), 다언(多言), 절도(竊盜), 투기(妬忌), 악질(惡疾)]를 원인으로 이혼이 가능하지만 삼불거(三不去)의 경우에는 이혼할 수 없는 것으로 조사되었다. 이혼의 절차에 있어서는 계출 등의 절차는 하지 않는 것으로 나타났다.

[가치정보]

이 자료는 관습상 이혼의 가능 여부, 이혼의 명칭, 조건, 절차, 효력 등에 관한 지역별 사례를 통해 이혼에 관한 관습을 자세히 알 수 있는 자료이다.

Ⅰ-2-1-165 제134 이혼에 관한 관습 여하

관리기호	기록번호	자료명	
B-1-251	조제194호의 2	第百三十四 離婚ニ關スル慣習如何	
작성자	생산기관	생산 연도	
-	법전조사국	-	
지역	언어	분량	소장기관
제2관	일본어	31면	수원박물관
키워드	이혼, 이이(離異), 칠거, 삼불거, 협의이혼		

관리기호	기록번호	자료명	
B-1-250	조제194호의 4	第百三十四 離婚ニ關スル慣習如何	
작성자	생산기관	생산 연도	
-	법전조사국	-	
지역	언어	분량	소장기관
제2관	일본어	37면	수원박물관
키워드	이혼, 이이(離異), 칠거, 삼불거, 협의이혼		

[기본정보]

'조제194호의 2'는 초서본, '조제194호의 4'는 정서본이다. 이 문서는 이혼에 관하여 해주, 황주, 평양, 삼화, 안주, 덕천, 용천, 영변, 위주, 강계, 회령, 경흥, 회령, 종성 등 한국 중북부 지방을 조사한 것으로서, '조제194호의 4'와 '조제194호의 2'는 동일한 문서인데 '조제194호의 4'가 정서(淨書)된 형식으로 작성된 점이 차이이다. 이 책의 구성은 이혼에 관한 조사항목을 크게 관습상 이혼을 허락하는지, 이혼의 명칭, 이혼의 조건, 이혼의 절차, 이혼의 효력 등으로 나누어 조사하는 방식으로 되어 있다.

[내용정보]

우선, 한국의 관습에서는 이혼을 제기할 수 있는 쪽은 부(夫)뿐이고 처(妻)가 이혼을 요구할 수 없다는 점은 분명히 성립한 것으로 보인다. 이 같은 사실은 이혼에 관한 한국인들의 명칭이 기처(棄妻)라고 표현하는 것에서도 잘 드러난다. 황주 지역에서는 이혼을 법률상으로는 이이(離異)라고 칭한다고 조사되었는데, 이이(離異)는 남편 쪽에서만 할 수 있다고 조사하는 등 거의 모든 지역에서 이혼은 남편이 처에 대하여 할 수 있는 것으로 조사되었다. 삼화의 경우에는 원칙적으로 이혼을 허락되지 않으며 특히, 협의이혼이라는 현상도 볼 수 없다고 단언하고 있다.

이혼의 조건으로는 대개 칠거(七去)[무자(無子), 음일(淫佚), 불사구고(不事舅姑), 다언(多言), 절도(竊盜), 투기(妬忌), 악질(惡疾)]를 원인으로 이혼이 가능하지만 삼불거(三不去)의 경우에는 이혼할 수 없는 것으로 조사되었다. 그리고 이혼을 하기 위해서는 부모의 동의가 필요하며 호주도 동의권이 있는 것으로 조사되었다. 이혼 절차에 있어서는 계출 등의 절차는 하지 않는 것으로 나타났다. 갑산 지역에서는 호적부에서 삭제하는 것으로 나타났다. 이혼의 효력은 처는 실가(實家)로 복적하고 자식의 감호는 부(夫)가 한다. 대개 이혼에 대해서는 전국에서 공통적으로 성립해 있었던 것으로 보인다.

[가치정보]

이 자료는 관습상 이혼의 가능 여부, 이혼의 명칭, 조건, 절차, 효력 등에 관한 지역별 사례를 통해 이혼에 관한 관습을 자세히 알 수 있는 자료이다.

관리기호	기록번호	자료명	
B-1-324	조제195호의 1	第百三十五 妻カ婚姻中ニ懷胎シタル子ハ 之ヲ夫ノ子ト推定スルヤ否ヤ	
작성자	생산기관	생산 연도	
-	법전조사국	-	
지역	언어	분량	소장기관
제1관	일본어	31면	수원박물관
키워드	인지, 혼인, 회태, 수태, 간부(姦夫), 기처(棄妻)		

[기본정보]

이 문서는 처가 혼인 중에 회태한 자식을 부의 자(子)로 추정하는지에 관하여 경성, 개성, 인천, 수원, 안성, 청주, 충주, 안동, 경주, 진주, 무안, 광주, 옥구, 예산, 은율 등 한국 중남부 지방의 관습을 조사한 것이다.

[내용정보]

각 지역조사보고서에서는 혼인 중에 회태한 자식은 당연히 부(夫)의 자식으로 추정한다는 점은 공통적으로 나타난다. 다만, 자식을 부인하는 경우와 그 방법 등에 대해서는 일부 지역에서 약간의 편차가 나타난다. 개성 지역에서는 이혼 후 10개월, 300일 이내에 태어난 자는 혼인 중에 회태한 자로 간주하며, 혼인이 성립한 날부터 7개월, 210일 이후에 태어난 자를 자식으로 추정한다고 조사하는 등 매우 구체적인 점이 다른 지역과 차이이다.

울산 지역조사보고서에서는 수태(受胎)할 수 있는 전후의 기간에 완전히 동거하지 않았음에도 불구하고 수태했을 때는 그것을 부정할 수 있지만, 실제로는 부정하는 실례는 들어보지 못하였다고 응답하였다. 또한 간통을 하여 이혼하였더라도 그 당시에 수태한 자식도 부(夫)의 자식으로 취급하기도 한다고 하였다.

다만, 부는 처가 혼인 중에 회태한 자라도 자신의 자식임을 부인할 수는 있다. 그러나 그 자식을 부인하는 특별한 절차는 존재하지 않는다. 그리고 간통을 하여 임신한 경우가 명백한 경우에는 간부(姦夫)에게 인도하고 간부(姦夫)도 자신의 자식이라고 생각하면 이를 거두는 것이 일반적이다. 다만, 한국의 관습에서는 자식을 부인하는 것을 인정(人情)에 어긋나는 것으로 여기서 사람들이 배척하기 때문에 간생자(姦生子)를 거두는 것을 수치로 여기지 않으며 또한 자신의 자식을 부인하는 예도 극히 드문 것으로 조사되었다.

[가치정보]

이 자료는 제1관 지역에서 혼인 중 처가 회태한 자식의 인지 여부에 대한 관습을 자세히 파악할 수 있는 자료이다.

I-2-1-167 제135 처가 혼인중에 회태했던 자식을 부의 자식으로 추정하는가 아닌가

관리기호	기록번호	자료명		
B-1-247	조제195호의 2	第百三十五 妻カ婚姻中ニ懐胎シタル子ハ之ヲ夫ノ子ト推定スルヤ否ヤ		
작성자	생산기관	생산 연도		
-	법전조사국	-		
지역	언어	분량	소장기관	
제2관	일본어	24면	수원박물관	
키워드	인지, 혼인, 회태, 수태, 간부(姦夫), 기처(棄妻)			

관리기호	기록번호	자료명		
B-1-248	조제195호의 4	第百三十五 妻カ婚姻中ニ懐胎シタル子ハ之ヲ夫ノ子ト推定スルヤ否ヤ		
작성자	생산기관	생산 연도		
-	법전조사국	-		
지역	언어	분량	소장기관	
제2관	일본어	25면	수원박물관	
키워드	인지, 혼인, 회태, 수태, 간부(姦夫), 기처(棄妻)			

[기본정보]

'조제195호의 2'는 초서본, '조제195호의 4'는 정서본이다. 이 문서는 해주, 황주, 평양, 삼화, 안주, 덕천, 용천, 영변, 위주, 강계, 회령, 경흥, 회령, 종성, 성진 등 한국 중북부 지방을 조사한 것으로서, '조제195호의 2'와 '조제195호의 4'는 동일한 문서인데 '조제195호의 4'가 정서(淨書)된 형식으로 작성된 점이 차이이다. 이 조사사항은 "일본 민법의 인지(認知)에 해당되는 것으로서, 혼인 중에 태어난 자식을 부(夫)의 자식으로 추정하는지" 여부에 관한 것을 조사한 것이다.

[내용정보]

각 지역에서는 공통적으로 혼인 중에 회태한 자식은 우선적으로 부(夫)의 자식으로 간주하고 있다. 다만, 일부 지역에서는 부(夫)가 자식을 부인하는 사례를 소개하고 있다. 평양 지역에서는 부(夫)가 그 자식을 부인하기 위한 일정한 관습은 없으나 간통을 하여 회태한 것이 분명한 경우에는 그 자식을 간부(姦夫)에게 인도한다. 또한 부(夫)가 부재 중에 회태한 경우에는 기처(棄妻)를 논하지 않는 것으로 조사되었다. 강계지역에서도 혼인을 한 지 4, 5개월만에 낳은 경우는 부(夫)의 자식이 아니라는 것을 부인할 수 있는 것으로 조사되었다. 다만, 혼인 후 몇 개월 이내에 낳은 자가 부(夫)의 자식이 아니라고 하는 일정한 것은 없는 것으로 조사되었다.

한편, 영변지역에서는 부가 자식을 부인하는 사례는 없지만 만약에 한다면 합혈법(合血法)을 시행한다고 기록되어 있다. 또한 경흥지방에서는 이혼 후에 태어난 자식에 대해서는 그 자식을 부(夫)의 자식으로 하고 그 가(家)에 들어가는 것으로 조사되었다.

[가치정보]

이 자료는 제2관 지역에서 혼인 중 처가 회태한 자식의 인지 여부에 대한 관습을 자세히 파악할 수 있는 자료이다.

관리기호	기록번호	자료명	
B-1-325	조제196호의 1	第百三十六 私生子ニ關スル慣習如何	
작성자	생산기관	생산 연도	
-	법전조사국	-	
지역	언어	분량	소장기관
제1관	일본어	61면	수원박물관
키워드	사생자, 인지, 서자, 첩자(妾子)		

[기본정보]

원래, 사생자라는 용어는 일본 민법상의 용어로서, 부(父)가 법률적으로 인지(認知)하지 아니한 자식을 가리킨다. 이 항목에서는 한국에서 이 같은 용어가 있는지, 사생자의 부모를 어떻게 결정하는지, 부가 인지한 자식과 그렇지 않은 자식 사이에 구별이 있는지, 한국에서는 첩자(妾子)와 사생자를 서로 구별하는지 등에 대하여 조사하고 있다. 조사지역은 경성, 개성, 인천, 수원, 안성, 청주, 충주, 영동, 대구, 상주, 안동, 경주, 울산, 동래, 창원, 진주, 제주, 무안, 광주, 옥구, 전주 등 한국 중남부 지방이다. 관습조사보고서류 중에서 '문제별조사서'에 해당된다.

[내용정보]

각 지역조사보고서는 혼인 외의 자식 중에서 부(父)를 알고 있는 자(子)는 서자라고 칭하지만 부(父)를 알지 못하는 자식에 대해서는 별도의 명칭이 없다고 조사되었다. 또한, 첩이 낳은 자식은 당연히 서자이며 부(父)를 모르는 자식도 모두 서자(庶子)라는 용어를 사용하는 것으로 조사되었다. 따라서 첩이 낳은 서자와 다른 사생자와는 차이가 없다. 다만, 대구 지역에서는 첩의 자식은 단순히 서자라고 표현하지만 첩자 이외의 사생자는 ○○서자로 칭하는 것이 일반적이라고 조사되었다.

인지의 방법이나 절차에 대해서는 특정한 관례가 없었던 것으로 보인다. 일반적으로 부(父)가 구두로 인정하는 것에 불과하며 관청에 신청하는 절차도 없다. 대구 지역에서는 부모를 정하는 별도의 방법을 사용한 것으로 조사되었다. 즉, 부모의 피와 자식의 피를 섞어서 합해지면 부(父)의 자식으로 인정하고 합해지지 아니하면 부자관계가 없다고 결정하는 관습이 있다는 것이다. 그러나 한국에서는 자식이 많은 것을 복으로 여겨서 자식을 많이 갖으려 하기 때문에 부(父)가 자식을 부인하는 경우는 드물고 심지어는 부가 명확하지 않은 경우에는 모두 자신의 자식이라고 주장하기도 한다는 것이다.

개성 지역조사보고서에서는 결혼 전에 회태하고 결혼 이후에 낳은 자식을 부가 거절할 수 있는지에 대해서는 이 같은 사례를 들어보지 못하였다고 기술하는 등 일반적으로 인정되는 사례는 없는 것으로 조사되었다. 또한 임신 중의 사생자는 모(母)가 인지한다고 조사되었다.

일반적으로 사생아의 인지에 대해서는 별도의 절차가 없고 다만, 그 부가 직접 인지하거나 그 모의 신청으로 인지하는 것으로 조사되었다. 이와 함께 자식이 부에 대하여 인지를 청구하는 경우는 있다. 또한 인지는 유언으로도 할 수 있어 부모가 모두 사망한 자식도 인지를 할 수 있는 것으로 조사되었다.

"서자와 적자에 대하여 개성 지역조사보고서는 정처(正妻)가 사망한 이후에 첩이 처가 되는 경우에 그 자식은 적자가 될 수 있는가"에 대한 질문에 대해서는 첩이 정처가 되는 것을 허락하지 않지만 적생자가 없는 경우에 한하여 상속인이 될 수 있으며 그것을 승적이라고 표현한다고 기록되어 있다. 울산 지역에서는 서자가 적생자가 되지 못한다고 기록하는 등 지역에 따라 일부 편차가 있다. 유언으로도 승적하는 사례가 일부 있다는 사실도 조사되었다. 그리고 첩 이외의 서자가 부모의 혼인으로 인하여 적자가 되는 경우는 드물다. 다만, 인지의 취소에 대하여는 개성 지역에서 재판을 받고 취소하는 사례가 있다는 점도 조사되었다.

[가치정보]

이 자료는 조선에서의 '서자'에 대한 호칭, 인지의 방법이나 절차, 다른 자녀와의 구별 등의 사례를 통해 사생자에 관한 관습을 자세히 알 수 있는 자료이다.

	관리기호	기록번호	자료명	
	B-1-326	조제197호의 1	第百三十七 養子緣組ノ要件如何	
	작성자	생산기관	생산 연도	
	-	법전조사국	-	
	지역	언어	분량	소장기관
	제1관	일본어	80면	수원박물관
	키워드	입양, 양자연조, 서양자, 입부혼, 초서혼		

	관리기호	기록번호	자료명	
	B-1-606	조제197호의 3	第百三十七 養子緣組ノ要件如何	
	작성자	생산기관	생산 연도	
	-	법전조사국	-	
	지역	언어	분량	소장기관
	제1관	일본어	87면	수원박물관
	키워드	입양, 양자연조, 서양자, 입부혼, 초서혼		

[기본정보]

'조제197호의 1'은 초서본, '조제197호의 3'은 정서본이다. 이 문서는 양자연조의 요건에 관하여 경성, 개성, 인천, 수원, 안성, 청주, 충주, 영동, 대구, 상주, 안동, 경주, 울산, 동래, 창원, 진주, 제주 등 한국 중남부 지방의 관습을 조사한 것이다. 이 조사는 양자가 되기 위한 요건, 양친(養親)이 되기 위한 조건, 입양의 동의권자, 입양의 성립 시기 등을 중심으로 조사하고 있다.

[내용정보]

양자연조라는 용어는 일본 민법의 용어로서 한국에서는 입양이라는 용어를 사용하였다. 입양에 관한 한국의 관습은 일반적 기준과 관습을 확립하고 있는 것으로 조사되었다. 각 지역에서는 모두 양자의 목적을 대개 조상과 자신의 제사를 지내기 위한 것으로 기술하고 있다. 따라서 입양을 하는 것은 봉사자를 정하는 것과 동일하며 제사자가 될 수 있는 자는 남자에 한정하고 여자는 제사자가 될 수 없기 때문에 여자는 입양대상이 될 수 없다. 또한 제사자는 1인으로 한정되기 때문에 2인 이상의 양자도 인정되지 않는다는 점은 모든 지역에서 공통적이다. 또한, 입양을 할 수 있는 부모는 성년의 남자이어야 하고 미혼남자와 여성도 입양할 수 없는 것으로 조사되었다. 또한 입양을 할 때에는 적자뿐만 아니라 서자도 없을 것을 요한다.

양친의 연령에 대해서는 일정한 제한이 없지만 다만, 자식을 얻을 가망이 없는 연령이 되어야 한다고 기록되어 있다. 수원지역에서는 15세 이상이 되면 일반적으로 입양을 할 수 있다고 조사되었다. 예외적으로 사후양자의 경우에는 양친의 연령에 구애받지 않는다.

양자가 되기 위한 조건으로는 경성 지역조사보고서에 상세히 기록되어 있다. 우선, ① 양친(養親)에게 남자가 없을 것, ② 양자는 양친의 자식에 상당할 것, ③ 양자는 1명으로 제한할 것, ④ 양자는 남자일 것, ⑤ 양부와 양자의 부(父)와 합의할 것, ⑥ 양자가 되는 의식을 거행할 것, ⑦ 양친은 기혼자일 것 등이다. 특히, 양부모와 양자의 관계는 부계혈족의 남자 중에서 자(子) 항렬에 해당하게 되고 입양을 할 수 있는 자가 여러 명인 경우에는 항렬이 가까운 자를 먼저 하고 또 연장자를 먼저 하는 원칙이 있다고 한다. 또한 양친보다 나이가 많거나 존속은 양자가 될 수 없다.

입양의 절차는 양부모와 친부모와의 협의로 가능하고 법전에서는 입양할 때에 관의 허가를 받아야 하는 규정이 있으나 실제로는 이 같은 절차를 거의 이행하지 않는 것으로 조사되었다. 수원에서는 부부간의 동의 여부는 양부(養父)의 동의만이 필요하고 양모(養母)의 동의는 필요치 않으며 호주와 부모의 의견이 서로 다른 경우에는 부모의 의사를 따르는 것으로 조사되었다.

양자연조의 성립 시기는 일반적으로 친척을 초빙하여 조상에게 제사를 행하고 양자를 한다는 것을 조상의 영위(靈位)에 고하게 되면 연조가 성립한 것으로 보았다(청주). 그러나 안성 지역에서는 연조의 성립 시기가 단일한 경우는 없다고 기록하면서 사회적 계층에 따라서 구분하여 서술하고 있다. 우선, 상류사회에서는 종전 양자를 하기 위해서는 예조에서 예사(禮斜)를 신청하여 허가를 받았으나 현재는 장례원에 신청하여 허가를 받고 중류사회에서는 사당에 신고하고 친족 및 지우(知友)를 초대하는 등의 의식을 거행한다. 하류사회에서는 단지 구두로써 계약하는 것에 그친다고 하였다. 양자연조를 할 때는 관청에 계출하는가에 대해서도 면장에게 호적조사를 계출을 한다고 한다.

다만, 청주에서는 유언양자의 경우에는 구두로 하며 서자가 있는 경우에도 간혹 양자를 하지만 적자가 있는 경우에는 입양을 하지 않는 것으로 조사되었다. 특히, 거의 모든 지역에서는 서양자 관습이 없고 다만 초서의 관습은 있다는 점이 조사되었다.

[가치정보]

이 자료는 양자가 되기 위한 요건, 양친(養親)이 되기 위한 조건, 입양의 동의권자, 입양의 성립 시기 등에 관한 지역별 사례로부터 양자연조의 요건을 자세히 알 수 있는 자료이다.

관리기호	기록번호	자료명	
B-1-327	조제198호의 1	第百三十八 養子緣組ノ效力如何	
작성자	생산기관	생산 연도	
-	법전조사국	-	
지역	언어	분량	소장기관
제1관	일본어	31면	수원박물관
키워드	입양, 양친(養親), 양자, 적자, 친생자		

관리기호	기록번호	자료명	
B-1-607	조제198호의 3	第百三十八 養子緣組ノ效力如何	
작성자	생산기관	생산 연도	
-	법전조사국	-	
지역	언어	분량	소장기관
제1관	일본어	30면	수원박물관
키워드	입양, 양친(養親), 양자, 적자, 친생자		

[기본정보]

'조제198호의 1'은 초서본, '조제198호의 3'은 정서본이다. 이 문서는 양자연조의 효력에 관하여 경성, 개성, 인천, 수원, 안성, 청주, 충주, 안동, 경주, 진주, 무안, 광주 등 한국 중남부 지방을 조사한 것이다. 주요 조사사항으로는 "양자연조에 의하여 양자는 양가(養家)의 가(家)에 들어가는지, 양자는 양친의 적출자 신분을 취득할 수 있는지, 양친의 혈족과는 어떠한 관계가 되는지" 등이다.

[내용정보]

각 지역조사보고는 양자연조에 따른 법적 효력은 모두 동일한 관습이 있는 것으로 조사되었다. 우선, 모든 지역보고서에서는 양자연조와 동시에 양자는 양친(養親)의 가(家)에 들어가고 적자 신분을 취득하는 것으로 조사되었다. 대구 지역에서는 양자와 적출자는 신분상 차이가 없기 때문에 친부모가 사망했을 경우에는 1년 6개월 또는 2년간 상복을 입지만, 양부모가 사망했을 경우에는 3년 상복을 입는 것으로 조사되었다. 그리고 안동지역 조사보고서에서는 양자가 적출자 신분을 취득하는 시점에 대해서는 양자가 그 가(家)에 들어갔을 때 취득하는 것으로 기록하고 있다. 만약, 입양한 이후에 양부모가 친자식을 낳았을 때에도 그 양자가 상속권자가 되고 그 친자식은 차남 신분을 취득하는 것으로 조사되었다. 이에 따라서 양자도 적출자와 마찬가지로 제사상속권, 재산상속권을 동일하게 획득하는 것으로 조사되었다.

한편, 동래 지역에서는 일반적인 관습과는 다른 양상이 조사되어 있다. 즉, 양자가 적출자 신분을 취득하는 것에는 차이가 없으나, 양친의 가(家)에 들어가기는 하지만 반드시 들어가는 것을 요하지는 않으며 자기의 가(家)에 있으면서 양자의 의무를 행하는 사례가 있다는 것이다.

[가치정보]

이 자료는 양자연조의 효력에 대해 양자의 양가(養家) 입적, 양자의 적출 신분 취득, 양친의 혈족과의 관계 등에 관한 지역별 사례를 통해 설명함으로써 그 특징을 자세히 알 수 있는 자료이다.

I -2-1-171 제138 양자연조의 효력 여하

<table>
<tr><td rowspan="2"></td><td>관리기호</td><td>기록번호</td><td colspan="2">자료명</td></tr>
<tr><td>B-1-246</td><td>조제198호의 2</td><td colspan="2">第百三十八 養子緣組ノ效力如何</td></tr>
<tr><td>작성자</td><td>생산기관</td><td colspan="2">생산 연도</td></tr>
<tr><td>-</td><td>법전조사국</td><td colspan="2">-</td></tr>
<tr><td>지역</td><td>언어</td><td>분량</td><td>소장기관</td></tr>
<tr><td>제2관</td><td>일본어</td><td>23면</td><td>수원박물관</td></tr>
<tr><td>키워드</td><td colspan="3">양자, 양가(養家), 입적, 입양, 양자연조</td></tr>
</table>

[기본정보]

이 문서는 양자연조의 효력에 관하여 해주, 황주, 평양, 삼화, 안주, 덕천, 용천, 영변, 위주, 강계, 회령, 경흥, 회령, 종성 등 한국 중북부 지방을 조사한 것이다. 주요 조사사항으로는 "양자연조에 의하여 양자는 양가(養家)의 가(家)에 들어가는지, 양자는 양친의 적출자 신분을 취득할 수 있는지, 양친의 혈족과는 어떠한 관계가 되는지" 등이다.

[내용정보]

경성 지역을 비롯한 한국 중남부 지방과 똑같이 이 지역에서도 동일한 관습이 있는 것으로 조사되었다. 양자연조의 효력에 관해서는 한국에서 표준적인 관습법이 준행되는 것으로 보인다. 예컨대, 양자는 양친의 적출자 신분을 취득한다는 점은 모든 지역에서 공통적으로 보이고 있다. 그리고 양자연조로 인하여 양친의 혈족, 인족 또는 외척 등에 대해서도 양친의 적자로 인정받는다. 특히, 다른 지역에서도 양자연조를 맺은 이후에 양친에게 친남자를 출생하여도 법정추정가독상속인의 지위를 잃지 않으며 이 경우에 후에 태어난 친자는 차남의 지위를 얻게 된다.

[가치정보]

이 자료는 양자의 양가(養家) 입적, 양자의 적출 신분 취득, 양친의 혈족과의 관계 등 양자연조의 효력에 관한 지역별 사례를 자세히 알 수 있는 자료이다.

I-2-1-172 제139 양자의 이연에 관한 관습 여하

관리기호	기록번호	자료명	
B-1-328	조제199호의 1	第百三十九 養子ノ離緣ニ關スル慣習如何	
작성자	생산기관	생산 연도	
-	법전조사국	-	
지역	언어	분량	소장기관
제1관	일본어	47면	수원박물관
키워드	파양, 입양, 양친(養親), 양자, 이혼		

[기본정보]

조사구역의 1관 지역, 즉 경성, 개성, 인천, 안성, 청주, 충주, 영동, 대구, 상주, 안동, 경주, 울산, 동래, 창원, 진주, 제주, 무안, 광주(光州), 옥구, 전주, 남원, 공주, 온양, 예산, 은진 등 25개 지역에서 파양(罷養)에 관한 조사를 보고하였다. 파양의 조건, 양자(養子)가 호주(戶主)가 된 후의 파양, 파양 후 생가(生家)에서의 신분 회복 등이 조사되고, 파양자가 차남(次男)이면 삼남(三男)에 우선하여 상속(相續)할 권리(權利)가 있는가, 부부양자(夫婦養子) 또는 양자(養子)가 양녀(養女)와 혼인(婚姻)한 경우에 처(妻)가 이혼(離婚)을 하면 부(夫)는 어떻게 하여야 하는가 등도 조사되었다.

[내용정보]

한국의 법제상에서는 생가(生家)에 상속인이 없는 경우에는 양자를 파양할 것을 허용한다. 또 양자가 광기(狂氣), 악질(惡疾) 등으로 상속인이 되기에 적합하지 않은 경우에는 양친이 파양하는 것을 허용하지만, 친생자의 출생을 이유로 한 파양은 허용되지 않는다. 기타 양자에게 불효(不孝), 중죄(重罪), 낭비(浪費) 등의 사유가 있으면 관습상 양친이 양자와 헤어지는 것을 허용하였다. 다만 양자가 이미 호주로 된 경우에는 파양할 수 없다. 다만 이것들은 원래 관습상 인정된 바는 아니다.

양자는 파양으로 생가에 복적(復籍)하고 생가에서의 신분을 회복한다. 그리고 생가의 장자(長子)가 혼인 전에 사망한 경우에는 그 자가 차남이면 삼남에 우선하여 생가를 상속하는 것이다. 또 양자의 처와 비속은 양자에 수반하여 생가로 복적한다.

조선에서 부부양자(夫婦養子)를 인정하지 않는다. 부(夫)가 양자로 되면 처도 역시 따라서 양가에 들어가는 것에 지나지 않는다. 또 여자양자(女子養子)를 인정하지 않으므로 양자의 처가 이혼을 하는 경우는 없다.

[가치정보]

이 자료는 양자이연의 관습에 대해 파양의 조건, 호주가 된 후의 파양, 파양 후 생가에서의 신분 회복 등에 관한 지역별 사례를 통해 설명함으로써 그 특징을 자세히 알 수 있는 자료이다.

I-2-1-173 제141 친권자는 자식에 대하여 어떤 권리를 갖는가

관리기호	기록번호	자료명	
B-1-329	조제201호의 2	第百四十一 親權者ハ子ニ對シテ 如何ナル權利ヲ有スルカ	
작성자	생산기관	생산 연도	
-	법전조사국	-	
지역	언어	분량	소장기관
제1관	일본어	39면	수원박물관
키워드	친권자, 권리, 감호, 징계권, 거소		

[기본정보]

조사구역의 2관 지역, 즉 해주, 황주, 평양, 삼화, 안주, 용천, 강계, 영변, 경흥, 회령, 경성(鏡城), 성진, 북청, 갑산, 함흥, 덕원, 금성, 춘천, 원주 등 19개 지역에서 친권자는 자(子)에 대하여 어떠한 권리를 갖는지에 대해 조사, 보고하였다. 여기서는 자(子)의 감호·교육·징계를 할 수 있는 권리(權利)가 있는가, 만약 징계권(懲戒權)이 있다면 그 방법은 어떠한가, 또 자(子)의 거소지정권(居所指定權)이 있는가, 자(子)가 취직을 하는데 친권자(親權者)의 허가를 받아야 하는가, 이러한 권리(權利)를 행사함에는 주권(主權)과는 어떻게 조화하는가 등에 대해 조사하였다.

[내용정보]

친권을 행사하는 부모는 자(子)의 감호·교육·징계를 할 권리가 있고 또 거소를 지정하고 직업을 허가할 권리를 갖고 있다. 징계의 방법은 반드시 일정하지 않으나 대개 질책·외출 금지·체벌의 세 종류가 있다. 그러나 자(子)가 장년이 된 후에는 감호가 필요 없고 교육을 하는 시기도 대부분 유년기에 한정된다. 또 거소의 지정, 직업의 선택 등에 대해서도 자(子)가 상당한 연령이 된 후에는 반드시 부모의 간섭이 필요한 것은 아니다. 그래서 부모가 갖는 이러한 권리는 대개 자(子)가 유년(幼年)인 경우에 행사되는 것이라고 할 수 있다. 다만 징계권만은 자(子)의 연령에 구애받지 않고 행사되는 것이다.

친권을 행사하는 부나 모가 조부(祖父) 또는 백부(伯父)의 가족이면 조부 또는 백부도 호주로서 친권자와 거의 동일한 권리를 가지므로, 호주와 친권자가 의견을 달리하는 경우에는 교령(敎令)이 둘로 나누어지게 된다. 그러나 자의 보호감독은 부모의 임무이므로 친권자의 의견에 따르는 것을 원칙으로 한다. 하지만 만약 호주가 친권자와 의견을 달리하면 친권자는 호주(戶主)인 존장(尊長)의 의견에 복종하지 않을 수 없으므로, 친권자의 의견은 결국 호주의 의견에 양보하게 되는 것이다.

호주인 자(子)에 대하여 모가 친권을 행사하는 경우에는 자(子)의 호주로서의 권리는 모에 대하여 행사할 수 없다. 그래서 이 경우에는 호주권은 친권의 압박을 받게 되지만, 자(子)가 상당한 연령이 되어 모의 간섭이 필요 없게 되면 실제로 친권이 호주권의 행사를 방해하는 등의 일은 거의 없다.

[가치정보]

이 자료는 친권자의 자식에 대한 권리, 즉 파양의 조건, 호주가 된 후의 파양, 파양 후 생가에서의 신분 회복 등에 관한 관습을 지역별로 살필 수 있는 자료가 된다.

관리기호	기록번호	자료명	
B-1-245	조제201호의 4	第百四十一 親權者ハ子ニ對シテ 如何ナル權利ヲ有スルカ	
작성자	생산기관	생산 연도	
-	법전조사국	-	
지역	언어	분량	소장기관
제2관	일본어	27면	수원박물관
키워드	친권자, 권리, 감호, 징계권, 거소		

[기본정보]

조사구역의 2관 지역, 즉 해주, 황주, 평양, 삼화, 안주, 용천, 강계, 영변, 경흥, 회령, 경성(鏡城), 성진, 북청, 갑산, 함흥, 덕원, 금성, 춘천, 원주 등 19개 지역에서 친권자는 자(子)에 대하여 어떠한 권리를 갖는지에 대해 조사, 보고하였다. 여기서는 자(子)의 감호·교육·징계를 할 수 있는 권리(權利)가 있다가, 만약 징계권(懲戒權)이 있다면 그 방법은 어떠한가, 또 자(子)의 거소지정권(居所指定權)이 있는가, 자(子)가 취직(就職)을 하는데 친권자(親權者)의 허가를 받아야 하는가, 이러한 권리(權利)를 행사함에는 주권(主權)과는 어떻게 조화하는가 등에 대해 조사하였다.

[내용정보]

친권을 행사하는 부모는 자(子)의 감호·교육·징계를 할 권리가 있고 또 거소를 지정하고 직업을 허가할 권리를 갖고 있다. 징계의 방법은 반드시 일정하지 않으나 대개 질책·외출 금지·체벌의 세 종류가 있다. 그러나 자(子)가 장년이 된 후에는 감호가 필요 없고 교육을 하는 시기도 대부분 유년기에 한정된다. 또 거소의 지정, 직업의 선택 등에 대해서도 자(子)가 상당한 연령이 된 후에는 반드시 부모의 간섭이 필요한 것은 아니다. 그래서 부모가 갖는 이러한 권리는 대개 자(子)가 유년(幼年)인 경우에 행사되는 것이라고 할 수 있다. 다만 징계권만은 자(子)의 연령에 구애받지 않고 행사되는 것이다.

친권을 행사하는 부나 모가 조부(祖父) 또는 백부(伯父)의 가족이면 조부 또는 백부도 호주로서 친권자와 거의 동일한 권리를 가지므로, 호주와 친권자가 의견을 달리하는 경우에는 교령(敎令)이 둘로 나누어지게 된다. 그러나 자의 보호감독은 부모의 임무이므로 친권자의 의견에 따르는 것을 원칙으로 한다. 하지만 만약 호주가 친권자와 의견을 달리하면 친권자는 호주(戶主)인 존장(尊長)의 의견에 복종하지 않을 수 없으므로, 친권자의 의견은 결국 호주의 의견에 양보하게 되는 것이다.

호주인 자(子)에 대하여 모가 친권을 행사하는 경우에는 자(子)의 호주로서의 권리는 모에 대하여 행사할 수 없다. 그래서 이 경우에는 호주권은 친권의 압박을 받게 되지만, 자(子)가 상당한 연령이 되어 모의 간섭이 필요 없게 되면 실제로 친권이 호주권의 행사를 방해하는 등의 일은 거의 없다.

[가치정보]

이 자료는 친권자의 자식에 대한 권리, 즉 파양의 조건, 호주가 된 후의 파양, 파양 후 생가에서의 신분 회복 등에 관한 관습을 지역별로 살필 수 있는 자료가 된다.

I-2-1-175 제142 자식의 재산을 관리해야 하는가 아닌가

관리기호	기록번호	자료명		
B-1-330	조제202호의 3	第百四十二 子ノ財産ヲ管理スベキヤ否ヤ		
작성자	생산기관	생산 연도		
-	법전조사국	-		
지역	언어	분량		소장기관
제1관	일본어	36면		수원박물관
키워드	친권자, 재산, 수익권, 관리			

[기본정보]

법전조사국에서 해주, 황주, 평양, 삼화, 안주, 덕천, 용천, 강계, 영변, 경흥, 회령, 경성, 성진, 북청, 갑산, 함흥, 금성, 덕원, 춘천, 원주 등의 지역들에서 친권자는 자(子)의 재산을 관리하는지에 대해 조사한 보고 자료다.

[내용정보]

아버지의 생존 시에는, 그가 성년이 안 된 자식의 재산을 분배하고 관리할 권한을 갖는다. 그리고 아버지가 생존하지 않을 때, 어머니의 경우에는 아들이 성년이 되기 전까지 관리하는 권리를 갖는다. 친권자는 자식의 재산을 관리하면서 그 수익을 처분할 수 있고 또 때때로 재산의 처분권까지 또한 갖는다.

친권자로서 부와 모는 동등한 권리를 지닌다. 하지만 어머니가 친권자로서 재산을 관리할 경우에는 자식의 백부 등과 협의하여 그 보조를 받는 것을 보통으로 한다.

[가치정보]

이 자료는 자식의 재산 관리에 대해 관리의 권한, 부부간 권한의 차이, 친권자의 수익권 등에 관한 지역별 사례를 설명함으로써 그 특징을 자세히 알 수 있는 자료이다.

Ⅰ-2-1-176 제142 자식의 재산을 관리해야 하는가 아닌가

관리기호	기록번호	자료명	
B-1-252	조제202호의 2	第百四十二 子ノ財産ヲ管理スベキヤ否ヤ	
작성자	생산기관	생산 연도	
-	법전조사국	-	
지역	언어	분량	소장기관
제2관	일본어	24면	수원박물관
키워드	친권자, 재산, 수익권, 관리		

[기본정보]

조사구역의 2관 지역, 즉 해주, 황주, 평양, 삼화, 안주, 덕천, 용천, 강계, 영변, 경흥, 회령, 경성(鏡城), 성진, 북청, 갑산, 함흥, 덕원, 금성, 춘천, 원주 등 20개 지역에서 친권자는 자의 재산을 관리하는가에 대한 조사를 보고하였다. 관리하여야 한다면 그 권한(權限)은 어떠한가, 이에 대하여 부(父)와 모(母)가 다른 점이 없는가, 또 친권자(親權者)는 자(子)의 재산에 대하여 수익권(受益權) 등이 있는가 등이 조사되었다.

[내용정보]

호주인 자가 유년이면 상당한 연령이 될 때까지 모가 친권자로서 그 재산을 관리하는 것이 관례이다. 이 경우 관리권한은 매우 넓어 자기의 재산과 조금도 차이가 없어 처분행위 등도 자유로이 할 수 있다. 그래도 실제로는 여자는 세상살이에 어둡고, 또 외부와 교섭하기가 불편하므로, 자(子)의 백부(伯父) 등과 협의하여 그 보조를 받는 것을 보통으로 한다. 그리고 친권자인 모는 자의 재산에 대하여 스스로 수익할 수 없고 다만 자를 위해서 수익을 얻을 뿐이다.

가족인 자(子)가 재산을 가지고 있는 경우에는 친권자인 부(父)가 관리하고 또 수익을 얻는다. 그렇지만 친권자인 부(父) 역시 가족인 경우에는 보통 호주가 재산을 관리하고 수익을 하는 예가 많다. 또 이러한 경우에 자가 독립하여 생계를 유지하면 친권자 또는 호주가 관리수익을 하지 않는다. 설사 독립생계를 유지하지 못한 경우라도 그 자가 상당한 연령이 된 후에는 스스로 관리수익을 하는 예가 있다. 단 부(父) 또는 호주의 지휘감독을 받는 것이 상례이다.

[가치정보]

이 자료는 자식의 재산 관리에 대해 관리의 권한, 부부간 권한의 차이, 친권자의 수익권 등에 관한 지역별 사례를 통해 설명함으로써 그 특징을 자세히 알 수 있는 자료이다.

관리기호	기록번호	자료명	
B-1-331	조제203호의 1	第百四十三 親權ニ服スル女子ニ夫アル場合ニ於テハ其權利ト親權トノ調和如何	
작성자	생산기관	생산 연도	
-	법전조사국	-	
지역	언어	분량	소장기관
제1관	일본어	34면	수원박물관
키워드	친권, 부(夫), 거소, 직업, 재산, 관리		

관리기호	기록번호	자료명	
B-1-608	조제203호의 3	第百四十三 親權ニ服スル女子ニ夫アル場合ニ於テハ其權利ト親權トノ調和如何	
작성자	생산기관	생산 연도	
-	법전조사국	-	
지역	언어	분량	소장기관
제1관	일본어	33면	수원박물관
키워드	친권, 부(夫), 거소, 직업, 재산, 관리		

[기본정보]

'조제203호의 1'은 초서본, '조제203호의 3'은 정서본이다. 조사구역의 1관 지역, 즉 경성, 개성, 인천, 수원, 안성, 청주, 충주, 영동, 대구, 상주, 안동, 경주, 울산, 동래, 창원, 진주, 제주, 무안, 광주(光州), 옥구, 전주, 남원, 공주, 온양, 예산, 은진 등 26개 지역에서 친권에 복종하는 여자에게 부(夫)가 있는 경우에 부(夫)의 권리와 친권은 어떻게 조화하는가에 대해 조사, 보고하였다. 예컨대 처(妻)의 거소(居所)는 부(夫)와 친권자(親權者)를 누가 지정하는가, 그의 직업에 대해서는 부(夫)와 친권자(親權者) 누구의 허가가 필요한가, 그 재산은 부(夫)와 친권자(親權者) 누가 관리하는가 등이 조사되었다.

[내용정보]

친권에 복종하여야 하는 여자에게 부(夫)가 있는 예는 초혼(招婚)의 경우뿐이다. 이 경우에 여자는 부모와 동거하기 때문에 친권에 복종하여야 하는 것은 혼인전과 다르지 않다. 그렇지만 조선의 풍습으로는 여자가 출가(出嫁)하면 한결같이 부(夫)의 명령에 복종하여야 하는 것이다. 따라서 거소의 지정, 직업의 허가 등은 모두 부(夫)의 권한이다. 또 그 재산의 관리·수익 등도 처에 대한 부(夫)의 권리로써 부(夫)가 하여야 하는 것이다. 그렇지만 실제로는 부(夫)가 어리면 처부모가 이에 간섭하는 일이 많다. 또 장성한 후에라도 사위인 관계로 처부모의 명에 항거할 수 없는 관계가 적지 않다.

[가치정보]

이 자료는 친권에 복속된 여자에게 남편이 있는 경우에 있어서 친권자와 남편의 권리의 조화에 대해 거소의 지정, 직업 선택의 허가, 재산 관리의 관습을 지역별로 살필 수 있는 기록이 된다.

I-2-1-178 제144 친권자는 아들을 대신하여 호주권 및 친권을 행하는가

관리기호	기록번호	자료명	
B-1-253	조제204호의 2	第百四十四 親權者ハ子ニ代リテ戶主權及親權ヲ行フカ	
작성자	생산기관	생산 연도	
-	법전조사국	-	
지역	언어	분량	소장기관
제2관	일본어	23면	수원박물관
키워드	친권, 부(夫), 거소, 직업, 재산, 관리		

[기본정보]

조사구역의 2관 지역, 즉 해주, 황주, 평양, 삼화, 안주, 덕천, 용천, 강계, 영변, 경흥, 회령, 경성(鏡城), 성진, 북청, 갑산, 함흥, 덕원, 금성, 춘천, 원주 등 20개 지역에서 친권자는 자를 대리하여 호주권과 친권을 행사하는지에 대한 조사를 보고하였다. 만약 그렇다면 자(子)의 연령에 구애받지 않는가도 조사되었다.

[내용정보]

조선의 관습에는 호주가 어리면 친권자인 모(母)가 호주권을 행사한다. 그러나 자(子)가 15세가 되면 스스로 호주권을 행사하는 것이 관례이다. 그러나 실제로 미혼자는 15세가 되더라도 스스로 호주권을 행사하는 예가 없다. 또 기혼자라도 17, 8세가 될 때까지 모가 호주권을 대리하여 행사하는 예가 없지 않다. 그리고 친권자인 부(父)가 있으면 자(子)는 호주가 될 수 없으므로, 부가 자를 대리하여 호주권을 행사하는 예는 절대로 없다.

친권자(親權者)가 자(子)를 대리하여 친권을 행사하는 존장(尊長)에 있어, 자(子)가 정신병자이거나 연소한 경우에는 자(子)의 친권자는 손(孫)에 대하여 자(子)의 친권행사와 동일한 권리를 행사한다. 그렇지만 이는 친권자가 자를 대리하여 친권을 행사하는 것이 아니고, 존장(尊長)으로서의 권리(權利) 또는 호주권(戶主權)의 당연한 행사라고 하여야 한다.

[가치정보]

본서는 친권자가 자식을 대신해 호주권과 친권을 행사하는가와 이 경우 자식의 연령에 구애받는가에 대해 제2관 지역의 사례를 파악할 수 있는 자료이다.

관리기호	기록번호	자료명	
B-1-332	조제205호의 1	第百四十五 親權喪失ノ原因如何	
작성자	생산기관	생산 연도	
-	법전조사국	-	
지역	언어	분량	소장기관
제1관	일본어	32면	수원박물관
키워드	친권상실, 친자관계, 친족회, 친권자, 친권		

[기본정보]

조사구역의 1관 지역, 즉 경성, 개성, 인천, 수원, 안성, 청주, 충주, 영동, 대구, 상주, 안동, 경주, 울산, 동래, 창원, 진주, 제주, 무안, 광주(光州), 옥구, 전주, 남원, 공주, 온양, 예산, 은진 등 26개 지역에서 친권상실의 원인에 대한 조사를 보고하였다. 친권자(親權者)는 그 친권(親權)의 전부 또는 일부를 포기할 수 있는가, 만약 포기할 수 있다면 상당한 이유가 있어야 하는가, 아니면 임의로 포기할 수 있는가, 관(官)이나 친족회(親族會)가 친권(親權)의 전부 또는 일부를 박탈할 수 있는가, 만약 박탈할 수 있다면 그 원인은 어떠한가, 이러한 점에 대하여 부(父)와 모(母)가 다른 점이 없는가 등등이 조사되었다.

[내용정보]

친권(親權)은 친자관계(親子關係)에서 발생한 것으로 친권자가 친권의 전부 또는 일부를 포기하는 등은 조선인은 이해하기 어려운 바이다. 모(母)가 친권을 행사하는 경우에 자(子)의 백숙부(伯叔父) 등이 재산을 관리하게 할 수 있기는 하다. 그러나 이는 모(母)를 대리하는 것으로 모가 친권의 일부를 포기한 것이라고 할 수는 없다. 또 친권자가 친권을 남용하거나 현저한 불법을 하거나 자(子)의 재산을 위태롭게 하더라도 친자관계 때문에 부득이한 것으로 여기고 관(官)이나 친족회(親族會)에서 친권의 전부 또는 일부를 박탈할 수 없다. 다만 과부인 모(母)가 현저한 불법을 하고 또 호주(戶主)인 자(子)의 재산을 위태롭게 한 경우에는 친족의 협의를 거쳐 이에 간섭하는 예가 있다고 한다.

358

[가치정보]

이 자료는 친권의 포기와 이유, 친권의 박탈과 원인, 부모간의 차이 등에 관한 지역별 사례로부터 친권 상실의 원인을 설명하고 있는 자료이다.

I-2-1-180 제146 후견 또는 이와 유사한 제도를 인정하는가

관리기호	기록번호	자료명	
B-1-333	조제206호의 1	第百四十六 後見又ハ之ニ類スル制度ヲ認ムルカ	
작성자	생산기관	생산 연도	
-	법전조사국	-	
지역	언어	분량	소장기관
제1관	일본어	35면	수원박물관
키워드	후견, 미성년자, 호주, 친권자, 호후인(護後人)		

[기본정보]

이 자료는 법전조사국에서 후견 또는 이와 유사한 제도를 인정하는가에 관한 사항을 조사한 것이다. 작성자, 생산연도는 미상이다. 이 자료는 모두 35면이며 일본어로 기록되어 있다.

[내용정보]

조사구역의 1관 지역, 즉 경성, 개성, 인천, 수원, 안성, 청주, 충주, 영동, 대구, 상주, 안동, 경주, 울산, 동래, 창원, 진주, 제주, 무안, 광주(光州), 옥구, 전주, 남원, 공주, 온양, 예산, 은진 등 26개 지역에서 후견 또는 이와 유사한 제도를 인정하는지에 관해 조사, 보고하였다. 만약 인정한다면 어떤 경우에 후견인(後見人)을 두는가, 예컨대 미성년자(未成年者), 정신병자(精神病者) 등을 위해서 두는가, 그 자가 호주(戶主)가 아닌 경우에도 역시 이를 두는가, 친권자(親權者)가 있는 경우에도 역시 두는가 등등이 조사되었다.

조선에서는 미성년자 또는 정신병자에게는 특히 보호자를 정하는 예가 있는데 필경

IV. 법전조사국 관습조사 문제별 지역조사서   359

후견에 지나지 않는다. 〈민형소송(民刑訴訟)에 관한 규정〉에는 '호후인(護後人)'이라는 용어를 사용한다. 그렇지만 관습상 일정한 명칭이 없으므로 가령 후견인(後見人)이라고 할 수 있다. 조선에는 '뒤를 돌보아 주는 사람'이란 말이 있다. 후견인을 선정하는 것은 미성년자나 정신병자가 호주인 경우에 한정하며 친권을 행사하는 모가 있으면 이를 선정하는 예는 없다.

[가치정보]

이 자료는 후견이나 유사한 제도에 대해 제도의 인정 여부, 후견인의 조건 등에 관한 제1관 지역의 관습을 살필 수 있는 기록이다.

I-2-1-181 제146 후견 또는 이와 유사한 제도를 인정하는가

관리기호	기록번호	자료명	
B-1-254	조제206호의 2	第百四十六 後見又ハ之ニ類スル制度ヲ認スルカ	
작성자	생산기관	생산 연도	
-	법전조사국	-	
지역	언어	분량	소장기관
제2관	일본어	25면	수원박물관
키워드	후견, 미성년자, 호주, 친권자, 호후인(護後人)		

[기본정보]

이 자료는 법전조사국에서 "후견 또는 이와 유사한 제도를 인정하는가"에 관한 사항을 조사한 것이다. 작성자, 생산연도는 미상이다. 이 자료는 모두 25면이며 일본어로 기록되어 있다.

[내용정보]

조사구역의 2관 지역, 즉 해주, 황주, 평양, 삼화, 안주, 덕천, 용천, 강계, 영변, 경흥,

회령, 경성(鏡城), 성진, 북청, 갑산, 함흥, 덕원, 금성, 춘천, 원주 등 20개 지역에서 후견 또는 이와 유사한 제도를 인정하는지에 관해 조사, 보고하였다. 만약 인정한다면 어떤 경우에 후견인(後見人)을 두는가, 예컨대 미성년자(未成年者), 정신병자(精神病者) 등을 위해서 두는가, 그 자(者)가 호주(戶主)가 아닌 경우에도 역시 이를 두는가, 친권자(親權者)가 있는 경우에도 역시 두는가 등등이 조사되었다.

조선에서는 미성년자 또는 정신병자에게는 특히 보호자를 정하는 예가 있는데 필경 후견에 지나지 않는다. 〈민형소송(民刑訴訟)에 관한 규정〉에는 '호후인(護後人)'이라는 용어를 사용한다. 그렇지만 관습상 일정한 명칭이 없으므로 가령 후견인(後見人)이라고 할 수 있다. 조선에는 '뒤를 돌보아 주는 사람'이란 말이 있다. 후견인을 선정하는 것은 미성년자나 정신병자가 호주인 경우에 한정하며 친권을 행사하는 모가 있으면 이를 선정하는 예는 없다.

[가치정보]
이 자료는 후견이나 유사한 제도에 대해 제도의 인정 여부, 후견인의 조건 등에 관한 제2관 지역의 관습을 살필 수 있는 기록이다.

Ⅰ-2-1-182 제147 누가 후견인이 되는가

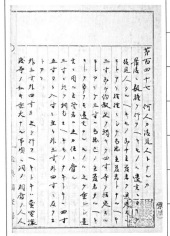

관리기호	기록번호	자료명		
B-1-334	조제207호의 1	第百四十七 何人カ後見人トナルカ		
작성자	생산기관	생산 연도		
-	법전조사국	-		
지역	언어	분량	소장기관	
제1관	일본어	36면	수원박물관	
키워드	후견인, 배우자, 부부, 친족회, 호주			

관리기호	기록번호	자료명		
B-1-609	조제207호의 3	第百四十七 何人カ後見人トナルカ		
작성자	생산기관	생산 연도		
-	법전조사국	-		
지역	언어	분량	소장기관	
제1관	일본어	40면	수원박물관	
키워드	후견인, 배우자, 부부, 친족회, 호주			

[기본정보]

'조제207호의 1'은 초서본이고 '조제207호의 3'은 정서본이다. 이 자료는 법전조사국에서 누가 후견인이 되는가에 관한 사항을 조사한 것이다. 작성자, 생산연도는 미상이다. 이 자료는 일본어로 기록되어 있다.

[내용정보]

조사구역의 1관 지역, 즉 경성, 인천, 수원, 안성, 청주, 충주, 영동, 대구, 상주, 안동, 경주, 울산, 동래, 창원, 진주, 제주, 무안, 광주(光州), 옥구, 전주, 남원, 공주, 온양, 예산,

은진 등 25개 지역에서 누가 후견인(後見人)이 되는가에 대해 조사, 보고하였다. 예컨대 부모(父母)가 유언(遺言) 등으로 후견인을 선정할 수 있는가, 만약 그렇다면 그 경우는 어떠한가, 배우자(配偶者)가 후견인으로 되어 후견인의 직무를 할 수 있는가, 이에 대하여 부부간에 차이가 있는가, 또 호주(戸主)가 가족의 후견인으로 되고 후견인의 직무를 할 수 있는가, 친족회(親族會) 등의 기관이 후견인을 선정할 수 있는가 등등이 조사되었다.

후견인은 부모의 유언이 있으면 유언으로 지정된 자가 맡는다. 만약 유언이 없으면 통례로 백숙부 중 연장자가 이를 맡지만, 이러한 자가 없으면 친족이 협의를 하여 근친 중에서 적임자를 선정하는 것이다. 또 정신병자에 대해서는 처가 있으면 처가 보호를 맡는다. 그런데 이는 다만 처로서의 임무를 할 뿐이므로, 이를 후견인과 동일시할 수 없다. 그리고 호주가 정신병자인 가족을 보호하는 경우는 호주로서 이를 보호하는 것에 지나지 않는다. 그러므로 이를 후견인과 동일시할 수 없을 뿐만 아니라. 가족을 위한 후견인을 인정하지 않는 결과 호주가 후견인의 임무를 하는 것으로 볼 수 없다. 또 여자가 후견인이 되는 예는 없다.

[가치정보]

이 자료는 후견인 선정에 대해 부모의 유언을 통한 지정, 부모의 유언이 없을 경우 친족 내 선정 등에 관한 관습을 지역별로 살필 수 있는 기록이 된다.

I-2-1-183 제147 누가 후견인이 되는가

관리기호	기록번호	자료명	
B-1-255	조제207호의 2	第百四十七 何人カ後見人トナルカ	
작성자	생산기관	생산 연도	
-	법전조사국	-	
지역	언어	분량	소장기관
제2관	일본어	24면	수원박물관
키워드	후견인, 배우자, 부부, 친족회, 호주		

[기본정보]

이 자료는 법전조사국에서 누가 후견인이 되는가에 관한 사항을 조사한 것이다. 작성자, 생산연도는 미상이다. 이 자료는 모두 24면이며 일본어로 기록되어 있다.

[내용정보]

조사구역의 2관 지역, 즉 해주, 황주, 평양, 삼화, 안주, 덕천, 용천, 강계, 영변, 경흥, 회령, 경성(鏡城), 성진, 북청, 갑산, 함흥, 덕원, 금성, 춘천, 원주 등 20개 지역에서 누가 후견인(後見人)이 되는가에 대해 조사, 보고하였다. 예컨대 부모(父母)가 유언(遺言) 등으로 후견인을 선정(選定)할 수 있는가, 만약 그렇다면 그 경우는 어떠한가, 배우자(配偶者)가 후견인으로 되어 후견인의 직무를 할 수 있는가, 이에 대하여 부부간에 차이가 있는가, 또 호주(戶主)가 가족의 후견인으로 되고 후견인의 직무를 할 수 있는가, 친족회(親族會) 등의 기관이 후견인을 선정할 수 있는가 등등이 조사되었다.

후견인은 부모의 유언이 있으면 유언으로 지정된 자가 맡는다. 만약 유언이 없으면 통례로 백숙부중 연장자가 이를 맡지만, 이러한 자가 없으면 친족이 협의를 하여 근친 중에서 적임자를 선정하는 것이다. 또 정신병자에 대해서는 처가 있으면 처가 보호를 맡는다. 그런데 이는 다만 처로서의 임무를 할 뿐이므로, 이를 후견인과 동일시할 수 없다. 그리고 호주가 정신병자인 가족을 보호하는 경우는 호주로서 이를 보호하는 것에 지나지 않는다. 그러므로 이를 후견인과 동일시할 수 없을 뿐만 아니라. 가족을 위한 후견인을 인정하지 않는 결과 호주가 후견인의 임무를 하는 것으로 볼 수 없다. 또 여자가 후견인이 되는 예는 없다.

[가치정보]

이 자료는 후견인 선정에 대해 부모의 유언을 통한 지정, 부모의 유언이 없을 경우 친족 내 선정 등에 관한 지역별 사례를 통해 설명함으로써 그 특징을 자세히 알 수 있는 자료이다.

Ⅰ-2-1-184 제148 후견인은 1인으로 한정하는가

관리기호	기록번호	자료명	
B-1-335	조제208호의 1	第百四十八 後見人ハ一人ニ限ルカ	
작성자	생산기관	생산 연도	
-	법전조사국	-	
지역	언어	분량	소장기관
제1관	일본어	31면	수원박물관
키워드	후견인, 배우자, 부부, 친족회, 호주		

관리기호	기록번호	자료명	
B-1-610	조제208호의 3	第百四十八 後見人ハ一人ニ限ルカ	
작성자	생산기관	생산 연도	
-	법전조사국	-	
지역	언어	분량	소장기관
제1관	일본어	28면	수원박물관
키워드	후견인, 배우자, 부부, 친족회, 호주		

[기본정보]

'조제208호의 1'은 초서본이고 '조제208호의 3'은 정서본이다. 이 자료는 법전조사국에서 후견인은 1인으로 한정하는가에 관한 사항을 조사한 것이다. 작성자, 생산연도는 미상이다. 이 자료는 일본어로 기록되어 있다.

[내용정보]

조사구역의 1관 지역, 즉 경성, 인천, 수원, 안성, 청주, 충주, 영동, 대구, 상주, 안동, 경주, 울산, 동래, 창원, 진주, 제주, 무안, 광주(光州), 옥구, 전주, 남원, 공주, 온양, 예산,

은진 등 25개 지역에서 후견인은 1인으로 한정하는지를 조사, 보고하였다. 또 수인(數人)을 선정하는 예가 있는가, 만약 있다면 후견사무(後見事務)는 공동으로 하는가, 각자가 단독으로 전행하는가, 아니면 과반수로 결정하는가 등등이 조사되었다.

후견인은 항상 1인에 한정하고, 2인 이상의 후견인을 동시에 두는 예는 없다.

[가치정보]

이 자료는 후견인의 1인 한정 여부에 대해 제1관 지역의 특징을 자세히 알 수 있는 자료이다.

I-2-1-185 제148 후견인은 1인으로 한정하는가

관리기호	기록번호	자료명		
B-1-256	조제208호의 2	第百四十八 後見人ハ一人ニ限ルカ		
작성자	생산기관	생산 연도		
-	법전조사국	-		
지역	언어	분량	소장기관	
제2관	일본어	23면	수원박물관	
키워드	후견인, 배우자, 부부, 친족회, 호주			

[기본정보]

이 자료는 법전조사국에서 후견인은 1인으로 한정하는가에 관한 사항을 조사한 것이다. 작성자, 생산연도는 미상이다. 이 자료는 모두 23면이며 일본어로 기록되어 있다.

[내용정보]

조사구역의 2관 지역, 즉 해주, 황주, 평양, 삼화, 안주, 덕천, 용천, 강계, 영변, 경흥, 회령, 경성(鏡城), 성진, 북청, 갑산, 함흥, 덕원, 금성, 춘천, 원주 등 20개 지역에서 후견인은 1인으로 한정하는지를 조사, 보고하였다. 또 수인(數人)을 선정하는 예가 있는가, 만약 있다면 후견사무(後見事務)는 공동으로 하는가, 각자가 단독으로 전행하는가, 아니면 과반수로 결정하는가 등등이 조사되었다.

후견인은 항상 1인에 한정하고, 2인 이상의 후견인을 동시에 두는 예는 없다.

[가치정보]

이 자료는 후견인의 1인 한정 여부에 대해 제2관 지역의 특징을 자세히 알 수 있는 자료이다.

I-2-1-186 제149 후견인은 그 임무를 사임할 수 있는가

관리기호	기록번호	자료명	
B-1-336	조제209호의 1	第百四十九 後見人ハ其任務ヲ辭スルコトヲ得ルカ	
작성자	생산기관	생산 연도	
-	법전조사국	-	
지역	언어	분량	소장기관
제1관	일본어	33면	수원박물관
키워드	후견인, 임무, 사임, 유언		

관리기호	기록번호	자료명	
B-1-611	조제209호의 3	第百四十九 後見人ハ其任務ヲ辭スルコトヲ得ルカ	
작성자	생산기관	생산 연도	
-	법전조사국	-	
지역	언어	분량	소장기관
제1관	일본어	31면	수원박물관
키워드	후견인, 임무, 사임, 유언		

[기본정보]

'조제209호의 1'은 초서본, '조제209호의 3'은 정서본이다. 이 자료는 법전조사국에서 후견인은 그 임무를 사임할 수 있는가에 관한 사항을 조사한 것이다. 작성자, 생산연도는 미상이다. 이 자료는 일본어로 기록되어 있다.

[내용정보]

조사구역의 1관 지역, 즉 경성, 인천, 수원, 안성, 청주, 충주, 영동, 대구, 상주, 안동, 경주, 울산, 동래, 창원, 진주, 제주, 무안, 광주(光州), 옥구, 전주, 남원, 공주, 온양, 예산, 은진 등 25개 지역에서 후견인은 그 임무를 사임할 수 있는지를 조사, 보고하였다. 만약 사퇴할 수 있다면 임의로 사퇴할 수 있는가, 아니면 상당한 이유가 있어야 하는가, 또 남녀간에 차이가 있는가 등이 조사되었다.

후견인은 유언에 의한 경우와 문회(門會)에서 선정한 경우와 또 백숙부인 경우를 묻지 않고 어느 것이나 근친인 관계상 그 임무를 맡는 것이다. 따라서 후견인은 그 임무에서 사퇴할 수 없다. 부득이한 사유가 있는 경우에 한정하여 사퇴할 수 있는 것이다. 그리고 여자는 후견인이 될 수 없다.

[가치정보]

이 자료는 후견인의 임무 사임 가능 여부에 대한 지역별 사례로부터 그 특징을 파악할 수 있는 자료이다.

관리기호	기록번호	자료명	
B-1-337	조제210호의 1	第百五十　後見人タルコトヲ得サル者アルカ	
작성자	생산기관	생산 연도	
-	법전조사국	-	
지역	언어	분량	소장기관
제1관	일본어	32면	수원박물관
키워드	후견인, 미성년자, 전과자, 친족회		

관리기호	기록번호	자료명	
B-1-612	조제210호의 3	第百五十　後見人タルコトヲ得サル者アルカ	
작성자	생산기관	생산 연도	
-	법전조사국	-	
지역	언어	분량	소장기관
제1관	일본어	29면	수원박물관
키워드	후견인, 미성년자, 전과자, 친족회		

[기본정보]

'조제210호의 1'은 초서본, '조제210호의 3'은 정서본이다. 이 자료는 법전조사국에서 후견인이 될 수 없는 자가 있는가에 관한 사항을 조사한 것이다. 작성자, 생산연도는 미상이다. 이 자료는 일본어로 기록되어 있다.

[내용정보]

조사구역의 1관 지역, 즉 경성, 개성, 인천, 수원, 안성, 청주, 충주, 영동, 대구, 상주, 안동, 경주, 울산, 동래, 창원, 진주, 제주, 무안, 광주(光州), 옥구, 전주, 남원, 공주, 온양,

예산, 은진 등 26개 지역에서 후견인이 될 수 없는 자에 대한 조사를 보고하였다. 예컨대 미성년자(未成年者), 전과자(前科者)는 어떠한지, 또는 관(官)이나 친족회(親族會)에서 부적임자(不適任者)라고 하여 후견인(後見人)을 파면할 수 있는지 등이 그것이다.

후견인이 될 수 없는 자는 관습상 일정하지 않다. 그렇지만 여자와 미성년자는 본래 그 임무를 맡을 수 없다. 또 전과자로서 세상의 지탄을 바는 자는 그 임무를 맡기지 않는 것이 통례이다. 정신병자(精神病者), 불구자(不具者), 낭비자(浪費者)에게도 역시 이를 맡기지 않는다. 그리고 후견인이 부적임자인 경우에는 문회(門會)의 결의로 이를 파면할 수 있으나, 관(官)은 파면 등을 할 수 없다.

[가치정보]

이 자료는 성별, 나이의 차이와 전과의 유무, 부적임자에 대한 파면 등의 사례로부터 후견인이 될 수 없는 자에 관한 관습을 지역별로 살필 수 있는 자료이다.

Ⅰ-2-1-188 제150 후견인이 될 수 없는 자가 있는가

관리기호	기록번호	자료명	
B-1-558	조제210호의 2	第百五十 後見人タルコトヲ得サル者アルカ	
작성자	생산기관	생산 연도	
-	법전조사국	-	
지역	언어	분량	소장기관
제2관	일본어	23면	수원박물관
키워드	후견인, 미성년자, 전과자, 친족회		

[기본정보]

이 자료는 법전조사국에서 후견인이 될 수 없는 자가 있는가에 관한 사항을 조사한 것이다. 작성자, 생산연도는 미상이다. 이 자료는 모두 23면이며 일본어로 기록되어 있다.

[내용정보]

조사구역의 2관 지역, 즉 해주, 황주, 평양, 삼화, 안주, 덕천, 용천, 강계, 영변, 경흥, 회령, 경성(鏡城), 성진, 북청, 갑산, 함흥, 덕원, 금성, 춘천, 원주 등 20개 지역에서 후견인이 될 수 없는 자에 대한 조사를 보고하였다. 예컨대 미성년자(未成年者), 전과자(前科者)는 어떠한지, 또는 관(官)이나 친족회(親族會)에서 부적임자(不適任者)라고 하여 후견인(後見人)을 파면할 수 있는지 등이 그것이다.

후견인이 될 수 없는 자는 관습상 일정하지 않다. 그렇지만 여자와 미성년자는 본래 그 임무를 맡을 수 없다. 또 전과자로서 세상의 지탄을 바는 자는 그 임무를 맡기지 않는 것이 통례이다. 정신병자(精神病者), 불구자(不具者), 낭비자(浪費者)에게도 역시 이를 맡기지 않는다. 그리고 후견인이 부적임자인 경우에는 문회(門會)의 결의로 이를 파면할 수 있으나, 관(官)은 파면 등을 할 수 없다.

[가치정보]

이 자료는 성별, 나이의 차이와 전과의 유무, 부적임자에 대한 파면 등의 사례로부터 후견인이 될 수 없는 자에 관한 관습을 지역별로 살필 수 있는 자료이다.

ㅣ-2-1-189 제151 후견감독인 또는 이와 유사한 자를 두는 것이 있는가

관리기호	기록번호	자료명	
B-1-338	조제211호의 1	第百五十一 後見監督人又ハ 之二類スル者ヲ置ケコトアルカ	
작성자	생산기관	생산 연도	
-	법전조사국	-	
지역	언어	분량	소장기관
제1관	일본어	31면	수원박물관
키워드	후견감독인, 사임, 문장(門長), 문중(門中)		

관리기호	기록번호	자료명	
B-1-613	조제211호의 3	第百五十一 後見監督人又ハ 之二類スル者ヲ置ケコトアルカ	
작성자	생산기관	생산 연도	
-	법전조사국	-	
지역	언어	분량	소장기관
제1관	일본어	28면	수원박물관
키워드	후견감독인, 사임, 문장(門長), 문중(門中)		

[기본정보]

'조제211호의 1'은 초서본이고 '조제211호의 3'은 정서본이다. 이 자료는 법전조사국에서 후견감독인 또는 이와 유사한 제도를 두는가에 관한 사항을 조사한 것이다. 작성자, 생산연도는 미상이다. 이 자료는 일본어로 기록되어 있다.

[내용정보]

조사구역의 1관 지역, 즉 경성, 인천, 수원, 안성, 청주, 충주, 영동, 대구, 상주, 안동, 경주, 울산, 동래, 창원, 진주, 제주, 무안, 광주(光州), 옥구, 전주, 남원, 공주, 온양, 예산,

은진 등 25개 지역에서 후견감독인 또는 이와 유사한 제도를 두는지에 대한 조사를 보고하였다. 만약 있다면 누가 이를 담당하는가, 사임을 허용하는가, 후견감독인(後見監督人)일 수 없는 자가 있는가, 또 그 직무는 어떠한가 등에 대해 조사하였다.

후견인에게 위법한 사실이 있으면 문회의 결의로 후견인을 파면할 수 있는 것을 기술하였다. 그렇지만 평소에 이를 감독하기 위해서 특별히 감독자를 선임하는 등의 관습은 없다. 또 친족 중에 문장(門長)이 있어 항상 후견인의 행위를 감독하지만, 문장(門長)은 문중(門中)의 모든 사무를 감시하는 자로서 후견인만을 감독하는 자는 아니다. 따라서 그가 후견감독인이 아닌 것은 물론이다. 그러므로 조선에서는 후견감독인이나 이와 유사한 제도가 없다고 하겠다.

[가치정보]

이 자료는 후견인의 감독을 위한 감독자의 선임 여부, 문중에서의 후견인에 대한 감독 관습 등 후견감독인의 관습의 사례를 살필 수 있는 자료이다.

I-2-1-190 제153 후견인은 친권자와 동일한 권리를 갖는가

관리기호	기록번호	자료명	
B-1-339	조제213호의 3	第百五十三 後見人ハ親權者ト同一ノ權利ヲ有スルカ	
작성자	생산기관	생산 연도	
-	법전조사국	-	
지역	언어	분량	소장기관
제1관	일본어	31면	수원박물관
키워드	후견인, 친권자, 권리, 보호감독, 교육, 감호		

[기본정보]

이 자료는 법전조사국에서 후견인은 친권자와 동일한 권리를 갖는가에 관한 사항을 조사한 것이다. 작성자, 생산연도는 미상이다. 이 자료는 모두 31면이며 일본어로 기록되어 있다.

[내용정보]

조사구역의 1관 지역, 즉 경성, 개성, 인천, 수원, 안성, 청주, 충주, 영동, 대구, 상주, 안동, 경주, 울산, 동래, 창원, 진주, 제주, 무안, 광주(光州), 옥구, 전주, 남원, 공주, 온양, 예산, 은진 등 26개 지역에서 후견인은 친권자와 동일한 권리를 갖는지에 대해 조사, 보고하였다. 만약 그렇지 않다면 그 차이는 무엇인지도 조사되었다.

후견인이 친권자와 동일한 권리를 갖는지 여부에 대해서는 관습상 일정한 관례가 없다. 그러나 후견인은 반드시 친권자를 대리하여 미성년자 또는 정신병자의 보호감독을 하는 것이다. 따라서 원칙으로는 친권자와 동일한 권리가 있는 듯하다. 교육, 감호 등 거소지정권, 직업의 허가 등에 대해서는 친권자와 다를 바가 없다. 그리고 재산을 관리하고 재산에 관한 행위에 대해서 대표를 하는 것에도 친권자와 큰 차이가 없는 것 같다.

그러나 후견인이 부동산 기타 귀중한 재산을 처분하는 등 중요한 행위를 하는 경우에는 문장(門長)의 의견을 들어야한다고 말하는 자가 적지 않다. 이러한 사실을 보면 다소 양자 간에 구별을 인정하는 것이라고 하여야 한다. 또 징계에 대해서는 후견인에게 완전한 징계권이 없다고 하는 자가 있어도, 다수의 의견에 따르면 후견인에게도 징계권이 있다고 한다. 더구나 완전히 징계권이 없다고 하는 의견은 백숙부(伯叔父) 등이 후견인인 경우와 서로 부합하지 않는다. 다만 친권자에 비하여 징계를 하는 정도에 다소의 차이가 있는 것이라고 하는 것이 온당할 것이다.

[가치정보]

이 자료는 관습상의 관례, 원칙적 권리, 재산 처분시의 관습, 징계권의 유무 등에 관한 지역별 사례로부터 후견인과 친권자의 권리를 자세히 설명하고 있는 자료이다.

I-2-1-191 제153 후견인은 친권자와 동일한 권리를 갖는가

관리기호	기록번호	자료명	
B-1-559	조제213호의 2	第百五十三 後見人ハ親權者ト同一ノ權利ヲ有スルカ	
작성자	생산기관	생산 연도	
-	법전조사국	-	
지역	언어	분량	소장기관
제2관	일본어	23면	수원박물관
키워드	후견인, 친권자, 권리, 보호감독, 교육, 감호		

[기본정보]

이 자료는 법전조사국에서 후견인은 친권자와 동일한 권리를 갖는가에 관한 사항을 조사한 것이다. 작성자, 생산연도는 미상이다. 이 자료는 모두 23면이며 일본어로 기록되어 있다.

[내용정보]

조사구역의 2관 지역, 즉 해주, 황주, 평양, 삼화, 안주, 덕천, 용천, 강계, 영변, 경흥, 회령, 경성(鏡城), 성진, 북청, 갑산, 함흥, 덕원, 금성, 춘천, 원주 등 20개 지역에서 후견인은 친권자와 동일한 권리를 갖는지에 대해 조사, 보고하였다. 만약 그렇지 않다면 그 차이는 무엇인지도 조사되었다.

후견인이 친권자와 동일한 권리를 갖는지 여부에 대해서는 관습상 일정한 관례가 없다. 그러나 후견인은 반드시 친권자를 대리하여 미성년자 또는 정신병자의 보호감독을 하는 것이다. 따라서 원칙으로는 친권자와 동일한 권리가 있는 듯하다. 교육, 감호 등 거소지정권, 직업의 허가 등에 대해서는 친권자와 다를 바가 없다. 그리고 재산을 관리하고 재산에 관한 행위에 대해서 대표를 하는 것에도 친권자와 큰 차이가 없는 것 같다.

그러나 후견인이 부동산 기타 귀중한 재산을 처분하는 등 중요한 행위를 하는 경우에는 문장(門長)의 의견을 들어야한다고 말하는 자가 적지 않다. 이러한 사실을 보면 다소 양자 간에 구별을 인정하는 것이라고 하여야 한다. 또 징계에 대해서는 후견인에게 완전한 징계권이 없다고 하는 자가 있어도, 다수의 의견에 따르면 후견인에게도 징계권이 있다고 한다. 더구나 완전히 징계권이 없다고 하는 의견은 백숙부(伯叔父) 등이 후견인인 경우와 서로 부합하지 않는다. 다만 친권자에 비하여 징계를 하는 정도에 다소의 차이가 있는 것이라고 하는 것이 온당할 것이다.

[가치정보]

이 자료는 관습상의 관례, 원칙적 권리, 재산 처분시의 관습, 징계권의 유무 등에 관한 지역별 사례로부터 후견인과 친권자의 권리를 자세히 설명하고 있는 자료이다.

I-2-1-192 제154 후견인은 보수를 받는 경우가 있는가

관리기호	기록번호	자료명	
B-1-340	조제214호의 1	第百五十四 後見人ハ報酬ヲ受ケルコトアルカ	
작성자	생산기관	생산 연도	
-	법전조사국	-	
지역	언어	분량	소장기관
제1관	일본어	31면	수원박물관
키워드	후견인, 보수, 문회, 피후견인, 근친자		

관리기호	기록번호	자료명	
B-1-614	조제214호의 3	第百五十四 後見人ハ報酬ヲ受ケルコトアルカ	
작성자	생산기관	생산 연도	
-	법전조사국	-	
지역	언어	분량	소장기관
제1관	일본어	29면	수원박물관
키워드	후견인, 보수, 문회, 피후견인, 근친자		

[기본정보]

'조제214호의 1'은 초서본, '조제214호의 3'은 정서본이다. 이 자료는 법전조사국에서 후견인은 보수를 받는 예가 있는가에 관한 사항을 조사한 것이다. 작성자, 생산연도는 미상이다. 이 자료는 일본어로 기록되어 있다.

[내용정보]

조사구역의 1관 지역, 즉 경성, 개성, 인천, 수원, 안성, 청주, 충주, 영동, 대구, 상주, 안동, 경주, 울산, 동래, 창원, 진주, 제주, 무안, 광주(光州), 옥구, 전주, 남원, 공주, 온양, 예산, 은진 등 26개 지역에서 후견인은 보수를 받는 예가 있는지에 대해 조사, 보고하였다. 만약 받는다면 누구의 의견에 따라 이를 지급하고 그 액수를 결정하는가도 조사되었다.

후견인은 근친자가 이를 맡는 것이 보통이므로 보수를 받지 않는 것이 통례이다. 그렇지만 드물게 문회에서 상당한 보수를 결정하는 예가 있다. 그리고 후견인으로 된 자가 빈곤하여 피후견인(被後見人)의 집에서 숙식까지 하는 경우에는 자기의 가족과 함께 그 집에서 동거하기도 한다. 또 후견임무 종료 후에 피후견인이 후견인의 수고에 보답하기 위하여 토지나 가옥을 증여하는 예가 없지 않다. 요컨대 후견인이 상당한 보수를 요구할 권리는 없고, 보수의 지급 여부는 문회 또는 피후견인의 의사에 있다.

[가치정보]

이 자료는 후견인의 보수에 대해 보수의 지급 여부, 지급 결정시 관례, 피후견인의 의사 등에 관한 지역별 사례를 통해 설명함으로써 그 특징을 자세히 알 수 있는 자료이다.

Ⅰ-2-1-193 제155 후견의 계산에 관한 관습 여하

관리기호	기록번호	자료명	
B-1-560	조제215호의 4	第百五十五 後見ノ計算二關スル慣習如何	
작성자	생산기관	생산 연도	
-	법전조사국	-	
지역	언어	분량	소장기관
제2관	일본어	23면	수원박물관
키워드	후견, 계산, 이자, 금전, 근친존속		

[기본정보]

이 자료는 법전조사국에서 후견의 계산에 관한 관습은 어떠한가에 관한 사항을 조사한 것이다. 작성자, 생산연도는 미상이다. 이 자료는 모두 23면이며 일본어로 기록되어 있다.

[내용정보]

조사구역의 2관 지역, 즉 해주, 황주, 평양, 삼화, 안주, 용천, 강계, 영변, 경흥, 회령, 경성(鏡城), 성진, 북청, 갑산, 함흥, 덕원, 금성, 춘천, 원주 등 19개 지역에서 후견의 계산에 관한 관습을 조사, 보고하였다. 예컨대 계산절차가 없는가, 후견인(後見人)이 대납을 하는 경우에 이자를 지불하는가, 후견인(後見人)이 피후견인(被後見人)의 금전을 소비하면 이자를 지불하여야 할 의무가 없는가, 또 다른 제재(制裁)가 없는가, 이자를 지불하여야 하는 경우에 이율은 어떠한가에 대해 조사하였다.

후견인은 임무종료시에 수지를 계산하여 그 책임을 명백히 하여야 하는 것은 물론이다. 그러나 후견인이 되는 자는 대개 근친존속(近親尊屬)이므로 계산을 하지 않더라도 달리 제재할 방도가 없다. 특히 그 계산을 하는 방식과 절차가 없다. 또 후견인이 대납을 하거나 관리하는 재산을 소비하는 경우에도 반드시 이자를 받거나 이를 지불하거나 또는 손해배상을 한다고 하는 등의 관습은 없다. 다만 대납금을 얻기 위하여 특히 타처에서 금전을 차입하여 이자를 지불한 경우에는 이자를 받을 수 있다. 또 관리한 금전을 자기명의로 타인에게 대부하여 이자를 수취하는 경우에는 적어도 보통 저율인 월3푼(月三分)의 이자를 지불하여야 한다고 하지만, 확실한 관습으로는 볼 수 없다.

[가치정보]

이 자료는 후견인의 임무 종료시 수지의 계산을 통한 책임 여부와 이에 대한 제재사항 등에 관한 지역별 사례로부터 후견의 계산에 관한 관습에 대해 자세히 설명하고 있는 자료이다.

I-2-1-194 제156 친족회 또는 이와 유사한 것을 인정하는가

관리기호	기록번호	자료명	
B-1-341	조제216호의 3	第百五十六 親族會又ハ之ニ類スルモノヲ認ムルカ	
작성자	생산기관	생산 연도	
-	법전조사국	-	
지역	언어	분량	소장기관
제1관	일본어	51면	수원박물관
키워드	친족회, 남계혈족, 일족(一族), 일문(一門), 동성동본		

[기본정보]

이 자료는 법전조사국에서 친족회 또는 이와 유사한 제도를 인정하는가에 관한 사항을 조사한 것이다. 작성자, 생산연도는 미상이다. 이 자료는 모두 51면이며 일본어로 기록되어 있다.

[내용정보]

조사구역의 1관 지역, 즉 경성, 인천, 수원, 안성, 청주, 충주, 영동, 대구, 상주, 안동, 경주, 울산, 동래, 창원, 진주, 제주, 무안, 광주(光州), 옥구, 전주, 남원, 공주, 온양, 예산, 은진 등 25개 지역에서 친족회 또는 이와 유사한 제도를 인정하는지의 여부를 조사, 보고하였다. 만약 이를 인정한다면 누가 서원(書員)을 선임하는가, 누가 이를 소집하는가, 사임할 수 있는가, 서원(書員)이 될 수 없는 자가 있는가, 의사는 어떻게 결정하는가, 회원 외에 회의에 참석하여 의견을 진술할 수 있는 자가 있는가, 결의에 불만이 있는 자는 이를 관에 제소할 수 있는가 등등이 조사되었다.

조선에서는 남계혈족(男係血族)을 일족(一族)이라 하고, 일족 가운데 분파(分派)가 있고 이를 일문(一門)이라 한다. 즉 일족의 범위는 혈통이 연속하는 범위로서 동성동본(同姓同本)은 모두 일족에 속한다. 일문은 대개 유복친(有服親)의 범위에 그치는 것 같다. 그리고 일족에 관한 중요한 사항은 예컨대 대종가(大宗家)의 분묘지(墳墓地)에 대한 쟁의나 이의 변경 또는 족보(族譜)의 정정(訂正) 등에 대해서는 널리 일족의 호주를 소집하여 이를 의논하는데 이를 종회(宗會)라고 한다. 또 일문(一門)의 분묘지, 양자의 선정, 후견인의 선임 등 일문에 관한 사항을 결정하기 위하여 문중(門中)의 호주(戶主)가 회동하여 협의하는 일이 있는데, 이를 문회(門會)라고 한다. 이를 모두 친족회(親族會)로 볼 수 있다.

종회(宗會)에서는 일족호주 전원, 문회(門會)에서는 일문 호주 전원을 회원으로 한다. 그러므로 특별히 회원을 선임하는 예는 없고, 그리고 특별히 무자격회원에 대하여 정하여진 바는 없다. 그렇지만 유년자(幼年者), 정신병자(精神病者) 등은 후견인(後見人)이 대리하여 회의에 참석하고 전과자(前科者), 불구자(不具者) 등은 대개 참석시키는 일이 없고 여자(女子)는 출석하지 않는 것이 보통이다. 그리고 종회는 종장(宗長)이 이를 소집하고 문회는 문장(門長)이 이를 소집하는 것이 관례이다. 회원인 자는 사임할 수 없다. 그 의사의 결정은 출석자의 과반수로 의결하거나, 그렇지 않으면 종장(宗長) 또는 문장(門長)이 이를 결정하며, 결의에 불복이 있으면 드물게 소송을 제기하는 일이 없지도 않지만, 대개 종장이나 문장의 의견에 따르는 것 같다. 또 회원이 아닌 자라도 친족에 상당하는 자는 종장이나 문장의 허가를 받아 회의에 참석하여 의견을 진술할 수 있으나, 의결권은 없다. 그리고 종장과 문장은 그 일족 또는 문중에서 최존속(最尊屬)이 이를 맡는다.

[가치정보]

이 자료는 친족회 등의 인정에 대해 제도의 인정 여부, 서원의 선임과 소집, 사퇴, 의사의 결정 등에 관한 지역별 사례를 통해 설명하고 있다.

관리기호	기록번호	자료명	
B-1-342	조제217호의 1	第百五十七 扶養ノ義務ニ關スル慣習如何	
작성자	생산기관	생산 연도	
-	법전조사국	-	
지역	언어	분량	소장기관
제1관	일본어	59면	수원박물관
키워드	호주, 부양의무, 친족상조, 유복친		

[기본정보]

이 자료는 법전조사국에서 부양 의무에 관한 관습에 관한 사항을 조사한 것이다. 작성자, 생산연도는 미상이다. 이 자료는 모두 59면이며 일본어로 기록되어 있다.

[내용정보]

조사구역의 1관 지역, 즉 경성, 개성, 인천, 수원, 안성, 청주, 충주, 영동, 대구, 상주, 안동, 경주, 울산, 동래, 창원, 진주, 제주, 무안, 광주(光州), 옥구, 전주, 남원, 공주, 온양, 예산, 은진 등 26개 지역에서 부양 의무에 관한 관습에 대해 조사, 보고하였다. 예컨대 자활(自活)할 수 없는 자가 있는 경우에 그 부모(父母), 배우자(配偶者) 등 친족(親族)이 부양할 의무가 있는가, 그 의무가 있는 친족(親族)이 2인 이상 있는 경우에 누가 우선하여 부양할 의무가 있는가, 특히 호주(戶主)에게 부양의무가 있다면 이와 다른 자와의 순서는 어떠한가, 또 부양을 받을 자가 수인(數人)인 경우에 누구를 먼저 부양하여야 하는가, 또 자활할 수 없는 자에 한정하여 부양을 받을 권리(權利)가 있는가, 또 부모(父母)라면 항상 자(子)에게 부양을 요구할 수 있는가 등등이 조사되었다.

조선인은 친족상조(親族相助)의 관념이 아주 강하여 친족간에는 서로 부양하여야 할 의무가 있는 것으로 여겼다. 보통 부양하여야 할 친족은 부모, 배우자, 자손, 형제, 자매, 백숙부모(伯叔父母), 고모, 질(姪), 질녀(姪女), 재종형제자매(再從兄弟姉妹), 외조부모, 처부모(妻父母) 등이다. 호주가 가족을 부양해야 하나 이 범위의 친족에 대해서는 사람마다 견해를 달리하여 일정한 한계가 없고, 다만 유복친(有服親)의 범위를 넘지 않는 것에는 이론이 없다. 또 부양할 자가 수인인 경우의 부양순서에 대해서도 촌수가 다른 자 사이에는 근친을 우선하고, 본종(本宗)과 외족(外族) 간에는 본종을 우선한다. 그 순서에 정확한 관습은 없다.

그리고 호주는 당연히 가족을 부양하여야 하는 것으로 다른 부양의무자의 유무와 관계 없이 그 가족을 부양하여야 한다. 부양을 받을 자는 자활할 수 없는 자에 한정하는 듯하지만, 자(子)가 부모를 부양하고, 부모(父母)가 자를 양육하거나, 부부가 서로 부양하는 것에 대해서는 반드시 자활 여부를 묻지 않는다. 부양의 방법과 정도는 부양의무자의 재력과 편의에 따라 가능한 정도로 한다. 부양의무자간 피부양자를 자기 집에 데리고 와서 부양하는 것과 그렇지 않고 부양료(扶養料)를 지급하는 것은 그의 임의이다.

[가치정보]
이 자료는 친족상조(親族相助)의 관념, 친족간 상호 부양, 부양친족의 범위 등에 관한 지역별 사례로부터 부양의 의무에 관한 관습에 대해 자세히 설명하고 있는 자료이다.

I-2-1-196 제158 가독상속개시의 원인 여하

관리기호	기록번호	자료명	
B-1-343	조제218호의 2	第百五十八 家督相續開始ノ原因如何	
작성자	생산기관	생산 연도	
-	법전조사국	-	
지역	언어	분량	소장기관
제1관	일본어	59면	수원박물관
키워드	가독상속, 입부혼인, 전가, 계대(繼代), 계가(繼家), 승가(承家)		

[기본정보]
이 자료는 법전조사국에서 가독상속의 개시 원인에 관한 관습에 관한 사항을 조사한

것이다. 작성자, 생산연도는 미상이다. 이 자료는 모두 59면이며 일본어로 기록되어 있다. 가독상속의 개시 원인은 무엇인가에 대해서 여러 가지 질의응답이 이루어지고 있다.

[내용정보]

법전조사국에서 경성, 개성, 인천, 수원, 안성, 청주, 충주, 영동, 대구, 상주, 안동, 경주, 울산, 동래, 창원, 진주, 제주, 무안, 광주, 옥구, 전주, 남원, 공주, 온양, 예산, 은진 등의 지역들에서 가독상속의 개시 원인은 무엇인지에 대한 조사보고서이다.

일본의 가독상속과 한국의 가독상속은 약간의 차이가 있지만 이 보고서에서는 제사상속과 호주상속을 가독상속으로 보고 있다. 즉, 당국에서는 상속을 주(主)로서 봉사를 승계하는 것으로, 재산 및 가주를 승계하는 것으로 보았다. 이 가독상속을 부르는 말은 각 지역별로 다양하다. 계대(繼代), 계가(繼家), 승가(承家) 등으로 불린다.

가독상속은 어떤 경우에 발생하는가에 대한 답은 두 가지 정도로 정리된다. 하나는 가주, 혹은 호주라 지칭되는 집안의 가장의 사망이다. 그리고 또 하나는 가장이 나이가 들어 자식에게 전가하는 것이다.

[가치정보]

이 자료는 가독상속의 개시 원인에 대해 제사상속과 호주상속, 가독상속의 발생 원인으로부터 살펴볼 수 있는 자료이다.

관리기호	기록번호	자료명	
B-1-344	조제219호의 1	第百五十九 家督相續人タルコトヲ得サル者アルカ	
작성자	생산기관	생산 연도	
-	법전조사국	-	
지역	언어	분량	소장기관
제1관	일본어	34면	수원박물관
키워드	가독상속, 피상속인, 살인, 상속인		

[기본정보]

이 자료는 법전조사국에서 가독상속인이 될 수 없는 자가 있는가에 관한 사항을 조사한 것이다. 작성자, 생산연도는 미상이다. 이 자료는 모두 34면이며 일본어로 기록되어 있다.

[내용정보]

법전조사국에서 경성, 개성, 인천, 수원, 안성, 청주, 충주, 영동, 대구, 상주, 안동, 경주, 울산, 동래, 창원, 진주, 제주, 무안, 광주, 옥구, 전주, 남원, 공주, 온양, 예산, 은진 등의 지역들에서 가독상속인이 될 수 없는 자는 어떤 경우인지에 대한 조사보고서이다.

가독상속에서 상속인인 장자를 차자가 살해하거나 또는 살해하려고 한 경우에 차자는 상속인이 될 수 없다. 그리고 피상속인을 살해하거나 또는 살해하려한 자 역시 상속인이 될 수 없다. 모든 지역에서 확인되는 것은 아니지만 경성 지역에서 이야기된 바로는 국사의 죄를 범한 사람 역시 가독상속인이 될 수 없다고 한다. 하지만 그 외에는 특별히 어떤 경우에 상속인으로 될 수 없는가에 대한 확연한 관습은 없는 듯하다.

그리고 개성 지역에서 확인된 바로는 유언은 근친회합에서 구두로 한 것 또는 친속 2인에게 유언을 전해두고 사후에 근친회합 석상에서 개봉하도록 하는 등 여러 가지 방식으로 행해졌다. 이때의 근친회합은 1호 1인으로 구성되었다.

[가치정보]

이 자료는 상속인을 살해하거나 살해하려 한 자, 국사의 죄를 범한 자 등의 사례로부터 가독상속인이 될 수 없는 사람에 대해 설명하고 있는 자료이다.

I-2-1-198 제159 가독상속인이 될 수 없는 사람이 있는가

관리기호	기록번호	자료명		
B-1-561	조제219호의 2	第百五十九 家督相續人タル事ヲ得サル者アルカ		
작성자	생산기관	생산 연도		
-	법전조사국	-		
지역	언어	분량	소장기관	
제2관	일본어	22면	수원박물관	
키워드	가독상속, 피상속인, 살인, 상속인			

관리기호	기록번호	자료명		
B-1-561	조제221호의 2	第百六十一 養子ハ相續ニ付キ實子ト 同一ノ權利ヲ有スルカ		
작성자	생산기관	생산 연도		
-	법전조사국	-		
지역	언어	분량	소장기관	
제2관	일본어	3면	수원박물관	
키워드	가독상속, 피상속인, 살인, 상속인			

관리기호	기록번호	자료명	
B-1-561	조제225호의 4	第百六十五 直系尊屬ハ當然家督相續人タル事アルカ	
작성자	생산기관	생산 연도	
-	법전조사국	-	
지역	언어	분량	소장기관
제2관	일본어	4면	수원박물관
키워드	가독상속, 피상속인, 살인, 상속인		

[기본정보]

이 자료는 법전조사국에서 "가독상속인이 될 수 없는 자가 있는가, 양자는 상속에 대하여 친자와 동일한 권리를 갖는가, 직계존속은 당연 가독상속인인가"에 관한 사항을 조사한 것이다. 작성자, 생산연도는 미상이다. 이 자료는 각각 22면, 3면, 4면이며 일본어로 기록되어 있다.

[내용정보]

조사보고서에는 하나의 문건만이 들어가 있지 않다. 총 세 개의 조사내용이 삽입되어 있다. 처음에는 법전조사국에서 해주, 황주, 평양, 삼화, 안주, 덕천, 용천, 강계, 영변, 경흥, 회령, 경성, 성진, 북청, 갑산, 함흥, 금성, 덕원, 춘천, 원주 등의 지역들에서 가독상속인이 될 수 없는 자는 어떤 경우인지에 대한 조사보고서가 들어가 있다. 그리고 나서는 안주, 경성, 북청 등의 지역에서 양자는 상속에 대하여 친자와 동일한 권리를 갖는지에 대해 조사한 보고 문건이 삽입되어 있다. 마지막으로는 안주, 경성, 북청 등의 지역에서 직계존속은 당연히 가독상속인이 되는지에 대한 조사보고서가 있다.

가독상속인이 될 수 없는 경우는 다음과 같다. 가독상속에서 상속인인 장자를 차자가 살해하거나 또는 살해하려고 한 경우에 차자는 상속인이 될 수 없다. 그리고 피상속인을 살해하거나 또는 살해하려한 자 역시 상속인이 될 수 없다. 하지만 그 외에는 특별히 어떤 경우에 상속인으로 될 수 없는가에 대한 확연한 관습은 없는 듯하다.

한편 양자는 적출자와 상속에 대해 동일한 권리를 가진다. 집안에 여자가 있더라도 여자에게 상속권은 없고 출가외인이기 때문에 양자가 상속권을 갖는다. 양자가 된 후에 남자가 출생하는 경우에는 후에 태어난 남자를 차남의 지위로 삼아 양자가 상속하는 권한이 유지된다. 마지막으로 직계존속은 어떠한 경우에도 가독상속인이 될 수 없다고 이야기하고 있다.

[가치정보]

이 자료는 상속인을 살해하거나 살해하려 한 자, 국사의 죄를 범한 자 등의 사례로부터 가독상속인이 될 수 없는 사람에 대해 설명하고 있는 자료이다.

Ⅰ-2-1-199 제160 법정의 추정가독상속인이 있는가

관리기호	기록번호	자료명	
B-1-345	조제220호의 1	第百六十 法定ノ推定家督相續人アルカ	
작성자	생산기관	생산 연도	
-	법전조사국	-	
지역	언어	분량	소장기관
제1관	일본어	75면	수원박물관
키워드	가독상속인, 직계비속, 봉사손, 적출자, 서자, 양자		

관리기호	기록번호	자료명	
B-1-615	조제220호의 3	第百六十 法定ノ推定家督相續人アルカ	
작성자	생산기관	생산 연도	
-	법전조사국	-	
지역	언어	분량	소장기관
제1관	일본어	88면	수원박물관
키워드	가독상속인, 직계비속, 봉사손, 적출자, 서자, 양자		

[기본정보]

'조제220호의 1'은 초서본이고 '조제220호의 3'은 정서본이다. 이 자료는 법전조사국에서 법정(法定)의 추정가독상속인(推定家督相續人)의 상속 우선순위를 조사한 책이다. 수록 순서는 경성(1), 경성(2), 개성, 인천, 수원, 안성, 청주, 충주, 영동, 대구, 상주, 안동, 경주, 울산, 동래, 창원, 진주, 제주, 무안, 광주, 옥구, 공주, 예산 등으로 편철되어 있다. 관습조사보고서류 중에서 '문제별조사서'에 해당된다.

[내용정보]

주요한 질문 내용은 "가독상속개시(家督相續開始)의 경우에 관습상 당연히 상속인(相續人)이어야 할 자가 있는가. 만약 있다면 어떤 자인가, 예컨대 직계비속(直系卑屬)인가. 그리고 재가(在家) 여부에 따라 다른가"를 묻고 있다. 경성 지방의 경우에는 장남이 법정의 가독추정상속인(家督推定相續人)으로 되고 이를 봉사손(奉祀孫) 혹은 봉제손(奉祭孫)으로 부르며 제사를 주관하는 장남의 역할을 강조하였다. 이는 개성 지방을 비롯하여 대부분의 지역에서도 동일한 것으로 답변하고 있다. 다음 질문으로는 "가독상속인(家督相續人)은 반드시 1인이어야 하는가. 만약 그렇다면 직계비속(直系卑屬) 중에 자(子)는 원칙적으로 손(孫)보다 우선하여 상속을 하여야 하는가" 등으로 남녀간, 교출자(嬌出子)와 서출자(庶出子), 동일순위 중에서는 연장자를 우선하여야 하는가 등의 구체적인 사례를 물었다. 또한 선순위자(先順位者)가 상속개시 전에 사망하거나 또는 상속권(相續權)을 상실하면 그 직계비속(直系卑屬), 유자(遺子)의 경우에는 어떻게 적용되는가를 묻고 있다. 이에 대해 경성 지방에서는 가독상속인(家督相續人)의 경우에는 장자(長子) 및 적출자(嫡出子)에 한한다고 답변하고 있다.

조사 대상 중에서 영동(永同) 지방의 경우에만 특별히 응답자의 이름이 기록되어 있다. 군주사 장숙(張熟), 용대면(龍代面) 면장 이병재(李秉宰), 군내면(郡內面) 면장 송재순(宋在舜)이 응답한 것으로 되어 있다. 상주의 경우에는 다른 지방에서 문답의 형식을 취하고 있는 것과는 달리, 연속된 문장으로 표현하여 보고하는 양식을 취하고 있다. 울산의 경우에는 질문에 대해서 일부 문항을 상세히 답변한 내용을 수록하고 있다. 예컨대 남녀 간에 상속상 차이에 대해 여자는 상속권을 여하한 경우에도 갖지 않으므로 독자인 여자의 경우에는 양자를 들여 그를 상속인으로 삼는 것이라 하였다. 전적(轉籍)으로 인한 상속권(相續權)의 변동에 대하여 대부분 지역에서 부모의 혼인으로 서자(庶子)가 적자(嫡子)로 되지 않으므로 서자(庶子)와 나중에 태어난 적자(嫡子) 사이에 장유(長幼)의 차례에 따른 상속

순위결정의 문제가 생기지 않는다고 하였다.

　법전조사국의 상속에 대한 조사에서는 기본적으로 조선에서의 상속은 호주상속과 재산상속 외에 제사상속 등 3종류로 파악하고 있다. 그 중에서 제사상속은 상속 가운데서 가장 중요한 지위를 차지하고, 제사상속을 하는 자는 동시에 호주이지만 호주가 되는 자는 반드시 제사승계자가 아니었다. 그래서 일가(一家)의 계통은 제사상속자에 의하여 연속되고, 호주인 자라도 여자는 가계(家系)의 세대(世代)에 넣지 않는다고 하였다.

[가치정보]

　본 보고서에서는 법정 추정가독상속인의 구체적인 규정과 상속 우선 순위를 조사하였다. 이 자료에서는 일본 민법에서의 가독상속과 유산상속의 구별이 조선에서의 상속을 설명함에 적절한 분류가 아니라고 전제하면서도 제사상속과 호주상속을 함께 가독상속의 범주로 취급하여 조사하고 있다. 이에 따라 일본의 질문 문항과 조사 방향을 미리 파악하고 각 지방의 상속 관행과의 차이를 구별하여 문답의 내용을 검토할 필요가 있다.

Ⅰ-2-1-200 제160 법정의 추정가독상속인이 있는가

관리기호	기록번호	자료명	
B-1-562	조제220호의 2	第百六十 法定ノ推定家督相續人アルカ	
작성자	생산기관	생산 연도	
-	법전조사국	-	
지역	언어	분량	소장기관
제2관	일본어	38면	수원박물관
키워드	가독상속인, 직계비속, 봉사손, 적출자, 서자, 양자		

[기본정보]

　법전조사국에서 법정(法定)의 추정가독상속인(推定家督相續人)의 상속 우선순위를 조사한 책이다. 평안도와 함경도, 강원도 일부 지역을 조사하고 있다. 수록 순서는 해주, 황주,

평양, 삼화, 안주, 덕천, 용천, 강계, 영변, 경흥, 회령, 성진, 경성, 갑산, 북청, 함흥, 덕원, 금성, 춘천, 원주 등이다. 관습조사보고서류 중에서 '문제별조사서'에 해당된다.

[내용정보]

구체적인 조사내용으로 경성(鏡城) 지방에서 조사한 것을 보면, 법정(法定)의 가독상속인(家督相續人)인 경우 가주(家主)의 장남(長男)으로 되는가, 여자(女子)는 어떠한가를 조사하고 있는데, "상속권을 가진 자는 소위 출가외인(出嫁外人)으로 칭하여 다른 집에 시집을 갔으므로 그 가(家)에는 동성(同姓)의 남자를 양자(養子)로 하여 상속하는 것이 가(可)하다"라고 답변하였다. 여기서 양자(養子)는 법정(法定)의 추정가독상속인(推定家督相續人) 신분을 취득하는 것이다. 따라서 법정(法定)의 가독상속인(家督相續人)이라는 요건은 대체로 다음과 같았다. 제1 피상속인의 직계 비속(卑屬)일 것, 제2 피상속인(被相續人)의 가족(家族)이 되는 것을 요한다. 제3 피상속인(被相續人)의 장남일 것, 또는 양자승적(養子承嫡)한 서자(庶子)일 것, 제4 상속인(相續人)은 남자에 한할 것, 제5 상속인(相續人)은 반드시 1인에 한할 것, 자손에 따라서 우선 상속할 것 등으로 설명하였다. 그밖에 적출자와 서자간의 우선순위, 상속권이 상실한 경우 직계 비속이 대신하여 상속하는 것이 허용되며, 부모의 혼인에 의하여 서자가 적출자가 된 것은 상속을 부여한 그때에 태어난 것으로 간주한다는 등의 상세한 관행을 보고하고 있다. 조선의 관습에서는 호주상속과 재산상속 이외에 제사상속이 매우 중요하게 취급되고 있었다. 그럼에도 불구하고 당시 관습조사에서는 일본 법제를 기준으로 현재 가의 가부장권을 중시하는 가독상속과 재산상속으로 구분하여 조사하고 있기 때문에 조사 문항의 의도와 현실의 관행을 주의 깊게 구별하여 살펴보아야 한다.

[가치정보]

본 보고서에서는 법정 추정가독상속인의 구체적인 규정과 상속 우선순위를 조사하였다. 이 자료에서는 일본 민법에서의 가독상속과 유산상속의 구별이 조선에서의 상속을 설명함에 적절한 분류가 아니라고 전제하면서도 제사상속과 호주상속을 함께 가독상속의 범주로 취급하여 조사하고 있다. 이에 따라 일본의 질문 문항과 조사 방향을 미리 파악하고 각 지방의 상속 관행과의 차이를 구별하여 문답의 내용을 검토할 필요가 있다.

I-2-1-201 제161 양자는 상속에 대하여 친자와 동일한 권리를 갖는가

관리기호	기록번호	자료명	
B-1-563	조제221호의 2	第百六十一 養子ハ相續ニ付キ實子ト同一ノ權利ヲ有スルカ	
작성자	생산기관	생산 연도	
-	법전조사국	-	
지역	언어	분량	소장기관
제2관	일본어	25면	수원박물관
키워드	양자, 친생자, 입양, 파양, 사자		

[기본정보]

법전조사국에서 법정(法定)의 추정가독상속인(推定家督相續人)의 상속 중에서 양자상속 (養子相續)과 친생자(親生子)의 상속 권리 차이 여부를 조사한 책으로 약 25면으로 구성되어 있다. 평안도와 함경도, 강원도 일부 지역을 조사하고 있다. 수록 순서는 해주, 황주, 평양, 삼화, 안주, 덕천, 용천, 강계, 영변, 경흥, 회령, 경성, 성진, 북청, 갑산, 함흥, 덕원, 금성, 춘천, 원주 등이다. 관습조사보고서류 중에서 '문제별조사서'에 해당된다.

[내용정보]

주요한 질문 내용으로는 양자(養子)는 상속을 받는 장자(長子)와 동일한 권리를 갖고 있다고 하는데, "만약 동일하지 않다면 양자(養子)가 남자이고 친생자(親生子)가 여자(女子) 인 경우에 누가 상속하여야 하는가"를 묻고 있다. 또한 상속인의 장유 여부에 대하여 "다같이 남자 또는 여자인 경우에 양자(養子)가 연장자이고 친생자(親生子)가 연소자일 때 누가 상속하여야 하는가"를 물었다. 또한 친생자의 경우 입양 전후에 출생한 것에 따른 구별 여부, 양자가 장녀(長女)의 부(夫) 또는 차녀(次女)의 부(夫)인 경우에 따른 구별, 특히 사자(嗣子)로서 양자를 한 경우와 그렇지 않은 경우에 따라 구별 등을 질문하고 있다.

대부분의 지방에서는 양자(養子)는 제사상속인으로 삼기 위해서 하는 것으로, 양자가 제사상속(祭祀相續)에 대하여 친생자(親生子)와 완전히 동일한 권리를 갖는 것은 물론이다.

그리고 양자를 하는 것은 그 가에 남자가 없는 경우에 한하는 것이므로, 입양 당시에 가에 있는 친생자와 양자간에 제사상속에 대하여 선후를 논하는 경우는 생기지 않는다. 또 여자의 제사상속을 인정하지 않기 때문에 양자(養子)와 여자간에는 상속순위에 대한 문제가 생기지 않는다. 다만 입양 후 남자가 출생하는 예가 전혀 없지 않으므로, 이 경우에는 양자(養子)는 장자(長子)이고 친생자(親生子)는 차자(次子)이므로, 제사상속권은 양자에게 있는 것이라고 대답하고 있다.

[가치정보]

이 자료는 상속에 관한 양자와 친자의 권리에 대해 상속인의 장유 여부, 입양 전후 친생자의 출생에 따른 구별, 제사상속시의 경우 등에 관한 지역별 사례를 통해 설명함으로써 그 특징을 자세히 알 수 있는 자료이다.

Ⅰ-2-1-202 제162 법정의 추정가독상속인을 피상속인이 폐제할 수 있는가

관리기호	기록번호	자료명		
B-1-347	조제222호의 1	第百六十二 法定ノ推定家督相續人ハ 被相續人ニ於テ之ヲ廢除スルコトヲ得ルカ		
작성자	생산기관	생산 연도		
-	법전조사국	-		
지역	언어	분량	소장기관	
제1관	일본어	44면	수원박물관	
키워드	가독상속인, 폐제, 친족회, 유언, 양자			

관리기호	기록번호	자료명		
B-1-616	조제222호의 3	第百六十二 法定ノ推定家督相續人ハ 被相續人ニ於テ之ヲ廢除スルコトヲ得ルカ		
작성자	생산기관	생산 연도		
-	법전조사국	-		
지역	언어	분량	소장기관	
제1관	일본어	46면	수원박물관	
키워드	가독상속인, 폐제, 친족회, 유언, 양자			

[기본정보]

법전조사국에서 법정(法定)의 추정가독상속인(推定家督相續人)을 피상속인(被相續人)이 폐제(廢除)할 수 있는가를 조사한 책이다. 경성을 비롯하여 경기도, 충청도, 경상도, 전라도 등지를 조사한 것이다. 수록 순서는 경성(1), 경성(2), 개성, 인천, 수원, 안성, 청주, 충주, 영동, 대구, 상주, 안동, 경주, 울산, 동래, 창원, 제주, 무안, 광주, 옥구, 전주, 공주, 온양, 예산, 은진 등으로 편철되어 있다. 관습조사보고서류 중에서 '문제별조사서'에 해당된다.

[내용정보]

주요한 질문 내용으로는 "피상속인(被相續人)이 법정(法定)의 추정가독상속인(推定家督相續人)을 폐제(廢除)했을 때 어떠한 조건과 절차, 내용이 있는가" 하는 것이었다. 경성 지방의 경우에는 비교적 상세한 질문과 답변을 싣고 있다. 해당 년도는 알 수 없으나 11월 25일에 한 조사에서 응답자로는 남정건(南廷健), 최문식(崔文植), 김득련(金得鍊) 등 3인이 참여하였다. 질문으로는 "장남으로 가독상속인(家督相續人)은 피상속인(被相續人)에 의해 임의로 폐제(廢除)할 수 있는가"라는 취지아래 장남이 폐질자이거나 반역죄를 범한 경우 등을 구체적으로 질문하였다. 비록 장남이 폐질자이거나 반역죄를 범하였다 하더라도 장남으로서 예우를 받기 때문에 차남으로 상속해야 하다는 관행은 명확하게 정해지지 않았다고 하였다. 한편 울산 지방의 답변에서는 장남이 폐질일 경우 성년에 달하여 결혼을 한다면 양자(養子)를 세울 수 있기 때문에 폐제할 필요가 없다고 대답했다.

또한 "장남이 본가(本家), 종가(宗家)를 상속하는 경우에는 수속을 어떻게 하며, 중류(中流) 이상의 자에 한하는가"를 물었을 때, 경성 등 대부분의 지방에서는 장남인 가독상속인(家督相續人)의 폐제(廢除) 문제는 문중(門中) 회의에서 결의하는 것을 요한다고 하였다. 또한 장남이 본가(本家)를 상속하는 경우 나머지 형제들 중에서 차남이 가(家)를 상속하는 것도 있고, 삼남이 상속하는 경우도 있다고 하였다. 또한 "상속인의 폐제를 관에 신고해야 하느냐"는 질문에 대해 경성과 개성 등 여러 지방에서는 공통적으로 그럴 필요가 없고 문중 회의에서 결의하는 것으로 한다고 답변하였다. 이럴 경우 상속인(相續人)을 지정하기 때문에 추정상속인(推定相續人)은 당연히 폐제되는 것이라고 본다고 하였다.

[가치정보]

이 자료는 일부 지방이기는 하지만 해당 질문에 대한 응답자의 성명과 직업이 기술되어 있어서 기술 내용을 이해하는데 큰 도움을 줄 수 있다.

관리기호	기록번호	자료명		
B-1-564	조제222호의 2	第百六十二 法定ノ推定家督相續人ハ 被相續人ニ於テ之ヲ廢除スルコトヲ得ルカ		
작성자	생산기관	생산 연도		
-	법전조사국	-		
지역	언어	분량	소장기관	
제2관	일본어	25면	수원박물관	
키워드	가독상속인, 폐제, 친족회, 유언, 양자			

[기본정보]

법전조사국에서 법정(法定)의 추정가독상속인(推定家督相續人)을 피상속인(被相續人)이 폐제(廢除)할 수 있는가를 조사한 책으로 25면으로 구성되어 있다. 평안도와 함경도, 강원도 일부 지역을 조사하고 있다. 수록 순서는 해주, 황주, 평양, 삼화, 안주, 덕천, 용천, 강계, 영변, 경흥, 회령, 경성, 성진, 북청, 갑산, 함흥, 덕원, 금성, 춘천, 원주 등이다. 관습조사 보고서류 중에서 '문제별조사서'에 해당된다.

[내용정보]

질문 내용은 "장남으로 가독상속인(家督相續人)은 피상속인(被相續人)에 의해 임의로 폐제(廢除)할 수 있다면 장차 상당한 이유가 있어야 하는가"에 대해 지방별로 구체적인 답변을 듣는 내용으로 되어 있다. 예컨대 경성(鏡城) 지방 조사에서는 "가독상속인(家督相續人)이 적출자(嫡出者)이고 법정(法定)의 추정가독상속인(推定家督相續人)은 여하한 경우에도 이를 폐제(廢除)할 수 없고, 양자(養子)의 경우에는 그 양자(養子)가 불효(不孝)하거나 형여인(刑餘人)인 경우와 같은 일이 있다면 파양(罷養)할 수 있으므로 파양(罷養)의 결과 법정(法定)의 가독상속인(家督相續人)이 되는 지위를 상실할 수 있는 것으로 본다"고 하였다. 따라서 "실자(實子)의 경우에는 낭비자(浪費者)이거나 광자(狂者) 기타의 경우에는 폐제(廢除)할 수 있고 또한 친족회(親族會)에서 또한 이를 폐제(廢除)할 수 있으며, 유언(遺言)에 의하여 이를 폐제(廢除)할 수 있음은 물론"이라고 답변하고 있다.

이 자료는 법정의 가독상속인에 대한 피상속인의 폐제가능 여부에 대해 임의의 폐제와 그에 상당한 이유 등의 사례로부터 그 특징을 자세히 설명하고 있는 자료이다.

I-2-1-204 제163 피상속인은 가독상속인을 지정할 수 있는가

관리기호	기록번호	자료명	
B-1-346	조제223호의 1	第百六十三 被相續人ハ家督相續人ヲ 指定スルコトヲ得ルヤ	
작성자	생산기관	생산 연도	
-	법전조사국	-	
지역	언어	분량	소장기관
제1관	일본어	33면	수원박물관
키워드	피상속인, 가독상속인, 장남, 양자, 제사상속인		

관리기호	기록번호	자료명	
B-1-617	조제223호의 3	第百六十三 被相續人ハ家督相續人ヲ 指定スルコトヲ得ルヤ	
작성자	생산기관	생산 연도	
-	법전조사국	-	
지역	언어	분량	소장기관
제1관	일본어	36면	수원박물관
키워드	피상속인, 가독상속인, 장남, 양자, 제사상속인		

[기본정보]

법전조사국에서 피상속인(被相續人)은 가독상속인(家督相續人)을 지정할 수 있는가를 조사한 책으로 각각 33면, 36면으로 구성되어 있다. 경성을 비롯하여 경기도, 충청도, 경상도, 전라도 등지를 조사한 것이다. 경성, 개성, 인천, 수원, 안성, 청주, 충주, 영동, 대구, 상주, 안동, 경주, 울산, 동래, 창원, 진주, 제주, 무안, 옥구, 전주, 공주, 온양, 예산, 은진 등으로 편철되어 있다. 관습조사보고서류 중에서 '문제별조사서'에 해당된다.

[내용정보]

주요 내용으로는 '제163 피상속인(被相續人)은 가독상속인(家督相續人)을 지정할 수 있는 가'에 대한 간단한 질문과 답변을 싣고 있다. 경성 지방에서는 장남인 경우에는 어떠한 경우에도 이를 지정할 수 있다는 답변을 얻었다. 그렇다면 "만약 지정할 수 있다면 법정추정가독상속인(法定推定家督相續人)의 유무에 불구하고, 지정할 수 있는가"를 개성 지방의 질문에서는 보다 상세하게 물었다. "적남이 가출하여 지금 생사를 알 수 없어 가독상속인을 부득이하게 양자를 들여 지정상속인으로 하였는데 적남이 돌연 귀가한 경우에 상속인 지정은 그 효력을 잃어버리는가"라고 하였다. 이에 대해 개성 지방의 답변은 효력을 잃어버리고 특별히 관에 신고하는 절차는 없다고 하였다. 일반적으로 조선의 법제와 관습에는 추정제사상속인(推定祭祀相續人)이 없더라도 양자(養子)로 하여금 그를 상속인으로 할 수 있으므로 달리 제사상속인(祭祀相續人)을 지정하는 것을 인정하지 않는다고 답변하였다.

[가치정보]

이 자료에서 문답 내용은 피상속인이 가독상속인을 임의로 지정할 수 있는가 하는 내용으로 이루어져 있으나 법전조사국의 질문 의도는 조선의 관습상 제사상속권이 누구에게 있는가를 알아보려는 것이었다. 결국 조사 결과 대부분의 지역에서 공통적으로 장남에게 제사상속권이 있음을 확인할 수 있는 자료이다.

I-2-1-205 제163 피상속인은 가독상속인을 지정할 수 있는가

관리기호	기록번호	자료명	
B-1-565	조제223호의 2	第百六十三 被相續人ハ家督相續人ヲ 指定スル事ヲ得ルカ	
작성자	생산기관	생산 연도	
-	법전조사국	-	
지역	언어	분량	소장기관
제2관	일본어	24면	수원박물관
키워드	피상속인, 가독상속인, 장남, 양자, 제사상속인		

[기본정보]

법전조사국에서 피상속인(被相續人)은 가독상속인(家督相續人)을 지정할 수 있는가를 조사한 책이다. 평안도와 함경도, 강원도 일부 지역을 조사하고 있다. 수록 순서는 해주, 황주, 평양, 삼화, 안주, 덕천, 용천, 강계, 영변, 경흥, 회령, 경성, 성진, 북청, 갑산, 함흥, 덕원, 금성, 춘천, 원주 등의 지역을 조사하였다. 관습조사보고서류 중에서 '문제별조사서'에 해당된다.

[내용정보]

대부분의 지역에서 '피상속인(被相續人)은 가독상속인(家督相續人)을 지정할 수 있는가'라는 질문에 대해 간단하게 답변하고 있다. 예컨대 경성(鏡城) 지방의 경우에는 이에 대하여 피상속인은 법정의 추정가독상속인이 없는 경우에는 상속인을 지정하는 일이 이루어질 수 있다고 하였다. 그렇지만 이 경우에도 대부분 양자를 들이므로 이러한 사례가 존재하지 않는다고 하였다. 유언에 의하여 상속인을 지정하는 것이 이루어질 수 있다. 상속인의 지정후 법정(法定)의 추정가독상속인(推定家督相續人)이 살아 있는 경우에는 물론 효력을 상실한다고 하였다. 이와 같이 가독상속인(家督相續人)이 장남이고 제사상속권(祭祀相續權)이 있으므로 일반적으로 지정상속인(指定相續人)을 두지 않는다는 관행을 설명하고 있다.

이 자료에서 문답 내용은 피상속인이 가독상속인을 임의로 지정할 수 있는가 하는 내용으로 이루어져 있으나 법전조사국의 질문 의도는 조선의 관습상 제사상속권이 누구에게 있는가를 알아보려는 것이었다. 결국 조사 결과 대부분의 지역에서 공통적으로 장남에게 제사상속권이 있음을 확인할 수 있는 자료이다.

I-2-1-206 제164 법정의 추정가독상속인 및 지정가독상속인이 없는 경우 여하

관리기호	기록번호	자료명	
B-1-348	조제224-3호	第百六十四 法定ノ推定家督相續人及ヒ 指定家督相續人ナキトキハ如何	
작성자	생산기관	생산 연도	
-	법전조사국	-	
지역	언어	분량	소장기관
제1관	일본어	32면	수원박물관
키워드	가독상속인, 지정상속인, 상속 순위, 양자		

[기본정보]

법전조사국에서 장남이 없는 경우 가독상속인(家督相續人)의 지정 방식을 조사한 책으로 32면으로 구성되어 있다. 경성을 비롯하여 경기도, 충청도, 경상도, 전라도 등지를 조사한 것이다. 경성, 개성, 인천, 수원, 안성, 청주, 충주, 영동, 대구, 상주, 안동, 경주, 울산, 동래, 창원, 진주, 제주, 무안, 옥구, 전주, 남원, 공주, 온양, 예산, 은진 등으로 편철되어 있다. 관습조사보고서류 중에서 '문제별조사서'에 해당된다.

[내용정보]

주요 내용으로는 '제164 법정추정가독상속인(法定推定家督相續人)과 지정가독상속인(指定家督相續人)이 없으면 어떻게 하는가'에 대한 간단한 질의와 응답으로 되어 있다. 경성 지방의 경우에는 질의 응답이 비교적 상세하다. 예컨대 "장남이 없고 혹은 피상속인(被相續

人)이 가독상속인(家督相續人)을 지정하는 경우 이를 어떻게 가독상속인(家督相續人)으로 정하는가"라는 질문에 대하여 호주(戸主)의 처(妻)가 장례원(掌禮院)에 호소하여 지정할 수 있는데, 미리 문회(門會)에 인선을 위해 씨명을 기입하여 보내어 문회에서 결정하도록 한다고 하였다. 이때 선정의 순위는 ① 형제의 아들, ② 사촌[종형제]의 자(子), 즉 당질(堂姪) ③ 재종형제(再從兄弟)의 자(子), 즉 재당질(再堂姪), ④ 삼종형제(三從兄弟)의 자(子), 즉 삼당질(三堂姪), ⑤ 동성동본동행렬(同姓同本同行列)의 자(子) 등의 순서를 밟았다고 한다. 만일 동성동본동행렬(同姓同本同行列)의 자(子)도 없는 경우에는 경성에서는 부산 지방의 관행과 마찬가지로 외손봉사(外孫奉祀)를 한다고 하였고 이때에는 1대에 한하여 이루어진다고 하였다. 이밖에 개성 지방에서는 지정가독상속인을 관습상 순서에 따르지만 장차 자유로 선택하는 경우도 있으며, 보통 아우의 아들을 지아비의 양자로 삼으며, 없는 경우에는 형의 아들로 선정하기도 하는데, 본종(本宗)과 내종(來宗) 간에 문제가 있어 가까운 친척이 협의하여 다른 사람으로부터 수양자(收養子)를 삼는 경우도 종종 있다고 하였다.

[가치정보]

이 자료는 조선인의 상속의 목적과 순위가 일정한 절차와 방법으로 정해졌음을 이해하게 해준다. 조선에서 지정가독상속인의 선정은 제사와 재산의 상속권과 긴밀하게 관련되어 있기 때문에 남자가 중심이 되는 상속이 이루어졌음을 알게 해준다. 다만 일본 민법에서는 가독상속인이 모든 상속을 받은 1인상속이지만 조선에서는 분할상속이 이루어졌다는 차이가 있었다.

관리기호	기록번호	자료명	
B-1-566	조제224호의 2	第百六十四 法定ノ推定家督相續人及ヒ 指定家督相續人ナキトキハ如何	
작성자	생산기관	생산 연도	
-	법전조사국	-	
지역	언어	분량	소장기관
제2관	일본어	24면	수원박물관
키워드	가독상속인, 지정상속인, 상속 순위, 양자		

[기본정보]

법전조사국에서 장남이 없는 경우 가독상속인(家督相續人)의 지정 방식을 조사한 책으로 24면으로 구성되어 있다. 평안도와 함경도, 강원도 일부 지역을 조사하고 있다. 해주, 황주, 평양, 삼화, 안주, 덕천, 용천, 강계, 영변, 경흥, 회령, 경성, 성진, 북청, 갑산, 함흥, 덕원, 금성, 춘천, 원주 등으로 편철되어 있다. 관습조사보고서류 중에서 '문제별조사서'에 해당된다.

[내용정보]

주요 내용으로는 '제164 법정추정가독상속인(法定推定家督相續人)과 지정가독상속인(指定家督相續人)이 없으면 어떻게 하는가'에 대한 간단한 질의와 응답으로 되어 있다. 예컨대 경성(鏡城) 지방의 경우에는 대하여 법정(法定) 및 지정의 가독상속인(家督相續人)의 경우에는 그 처(妻)가 생존하고 있거나 처가 재산을 관리할 수 있는 경우에는 처가 주로 선정권(選定權)을 가지고 있다. 그 친족(親族) 중에서 양자(養子)가 되는 상속인(相續人)을 정할 수 있다. 처가 이를 정할 수 없다면 문회(門會)에 이를 선정하는 것이 보통이다. 문회(門會)에서는 우선 최근친(最近親)으로서 정한 순서로 하게 된다고 하였다. 이곳 경성 지방에서는 능력 있는 처의 선정권을 강조하고 있음을 알 수 있다.

이 자료는 조선에서 지정가독상속인의 선정은 제사와 재산의 상속권과 긴밀하게 관련되어 있었으므로 선정의 권한과 순위가 비교적 엄격하게 이루어지고 있다는 것을 확인할 수 있는 자료이다.

I-2-1-208 제165 직계존속은 당연가독상속인이 되는가

관리기호	기록번호	자료명	
B-1-567	조제225호의 4	第百六十五 直系尊屬ハ當然家督相續人タル事アルカ	
작성자	생산기관	생산 연도	
-	법전조사국	-	
지역	언어	분량	소장기관
제2관	일본어	24면	수원박물관
키워드	직계존속, 가독상속인, 당연가독상속인, 제사상속인, 방계존속		

[기본정보]

법전조사국에서 직계존속(直系尊屬)은 당연가독상속인(當然家督相續人)인가 여부를 조사한 책으로 24면으로 구성되어 있다. 평안도와 함경도, 강원도 일부 지역을 조사하고 있다. 조사대상 지역으로는 해주, 황주, 평양, 삼화, 안주, 덕천, 용천, 강계, 영변, 경흥, 회령, 경성, 성진, 북청, 갑산, 함흥, 덕원, (금성 없음), 춘천, 원주 등으로 편철되어 있다. 관습조사보고서류 중에서 '문제별조사서'에 해당된다.

[내용정보]

대부분의 지역에서는 '제165 직계존속은 당연가독상속인(當然家督相續人)인가'에 대한 답변으로 간단하게 "조선 관습에는 존속(尊屬)은 어떠한 경우에도 제사상속인일 수 없고, 그리고 이는 직계존속과 방계존속을 불문한다"고 답변하고 있다. 그렇지만 안주, 북청, 덕원, 춘천 등지에는 비교적 구체적으로 설명하고 있다. 예컨대 안주(安州) 지방의 경우에는 "피상속인(被相續人)이 상속인(相續人)이 없고 직계존속인 경우에는 친족(親族) 중에서 양자로 정하여 보통 반드시 상속인을 정해야 한다"고 하였다. 그래서 상속인이 될 수 없음은 물론이다. 안주 지방의 일반적인 관례에서는 "일가(一家)에 직계존속이 없는 경우에는 반드시 그 자가 호주(戶主)의 지위를 가진 것인데, 존속친(尊屬親)이 있음에도 불구하고 그 비속(卑屬)은 호주가 되지 않으므로 절대로 존속친이 가독상속인이 되는 것은 없다"라고 설명하고 있다. 또한 함흥 지방에서는 어머니가 과부인 경우에 상속하는 사람이 없고 남자인 양자도 없는 경우에는 과부인 어머니가 이를 상속하는 예외가 있다고 보고하고 있다.

[가치정보]

이 보고서에서는 존속(尊屬)은 어떠한 경우에도 제사상속인(祭祀相續人)일 수 없고, 그리고 이는 직계존속(直系尊屬)과 방계존속(傍系尊屬)을 불문하여 적용되고 있음을 알 수 있다. 다만 호주상속(戶主相續)에 대해서는 직계존속인 모(母)가 일시 호주(戶主)로 되는 경우가 있지만 일반적으로 직계존속(直系尊屬)이 가독상속인이 될 수 없다는 관행을 보여주고 있다.

Ⅰ-2-1-209 제166 가독상속의 효력 여하

	관리기호	기록번호	자료명	
	B-1-349	조제226호의 3	第百六十六 家督相續ノ效力如何	
	작성자	생산기관	생산 연도	
	-	법전조사국	-	
	지역	언어	분량	소장기관
	제1관	일본어	50면	수원박물관
	키워드	가독상속인, 제사상속인, 호주상속, 재산분배		

[기본정보]

법전조사국에서 가독상속(家督相續)의 효력과 상속인(相續人) 관계자들과의 관계를 조사한 책으로 50면으로 구성되어 있다. 경성을 비롯하여 경기도, 충청도, 경상도, 전라도 등지를 조사한 것이다. 경성, 개성, 인천, 수원, 안성, 청주, 충주, 영동, 대구, 상주, 안동, 경주, 울산, 동래, 창원, 진주, 제주, 무안, 광주, 옥구, 전주, 남원, 공주, 온양, 예산, 은진 등의 순서로 편철되어 있다. 앞서 조사한 내용을 정서하여 정리한 것이다.

[내용정보]

주요한 질의 내용은 "가독상속인(家督相續人)은 호주권(戶主權) 외에 전호주(前戶主)의 모든 재산상의 권리, 의무를 승계하는가 여부와 재산 상속의 범위와 효력"에 대한 것이다. 이에 대한 답변으로는 충주와 광주 지방의 문답 내용이 가장 자세하다. 충주 지방의 경우에는 "우선 부 또는 형이 사망한 경우에는 그 봉사자로 자격이 있는 자는 그 사망한 부와 형을 대신하여 바로 호주라는 지위를 취득하는가"라는 질문에 대하여 봉사자는 14, 15세 나이라면 바로 호주가 되고, 그 이하라도 중류 이상의 사회에서는 봉사자가 직접 호주의 지위에 오른다고 하였다. 또한 과부가 호주의 지위를 취득하는 것은 어디까지나 편의상에 불과한 임시적인 것이라고 했으며, 소사는 유형상으로 가옥을 주관하고 내방(內房)에 관하여 독립적으로 정리하지만 봉사자인 사람이 의무를 갖는 것이라고 하였다. 또한 봉사자가 호주의 지위를 취득하는 것은 당연히 전호주의 재산과 기타 권리와 의무를 계승하는 것이라고 답변하고 있다. 부의 재산을 상속하는 것도 봉사자가 그 자매의 혼인 비용과 아우의 분가 비용들을 부담하는 의무를 지므로 하등의 재산을 가지고 분여하는 의무를 지지 않는다고 하였다. 그렇지만 일정한 관습에 따라 봉사자인 형의 의사에 의하여 전재산의 3분의 1 또는 5분의 1로 분배하는 방식 등 일정하지 않는다고 하였다. 또한 봉사자(奉祀子)가 반드시 승계를 받아야 하는 것은 봉제사(奉祭祀)를 위한 기구, 족보(族譜), 묘지 등이라고 하였다.

일반적으로 제사상속의 효력은 그 가의 조상의 제사자인 지위를 승계하는 것이고 피상속인의 유산은 그 채무와 함께 상속인에게 승계되는 것을 말한다. 또 전호주인 피상속인이 자기의 의사로 유산의 일부를 상속인에게 승계시키지 않을 수 있다고 하지만, 전부를 승계시키지 않는 것은 관습상 인정되지 않는다고 하였다.

이 자료는 재산상속인(財産相續人)이자 호주(戶主)로서 그리고 봉제사자(奉祭祀者)로서 상속인의 권리와 의무를 행사함에 있어 특히 전 호주와 형제와의 상호 관계에 대하여 각 지방의 관행을 구체적으로 소개하고 있어서 민법의 재료를 수집하기 위한 관습조사에서 중요한 위치를 점하고 있다.

I-2-1-210 제166 가독상속의 효력 여하

관리기호	기록번호	자료명	
B-1-568	조제226호의 2	第百六十六 家督相續ノ效力如何	
작성자	생산기관	생산 연도	
-	법전조사국	-	
지역	언어	분량	소장기관
제2관	일본어	29면	수원박물관
키워드	가독상속인, 제사상속인, 호주상속, 재산분배		

[가치정보]

법전조사국에서 가독상속(家督相續)의 효력과 상속인(相續人) 관계자들과의 관계를 조사한 책으로 29면으로 구성되어 있다. 평안도와 함경도, 강원도 일부 지역을 조사하고 있다. 조사대상 지역으로는 해주, 황주, 평양, 삼화, 안주, 덕천, 용천, 강계, 영변, 경흥, 회령, 경성, 성진, 북청, 갑산, 함흥, 덕원, 금성, 춘천, 원주 등으로 편철되어 있다. 관습조사보고서류 중에서 '문제별조사서'에 해당된다.

[내용정보]

주요한 질의 내용은 가독상속인(家督相續人)은 호주권 외에 전호주(前戶主)의 모든 재산상의 권리, 의무를 승계하는가 여부와 재산 상속의 범위와 효력에 대한 것이다. 이에 대한 답변으로는 경성, 춘천과 원주 등지가 비교적 자세하다. 경성(鏡城) 지방에서는 가독상속인은 호주권 외에 전호주의 일체 재산상의 권리 의무를 계승하고 있고, 더욱이 전호주의 일신상에 전속(專屬)한 양육료(養育料)와 같이 계속된 것도 얻는 것이 물론이라고 하였다. 가독상속인(家督相續人)은 전호주(前戶主)의 재산을 다른 가족에게 분배하는 의무를 지는 가의 여부는 신호주(新戶主)가 장래 가족의 부양 기타 분가(分家) 등으로 인하여 책임을 가지고 있는 고로 그 당시 분배의 의무를 가지는 것은 아니라고 하였다. 전호주(前戶主)가 의사로써 재산의 일부를 유용하는가의 여부는 전가(傳家)의 경우에는 이러한 일이 존재하고 있고, 전가(傳家) 후에는 전호주(前戶主)는 채권자에 대하여 채무 변제 의무를 가지고 있는 것은 물론이라고 하였다.

[가치정보]

이 자료는 재산상속인(財産相續人)이자 호주(戶主)로서 그리고 봉제사자(奉祭祀者)로서 상속인의 권리와 의무를 행사함에 있어 특히 전 호주와 형제와의 상호 관계에 대하여 각 지방의 관행을 구체적으로 파악할 수 있는 자료이다.

Ⅰ-2-1-211 제167 유산상속을 인정하는가

관리기호	기록번호	자료명	
B-1-569	조제227호의 4	第百六十七 遺産相續ヲ認ムルカ	
작성자	생산기관	생산 연도	
-	법전조사국	-	
지역	언어	분량	소장기관
제2관	일본어	23면	수원박물관
키워드	유산상속, 재산상속인, 호주, 제사자		

[기본정보]

법전조사국에서 유산상속을 인정하는가의 여부를 조사한 책으로 23면으로 구성되어 있다. 평안도와 함경도, 강원도 일부 지역을 조사하고 있다. 조사대상 지역으로는 해주,

황주, 평양, 삼화, 안주, (덕천 없음), 용천, 강계, 영변, 경흥, 회령, 성진, 경성, 갑산, 북청, 함흥, 덕원, (금성 없음), 춘천, 원주 등의 순서로 편철하였다. 그런데 경흥 지역의 조사 보고 안에서 경흥과 회령, 경성을 별도로 처리하지 않고 한데 묶어 처리하고 있는 것이 특이하다. 관습조사보고서류 중에서 '문제별조사서'에 해당된다.

[내용정보]

주요한 질문 내용으로는 '유산상속을 인정하는가 여부'이었다. "만약 이를 인정한다면 가족(家族)이 사망한 경우에만 인정하는가, 아니면 호주(戶主)가 사망한 경우에도 가독상속(家督相續) 외에 이를 인정하는가" 등을 구체적으로 묻고 있다. 이에 대한 답변으로는 재산 상속은 가족이 사망한 경우에 이를 인정할 뿐만 아니라, 호주가 사망한 경우에도 이를 역시 인정한다. 즉 가족이 사망한 경우에는 그 가족이 기혼남이면 그 제사자가 사자(死者)의 유산을 승계함과 동시에 만약 제사자에게 아우가 있으면 그 아우도 역시 유산을 분배받는다. 또 가족이 미혼 남 또는 여자인 경우에는 부(父) 또는 자(子), 호주(戶主) 등이 이를 승계 하는 것이 관습이다. 호주가 사망한 경우에는 호주가 남자이면 그 유산은 제사상속인 기타 제사자가 되는 자가 이를 승계하고 또 그 외에 제사자의 아우도 그 유산의 일부를 분배받는 것이다. 그러므로 제사상속인 또는 제사자가 되는 자의 재산승계(財産承繼) 외에 따로 재산상속(財産相續)을 인정하는 것이다.

[가치정보]

이 자료는 유산상속의 인정 여부에 대해 가족의 사망 여부, 호주의 사망 여부 등에 관한 지역별 사례를 통해 설명함으로써 그 특징을 자세히 알 수 있는 자료이다.

Ⅰ-2-1-212 제168 누가 유산상속인이어야 하는가

관리기호	기록번호	자료명	
B-1-350	조제228호의 3	第百六十八 何人カ遺産相續人タルヘキカ	
작성자	생산기관	생산 연도	
-	법전조사국	-	
지역	언어	분량	소장기관
제1관	일본어	59면	수원박물관
키워드	직계비속, 유산상속, 상속, 재산상속인		

[기본정보]

이 자료는 법전조사국이 작성한 것이며 자료명은 '누가 유산상속인이어야 하는가'로 되어 있다. 법전조사국에서 경성, 개성, 인천, 수원, 안성, 청주, 충주, 영동, 대구, 상주, 안동, 경주, 울산, 동래, 창원, 진주, 제주, 무안, 광주, 옥구, 전주, 남원, 공주, 온양, 예산, 은진 등의 지역들에서 유산상속인이 누가 되는지에 대해 조사한 보고서이다. 이 자료는 19.5×26.5센티미터의 형태로 일본어로 기록되었다.

[내용정보]

기본적으로 사망자의 직계비속에 재산상속인에 한한다. 또 직계비속일지라도 재가자에 한하고 타가에 있는 자는 재산상속인이 될 수 없는 것을 원칙으로 한다. 그런데 청주 지역의 경우에는 타가에 양자로 가도 재산상속이 가능하다고 한다. 타가에 양자로 간 자는 실가에 재한 자의 3분의 1을 분배받을 수 있고, 이것은 피상속인의 생전 의사에 의해 차이가 발생할 수 있다고 한다.

직계비속 간의 재산상속에 대한 규정에 논란이 많다. 기본적으로는 2인 이상이어도 그 재산상속 순위는 동일한 것으로 보인다. 물론 지역에 따라서 장자에게 더 많이 상속할 것을 강제하기도 한다. 적자와 서자 간의 경우도 마찬가지다. 정확히 분배율이 정해져 강제하고 있진 않지만 적자에게 더 많은 양을 나누어주고 있다.

만약 직계비속 없이 사망했을 경우에는 배우자, 부모, 호주 순으로 상속이 돌아가게 된다. 그리고 지정상속, 즉 양자를 들이거나 폐지하는 것은 가독상속의 경우와 같은 방식으로 이루어진다.

[가치정보]

이 자료는 누가 유산상속인으로 되는지에 대하여 직계비속의 경우, 직계비속간 재산상속 규정, 직계비속이 없이 사망했을 경우 등 다양한 사례로부터 살펴볼 수 있는 자료이다.

Ⅰ-2-1-213 제168 누가 유산상속인이어야 하는가

관리기호	기록번호	자료명	
B-1-570	조제228호의 2	第百六十八 何人カ遺産相續人クルヘキカ	
작성자	생산기관	생산 연도	
-	법전조사국	-	
지역	언어	분량	소장기관
제2관	일본어	28면	수원박물관
키워드	직계비속, 유산상속, 상속, 재산상속인		

[기본정보]

이 자료는 법전조사국이 작성한 자료로 자료명은 '누가 유산상속인이어야 하는가'로 되어 있다. 법전조사국에서 해주, 황주, 평양, 삼화, 안주, 덕천, 용천, 강계, 영변, 경흥, 회령, 경성, 성진, 북청, 갑산, 함흥, 금성, 덕원, 춘천, 원주 등의 지역들에서 유산상속인이 누가 되는지에 대해 조사한 보고서이다. 이 자료는 19.5×27센티미터의 형태로 일본어로 기록되었다.

[내용정보]

재산상속인의 순위는 피상속인의 직계비속, 배우자, 직계존속, 호주 순으로 한다. 기본적으로 사망자의 직계비속에 재산상속인을 한한다. 또 직계비속일지라도 재가자에 한하고 타가에 있는 자는 재산상속인이 될 수 없는 것을 원칙으로 한다. 만약 직계비속 없이 사망했을 경우에는 배우자, 부모, 호주 순으로 상속이 돌아가게 된다. 그리고 지정상속, 즉 양자를 들이거나 폐지하는 것은 가독상속의 경우와 같은 방식으로 이루어진다.

재산상속 분배에 대해서와 추정상속인 폐지에 대해서는 정해진 관습은 없는 것으로 보인다. 각 지역별로 다른 이야기를 하고 있다.

[가치정보]

이 자료는 누가 유산상속인으로 되는지에 대하여 직계비속의 경우, 직계비속간 재산상속 규정, 직계비속이 없이 사망했을 경우 등 다양한 사례로부터 살펴볼 수 있는 자료이다.

I-2-1-214 제169 유산상속인은 피상속인의 일체의 재산상의 권리의무를 승계하는가

관리기호	기록번호	자료명	
B-1-351	조제229호의 3	第百六十九 遺産相續人ハ被相續人ノ一切ノ財産上ノ權利義格ヲ承繼スルカ	
작성자	생산기관	생산 연도	
-	법전조사국	-	
지역	언어	분량	소장기관
제1관	일본어	30면	수원박물관
키워드	유산상속인, 피상속인, 재산상의 권리 의무		

[기본정보]

법전조사국에서 유산상속인(遺産相續人)과 피상속인(被相續人)과의 관계를 조사한 책으로 30면으로 구성되어 있다. 경성을 비롯하여 경기도, 충청도, 경상도, 전라도 등지를 조사한 것이다. 조사 대상 지역은 경성을 비롯하여 개성, 인천, 수원, 안성, 청주, 충주, 영동, 대구, 상주, 안동, 경주, 울산, 동래, 창원, 진주, 제주, 무안, 광주, 옥구, 전주, 남원, 공주, 온양, 예산, 은진 등의 순서로 편철되어 있다. 그 중에서 경성과 충주의 질의 응답이 자세하다. 관습조사보고서류 중에서 '문제별조사서'에 해당된다.

[내용정보]

주요한 질문은 '제169 유산상속인(遺産相續人)은 피상속인(被相續人)의 모든 재산상의 권리·의무를 승계하는가'였다. 이에 대해 경성 지역의 경우에는 유산상속인은 가독상속인과 동일하게 일체의 재산상의 권리 의무를 계승하는 것이다. 단 차남, 삼남 등은 유산을 상속하면서도 채무는 계승하지 않는 것으로 하고 채무는 모두 장남에게 계승하는 것으로 한다고 하였다. 피상속인의 의사로 인하여 그 전부 또는 일부를 승계하는가라고 하는 것은 아버지를 장자(長子)에게 재산을 상속하지 않는다면, 장남이면서도 또 재산 전부를 상속하는 권리를 갖는가는 의문이라고 하였다. 그러면서도 종중용(宗中用)은 장남에게 승계시키는 것을 의무로 하였다. 이는 종중전(宗中田)과 조선(祖先)의 제사(祭祀) 비용에 충당하기 위해 설정되어 있는 것이므로 이것이 피상속인의 자유에 속하지 않는 것이라고 하였다.

충주 지역의 조사에서는 "봉사자인 경우에도 부가 사망할 경우에는 그 아버지가 가진 재산 및 부담할 채무를 계승하는가"라는 질문에 대하여 "그렇다. 부가 가진 재산 및 채무의 일체를 부담계승하는 것이다"라고 답하고 있다. 또한 재차 물어 "그렇다면 부의 재산을 을과 병에게 분여할 경우에는 오히려 을과 병이 계승하는 채무를 분배하는가"라고 구체적으로 질문하였는데, 이에 대해서도 분배하여야 한다고 하였다. 만약 봉사자(奉仕者)가 부채를 승계한다면 그 재산 가운데 먼저 채무를 변제한 이후 재산을 분배하는 것이다"라고 하였다. 또 묻기를, "그렇다면 부가 사망할 경우에는 봉사자가 그 부담할 채무를 계승하는 것이고 다른 을과 병의 아우는 그 채무를 분배 부담하는 것이라고 보는가"라고 하였다. 이에 대해 "봉사자는 부의 유산을 계승함과 동시에 부채도 역시 계승하는 것이므로 이를 다른 형제에게 분배 부담하는 것이고 만약 봉사자가 변제 자력이 있다고 하면 이를 다른 형제들에게 보조하는 것이지만, 그러나 여하간 아버지가 부담할 채무인고로 이를 거절하는 것일 수 없다고 하였다.

[가치정보]

이 자료는 재산상속을 할 때 전호주와 재산상속인과의 재산과 부채 승계에 대한 구체적인 관행을 파악할 수 있는 자료이다.

I-2-1-215 제170 유산상속인이 2인 이상 있을 때는 상속재산은 공유하는가

관리기호	기록번호	자료명	
B-1-571	조제230호의 3	第百七十 遺産相續人二人以上アルトキハ 相續財産ハ其共有トスルカ	
작성자	생산기관	생산 연도	
-	법전조사국	-	
지역	언어	분량	소장기관
제2관	일본어	23면	수원박물관
키워드	유산상속, 공유재산, 재산 분할		

[기본정보]

법전조사국에서 유산상속의 관할과 분배 방식을 조사한 책으로 23면으로 구성되어 있다. 평안도와 함경도, 강원도 일부 지역을 조사하고 있다. 조사대상 지역으로는 해주, 황주, 평양, 삼화, 안주, 덕천, 용천, 강계, 영변, 경흥, 회령, 경성, 성진, 북청, 갑산, 함흥, 덕원, 금성, 춘천, 원주 등의 순서로 편철하였다. 이 중에서 함흥과 덕원, 춘천 등의 조사가 비교적 자세하다. 관습조사보고서류 중에서 '문제별조사서'에 해당된다.

[내용정보]

주요한 질문으로는 '제170 유산상속인(遺産相續人)이 2인 이상이면 상속재산은 공유에 속하는가'였다. "만약 그렇다면 채권·채무도 각 상속인에게 분속(分屬)하지 않는가. 상속재산이 공유가 아니면 즉시 분할하는가. 그리고 분할시까지는 누구의 재산으로 간주하는가" 등을 질의하였다. 이에 대하여 재산상속인이 2인 이상 있는 경우는 남 호주 또는 기혼남이 사망하고, 여러 명의 아들 또는 대습상속(代襲相續)을 할 손자가 있는 경우뿐인 경우에는 피상속인이 생전에 또는 유언으로 각 상속인의 상속분을 정하는 경우가 있다고 하였다. 그리고 이를 정하지 않는 경우가 있다고 하나, 어느 경우를 막론하고 상속재산은 각 상속인의 공유에 속하는 것이 아니고, 그 분할 시까지는 일단 봉사자인 제사자의 소유로 귀속된다고 한다. 따라서 분할 집행 후에 비로소 각 상속인의 소유로 귀속되는 것이다. 대개 상속재산은 그 분할 전에는 각 상속인의 개개의 소유로 귀속하는 것이라고 할 수 없다. 그리고 봉사자인 상속인은 피상속인이 정한 비율 또는 스스로 비율을 정하여 상속재산을 분할하는 지위에 있는 자이며, 또 피상속인의 후계자로서 상속재산이 피상속인의 유산인 성질상 일단 분할 집행자이다. 피상속인의 후계자인 봉사자에게 이전하는 것으로 보는 관념인 듯하다.

[가치정보]

이 자료는 상속재산은 각 상속인의 공유에 속하는 것이 아니고 제사봉사자에게 소유와 분할에 대한 권한이 있음을 파악할 수 있는 자료이다.

Ⅰ-2-1-216 제171 유산상속인이 2인 이상 있을 때 그 각자의 상속분 여하

관리기호	기록번호	자료명	
B-1-352	조제231호의 1	第百七十一 遺産相續人二人以上 アルトキハ其各自ノ相續分如何	
작성자	생산기관	생산 연도	
-	법전조사국	-	
지역	언어	분량	소장기관
제1관	일본어	32면	수원박물관
키워드	유산상속인, 상속지분, 직계비속, 배우자, 여자상속		

관리기호	기록번호	자료명	
B-1-619	조제231호의 3	第百七十一 遺産相續人二人以上 アルトキハ其各自ノ相續分如何	
작성자	생산기관	생산 연도	
-	법전조사국	-	
지역	언어	분량	소장기관
제1관	일본어	33면	수원박물관
키워드	유산상속인, 상속지분, 직계비속, 배우자, 여자상속		

'조제231호의 1'은 초서본, '조제231호의 3'은 정서본이다. 법전조사국에서 2인 이상의
유산상속인(遺産相續人)의 상속 지분 관행을 조사한 책이다. 경성을 비롯하여 경기도, 충청
도, 경상도, 전라도 등지를 조사한 것이다. 조사 대상 지역은 경성을 비롯하여 개성, 인천,
수원, 안성, 청주, 충주, 영동, 대구, 상주, 안동, 경주, 울산, 동래, 창원, 진주, 제주, 무안,
광주, 옥구, 전주, 남원, 공주, 온양, 예산, 은진 등이었으며 순서대로 편철되어 있다. 관습조
사보고서류 중에서 '문제별조사서'에 해당된다.

[내용정보]

개성 지방 조사에서는 '제171 유산상속인(遺産相續人)이 2인 이상 있으면 각자의 상속분
은 어떠한가'라는 질문아래에, ① "직계비속(直系卑屬)과 배우자(配偶者) 등이 동시에 상속
하는 경우가 있는가"에 대하여 "동시에 상속이 가능하다"라고 했다. ② "동순위 직계비속
2인 이상이 있다면 각자 상속분은 장남 3분의 2를 상속하고 3분의 1은 차남 이하로 분할
상속하는가"에 대하여 "일정한 비율로 하면서도 대개 할합(割合)한다"고 하였다. ③ "그렇
다면 상속분의 할합(割合)은 어떻게 정하는가"에 대해 "근친으로부터 이루어진 친속회(親
屬會)에서 협의하여 이를 정한다"고 하였다. ④ "직계비속의 여자는 남자와 동일한 상속분
을 받는가"에 대하여 "여자는 대부분 상속을 받으면서도 남자의 10분의 1위를 받는다"라고
하였다. 일부 지역에서 나타난 답변 중에서 여자는 상속분이 없으나 혼인할 때에 다소의
재산을 증여받는 일이 있을 뿐이라는 답변과 차이가 있다. ⑤ "직계비속이라면 직계비속에
있어 상속하고 직계 존속은 상속하지 않는가" 답변은 그러하다고 하였다. ⑥ "직계비속이
라면 배우자에게도 상속하지 않는가"라고 물었는데, 답변은 결코 그렇지 않다고 하였으며,
⑦ "장남을 제외한 이외에 남자는 장유에 의하여 구별하여 각자의 상속분이 서로 같은가"
대답은 그러하다고 하였다. ⑧ "장남을 제외하고 남자는 적출자인가, 서자인가로 구별하고
각자 상속분이 서로 같은가"라고 물었는데, 그러하다고 대답했다. ⑨ "피상속인의 의사에
의하여 차등을 둘 수 있는가"에 대하여 있다고 대답했다.

울산 지방 조사에서는 ① '제171 유산상속인(遺産相續人)이 2인 이상 있으면 각자의 상속
분은 어떠한가'라는 질문에 대하여 "유산상속에서도 가독상속과 같이 1인의 상속을 하는
것을 원칙으로 하고 피상속인의 유사에 의하여 분배하는 것으로 하며 각별하게 의사 표시
를 한다면 2인 이상의 상속인으로 한다. 다만 여러 사람의 아들이 별단의 의사 표현을
하지 않고 사망한다면 집에 상당한 재산이 있다면 제매(弟妹)에 분여하는 인정상의 관습이

있다. 비록 이를 하나의 인정(人情)으로 붙이면서도 법률상의 문제에 있을 수 있다"라고 대답하였다. ② "직계비속(直系卑屬)과 배우자(配偶者) 등이 있는 경우에 어떠한가"에 대하여 "직계비속은 배우자에 선립(先立)하여 상속한다"고 했다. ③ "직계비속과 존속과는 어떠한가"라는 질문에 대하여 "비속(卑屬)은 존속(尊屬)에 선립(先立)하고 배우자(配偶者)가 다음으로 하고, 그 다음에 존속(尊屬)에 미치므로 이들의 사람들이 분배하여 각별히 피상속인(被相續人)의 의사 표시가 있지 않는 한에 한하는 것"이라고 했다. ④ "남녀(男女), 장유(長幼), 적서(嫡庶)에 의하여 구별을 두는가"에 대하여 남(男)은 녀(女)에, 장(長)은 유(幼)에, 적(嫡)은 서(庶)에 선립(先立)한다고 한다. ⑤ "상속인(相續人)의 의사에 의하여 차등을 둘 수 있는가, 특수하게 앞서 질문의 순서를 고려하여 이를 차등을 두고 있는가"라고 물었는데, "제사담당자의 유류분(遺留分)을 해롭게 한다면, 임의로 차등을 둘 수 있다"고 대답하고 있다.

[가치정보]

이 자료는 유산 상속인이 2인 이상이 있으면 각자의 상속분이 어떠한가에 대한 구체적인 사례에 대해 각 지방마다 나름대로의 관행을 확인할 수 있는 자료이다.

I-2-1-217 제172 유산분할의 방법 여하

관리기호	기록번호	자료명	
B-1-353	조제232호의 1	第百七十二 遺産分割ノ方法如何	
작성자	생산기관	생산 연도	
-	법전조사국	-	
지역	언어	분량	소장기관
제1관	일본어	31면	수원박물관
키워드	유산 분할, 분할 협의, 유언, 피상속인		

[기본정보]

법전조사국에서 유산분할(遺産分割)의 방법에 관한 관행을 조사한 책으로 31면으로 구성되어 있다. 조사지역은 경성을 비롯하여 경기도, 충청도, 경상도, 전라도 등지를 조사한 것이다. 경성, 개성, 인천, 수원, 안성, 청주, 충주, 영동, 대구, 상주, 안동, 경주, 울산, 동래, 창원, 진주, 제주, 무안, 옥구, 전주, 남원, 공주, 온양, 예산, 은진이다. 위의 순서대로 편철되어 있다. 관습조사보고서류 중에서 '문제별조사서'에 해당된다.

[내용정보]

주요한 질문은 '제172 유산분할(遺産分割)의 방법은 어떠한가'였다. 구체적으로 "유산의 분할 방법으로서 현물로 분할하는가, 이를 매각하여 그 대금을 분할하는가, 분할협의(分割協議), 또는 조건 등에 대하여 협의 조정이 성립하지 않으면 관(官)에 제소하는가"이며, 또한 "피상속인(被相續人)이 유언(遺言)으로 분할의 방법을 정하는가" 등이었다. 이에 대한 대답은 유산 분할의 방법이 협의상으로 결정하는 방법에 의한다는 것이 일반적인 답변이었다. 울산 지방의 경우, 유산 분할의 방법으로는 보통 현물에 의하여 나누는 것이 일반적이고 때에 따라서는 매각에 의하여 그 대가를 나누기도 한다고 답변하였다. 옥구 지방의 경우에는 특히 친자간에는 물론하고 직계 존비속간에도 비속으로부터 소송에 의하여 결정되든지, 혹은 하나의 문벌의 문장에 의해서 재단(裁斷)을 받아 결정된다고 하였다. 대체적으로 유산분할의 방법은 피상속인이 미리 이를 정하는 경우가 있는데, 그 방법에 따라야 한다. 그리고 피상속인이 이를 정하지 않은 경우에는 편리하고 적당한 방법으로 분할하는 것이다 보통 현물로 하지만 현물로 분할할 수 없으면 이를 매각하여 그 대가를 분할하거나, 또는 상속인 가운데 1인이 이를 인수하고 그 상속분을 초과하는 부분의 대가를 다른 상속인에게 지불하는 예가 있다고 하였다. 또 분할에 대하여 협의가 성립되지 않으면 백숙부(伯叔父) 등의 의견에 따르거나, 문회(門會)·문장(門長)의 의견에 따르는 경우가 있다고 하였다. 그렇지만 관에 제소하여 방법을 정하는 등의 관례는 거의 없는 것으로 보인다. 울산 지방의 경우에는 유언에 의하여 분할하는 방법이 정해진 예가 제법 많다고 한다.

[가치정보]

이 자료는 현물 분할, 매각 후 대금 분할, 분할협의, 조건에 대한 협의 조정 등의 사례로부터 유산분할의 방법을 설명함으로써 그 특징을 자세히 알 수 있는 자료이다.

I-2-1-218 제172 유산분할의 방법 여하

관리기호	기록번호	자료명	
B-1-572	조제232호의 2	第百七十二 遺産分割ノ方法如何	
작성자	생산기관	생산 연도	
-	법전조사국	-	
지역	언어	분량	소장기관
제2관	일본어	23면	수원박물관
키워드	유산 분할, 분할 협의, 유언, 피상속인		

[기본정보]

법전조사국에서 유산분할의 방법에 관한 관행을 조사한 책으로 23면으로 구성되어 있다. 평안도와 함경도, 강원도 일부 지역을 조사하고 있다. 조사대상 지역은 해주, 황주, 평양, 삼화, 안주, 덕천, 용천, 강계, 영변, 경흥, 회령, 경성, 성진, 북청, 갑산, 함흥, 덕원, 금성, 춘천, 원주 등이다. 위의 순서대로 편철되어 있다. 관습조사보고서류 중에서 '문제별 조사서'에 해당된다.

[내용정보]

주요한 질문은 '제172 유산분할의 방법은 어떠한가'였다. 구체적으로 "유산의 분할 방법으로서 현물로 분할하는가, 이를 매각하여 그 대금을 분할하는가, 분할협의(分割協議), 또는 조건 등에 대하여 협의 조정이 성립하지 않으면 관(官)에 제소하는가"이며, 또한 "피상속인 (被相續人)이 유언(遺言)으로 분할의 방법을 정하는가" 등이었다. 이에 대한 대답은 북청 지방의 경우가 가장 자세히 언급하고 있다. 유산 분할의 방법으로는 보통 현물에 의하여 나누는 것이 일반적이고 때에 따라서는 매각에 의하여 그 대가를 나누기도 한다고 답변하였다. 특히 친자간에는 물론하고 직계 존비속간에도 비속으로부터 소송에 의하여 결정되든지, 혹은 하나의 문벌의 문장에 의해서 재단(裁斷)을 받아 결정된다고 하였다. 대체적으로 유산분할의 방법은 피상속인이 미리 이를 정하는 경우가 있는데, 그 방법에 따라야 한다. 그리고 피상속인이 이를 정하지 않은 경우에는 편리하고 적당한 방법으로 분할하는 것이다. 보통 현물로 하지만 현물로 분할할 수 없으면 이를 매각하여 그 대가를 분할하거나, 또는 상속인 가운데 1인이 이를 인수하고 그 상속분을 초과하는 부분의 대가를 다른 상속 인에게 지불하는 예가 있다. 또 분할에 대하여 협의가 성립되지 않으면 백숙부(伯叔父) 등의 의견에 따르거나, 문회(門會)·문장(門長)의 의견에 따르는 경우가 있다고 하였다. 그렇지만 관에 제소하여 방법을 정하는 등의 관례는 거의 없는 것으로 보인다.

[가치정보]

이 자료는 현물 분할, 매각 후 대금 분할, 분할협의, 조건에 대한 협의 조정 등의 사례로부 터 유산분할의 방법을 설명함으로써 그 특징을 자세히 알 수 있는 자료이다.

I-2-1-219 제173 상속인은 상속할 의무가 있는가

관리기호	기록번호	자료명	
B-1-354	조제233호의 1	第百七十三 相續人ハ相續ヲナス義務アルカ	
작성자	생산기관	생산 연도	
-	법전조사국	-	
지역	언어	분량	소장기관
제1관	일본어	36면	수원박물관
키워드	유산 상속, 상속 포기, 채무 변제, 포기 절차		

[기본정보]

법전조사국에서 상속인(相續人)의 유산 상속 의무와 절차에 관한 관행을 조사한 책으로 36면으로 구성되어 있다. 경성을 비롯하여 경기도, 충청도, 경상도, 전라도 등지를 조사한 것이다. 경성, 개성, 인천, 수원, 안성, 청주, 충주, 영동, 대구, 상주, 안동, 경주, 울산, 동래, 창원, 진주, 제주, 무안, 옥구, 전주, 남원, 공주, 온양, 예산, 은진이다. 위의 순서대로 편철되 어 있다.

관습조사의 항목은 '제173 상속인(相續人)은 상속할 의무가 있는가'였다. 대부분의 지방 에서는 간단하게 질문과 답변이 이루어졌다. 광주 지방의 경우에는 다른 지역과 달리

조사일자와 내용이 자세히 수록되어 있다. 제26회 관습조사로 7월 3일 오전 9시에 이루어졌는데, 출석자는 전의관(前議官) 김치주(金致疇), 조홍철(趙洪哲), 정해업(鄭海業) 등 3인이었다.

[내용정보]

주요한 질의 응답 내용으로는 아버지가 죽고 갑을의 형제가 있는 경우 임의로 계승인의 자격을 포기하는 것은 없고 재산과 더불어 부채도 같이 계승하며 제사상속인인은 제사를 지내야 할 의무를 부담하는 자로서 상속을 포기할 수 없다고 하였다. 또한 개성 지방의 경우에는 "상속인(相續人)은 모두 상속을 포기할 수 없는가"라는 질문에 대해 "사(辭)할 수도 있고 그렇게 할 수 없을 수도 있다"고 하였는데, 구체적으로 "만약 포기할 수 있는 자와 없는 자가 있다면 그 구별은 어떠한가"에 대해서 답변이 생략되어 있다. 또한 "이 점에 대해서 가독상속인(家督相續人)과 유산상속인(遺産相續人) 간에 다르지 않는가"라는 질문에 대하여 다르다고 대답하였다. 다음으로 "또 상속을 포기하지 않는 한 상속채무의 전부를 부담하지 않을 수 없는가"라고 하였는데, 이에 대해 상속을 포기하다면 채무의 변제는 면할 수 있다고 하였다. 마지막으로 "또 상속의 승인 또는 포기의 절차가 없는가"라고 했을 때 수속은 따로 없다고 하였다. 이렇게 대부분 지역에서 간단한 질문과 대답의 순서로 기록되어 있다.

[가치정보]

이 자료는 조선의 관습에서 상속인이 제사 상속인이므로 재산상속과 부채상속도 모두 승계하는 의무가 있다는 점을 파악할 수 있는 자료이다.

Ⅰ-2-1-220 제173 상속인은 상속할 의무가 있는가

관리기호	기록번호	자료명	
B-1-573	조제233호의 2	第百七十三 相續人ハ相續ヲナス義務アルカ	
작성자	생산기관	생산 연도	
-	법전조사국	-	
지역	언어	분량	소장기관
제2관	일본어	24면	수원박물관
키워드	유산 상속, 상속 포기, 채무 변제, 포기 절차		

[기본정보]

법전조사국에서 상속인(相續人)의 유산 상속의 의무와 절차에 관한 관행을 조사한 책으로 24면으로 구성되어 있다. 평안도와 함경도, 강원도 일부 지역을 조사하고 있다. 조사대상 지역으로는 해주, 황주, 평양, 삼화, 안주, 덕천, 용천, 강계, 영변, 경흥, 회령, 경성, 성진, 북청, 갑산, 함흥, 덕원, 금성, 춘천, 원주 등의 지역을 조사하였다. 위의 순서대로 편철되어 있다. 관습조사보고서류 중에서 '문제별조사서'에 해당된다.

[내용정보]

관습조사의 질문은 '제173 상속인(相續人)은 상속할 의무가 있는가'였다. 구체적으로 "법정(法定)의 추정가독상속인(推定家督相續人)의 지위가 어느 경우에 상속인이 그 일을 사퇴할 수 있는가"하는 질문이었다. 구체적인 답변은 대개 간략한 형태로 이루어졌다. 경성(鏡城) 지방의 답변에서는 지정상속인(指定相續人)이 만약 선정 상속인(相續人)에 그치게 하는 경우라면 사임을 얻을 수 있으며, 양자(養子)가 법정추정가독상속인의 지위에 있다면 절대적으로 상속의무를 가진 것으로 하는데 때에 따라서는 파양(罷養)할 수 있다고 하였다. 또한 유산상속에 부쳐진 어떤 사람이라도 상속권(相續權)을 사임하는 것을 얻을 수 있은 즉, 직계비속(直系卑屬) 및 처호주(妻戶主) 등에게도 사임을 얻을 수 있다고 하였다. 상속을 사임하지 않는 한, 상속 채무의 전부를 부담하지 않을 수 없다고 하였다. 물론 부담의 의무를 지는 것이고 조선에서는 친족간의 부담은 변제의 의무를 갖지 않는다고 하였다. 상속의 승인 또는 포기에는 어떠한 수속도 있지 않고 상속 재산의 한도에 대해 피상속인이 부담하는 채무를 변제하고 책임지는 약속에는 상속의 승인과 같아 즉 한정 승인을 하는 존재라고 답변하고 있다.

[가치정보]

이 자료는 조선의 관습에서 상속인이 제사상속인이므로 재산상속과 부채상속도 모두 승계하는 의무가 있다는 점을 파악할 수 있는 자료이다.

I-2-1-221 제175 상속인 불명의 경우에는 어떻게 해야하는가

관리기호	기록번호	자료명	
B-1-355	조제235호의 1	第百七十五 相續人不明ノ場合ニハ如何スヘキカ	
작성자	생산기관	생산 연도	
-	법전조사국	-	
지역	언어	분량	소장기관
제1관	일본어	32면	수원박물관
키워드	피상속인, 가독상속인, 유산분배, 양자		

[기본정보]

법전조사국에서 상속인(相續人)의 불명에 관한 관행을 조사한 책으로 32면으로 구성되어 있다. 경성을 비롯하여 경기도, 충청도, 경상도, 전라도 등지를 조사한 것이다. 경성, 개성, 인천, 수원, 안성, 청주, 충주, 영동, 대구, 상주, 안동, 경주, 울산, 동래, 창원, 진주, 제주, 무안, 옥구, 전주, 남원, 공주, 온양, 예산, 은진이다. 위의 순서대로 편철되어 있다. 조사 대상 지역의 참여자에 대해서는 유일하게 영동(永同) 지방 응답자로서 용대면(龍代面) 면장 이병재(李秉宰), 군내면(郡內面) 면장 송재순(宋在舜), 농민 배의현(裵義鉉) 등이 참여하였다고 기록되어 있다.

[내용정보]

관습조사항목의 질문은 '제175 상속인(相續人)이 불분명한 경우에는 어떻게 해야 하는가'였다. 이에 대해 개성 지방의 조사에서는 "예를 들어 최근에 전거한 일가 부부가 있고 항상 실자(實子), 양자(養子)가 있다고 들었지만, 어디에 거주하는가 어떤 사람인지도 알지 못하고 있는데, 하루 아침에 호병(虎病)으로 앓아 사람들이 공히 사망했다면 상속인(相續人)은 명확하게 누가 상속인(相續人)인가가 불명할 것 같다고 할 수 있는가" 하여 구체적으로 질문하였다. "또 상속인(相續人)의 존부(存否) 자체가 불분명한 경우가 있는가"라고 물었다. 물론 대답은 그런 경우가 있다고 하였다. 그렇다면, "이런 경우에는 호주권(戶主權)은 어떻게 해야 하는가"를 물으면서 "한국에서는 근린자(近隣者)가 협의하고 재산은 매각하여 촌리(村里)에 기부하고, 촌리(村里)는 재산으로부터 생기는 이자를 가지고 제사에 쓰는 등 관습(慣習)이 있다고 들었는데, 과연 그러한가"라고 물었다. 이에 대해 그러한 관행이 있다고 대답하였다.

울산 지방의 조사에서는 상속인불명(相續人不明)의 경우에 대하여 "가독상속(家督相續)으로 붙여진 상속인불명(相續人不明)은 절대로 없고 어떻게든 직계비속(直系卑屬)인 한에는 상속하는 것이 관습이므로 비속 중에서 당연히 양자 이외에 상속인인 경우에는 유산상속에 이르러 직계 비속, 배우자가 상속하는 순위에 있다"고 하였다. 불명(不明)한 경우에는 "당연하게 유산상속이 방계친에 의하여 상속됨에 이르고 드물게는 혹 기간에 불명(不明)한 경우에 일문(一門)의 문장(門長)이 이를 보관하여 맡아두고 있다"고 하였다. 또한 상속인을 정하는 데에 호주권(戶主權)에 대해서는 "상당한 신분을 가지고 있거나 재산을 가진 자에 이르러 드물게 있다. 비록 중류 이하에는 때때로 이를 본 즉, 지아비의 사망에 상속인으로 된 처 및 가족의 경우에는 여자는 물론 호주로 되는 권리를 가지고 있지 않으므로 직접 양자에게 가는 것이 적당한 방법으로 보인다. 그럼에도 불구하고 수년 수십년 동안 하조이(何召史)[과부(寡婦)를 소사(召史)라 쓰고 조이라고 칭함]라는 명의의 아래 지니고 있다"고 하였다. 그래서 이를 폐가(廢家)로 하고 절가(絶家)로 보고 일가(一家)로서 대우하는 예가 있다. 본래부터 말하는 절가(絶家)라는 것[소사(召史)라고 보고 주로 나라에서 섭정(攝政)과 같이 보는 예로 하는 것]이다. 예를 들어 호세(戶稅)에 대하여 물론 모두 이를 일가(一家)로 대우를 잃고 만약 배우자가 없으면 직접 양자(養子)로 하는 관례로 하여 양자(養子)가 없다면, 가족 또는 일문의 문장에서 관련한다고 하였다. 이 경우 그 유산의 처리는 호주권(戶主權)을 관리하는 사람에게 이를 관리하게 한다고 한다.

[가치정보]

이 자료는 상속인이 불명한 경우에도 양자를 들이든 간에 직계 비속으로 상속하고 그렇게 되지 않으며 피상속인의 모나 처가 일시적으로 호주가 되어 관리하는 조선의 지방 관행을 파악할 수 있는 자료이다.

Ⅰ-2-1-222 제176 유언으로 어떠한 것을 정할 수 있는가

관리기호	기록번호	자료명		
B-1-356	조제236호의 1	第百七十六 遺言ニ以テ如何ナル事ヲ定ムルコトヲ得ルカ		
작성자	생산기관	생산 연도		
-	법전조사국	-		
지역	언어	분량	소장기관	
제1관	일본어	30면	수원박물관	
키워드	피상속인, 유언, 재산 상속, 재산 처분			

관리기호	기록번호	자료명		
B-1-618	조제236호의 3	第百七十六 遺言ニ以テ如何ナル事ヲ定ムルコトヲ得ルカ		
작성자	생산기관	생산 연도		
-	법전조사국	-		
지역	언어	분량	소장기관	
제1관	일본어	29면	수원박물관	
키워드	피상속인, 유언, 재산 상속, 재산 처분			

[기본정보]

'조제236호의 1'은 초서본이고 '조제236호의 3'은 정서본이다. 법전조사국에서 피상속인

(被相續人)이 유산 상속할 때 유언의 효력에 관한 관행을 조사한 책이다. 경성을 비롯하여 경기도, 충청도, 경상도, 전라도 등지를 조사한 것이다. 경성, 개성, 인천, 수원, 안성, 청주, 충주, 영동, 대구, 상주, 안동, 경주, 울산, 동래, 창원, 진주, 제주, 무안, 옥구, 전주, 남원, 공주, 온양, 예산, 은진이다. 위의 순서대로 편철되어 있다. 관습조사보고서류 중에서 '문제별조사서'에 해당된다.

[내용정보]

주요한 질문은 '제176 유언(遺言)으로 재산을 처분할 수 있는가'였다. 구체적으로 "전혀 제한이 없는가. 또 그 외에 관습상(慣習上) 유언(遺言)으로 정하는 사항이 있는가" 등을 물었다. 이에 대해 각 지방에서는 간단히 대답하고 있다. 개성 지방에서는 가독상속(家督相續), 유언상속(遺言相續)에 부쳐진 재산과 분할 방법 등에 대해 유언(遺言)으로 하는 것 이외에 신사(神社), 불각(佛閣), 기타 촌리(村里) 등에 기부하는 것과 같이 재산처분 방법을 유언으로 할 수 있느냐에 대해서 그렇게 하는 예가 있다고 대답하고 있다. 옥구 지방에서는 유언으로 양자(養子)의 연조(緣組), 주관자(主管者)의 선정, 가독상속인(家督相續人)의 선정(選定), 유산분할(遺産分割)의 방법 등을 유언으로 정하는 것이 가능하다고 하였으며, 관습상 유언으로 정해두는 사항은 대개 묘지의 지정을 가장 많이 들 수 있다고 하였고 다른 것도 관습상 유언으로 정하기도 한다고 하였다.

[가치정보]

이 자료에서는 피상속인의 유언으로 양자(養子)의 선정, 유산분배의 비율과 방법, 후견인의 선정을 할 수 있다는 각 지방의 관행 사례를 파악할 수 있는 자료이다.

424

Ⅰ-2-1-223 제176 유언으로 어떠한 것을 정할 수 있는가

관리기호	기록번호	자료명		
B-1-574	조제236호의 4	第百七十六 遺言ニ以テ如何ナル事ヲ 定ムルコトヲ得ルカ		
작성자	생산기관	생산 연도		
-	법전조사국	-		
지역	언어	분량	소장기관	
제2관	일본어	25면	수원박물관	
키워드	피상속인, 유언, 재산 상속, 재산 처분			

[기본정보]

법전조사국에서 피상속인(被相續人)이 유산 상속할 때 유언의 효력에 관한 관행을 조사한 책으로 25면으로 구성되어 있다. 평안도와 함경도, 강원도 일부 지역을 조사하고 있다. 조사대상 지역은 해주, 황주, 평양, 삼화, 안주, 덕천, 용천, 강계, 영변, 경흥, 회령, 경성, 성진, 북청, 갑산, 함흥, 덕원, 금성, 춘천, 원주 등이었다. 위의 순서대로 편철되어 있다. 관습조사보고서류 중에서 '문제별조사서'에 해당된다.

[내용정보]

주요한 질문은 '제176 유언(遺言)으로 재산을 처분할 수 있는가'였다. 구체적으로 "이에 대해서 전혀 제한이 없는가. 또 그 외에 관습상(慣習上) 유언(遺)으로 정하는 사항이 있는가" 등을 물었다. 이에 대해 각 지방에 따라서는 각기 다른 답변을 내놓고 있다.

삼화와 경성(鏡城) 지방에서는 유언으로 정할 수 있는 범위를 ① 법정(法定)의 추정가독상속인(推定家督相續人)이 없는 경우에 상속인을 지정할 수 있는 것을 할 수 있음, ② 유산상속인(遺産相續人)을 정하는 것을 할 수 있음, ③ 재산을 분배하는 일을 할 수 있음, ④ 양자(養子)를 선정하는 것도 가능함, ⑤ 후견인(後見人)간사인(幹事人)을 정하는 것이 가능함, ⑥ 양적(養嫡)[서자(庶子)를 적자(嫡子)로 인정하는 것]도 할 수 있음, 그밖에 사생아의 인지, 법정 추정가독상속인의 폐제 등도 포함하여 유언의 효력을 폭넓게 설명하고 있다.

다만, 유언이 유산을 분배할 때에 불공평한 방법을 지정하였다면 경흥 지방의 관례와 같이 이를 시정하기 위해 대부분은 그 당시의 호주 등이 이를 정하고 다른 가족도 참여하여 재론할 수 있다는 여지를 두고 있었다.

[가치정보]

이 자료에서는 피상속인의 유언으로 양자(養子)의 선정, 유산분배의 비율과 방법, 후견인의 선정 등을 할 수 있다는 각 지방의 관행 사례를 파악할 수 있는 자료이다.

I-2-1-224 제177 유언에는 일정한 방식이 있는가

	관리기호	기록번호	자료명	
	B-1-575	조제237호의 4	第百七十七 遺言ニハ一定ノ方式アルカ	
	작성자	생산기관	생산 연도	
	-	법전조사국	-	
	지역	언어	분량	소장기관
	제2관	일본어	22면	수원박물관
	키워드	유언, 구술, 유언 문서, 입회인		

[기본정보]

법전조사국에서 유언(遺言)의 형식에 관한 관행을 조사한 책이다. 평안도와 함경도, 강원도 일부 지역을 조사하고 있다. 조사대상 지역으로는 해주, 황주, 평양, 삼화, 안주, (덕천 제외), 용천, 강계, 영변, 경흥, 회령, 경성, 성진, 북청, 갑산, 함흥, 덕원, (금성 제외), 춘천, 원주 등의 지역을 조사하였다. 위의 순서대로 편철되어 있다. 관습조사보고서류 중에서 '문제별조사서'에 해당된다.

[내용정보]

주요한 관습조사의 질문은 '제177 유언(遺言)에는 일정한 방식이 있는가'였다. 이에 대하여 대부분의 지방에서는 구술(口述)에 의한 경우와 문서(文書)에 의한 경우 등 2가지의 방식이 있다고 설명하고 있다. 두 방식의 차이는 없다고 하였다. 강계 지방에서는 보통 유언의 경우에는 보통 가족과 친족 등을 모아 놓고 하는 것이 통례라고 한다. 당시 모여 있는 사람이 증인으로서 되어 유언을 증언할 수 있는 것으로 입회인(立會人)이라고 부른다고 하였다.

한편 서면으로 하는 경우에는 글을 아는 자는 대개 자필(自筆)로 하고, 자필로 할 수 없는 자는 대필(代筆)로 한다. 그리고 유언의 방식에 대해서는 일정한 관습이 없고 따라서 아무런 방식으로 하여도 유언자의 임의라고 하나, 적어도 그 유언이 유언자의 진의표시(眞意表示)임을 충분히 알 수 있어야 함에 대해서는 이론이 없다. 또 유언서의 보관에 대해서는 이를 문갑(文匣) 속에 감추거나 처자(妻子) 등 근친에게 위탁하여 보관하는 것이다. 이러한 경우에는 보통 엄밀하게 봉함(封緘)을 하고 사망 후에 개봉하는 것이다. 유언의 필기(筆記), 개봉(開封), 검인(檢認) 등에 대한 관습은 없다고 하였다.

[가치정보]

이 자료는 유언의 일정한 방식에 대해 구술과 서면의 방식, 서면의 경우 자필과 대필 등에 관한 지역별 사례를 통해 설명함으로써 그 특징을 자세히 알 수 있는 자료이다.

Ⅰ-2-1-225 제178 유언의 효력 여하

관리기호	기록번호	자료명	
B-1-357	조제238의 1호	第百七十八 遺言ノ效力如何	
작성자	생산기관	생산 연도	
-	법전조사국	-	
지역	언어	분량	소장기관
제1관	일본어	38면	수원박물관
키워드	유언, 포괄수유자, 특정수유자, 채권 의무		

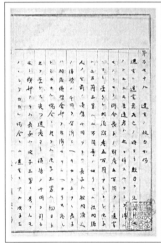

관리기호	기록번호	자료명	
B-1-620	조제238호의 3	第百七十八 遺言ノ效力如何	
작성자	생산기관	생산 연도	
-	법전조사국	-	
지역	언어	분량	소장기관
제1관	일본어	43면	수원박물관
키워드	유언, 포괄수유자, 특정수유자, 채권 의무		

[기본정보]

이 자료는 법전조사국이 작성한 자료로 자료명은 '제178 유언(遺言)의 효력은 어떠한가'
로 되어 있다. '조제238의 1'호는 초서본이고 '조제238호의 3'은 정서본이다.

법전조사국에서 피상속인(被相續人)의 유언(遺言) 효력에 관한 관행을 조사한 책이다.
경성을 비롯하여 경기도, 충청도, 경상도, 전라도 등지를 조사한 것이다. 조사 대상 지역은
경성, 개성, 인천, 수원, 안성, 청주, 충주, 영동, 대구, 상주, 안동, 경주, 울산, 동래, 창원,
진주, 제주, 무안, 옥구, 전주, 남원, 공주, 온양, 예산, 은진이다. 위의 순서대로 편철되어
있다. 이 자료는 19.5×26.5센티미터의 형태로 일본어로 기록되었다.

주요한 질문은 '제178 유언의 효력이 어떠한가'였다. 구체적으로 "유언(遺言)은 언제부터 효력을 발생하는가, 유언(遺言)으로 재산을 받은 자는 이를 포기할 수 있는가, 만약 포기할 수 있다면 그 자가 아무런 의사표시를 하지 않으면 그 재산은 당연히 수유자(受遺者)에게 귀속하는가. 또 수유자(受遺者)와 상속인(相續人) 간에 차이가 있는가, 이에 대해서 포괄수유자(包括受遺者)와 특정수유자(特定受遺者) 간에 차이가 없는가" 등을 물었다.

이에 대해 대부분 지방에서는 유언(遺言)은 유언자가 사망한 때부터 그 효력을 발생한다고 하였다. 울산 지방에서는 만일 유언이 사망후 기간을 정하여 둔 경우에는 그 기간이 도달한 날부터 효력이 발생한다고 하였다. 개성 지방의 문답에서는 구체적으로 갑 노인이 5천원을 을에게 준다고 했을 때 을이 이를 받을 수 있다고 하였다.

또한 유증(遺贈)을 받은 자가 이를 포기할 수 있는지 여부에 대해서는 유증(遺贈)을 포기하는 사례가 적으므로 관습으로 볼 만한 것이 적지만, 일반관념으로는 포기할 수 있다고 하였다. 또 유증(遺贈)을 받을 자가 이를 알고 있음에도 불구하고, 이를 포기하지 않는다면 그 재산은 당연히 수유자(受遺者)에게 귀속하는지 여부에 대해서는 명백한 관습은 없으나, 유언의 집행이 있은 후에 비로소 수유자(受遺者)의 소유로 귀속한다고 보는 것이 타당할 것이라고 하였다. 또한 개성 지방의 질의에서 "수유자(受遺者)와 상속인(相續人)과의 차이를 수유자(受遺者)가 유산의 전부 또는 일부를 유증한다면 수유자(受遺者)는 상속인(相續人)과 같이 채권자에게 대하여 채무의 의무가 있느냐"는 질문에 대하여 수유자(受遺者)는 상속인과 마찬가지로 권리와 의무가 동일하게 있다고 하였다. 그리고 포괄수유자(包括受遺者)와 특정수유자(特定受遺者)간의 차이에 대해서는 대부분 지방에서 포괄수유자는 상속인과 모두 동일한 권리와 의무를 가지며 특정수유자라도 그렇다고 답변하고 있다.

[가치정보]

이 자료는 유언장의 효력에 대해 유언의 효력 시점, 유언을 받은 자의 포기 가능 여부, 수유자(受遺者)와 상속인(相續人) 간의 차이 등의 사례로부터 파악할 수 있는 자료이다.

관리기호	기록번호	자료명		
B-1-358	조제239호의 1	第百七十九 遺言ハ之ヲ取消スコトヲ得ルカ		
작성자	생산기관	생산 연도		
-	법전조사국	-		
지역	언어	분량	소장기관	
제1관	일본어	30면	수원박물관	
키워드	유언 상속, 취소, 수유자, 유증, 채권 의무			

관리기호	기록번호	자료명		
B-1-621	조제239호의 3	第百七十九 遺言ハ之ヲ取消スコトヲ得ルカ		
작성자	생산기관	생산 연도		
-	법전조사국	-		
지역	언어	분량	소장기관	
제1관	일본어	29면	수원박물관	
키워드	유언 상속, 취소, 수유자, 유증, 채권 의무			

[기본정보]

'조제239호의 1'은 초서본이고 '조제239호의 3'은 정서본이다. 법전조사국에서 피상속인 (被相續人)의 유언(遺言) 취소에 관한 관행을 조사한 책이다. 경성을 비롯하여 경기도, 충청도, 경상도, 전라도 등지를 조사한 것이다. 조사 대상 지역은 경성, 개성, 인천, 수원, 안성, 청주, 충주, 영동, 대구, 상주, 안동, 경주, 울산, 동래, 창원, 진주, 제주, 무안, 옥구, 전주, 남원, 공주, 온양, 예산, 은진이다. 위의 순서대로 편철되어 있다. 관습조사보고서류 중에서 '문제별조사서'에 해당된다.

[내용정보]

관습조사항목의 질문은 '제179 유언(遺言)을 취소할 수 있는가'이었다. 구체적으로는 "유언자(遺言者)는 언제라도 이를 취소할 수 있는가. 일단 유언(遺言)을 한 후 다른 유언(遺言) 또는 계약 등으로 재산을 처분하는 등 이와 저촉되는 행위를 한다면 이를 취청(取淸)한 것으로 보지 않는가. 또 수유자(受遺者)에게 의무를 부담시킨 경우에 수유자(受遺者)가 그 의무를 이행하지 않으면 상속인(相續人)은 유증(遺贈)을 취소할 수 있는가" 등이었다.

유언은 사망한 때로부터 효력이 발생하는 것이므로, 유언자는 언제라도 그 유언을 취소할 수 있다 그러나 이를 취소함에는 유언서(遺言書)를 폐기하거나, 유언(遺言)을 한 것과 동일한 방식으로 그 취소의 의사를 표시하는 것이다. 또 유언을 한 후 유언자가 다른 유언 또는 제약으로 이에 저촉되는 행위를 하면 앞의 유언을 취소한 것으로 간주한다고 하였다. 다만 유언은 대개 임종시에 하는 것이므로 유언의 취소 또는 유언에 저촉되는 유언이나 계약을 하는 사례는 아주 드물다고 한다. 그런데 개성 지방에서는 유언 이후에 다른 유언이나 계약 등으로 인하여 동일한 재산을 처분하는 것과 같이 저촉되는 사례가 있다면 이를 취소할 수 있다고 하였다. 또한 부담부유증(負擔附遺贈)의 경우에 수유자(受遺者)가 부담한 의무를 이행하지 않으면 상속인이 그 유증을 취소할 수 있다고 하였다.

[가치정보]

이 자료는 유언의 취소에 대해 유언자에 의한 유언 취소의 시점, 유언 이후 재산의 처분 등 유언에 저촉되는 행위를 하는 경우, 수유자(受遺者)의 의무 불이행의 경우 등에 관한 지역별 사례를 통해 설명함으로써 그 특징을 자세히 알 수 있는 자료이다.

관리기호	기록번호	자료명		
B-1-576	조제239호의 2	第百七十九 遺言ハ之ヲ取消スコトヲ得ルカ		
작성자	생산기관	생산 연도		
-	법전조사국	-		
지역	언어	분량	소장기관	
제2관	일본어	23면	수원박물관	
키워드	유언 상속, 취소, 수유자, 유증, 채권 의무			

[기본정보]

법전조사국에서 피상속인(被相續人)의 유언(遺言) 취소에 관한 관행을 조사한 책이다. 평안도와 함경도, 강원도 일부 지역을 조사하고 있다. 조사대상 지역으로는 해주, 황주, 평양, 삼화, 안주, 덕천, 용천, 강계, 영변, 경성, 북청, 경흥, 회령, 성진, 갑산, 함흥, 덕원, 금성, 춘천, 원주 등의 지역을 조사하였다. 위의 순서대로 편철되어 있다. 관습조사보고서 류 중에서 '문제별조사서'에 해당된다.

[내용정보]

관습조사항목의 질문은 '제179 유언(遺言)을 취소할 수 있는가'이었다. 구체적으로는 "유언자(遺言者)는 언제라도 이를 취소할 수 있는가. 일단 유언(遺言)을 한 후 다른 유언(遺言) 또는 계약 등으로 재산을 처분하는 등 이와 저촉되는 행위를 한다면 이를 취청(取淸)한 것으로 보지 않는가. 또 수유자(受遺者)에게 의무를 부담시킨 경우에 수유자(受遺者)가 그 의무를 이행하지 않으면 상속인(相續人)은 유증(遺贈)을 취소할 수 있는가" 등이었다.

유언은 사망한 때로부터 효력이 발생하는 것이므로, 유언자는 언제라도 그 유언을 취소할 수 있다. 그러나 이를 취소할 때에는 유언서(遺言書)를 폐기하거나, 유언(遺言)을 한 것과 동일한 방식으로 그 취소의 의사를 표시한다. 또 유언을 한 후 유언자가 다른 유언 또는 제약으로 이에 저촉되는 행위를 하면 앞의 유언을 취소한 것으로 간주한다고 하였다. 다만 유언은 대개 임종시에 하는 것이므로 유언의 취소 또는 유언에 저촉되는 유언이나 계약을 하는 사례는 아주 드물다고 한다. 그런데 경성(鏡城) 지방을 비롯하여 대부분의 지역에서는 유언 이후에 다른 유언이나 계약 등으로 인하여 동일한 재산을 처분하는 것과 같이 저촉되는 사례가 있다면 이를 취소할 수 있다고 하였다. 또한 부담부유증(負擔附遺贈)의 경우에 수유자(受遺者)가 부담한 의무를 이행하지 않으면 상속인이 그 유증을 취소할 수 있다고 하였다.

[가치정보]

이 자료는 유언의 취소에 대해 유언자에 의한 유언 취소의 시점, 유언 이후 재산의 처분 등 유언에 저촉되는 행위를 하는 경우, 수유자(受遺者)의 의무 불이행의 경우 등에 관한 지역별 사례를 통해 설명함으로써 그 특징을 자세히 알 수 있는 자료이다.

I-2-1-228 제180 유류분을 인정하는가

관리기호	기록번호	자료명	
B-1-359	조제240호의 3	第百八十 遺留分ヲ認スルカ	
작성자	생산기관	생산 연도	
-	법전조사국	-	
지역	언어	분량	소장기관
제1관	일본어	43면	수원박물관
키워드	상속, 유류분, 상속 순위, 피상속인, 상속인		

[기본정보]

법전조사국에서 피상속인(被相續人)의 유류분(遺留分)의 인정에 관한 관행을 조사한 책이다. 경성을 비롯하여 경기도, 충청도, 경상도, 전라도 등지를 조사한 것이다. 조사 대상 지역은 경성, 개성, 인천, 수원, 안성, 청주, 충주, 영동, 대구, 상주, 안동, 경주, 울산, 동래, 창원, 진주, 제주, 무안, 옥구, 전주, 남원, 공주, 온양, 예산, 은진이다. 위의 순서대로 편철되어 있다. 앞서 작성된 보고서를 정서하여 실은 것이다. 관습조사보고서류 중에서 '문제별조사서'에 해당된다.

[내용정보]

관습조사항목의 질문은 '제180 유류분(遺留分)을 인정하는가'였다. 구체적인 질문으로는 "피상속인(被相續人)은 반드시 그 유산의 전부 또는 일부를 상속인(相續人)에게 남겨야 할 의무가 있는가. 만약 있다면 유류(遺留)하여야 할 재산의 가액은 어떠한가. 가독상속인(家督相續人)과 유산상속인(遺産相續人) 사이에 차이가 있는가. 또 각종 상속인(相續人) 사이에 구별이 있는가. 만약 피상속인(被相續人)이 견류분(遺留分)을 침해하여 재산을 처분하면 어떻게 하여야 하는가. 예컨대 유증(遺贈)을 멸살(滅殺)하여야 하는가. 증여는 어떻게 하는가. 그 멸살(滅殺)의 순서와 방법, 효력은 어떠한가" 등이었다.

경성 지방의 조사에서는 피상속인이 상속인에게 남겨야할 의무가 있는 것으로 가옥[피상속인(被相續人)이 주거하는 가옥], 위등(位等) 묘지(墓地)에 부속되어 있는 전연(田烟), 족보(族譜), 제사(祭祀) 및 제구(祭具)의 일체, 묘지 등이라고 하였다. 재산의 유류분에 대하여 개성 지방에서는 총재산의 3분의 2라고 언급한 반면, 인천과 영동, 청주, 경주, 울산, 남원 등 대부분의 지방에서는 일반 관념으로 유산의 2분의 1이라고 하였다. 다만 대구와 동래 지방에서는 유산의 유류분을 일정한 비율로 명시하였는데, 대구의 경우 장남 5천원, 2남 2천원, 3남 2천원, 서자남 333원, 여자 333원, 수양자 333원으로 한다고 하여 대개 장남이 유산의 2분의 1을 갖는 것으로 보고하고 있다. 반면에 동래의 경우에는 장남 4백원, 차남 225원, 삼남 225원, 서자 150원, 수양자와 여자는 없음 등으로 차등을 두어 유류분(遺留分)을 나눈다고 하였다.

[가치정보]

이 자료는 상속의 유류분의 비율과 차등 분배 방식에 대하여 각 지방의 다양한 관행을 상세하게 조사하여 확인할 수 있는 자료이다.

Ⅰ-2-1-229 제183 상업사용인에 관한 관습 여하

관리기호	기록번호	자료명		
B-1-360	조제243호의 1	第百八十三 商業使用人ニ關スル慣習如何		
작성자	생산기관	생산 연도		
-	법전조사국	-		
지역	언어	분량	소장기관	
제1관	일본어	47면	수원박물관	
키워드	상업사용인, 지배인, 차인(差人), 사환, 서기, 서사(書寫), 고용계약			

[기본정보]

이 자료는 법전조사국이 작성한 자료로 자료명은 '상업사용인(商業使用人)에 관한 관습(慣習)은 어떠한가'로 되어 있다.

상업사용인에 관한 관습을 문답 형식으로 경성, 개성, 인천, 수원, 안성, 청주, 영동, 대구, 상주, 안동, 경주, 울산, 동래, 창원, 진주, 제주, 무안, 광주, 옥구, 전주, 남원, 공주, 온양, 예산, 은진 각 지역별로 조사한 보고서이다. 상업사용인의 종류, 각 사용인의 권한, 고용계약 및 급료 등에 대한 관습을 묻고 있다. 이 자료는 19.5×26.5센티미터의 형태로 일본어로 기록되었다.

[내용정보]

상업사용인으로는 차인(差人), 사환(使喚), 서기(書記)[서사(書寫)]가 거론되고 있다. 차인(差人)은 주인(主人)을 대신하여 그 영업에 관한 일체의 행위를 하는 권한을 가진다. 개성에서는 재판상에 관한 행위에서도 차인이 주인을 대신하는 경우도 있었으나, 동래 등 다른 지방에서는 재판상의 권한이 차인에게 있지 않은 경우가 많았다. 사환(使喚)은 상업상 견습의 지위에 있는 자로 차인의 지휘 아래 잡무를 하면서 상업상의 지식과 경험을 습득하였다. 사환은 일정 기간(통상 10년)이 경과하면 차인의 지위에 올랐다. 서사(書寫)는 거론되지 않는 지역도 많다. 개성의 서사(書寫)는 물품의 출납, 금전의 수입지출, 장부의 기입 등을 맡아 한 것으로 조사되고 있다.

보수의 지급 여부 및 지급방식은 지역마다 차이가 있었다. 대체로 차인(差人)은 이익의 분할을 통해 보수를 받는 경우가 많았다. 개성의 차인은 의식(衣食) 이외에 일정하게 정해진 보수는 없었지만, 본점에서 쌓은 경험과 주인으로부터 빌린 자본으로 하나의 지회(支會)에서 독립된 영업을 개시하고 그 이익을 주인과 평분하였다. 경성과 인천에서는 매월 또는 매년 급료를 주는 경우도 보인다. 사환(使喚)은 대체로 의식(衣食)만 지급하여 따로 보수를 주지는 않았던 것으로 보인다. 서사(書寫)는 개성의 경우 매월 일정한 보수를 주었다.

[가치정보]

이 자료는 상업사용인의 관습에 대해 유언자에 의한 유언 취소의 시점, 유언 이후 재산의 처분 등 유언에 저촉되는 행위를 하는 경우, 수유자(受遺者)의 의무 불이행의 경우 등에 관한 지역별 사례를 통해 설명함으로써 그 특징을 자세히 알 수 있는 자료이다.

I-2-1-230 제183 상업사용인에 관한 관습 여하

관리기호	기록번호	자료명	
B-1-370	조제243호의 2	第百八十三 商業使用人ニ關スル慣習如何	
작성자	생산기관	생산 연도	
-	법전조사국	-	
지역	언어	분량	소장기관
제2관	일본어	25면	수원박물관
키워드	상업사용인, 지배인, 차인(差人), 사환, 서기, 서사(書寫), 고용계약		

[기본정보]

이 자료는 법전조사국이 작성한 자료로 자료명은 '상업사용인(商業使用人)에 관한 관습(慣習)은 어떠한가'로 되어 있다.

상업사용인에 관한 관습을 문답 형식으로 해주, 황주, 평양, 삼화, 안주, 덕천, 용천, 강계, 영변, 회령, 경성(鏡城), 함흥, 갑산, 덕원, 춘천, 원주, 강릉 각 지역별로 조사한 보고서이다. 상업사용인의 종류, 각 사용인의 권한, 고용계약 및 급료 등에 대한 관습을 묻고 있다. 이 자료는 19.5×26.5센티미터의 형태로 일본어로 기록되었다.

[내용정보]

상업사용인으로는 차인(差人), 사환(使喚), 서기(書記)[서사(書寫)]가 거론되고 있다. 차인(差人)은 주인을 대신하여 그 영업에 관한 일체의 행위를 하는 권한을 가진다. 사환(使喚)은 상업상 견습의 지위에 있는 자로 차인의 지휘 아래 잡무를 하면서 상업상의 지식과 경험을 습득하였다. 사환은 일정 기간(통상 10년)이 경과하면 차인의 지위에 올랐다. 서사(書寫)는 거론되지 않는 지역도 많다. 서사(書寫)는 물품의 출납, 금전의 수입지출, 장부의 기입 등을 맡아 한 것으로 조사되고 있다.

보수의 지급 여부 및 지급방식은 지역마다 차이가 있었다. 대체로 차인(差人)은 이익의 분할을 통해 보수를 받는 경우가 많았다. 매월 또는 매년 급료를 주는 경우도 보인다. 사환(使喚)은 대체로 의식(衣食)만 지급하여 따로 보수를 주지는 않았던 것으로 보인다.

[가치정보]

이 자료는 상업사용인의 관습에 대해 유언자에 의한 유언 취소의 시점, 유언 이후 재산의 처분 등 유언에 저촉되는 행위를 하는 경우, 수유자(受遺者)의 의무 불이행의 경우 등에 관한 지역별 사례를 통해 설명함으로써 그 특징을 자세히 알 수 있는 자료이다.

Ⅰ-2-1-231 제184 대리상에 관한 관습 여하

	관리기호	기록번호	자료명
	B-1-361	조제244호의 3	第百八十四 代理商ニ關スル慣習如何
	작성자	생산기관	생산 연도
	-	법전조사국	-
	지역	언어	분량	소장기관
	제1관	일본어	30면	수원박물관
	키워드	대리상, 중립인문옥(仲立人問屋), 대리, 매개

[기본정보]

이 자료는 법전조사국이 작성한 자료로 자료명은 '대리상에 관한 관습은 어떠한가'로 되어 있다.

대리상(代理商)에 관한 관습에 대해 문답 형식으로 경성, 개성, 인천, 수원, 안성, 영동, 대구, 상주, 안동, 경주, 울산, 동래, 창원, 진주, 제주, 무안, 광주, 옥구, 전주, 남원, 공주, 온양, 예산, 은진 각 지역별로 조사한 보고서이다. 대리상은 대체로 "사용인이 아니면서 일정하게 상인을 위하여 평소 그 영업의 부류에 속한 상행위를 대리 또는 매개하는 자"로 정의되고 있으며, 이러한 대리상이 그 지역에 있는지 확인하고 있다. 대부분의 지역에서는 대리상이 없는 것으로 파악하였으나, 개성, 무안, 옥구, 전주, 남원, 예산에서는 대리상이 존재하는 것으로 답하고 있다. 이 자료는 19.5×26.5센티미터의 형태로 일본어로 기록되었다.

[내용정보]

개성에서는 일본의 중립인문옥(仲立人問屋)과 비견될 만한 대리상의 존재를 인정하고 있다. 대리상의 계약은 쌍방이 5일전에 통지만 한다면 언제나 해약할 수 있고, 대리를 시킨 자의 허락이 있어야 무한책임소원을 얻을 수 있다.

무안에는 무안 부근 소금업자의 대리상으로서 소금을 판매하는 예가 있었다. 그러나 대리상이 상품의 담보로서 금액이나 다른 물품을 본인(本人)에게 제공하는 관습은 없었다. 그리고 대리상이 상품을 보관하다가 대리상의 과실로 나온 경우 이외의 멸실, 훼손 등에 대해서는 책임을 지지 않았다. 계약은 언제라도 해제할 수 있었다.

전주에도 서로 믿는 사이에서 특정 상품의 매판을 인수하여 거래하는 관습이 있었으며, 해약은 역시 당사자 쌍방에서 언제든지 가능했다.

남원에도 따로 대리상이라는 명칭은 없지만 상행위를 대리 또는 매개하는 관습이 있었다. 이때 대리상이 자신의 또는 제3자의 동종 업종에 가담할 수 있는지에 대한 제한 규정은 따로 없었다. 대리상은 매매 목적물에 하자 등이 있을 때는 그에 대해 통지를 받을 권리가 있었던 한편, 통지를 받았을 때는 매매물의 하자로 인해 발생하는 책임을 대리상이 져야 했다. 대리자는 상행위의 대리 또는 매개를 하는 것에서 생기는 채권에 대해 본인(本人)을 위하여 고유한 물품을 유치할 수 있었다. 계약의 해제는 미리 예고를 한다면 가능했다.

한편 경성에는 본점 밖에 가건물을 세우고 상품을 판매하는 경우와 상품을 다른 지방 상인에게 의뢰하여 매각하게 하는 경우가 있었으나, 이는 위탁을 맡긴 상인의 이름이 아닌 스스로의 이름을 걸고 하는 매매였으므로 대리상으로 인정할 수 없다고 하였다.

[가치정보]

이 자료는 대리상에 관한 관습, 즉 대리상의 개념과 지역별 존재 유무, 계약의 체결과 대우 등에 대해 지역별 사례를 통해 설명하고 있는 자료이다.

I-2-1-232 제184 대리상에 관한 관습 여하

	관리기호	기록번호	자료명	
	B-1-376	조제244호의 2	第百八十四 代理商ニ關スル慣習如何	
	작성자	생산기관	생산 연도	
	-	법전조사국	-	
	지역	언어	분량	소장기관
	제2관	일본어	22면	수원박물관
	키워드	대리상, 중립인문옥(仲立人問屋), 대리, 매개			

[기본정보]

이 자료는 법전조사국이 작성한 자료로 자료명은 '대리상에 관한 관습은 어떠한가'로 되어 있다. 이 자료는 19.5×26.5센티미터의 형태로 일본어로 기록되었다.

[내용정보]

대리상(代理商)에 관한 관습에 대해 문답 형식으로 해주, 황주, 평양, 삼화, 덕천, 용천, 강계, 영변, 회령, 경성(鏡城), 갑산, 안주, 함흥, 덕원, 춘천, 원주, 강릉 각 지역별로 조사한 보고서이다. 대리상은 대체로 "사용인이 아니면서 일정하게 상인을 위하여 평소 그 영업의 부류에 속한 상행위를 대리 또는 매개하는 자"로 정의되고 있으며, 이러한 대리상이 그 지역에 있는지 확인하고 있다. 대부분의 지역에서는 대리상이 없는 것으로 파악되고 있다.

[가치정보]

이 자료는 대리상에 관한 관습, 즉 대리상의 개념과 지역별 존재 유무, 계약의 체결과 대우 등에 대해 지역별 사례를 통해 설명하고 있는 자료이다.

관리기호	기록번호	자료명	
B-1-362	조제245호의 1	第百八十五 會社ニ關スル慣習如何	
작성자	생산기관	생산 연도	
下森久吉	법전조사국	-	
지역	언어	분량	소장기관
제1관	일본어	58면	수원박물관
키워드	회사, 합명회사, 합자회사, 주식회사		

관리기호	기록번호	자료명	
B-1-364	조제245호의 3	第百八十五 會社ニ關スル慣習如何	
작성자	생산기관	생산 연도	
下森久吉	법전조사국	-	
지역	언어	분량	소장기관
제1관	일본어	52면	수원박물관
키워드	회사, 합명회사, 합자회사, 주식회사		

[기본정보]

'조제245호의 1'은 초서본이고 '조제245호의 2'는 정서본이다. 이 자료는 법전조사국이 작성한 자료로 자료명은 '회사에 관한 관습은 어떠한가'로 되어 있다. 회사에 관한 관습을 경성, 개성, 인천, 수원, 안성, 청주, 영동, 대구, 상주, 안동, 경주, 울산, 동래, 창원, 진주, 제주, 무안, 광주, 옥구, 전주, 남원, 공주, 온양, 예산, 은진 각 지역별로 조사한 보고서이다. 대부분의 지역에서는 회사에 대한 관습이 없다고 답하고 있는데, 개성, 인천, 경주, 울산, 무안, 광주 등에서는 회사의 존재를 밝히며 경우에 따라서는 회사 조직의 규칙, 정관 등을 함께 싣고 있다. 회사에 관한 관습이 인정되는 지역에서는 회사의 설립 과정, 회사의 종류,

사원의 책임 한도, 사원의 권리와 의무, 회사의 해산 등에 대해 조사하였다. 이 자료는 19.5×26.5센티미터의 형태로 일본어로 기록되었다.

[내용정보]

개성에는 직물·면사와 외국산물의 수입을 목적으로 하는 합명조직(合名組織)의 회사가 있었다. 이는 관허(官許)를 받지 않고 자유로이 설립한 것이었다. 인천에는 종래 회사라는 것이 없었지만 근래에 외국회사를 모방하여 농상공부의 허가를 받아 설립한 합명회사가 2~3개 있다고 하였다.

경주에는 1902년(광무 6)에 설립한 잠상합자회사(蠶桑合資會社)가 있었으며, '경주잠상 합자회사금금수납진안증(慶州蠶桑合資會社衿金收納晋案證)'과 〈경주잠업합자회사규칙(慶州蠶業合資會社規則)〉이 첨부되어 있다. 울산에는 한·일 양국인 공동경영의 주식조직(株式組織) 어업회사(漁業會社)가 있었다.

무안에는 조사 당시에 목포상업주식회사(木浦商業株式會社)가 설립청원(設立請願) 중이 었으며, 〈목포상업주식회사정관(木浦商業株式會社定款)〉이 첨부되어 있다. 광주에는 1906 년(광무 10) 8월에 설립한 합자광주공업회사(合資光州工業會社)가 있었고, 1908년(융희 2) 1월에 발기한 광주주식잠농사(光州株式蠶農社)가 있었다. 〈합자광주공업회사정관(合資光州工業會社定款)〉과 〈전라남도광주주식잠농사규칙(全羅南道光州株式蠶農社規則)〉이 첨부되어 있다.

[가치정보]

이 자료는 회사에 관한 관습에 대해 관습의 유무, 회사 조직의 규칙, 정관, 설립 과정, 회사의 종류, 사원의 책임 한도, 사원의 권리와 의무, 회사의 해산 등 사례로부터 지역별 특징을 자세히 알 수 있는 자료이다.

Ⅰ-2-1-234 제185 회사에 관한 관습 여하

관리기호	기록번호	자료명	
B-1-363	조제245호의 2	第百八十五 會社ニ關スル慣習如何	
작성자	생산기관	생산 연도	
-	법전조사국	-	
지역	언어	분량	소장기관
제2관	일본어	53면	수원박물관
키워드	회사, 합명회사, 합자회사, 주식회사		

[기본정보]

이 자료는 법전조사국이 작성한 자료로 자료명은 '회사에 관한 관습은 어떠한가'로 되어 있다. 이 자료는 19.5×26.5센티미터의 형태로 일본어로 기록되었다.

[내용정보]

회사에 관한 관습을 해주, 황주, 평양, 삼화, 안주, 용천, 영변, 회령, 갑산, 함흥, 덕원, 춘천, 원주, 강릉 각 지역별로 조사한 보고서이다. 대부분의 지역에서는 회사에 대한 관습이 없다고 답하고 있는데, 삼화, 용천, 함흥 등에서는 회사의 존재를 밝히며 경우에 따라서는 회사 조직의 규칙, 정관 등을 함께 싣고 있다. 회사에 관한 관습이 인정되는 지역에서는 회사의 설립 과정, 회사의 종류, 사원의 책임 한도, 사원의 권리와 의무, 회사의 해산 등에 대해 조사하였다.

개삼화에서는 신의사(信義社), 공신사(公信社), 신상회사(紳商會社)가 거론되고 있다. 이와 함께 삼화항신상회사(三和港紳商會社)의 서(序)와 〈장정규칙(章程規則)〉 및 객주구문(客主口文), 그리고 '삼화상업회의소정관(三和商業會議所定款)'이 첨부되어 있다. 용천에서는 〈상무동사규칙(商務同事規則)〉과 〈상무동사서적총지점세칙(商務同事書籍總支店細則)〉을 첨부하였다. 함흥에서는 〈함흥군상무규칙(咸興郡商務規則)〉을 첨부하였다.

[가치정보]

이 자료는 회사에 관한 관습에 대해 관습의 유무, 회사 조직의 규칙, 정관, 설립 과정, 회사의 종류, 사원의 책임 한도, 사원의 권리와 의무, 회사의 해산 등 사례로부터 지역별 특징을 자세히 알 수 있는 자료이다.

Ⅰ-2-1-235 제186 상인이 계약의 신청을 받고서 곧바로 승락의 가부를 통지하지 않았을 경우 승낙을 하지 않은 것으로 간주되지 않는 예가 있는가

관리기호	기록번호	자료명		
B-1-365	조제246호의 1	第百八十六 商人ガ契約ノ申込ヲ受ケテ直ケニ諸否ノ通知ヲ發セサルトキハ承諾ヲナシタルモノト着做サルルコトアルカ		
작성자	생산기관	생산 연도		
下森久吉	법전조사국	-		
지역	언어	분량	소장기관	
제1관	일본어	34면	수원박물관	
키워드	상인, 계약, 청약, 승낙, 통지			

관리기호	기록번호	자료명		
B-1-366	-	第百八十六 商人ガ契約ノ申込ヲ受ケテ直ケニ諸否ノ通知ヲ發セサルトキハ承諾ヲナシタルモノト着做サルルコトアルカ		
작성자	생산기관	생산 연도		
下森久吉	법전조사국	-		
지역	언어	분량	소장기관	
제1관	일본어	33면	수원박물관	
키워드	상인, 계약, 청약, 승낙, 통지			

444

[기본정보]

이 자료는 법전조사국이 작성한 자료로 자료명은 '상인이 계약의 청약을 받고서 즉시 승낙 여부를 통지하지 않으면 승낙을 하지 않은 것으로 보게 되지 않는 예가 있는가'로 되어 있다. 상인이 계약의 청약을 받고서 즉시 승낙 여부를 통지하지 않으면 승낙하는 것으로 보는 관습이 있는지 경성, 개성, 인천, 수원, 안성, 청주, 영동, 대구, 상주, 안동, 경주, 울산, 동래, 창원, 진주, 제주, 무안, 광주, 옥구, 전주, 남원, 공주, 온양, 예산, 은진 각 지역별로 조사한 보고서이다. 이 자료는 19.5×26.5센티미터의 형태로 일본어로 기록되었다.

[내용정보]

대부분의 지역에서 청약에 대한 승낙 여부를 통지하지 않는다고 하여 승낙한 것으로 보는 관습은 없다고 하였다. 계약의 청약을 받고도 어떠한 회답을 하지 않는 경우는 매우 적었다. 만약 청약을 받은 자가 승낙 여부를 통지하지 않으면 오히려 청약을 거절한 것으로 보는 것이 관례였던 것으로 보인다. 그래서 청약자는 상대방의 가부통지가 도달하는데 필요한 기간이 지난 뒤에는 청약이 거절된 것이라고 간주하였고 지연된 승낙통지의 효력을 인정하지 않을 수 있었다. 이 관습은 평소 거래관계가 있는 상인간에서도 통용되었다. 그러나 청약을 한 자가 지연된 승낙의 효력을 인정하고 계약을 성립시키는 것은 무방하다.

[가치정보]

이 자료는 상인이 계약 청약을 받고서 곧바로 승낙의 가부를 통지하지 않았을 경우에 대한 관습의 지역별 특징을 자세히 알 수 있는 자료이다.

I-2-1-236 제186 상인이 계약의 신청을 받고서 곧바로 승락의 가부를 통지하지 않았을 경우 승낙을 하지 않은 것으로 간주되지 않는 예가 있는가

관리기호	기록번호	자료명	
B-1-377	조제246호의 2	第百八十六 商人ガ契約ノ申込ヲ受ケテ 直ケニ諾否ノ通知ヲ發セサルトキハ承諾ヲ ナシタルモノト看做サルルコトアルカ	
작성자	생산기관	생산 연도	
-	법전조사국	-	
지역	언어	분량	소장기관
제2관	일본어	23면	수원박물관
키워드	상인, 계약, 청약, 승낙, 통지		

[기본정보]

이 자료는 법전조사국이 작성한 자료로 자료명은 '상인이 계약의 청약을 받고서 즉시 승낙 여부를 통지하지 않으면 승낙을 하지 않은 것으로 보게 되지 않는 예가 있는가'로 되어 있다. 상인이 계약의 청약을 받고서 즉시 승낙 여부를 통지하지 않으면 승낙하는 것으로 보는 관습이 있는지 해주, 황주, 평양, 삼화, 안주, 덕천, 강계, 영변, 회령, 갑산, 춘천, 원주, 강릉 등의 각 지역별로 조사한 보고서이다. 이 자료는 19.5×26.5센티미터의 형태로 일본어로 기록되었다.

[내용정보]

대부분의 지역에서 청약에 대한 승낙 여부를 통지하지 않는다고 하여 승낙한 것으로 보는 관습은 없다고 답하고 있다. 계약의 청약을 받고도 어떠한 회답을 하지 않는 경우는 매우 적었다. 만약 청약을 받은 자가 승낙 여부를 통지하지 않으면 오히려 청약을 거절한 것으로 보는 것이 관례였던 것으로 보인다. 그래서 청약자는 상대방의 가부(可否) 통지가 도달하는데 필요한 기간이 지난 뒤에는 청약이 거절된 것이라고 간주하였고 지연된 승낙 통지의 효력을 인정하지 않을 수 있었다. 이 관습은 평소 거래관계가 있는 상인간에서도 통용되었다. 그러나 청약을 한 자가 지연된 승낙의 효력을 인정하고 계약을 성립시키는 것은 무방하다.

[가치정보]

이 자료는 상인이 계약 청약을 받고서 곧바로 승낙의 가부를 통지하지 않았을 경우에 대한 관습의 지역별 특징을 자세히 알 수 있는 자료이다.

Ⅰ-2-1-237 제188 교호계산에 관한 관습이 있는가

관리기호	기록번호	자료명	
B-1-367	조제248호의 1	第百八十八 交互計算ニ關スル慣習アルカ	
작성자	생산기관	생산 연도	
下森久吉	법전조사국	-	
지역	언어	분량	소장기관
제1관	일본어	33면	수원박물관
키워드	상호계산, 교호계산, 채권채무, 상계(相計)		

관리기호	기록번호	자료명	
B-1-368	조제248호의 3	第百八十八 交互計算ニ關スル慣習アルカ	
작성자	생산기관	생산 연도	
下森久吉	법전조사국	-	
지역	언어	분량	소장기관
제1관	일본어	35면	수원박물관
키워드	상호계산, 교호계산, 채권채무, 상계(相計)		

[기본정보]

'조제248호의 1'은 초서본이고 '조제248호의 3'은 정서본이다. 이 자료는 법전조사국이 작성한 자료로 자료명은 '교호계산에 관한 관습이 있는가'로 되어 있다. 상호계산에 관한

관습을 경성, 개성, 인천, 수원, 안성, 청주, 영동, 대구, 상주, 안동, 경주, 울산, 동래, 창원, 진주, 제주, 무안, 광주, 옥구, 전주, 남원, 공주, 온양, 예산, 은진 각 지역별로 조사한 보고서이다. 상호계산 또는 교호계산은 두 사람 사이에 일정기간 내의 거래에서 생기는 채권(債權)·채무(債務)의 총액에 대하여 이를 상계(相計)하고 그 잔액의 지불을 약정하는 경우를 말한다. 상호계산의 관습이 있다면 그 통상의 기간은 어떠하며, 계산종료일 이후의 이식을 청구할 수 있는지 여부, 계약을 쌍방에서 언제라도 해제할 수 있는지 등을 조사하고 있다. 이 자료는 19.5×26.5센티미터의 형태로 일본어로 기록되었다.

[내용정보]

지속적으로 거래하는 상인간에는 일정한 기간을 정하여 그 사이에 발생하는 채권, 채무의 총액에 대하여 상호 계산하고 잔액만을 지급하도록 하는 사례가 있다. 그 기간은 1년, 6개월, 3개월인 것이 있고 1개월마다 계산하는 경우도 있어 일정하지 않다. 이러한 특약은 상호간에 신용이 있는 경우에 한하며 당사자 사이에 언제든지 해약이 가능하다. 이자는 대차(貸借)로 바꾸어 이자를 약정한 경우 외에는 이를 산정하지 않는 것이 관례이다. 그러나 객주와의 거래에서는 거래일부터 이자를 산정하고 계산 후에는 그 잔액에 대하여 이자를 산정하는 것이 관례이다.

[가치정보]

이 자료는 교호계산에 관한 관습에 대해 상호계산의 정의, 통상 기간, 계산종료 이후 이식 청구 여부, 계약의 해제 등에 관한 지역별 사례를 통해 설명함으로써 그 특징을 자세히 알 수 있는 자료이다.

Ⅰ-2-1-238 제188 교호계산에 관한 관습이 있는가

관리기호	기록번호	자료명	
B-1-257	조제248호의 2	第百八十八 交互計算ニ關スル慣習アルカ	
작성자	생산기관	생산 연도	
-	법전조사국	-	
지역	언어	분량	소장기관
제2관	일본어	23면	수원박물관
키워드	상호계산, 교호계산, 채권채무, 상계(相計)		

[기본정보]

이 자료는 법전조사국이 작성한 자료로 자료명은 '교호계산에 관한 관습이 있는가'로 되어 있다. 상호계산에 관한 관습을 해주, 황주, 평양, 삼화, 안주, 덕천, 강계, 영변, 회령, 갑산, 춘천, 원주, 강릉 등의 각 지역별로 조사한 보고서이다. 상호계산 또는 교호계산은 두 사람 사이에 일정기간 내의 거래에서 생기는 채권(債權)·채무(債務)의 총액에 대하여 이를 상계(相計)하고 그 잔액의 지불을 약정하는 경우를 말한다. 상호계산의 관습이 있다면 그 통상의 기간은 어떠하며, 계산종료일 이후의 이식을 청구할 수 있는지 여부, 계약을 쌍방에서 언제라도 해제할 수 있는지 등을 조사하고 있다. 이 자료는 19.5×26.5센티미터의 형태로 일본어로 기록되었다.

[내용정보]

지속적으로 거래하는 상인간에는 일정한 기간을 정하여 그 사이에 발생하는 채권, 채무의 총액에 대하여 상호계산하고 잔액만을 지급하도록 하는 사례가 있다. 그 기간은 1년, 6개월, 3개월인 것이 있고 1개월마다 계산하는 경우도 있어 일정하지 않다. 이러한 특약은 상호간에 신용이 있는 경우에 한하며 당사자 사이에 언제든지 해약이 가능하다. 이자는 대차(貸借)로 바꾸어 이자를 약정한 경우 외에는 이를 산정하지 않는 것이 관례이다. 그러나 객주와의 거래에서는 거래일부터 이자를 산정하고 계산 후에는 그 잔액에 대하여 이자를 산정하는 것이 관례이다.

이 자료는 교호계산에 관한 관습에 대해 상호계산의 정의, 통상 기간, 계산종료 이후 이식 청구 여부, 계약의 해제 등에 관한 지역별 사례를 통해 설명함으로써 그 특징을 자세히 알 수 있는 자료이다.

I-2-1-239 제189 익명조합에 관한 관습이 있는가

관리기호	기록번호	자료명	
B-1-089	조제249호의 3	第百八十九 匿名組合ニ關スル慣習アルカ	
작성자	생산기관	생산 연도	
-	법전조사국	-	
지역	언어	분량	소장기관
제1관	일본어	38면	수원박물관
키워드	익명조합, 이익분배, 자본금, 출자, 상업		

[기본정보]

이 자료는 법전조사국이 작성한 자료로 자료명은 '익명조합에 관한 관습이 있는가'로 되어 있다. 익명조합에 관한 관습을 경성, 개성, 인천, 수원, 안성, 청주, 영동, 대구, 상주, 안동, 경주, 울산, 동래, 창원, 진주, 제주, 무안, 광주, 옥구, 전주, 남원, 공주, 온양, 예산, 은진 각 지역별로 조사한 보고서이다. 이 자료는 19.5×27센티미터의 형태로 일본어로 기록되었다.

[내용정보]

일부 지역을 제외하고는 대부분 익명조합이라는 명칭은 없더라도 갑이 을을 위해 자본을 출자하고 그 영업 이익을 분배할 것을 약정하는 익명조합과 유사한 사례가 있었던 것으로 답하고 있다. 조선에서는 원래 상업을 천대하는 기풍이 있어서 공연히 상업을 영위하는 것을 수치스럽게 생각하여, 사적으로 자본을 대어주고 타인으로 하여금 상업을 경영하게 하는 예가 많았던 것으로 파악하고 있다.

이 기록은 조선에서 이루어진 익명조합과 유사한 상업행위가 비공식적이었지만 활발하게 행해지고 있음을 알 수 있게 하는 자료로 볼 수 있다.

Ⅰ-2-1-240 제189 익명조합에 관한 관습이 있는가

관리기호	기록번호	자료명	
B-1-258	조제249호의 2	第百八十九 匿名組合ニ關スル慣習アルカ	
작성자	생산기관	생산 연도	
-	법전조사국	-	
지역	언어	분량	소장기관
제2관	일본어	25면	수원박물관
키워드	익명조합, 이익분배, 자본금, 출자, 상업		

[기본정보]

이 보고서는 갑이 을을 위해 자본을 출자하고 그 영업 이익을 분배할 것을 약정하는 익명조합과 유사한 예가 있는지 조사한 것이다.

[내용정보]

이 기록은 조사구역의 2관 지역에 해당되는 해주, 황주, 평양, 삼화, 안주, 덕천, 강계, 영변, 회령, 갑산, 춘천, 원주, 강릉 등의 군현에서 익명조합의 관습이 존재하고 있는지에 대해 조사한 보고서이다.

조사 대상 지역의 대부분은 익명조합이라는 명칭은 없는 것으로 답하였다. 그러나 명칭상의 '익명조합'은 존재하지 않았지만 그러한 형태의 상행위와 유사한 관습은 존재했다. 즉, 비공식적으로 갑이 을을 위해 자본을 출자하고 그 영업 이익을 분배할 것을 약정하는 방식의 상행위의 사례가 있었던 것으로 조사되었다. 그러한 이유로 조사자는 조선에서는 상업을 천시했던 분위기 때문이라고 보았다. 따라서 이윤을 남기는 상행위가 적극적으로 운영되지 못하고 사적으로 자금을 대여하고 타인에게 상업을 경영케 했던 것으로 파악하고 있다.

[가치정보]
이 기록은 조선에서 이루어진 익명조합과 유사한 상업행위가 비공식적이었지만 활발하게 행해지고 있음을 알 수 있게 하는 자료로 볼 수 있다.

Ⅰ-2-1-241 제192 운송취급인에 관한 관습 여하

관리기호	기록번호	자료명	
B-1-507	조제252호의 1	第百九十二 運送取扱人ニ關スル慣習如何	
작성자	생산기관	생산 연도	
-	법전조사국	-	
지역	언어	분량	소장기관
제1관	일본어	34면	수원박물관
키워드	운송취급인, 운송인, 객주, 강주인		

관리기호	기록번호	자료명	
B-1-369	조제252호의 3	第百九十二 運送取扱人ニ關スル慣習如何	
작성자	생산기관	생산 연도	
下森久吉, 円羽賢太郎	법전조사국	-	
지역	언어	분량	소장기관
제1관	일본어	34면	수원박물관
키워드	운송취급인, 운송인, 객주, 강주인		

[기본정보]

'조제252호의 1'은 초서본이고 '조제252호의 3'은 정서본이다. 이 자료는 운송취급인에 관한 관습을 경성, 개성, 인천, 수원, 안성, 청주, 영동, 대구, 상주, 안동, 경주, 울산, 동래, 창원, 진주, 제주, 무안, 광주, 옥구, 전주, 남원, 공주, 온양, 예산, 은진 각 지역별로 조사한 보고서이다. 조사자와 통역관이 명확하게 기재되어 있으며 일본어로 작성되어 있다. 분량은 34면으로 구성되어 있다.

[내용정보]

일부 지역에서는 운송취급을 전담하는 자가 있었다. 개성에서는 운송취급인을 운송주인(運送主人), 강주인(江主人)이라 하고 운송인을 운송역부(運送役夫)라고 하였다. 영동에서도 운송취급자의 존재를 인정하였다. 어떤 지역에서는 운송취급을 전문으로 하지는 않지만 객주가 운송을 부업으로 하는 경우가 보인다. 인천, 제주 등에서는 객주가 손님의 소요에 응하기 위해 보수를 받고 운송을 맡아 하는 경우가 보인다. 운송취급인이 없다고 답하는 지역도 있다.

운송취급인이 있는 지역에 대해서는 운송인의 책임에 관한 관습을 조사하고 있다.

[가치정보]

이 자료는 운송취급 전담자의 존재와 역할, 운송인의 책임 등에 관한 지역별 사례로부터 운송취급인에 관한 관습을 자세히 알 수 있는 자료이다.

I-2-1-242 제193 물품운송에 관한 관습 여하

관리기호	기록번호	자료명	
B-1-508	조제253호의 1	第百九十三 物品運送ニ關スル慣習如何	
작성자	생산기관	생산 연도	
下森久吉	법전조사국	-	
지역	언어	분량	소장기관
제1관	일본어	55면	수원박물관
키워드	물건운송, 운송인, 하송인, 운송장, 화물인환증		

[기본정보]

물건 운송에 관한 관습에 대해 문답 형식으로 경성, 개성, 수원, 안성, 영동, 상주, 안동, 경주, 동래, 창원, 제주, 무안, 광주, 전주, 온양, 예산 등 각 지역별로 조사한 보고서이다.

[내용정보]

경성 지역만 조사자와 조사일자를 기재했다. 작성일은 11월 10일 수요일, 작성자는 사무관보 시모모리 히사키치(下森久吉), 번역관보 니와 겐타로(丹羽賢太郎)이다. 그리고 안동 지역에는 11월 1일이라고 기재되어 있다. 광주 지역에는 '제29회 관습조사 7월7일 오전 9시', '출석자 김덕인(金德仁), 조만선(趙萬善), 조인오(趙仁五)'라고 기록되어 있다.

경성 지역 목차는 다음과 같다. 1. 물건 운송의 기관, 2. 물건 운송의 절차, 3. 운송 비용, 4. 운송인의 책임, 5. 하송인의 권리 의무, 6. 운송인의 권리 의무, 7. 운송인의 책임 해제기가 그것이다.

기타 지역은 "운송장 및 화물 인환증 같은 것이 없나", "2인 이상의 상인이 이어받아 운송할 경우 각자의 책임은 어떠한가" 등의 질문과 그에 대한 답을 일문일답식으로 기재했다. 질문 수는 개성 8, 수원 9, 안성 13, 영동 14, 상주 3, 안동 12, 경주 3, 창원 4, 제주 11, 무안 19, 광주 10, 전주 8, 온양 11, 예산 21 등이다. 동래 지역은 특별한 물건 운송에 관한 관습이 없다고만 기입했다.

이 조사보고서는 제1관 지역의 사례로부터 확인되는 물품운송의 관습에 대한 관습을 비교해 볼 만한 자료이다.

I-2-1-243 제193 물품운송에 관한 관습 여하

	관리기호	기록번호	자료명	
	B-1-259	조제253호의 2	第百九十三 物品運送ニ關スル慣習如何	
	작성자	생산기관	생산 연도	
	-	법전조사국	-	
	지역	언어	분량	소장기관
	제2관	일본어	32면	수원박물관
	키워드	운송수단, 하송인, 운송인, 운송장, 영수증		

[기본정보]

물건 운송에 관한 관습에 대해 문답 형식으로 해주, 황주, 평양, 삼화, 안주, 덕천, 의주, 강계, 성진, 갑산, 함흥, 덕원, 춘천, 원주, 강릉 등 각 지역별로 조사한 보고서이다.

[내용정보]

물건 운송에 대해, 운송의 기관, 절차, 운송비용, 운송인의 책임, 하송인의 권리와 의무, 운송인의 권리와 의무 등에 대해 묻고 있다. 이에 대한 지역별 기재 내용은 차이가 있지만 특별한 물건 운송에 관한 관습이 없다고만 기입한 지역도 있다. 운송영업에 대한 설명에서는 물품 운송을 운송인에게 위탁한 경우 하송인(荷送人)은 운송장(運送狀)을 교부하고, 운송인이 하송인에 대해 청구하지 않을 때에도 하물(荷物)의 영수증(領收證)을 교부한다고 하였다.

안주 지역의 사례를 보면, 우마(牛馬)를 고용하여 마부 등에게 일임하여 운송시킬 때

하물의 운송 도중 천재지변이나 불가항력에 의해 전부, 혹은 일부가 멸실, 훼손되었을 때에는 배상하지 않지만, 만약 마부 등의 악의(惡意) 또는 중대한 과실(過失)에 의해 물품이 멸실, 훼손되었을 때에는 배상하지 않을 수 없다고 하였다. 덕천 지역의 사례에서는 물품운송취급인이 없을 뿐만 아니라 단독으로, 임시로 물품을 운송하는 경우에 대해서도 특별한 관습이 없다고 하였다. 다만 만일 운송 중 자신의 부주의로 인해 물품을 훼멸, 파손시켰을 때에는 손해배상을 해야 한다고 하였다.

[가치정보]

이 조사보고서는 제2관 지역의 사례로부터 확인되는 물품운송에 대한 관습을 비교해 볼 만한 자료이다.

I-2-1-244 제196 창고상업에 관한 관습 여하

관리기호	기록번호	자료명	
B-1-714	조제256호의 2	第百九十六 倉庫商業ニ關スル慣習如何	
작성자	생산기관	생산 연도	
-	법전조사국	-	
지역	언어	분량	소장기관
제2관	일본어	24면	수원박물관
키워드	창고업, 객주, 여각, 창고증권, 보관료		

[기본정보]

이 자료는 법전조사국에서 창고업에 관하여 조사한 책이다. 일본어로 작성되어 있으며 분량은 24면으로 구성되어 있다. 창고업에 관한 관습에 대해 문답 형식으로 해주, 평양, 삼화, 안주, 덕천, 용천, 영변, 회령, 성진, 갑산, 함흥, 춘천, 원주, 강릉 등 각 지역별로 조사한 보고서이다. 전체적으로 간략한 기술이 눈에 띄고 "창고업에 관한 관습 없음"이라고만 기재한 지역도 많다.

　과거에는 전업으로 창고업을 하는 사람이 드물었고 객주 또는 여각이 겸업하였으나 근래에 전업하는 자가 생겨났다. 창고업을 영위하는 자는 이를 전업으로 하는 경우와 객주가 겸업하는 경우를 불문하고, 창고증권으로 볼 수 있는 증권을 기탁자에게 교부하는 관례가 있다. 보관기간을 정하는 것도 있고 정하지 않는 경우도 있는데, 보관기간을 정하지 않는 경우에는 수탁자, 기탁자 모두가 언제든지 반환하거나 반환을 청구할 수 있다. 또 재고 그대로 처분할 수 있다. 그러나 수탁자는 그 기간 내에는 그 물품을 반환할 수 없다. 보관료는 고세(庫貰), 고세(庫稅)라 칭해 왔으나 근래에는 보관료라 부르기도 한다.

[가치정보]

　이 자료는 각 지역별로 나타난 창고상업에 대한 관습을 비교해 볼 만한 자료이다.

Ⅰ-2-1-245 제197 수형에 관한 관습 여하

관리기호	기록번호	자료명		
B-1-260	조제257호의 3	第百九十七 手形ニ關スル慣習如何		
작성자	생산기관	생산 연도		
-	법전조사국	-		
지역	언어	분량	소장기관	
제2관	일본어	50면	수원박물관	
키워드	어음, 환간(換簡), 수형, 수형조례			

[기본정보]

　이 기록은 해주, 황주, 평양, 삼화, 안주, 용천, 강개, 회령, 경성, 성진, 갑산, 춘천, 원주, 강릉 등의 군현에서 이루어진 수형에 관한 관습에 대해 조사한 보고서이다.

[내용정보]

조사 대상 지역 가운데 평양 지역의 기술에 의하면, 수형조례 발포 이후 어음이 금지되고 재판소에서 무효라는 판결이 나왔는데도 불구하고 평양에서는 빈번하게 유통되었다고 한다.

삼화군에 대한 내용을 보면, 수형과 유사한 효력을 지닌 것으로 약속 수형의 성격을 지닌 어음이 있었고, 송금 상의 불편함을 막기 위하여 환간(換簡)이라는 것이 이용되었다고 조사되었다. '환간'의 양식은 일반 서간과 같지만 성질상 위의 수형과 동일한 효력을 가지는 것이었다.

[가치정보]

이 보고서는 각 지역별로 이루어진 상행위 과정에서의 신용거래의 관습을 살펴볼 수 있는 자료가 될 수 있다.

I-2-1-246 제198 선박의 등기 및 국적증서가 있는가

관리기호	기록번호	자료명		
B-1-715	조제258의 1	第百九十八 船舶ノ登記及ヒ國籍證書アルカ		
작성자	생산기관	생산 연도		
-	법전조사국	-		
지역	언어	분량	소장기관	
제1관	일본어	22면	수원박물관	
키워드	선박등기, 국적증서, 신고, 등기			

[기본정보]

이 자료는 선박 등기와 국적 증서에 관한 관습을 문답 형식으로 조사한 보고서이다. 조사지역은 인천, 상주, 울산, 동래, 창원, 진주, 제주, 무안, 옥구, 예산, 은진 등으로 각 지역별로 정리하고 있다. 각 지역마다 비교적 자세하게 기재하였다. 분량은 22면으로 구성되어 있다.

[내용정보]

선박등기와 국적증서에 대한 관습을 조사한 보고서로 춘천 지역 같이 교통이 불편하고 산악지대라는 이유로 선박을 등기하는 관습이 없다고 간단하게 기술한 지역이 많다.

울산의 기재에 의하면 다음과 같다. 선박을 등기하는 관습은 없고 국적증서도 없다. 선박을 건조하거나 양도받아도 관청에 신고할 필요는 없다. 납세상의 필요로 매년 한 번 궁내부의 조소가 있지만 증서 등의 교부는 없다. 그 후 탁지부가 울산에 재무서를 설치한 후에 매매, 양도 또는 신조할 때는 신고해야 하게 되었지만 국적증서 등은 없다. 단 재무서에서는 궁내부와 달리 선박의 길이, 너비, 적재량, 소유자 성명, 신조 연월일 또는 양도 연월일 등을 장보에 기재하게 되었다고 한다. 선박을 양도할 때는 사제 계약서로 매매 양도하는 이외에는 아무런 절차도 없었는데, 재무서가 설치된 후에는 반드시 재무서에 신고해야 하게 되었다고 한다.

[가치정보]

이 자료는 조사대상 지역의 해상 운송을 위한 선박의 운영과정에서 나타난 관습을 살펴볼 수 있는 자료이다.

I-2-1-247 제198 선박의 등기 및 국적증서가 있는가

관리기호	기록번호	자료명	
B-1-261	조제258의 2	第百九十八 船舶ノ登記及ヒ國籍證書アルカ	
작성자	생산기관	생산 연도	
-	법전조사국	-	
지역	언어	분량	소장기관
제2관	일본어	17면	수원박물관
키워드	선박등기, 국적증서, 신고, 등기		

[기본정보]

이 자료는 선박등기와 국적증서에 관한 관습을 문답 형식으로 조사한 보고서이다. 조사지역은 해주, 평양, 삼화, 덕천, 용천, 춘천, 성진 등으로 각 지역별로 정리하고 있다. 각 지역마다 비교적 자세하게 기재하였다. 분량은 17면으로 구성되어 있다.

[내용정보]

선박등기와 국적증서에 대한 관습을 조사한 보고서로 춘천 지역 같이 교통이 불편하고 산악지대라는 이유로 선박을 등기하는 관습이 없다고 간단하게 기술한 지역이 많다. 그러나 평양, 용천 등은 비교적 자세하게 기술했다.

선박등기와 국적증서에 관한 지역별 관습을 취합해서 최종 보고한 관습조사보고서에 의하면 다음과 같다. 과거에는 선박등기와 국적증서에 관한 제도가 없었고 징세의 필요상 대소 선박을 조사하여 부책에 등록하는 데 불과하였다. 그러나 1899년 〈국내선세규칙(國內船稅規則)〉이 제정되어 통신원(通信院) 소관이었다가 1906년 농상공부(農商工部) 소관으로 되어 재무관서로 하여금 징세하게 하였다. 그리하여 〈국내선세규칙(國內船稅規則)〉과 부속 법령에 의하여 선안(船案)을 갖추어 선표(船票)를 교부하도록 하였다. 1910년 법률 제1호 〈선박법(船泊法)〉으로 선박의 등록절차와 국적증서를 규정하였다.

[가치정보]

이 자료는 조사대상 지역의 해상 운송을 위한 선박의 운영과정에서 나타난 관습을 살펴볼 수 있는 자료이다.

Ⅰ-2-1-248 제199 선박소유자의 책임 여하

관리기호	기록번호	자료명	
B-1-262	조제259호의 2	第百九十九 船舶所有者ノ責任如何	
작성자	생산기관	생산 연도	
-	법전조사국	-	
지역	언어	분량	소장기관
제2관	일본어	11면	수원박물관
키워드	선박소유자, 책임, 선장, 선원		

[기본정보]

이 기록은 해주, 평양, 삼화, 용천, 성진 등의 군현에서 선박소유자의 책임이 어떠한지에 대한 관습을 조사한 보고서이다. "선박소유자(船舶所有者)는 선장(船長) 등의 행위에 어떤 책임을 지는지"에 대해 질문하고 있다. 분량은 11면이고 일본어로 기록되어 있다.

[내용정보]

선박소유자의 책임에 대해 조사한 보고서로 해주 지역의 경우 선박의 종류와 그 용적, 항해의 범위, 선박소유자의 책임소재에 대해 기술하였고, 그 외의 지역은 선박소유자, 선장, 선원의 관계에 대한 간략한 조사내용을 담고 있다.

선박소유자와 선장 등 선원의 관계는 고용관계(雇傭關係)이며, 또 공동영업인 경우도 있으며, 선박소유자와 선장이 동일인인 경우도 있다. 그래서 선장 등 선원의 행위에 대해서는 항상 선박소유자가 책임을 진다. 그러나 선박소유자가 선박의 소유권 등의 권리를 채권자에게 위부(委付)하였다고 해서 책임을 면하는 관습은 없다.

[가치정보]

이 자료는 조사대상 지역의 해상 운송을 위한 선박의 운영과정에서 나타난 관습을 살펴볼 수 있는 자료이다.

I-2-1-249 제200 선박의 공유에 관한 관습이 있는가

관리기호	기록번호	자료명	
B-1-263	조제260호의 2	第二百 船舶ノ共有ニ關スル慣習アルカ	
작성자	생산기관	생산 연도	
-	법전조사국	-	
지역	언어	분량	소장기관
제2관	일본어	12면	수원박물관
키워드	선박공유, 공유자, 관습, 선동사(船同事)		

[기본정보]

이 자료는 법전조사국이 작성한 자료로 자료명은 '선박공유에 관한 관습이 있는가'로 되어 있다. 각 지역별로 선박 공유에 관한 관습의 존재를 조사한 보고서이다. 평양, 삼화, 용천, 덕원 등의 지역을 조사하였다.

[내용정보]

선박공유는 '선동사(船同事)'라 부른다. 공유자의 선박 이용에 관한 평등한 것이 관례이다. 가끔 평등하지 않은 경우도 있지만 대개 공동으로 사용하는 것을 통례로 한다. 다만 지분의 비율에 따라 이익 분배를 달리함에 지나지 않는다. 이용방법의 결정에는 지분의 가액을 표준으로 삼기도 하지만, 대체로 공유자 과반수의 의견에 따른다. 이용에 대한 비용이나 과세 등은 지분의 비율에 따라 부담하고 이익 분배, 손실 부담도 이에 의한다. 손익계산은 1항해 종료시마다 하는 것이 보통이다. 공유자는 다른 공유자의 승낙을 얻지 않고는 지분을 양도할 수 없지만 다른 공유자가 양도를 승인하지 않을 경우 그 지분의 매수를 청구할 수도 있다.

지역별 사례를 보면 평양 지역은 비교적 자세하게 ① 선박공유의 관습이 있는가, ② 선박공유자 간의 관계 항해의 범위, (갑) 선박공유자의 권리, (을) 공유자의 의무, ③ 선박공유자의 외부에 대한 관계를 기술하였지만 타 지역은 간단하게 기술했다. 공유에 관한 사례는 많지 않다고 하는 지역도 있다.

[가치정보]

이 자료는 조사대상 지역의 선박의 공유에 관한 관습을 살펴볼 수 있는 자료이다.

Ⅰ-2-1-250 제201 선박의 임대차에 관한 관습이 있는가

관리기호	기록번호	자료명	
B-1-264	조제261호의 2	第二百一 船舶ノ賃貸借ニ關スル慣習アルカ	
작성자	생산기관	생산 연도	
-	법전조사국	-	
지역	언어	분량	소장기관
제2관	일본어	10면	수원박물관
키워드	임대차, 관습, 임차인, 소유자		

[기본정보]

이 자료는 법전조사국이 작성한 자료로 자료명은 '선박임대차(船舶賃貸借)에 관한 관습이 있는가'로 되어 있다. 각 지역별로 선박 임대차에 관한 관습의 존재를 조사한 보고서이다. 해주, 평양, 삼화, 용천, 성진, 덕원 등의 지역을 조사하였다.

[내용정보]

선박의 임대차에 대해서는 뚜렷하게 특별한 관습은 없다. 임대기간은 1항해 또는 1개월 내지 수개월 되는 것이 있지만 1년을 초과하는 것은 없다. 차임(借賃)은 세전(貰錢)이라 하여 금전으로 지급하는데, 기간의 종료시에 지급하거나, 기간이 장기인 경우에는 매월 지급하기도 한다.

지역별 사례를 보면 해주 지역은 비교적 자세하게 ① 임차인과 선박소유자와의 관계, ② 임차인과 제삼자와의 관계를 기술하였지만 타 지역은 간단하게 기술했다. 임대차에 관한 관습은 존재하고 항해마다 또는 기간을 정해서 계약한다. 수익의 일부를 임대료로 계약하는 지방도 있다.

이 자료는 조사대상 지역의 선박의 임대차에 관한 관습을 살펴볼 수 있는 자료이다.

Ⅰ-2-1-251 제202 선장에 관한 관습 여하

관리기호	기록번호	자료명	
B-1-265	조제262호의 2	第二百二 船長ニ關スル慣習如何	
작성자	생산기관	생산 연도	
-	법전조사국	-	
지역	언어	분량	소장기관
제2관	일본어	12면	수원박물관
키워드	선장, 관습, 선박소유자, 용선자(傭船者), 송하인(送荷人)		

[기본정보]

이 자료는 법전조사국이 작성한 자료로 자료명은 "선장(船長)에 관한 관습 여하"로 되어 있다. 각 지역별로 선장에 관한 관습의 존재를 조사한 보고서이다. 평양, 삼화, 용천, 성진, 덕원 등의 지역을 조사하였다.

[내용정보]

선장은 사공이라 부르는데, 선장은 자기의 고의 또는 과실로 선박소유자, 용선자(傭船者), 송하인(送荷人) 등에게 손해를 입힐 경우 배상책임을 진다. 다만 선장은 통례로 무자력자(無資力者)이기 때문에 책임이 있다는 것으로 그치고 실제로 배상하는 예는 없다. 또 선원의 행위에 대하여 선장의 책임유무는 관습상 판연하게 정해진 것이 없지만 통례상 책임을 지지 않는 것 같다. 선장이 선중에 비치하는 서류는 관습상 일정한 예가 없고 다만 선원명부, 선박부속품목록, 선표(船票), 적하(積荷)에 관한 서류 등을 비치한다. 선장의 권한에 대해서도 판연한 관습은 없지만 선원의 고용과 해소, 선박의 수선, 구원, 구조비용, 선박의 전당, 적하의 매매 등의 권한은 없는 것 같다. 선박소유자는 언제든지 선장을 해고

할 수 있다.

　지역별 사례를 보면 해주 지역은 비교적 자세하게 ① 선장의 공법상의 지위, ② 선장의
사법상의 지위, ③ 선장 대리의 권한 범위, ④ 선장과 선박소유자와의 내부 관계, ⑤ 선장의
해임을 기술하였지만 타 지역은 간단하게 기술했다. 선장을 사공으로 칭하는 지역도 있다.
선장에 관한 특별한 관습이 없고 원칙상 선박소유자는 언제든지 선장을 해고할 수 있지만
그러한 실례는 없다고 하는 지역도 있다.

[가치정보]

　이 자료는 선장에 관한 관습에 대해 조사한 보고서로 선장의 지위, 권한, 선박소유자와의
관계, 선장의 선임과 해임 등에 관해 지역별 사례를 통해 설명함으로써 그 특징을 알
수 있는 자료이다.

I-2-1-252 제203 해원에 관한 관습 여하

관리기호	기록번호	자료명	
B-1-266	조제263호의 2	第二百三 海員ニ關スル慣習如何	
작성자	생산기관	생산 연도	
-	법전조사국	-	
지역	언어	분량	소장기관
제2관	일본어	14면	수원박물관
키워드	해원, 관습, 영좌, 화장, 취장, 수부, 격군		

[기본정보]

　이 자료는 법전조사국이 작성한 자료로 자료명은 '해원(海員)에 관한 관습 여하'로 되어
있다. 각 지역별로 선박 임대차에 관한 관습의 존재를 조사한 보고서이다. 평양, 삼화,
용천, 성진, 경성, 덕원 등의 지역을 조사하였다.

　해원은 통상 수부(水夫) 또는 격군(格軍)이라 한다. 해원의 급료는 정액이 아니라 수익의 일부를 받는 것이 통례이다. 매 항해마다 수익을 구별하여 2/3를 선박소유자의 소득으로 하고 1/3을 선장 이하 해원의 소득으로 하는 것이 보통이다. 따라서 항해일수의 증감에 따라 이를 증감하지는 않는다. 또 해원의 식비는 선박소유자 또는 용선자(傭船者)의 부담으로 하고 수익계산시에 우선 운임에서 이를 공제하는 것이 통례이다. 해원의 질병, 부상 등의 경우에는 선박소유자가 도의상 치료비를 내는 일도 있으나 관습상 지급의 의무는 없다. 또 해원의 사망시에는 1항해기간에 해당하는 급료를 지급하고 사체(死體)를 그의 집에 보내주는 것이 통례이다. 해원의 해고에 대해서는 일정한 관습이 없고 해원의 병으로 인한 직무수행 불가나 직무태만 등의 비행 사유가 있으면 해고할 수 있다. 물론 이러한 원인이 없더라도 해고할 수 없는 것은 아니지만 실제로는 약정기간 내에는 부득이한 사정이 없으면 해고하지 않는 것이 보통이다. 해원의 고용기간은 반드시 일정하지 않으며, 만약 정박항 이외에서 해고를 당했을 때에는 정박항까지의 귀환비를 청구할 수 있다.

　지역별 사례를 보면 해주 지역은 비교적 자세하게 ① 해원의 범위, ② 해원의 권리, ③ 해원의 의무를 기술하였지만 타 지역은 간단하게 기술했다. 해원은 선장인 사공 이외로 영좌(領座)[감독(監督)], 화장(火掌) 또는 취장(吹掌)[취사(吹事)], 기타 등이 있다.

[가치정보]

　이 자료는 해원에 관한 관습에 대해 조사한 보고서로 해원의 정의, 급료, 선박소유자와의 관계, 고용과 해임 등에 관해 지역별 사례를 통해 설명함으로써 그 특징을 알 수 있는 자료이다.

찾아보기

근대 한국학 총서를 내면서

새 천년이 시작된 지도 벌써 몇 해가 지났다. 식민지와 분단국가로 지낸 20세기 한국 역사의 와중에서 근대 민족국가 수립과 민족문화 정립에 애써 온 우리 한국학계는 세계사 속의 근대 한국을 학술적으로 미처 정립하지 못한 채, 세계화와 지방화라는 또 다른 과제를 안게 되었다. 국가보다 개인, 지방, 동아시아가 새로운 한국학의 주요 연구대상이 된 작금의 현실에서 우리가 겪어온 근대성을 다시 한 번 정리하고 21세기에 맞는 새로운 모습으로 탈바꿈시키는 것은 어느 과제보다 앞서 우리 학계가 정리해야 할 숙제이다. 20세기 초 전근대 한국학을 재구성하지 못한 채 맞은 지난 세기 조선학·한국학이 겪은 어려움을 상기해 보면, 새로운 세기를 맞아 한국 역사의 근대성을 정리하는 일의 시급성은 아무리 강조해도 지나치지 않다.

우리 '근대한국학연구소'는 오랜 전통이 있는 연세대학교 조선학·한국학 연구 전통을 원주에서 창조적으로 계승하고자 하는 목표에서 설립되었다. 1928년 위당·동암·용재가 조선 유학과 마르크스주의, 그리고 서학이라는 상이한 학문적 기반에도 불구하고 조선학·한국학 정립을 목표로 힘을 합친 전통은 매우 중요한 경험이었다. 이에 외솔과 한결이 힘을 더함으로써 그 내포가 풍부해졌음은 두말할 나위가 없다. 연세대학교 원주캠퍼스에서 20년의 역사를 지닌 '매지학술연구소'를 모체로 삼아, 여러 학자들이 힘을 합쳐 근대한국학연구소를 탄생시킨 것은 이러한 선배학자들의 노력을 교훈으로 삼은 것이다.

이에 우리 연구소는 한국의 근대성을 밝히는 것을 주 과제로 삼고자 한다. 문학부문에서는 개항을 전후로 한 근대 계몽기 문학의 특성을 밝히는 데 주력할 것이다. 역사부분에서는 새로운 사회경제사를 재확립하고 지역학 활성화를 위한 원주학 연구에 경진할 것이다. 철학 부문에서는 근대 학문의 체계화를 이끌고 사회과학 분야에서는 학제간 연구를 활성화시키며 근대성 연구에 역량을 축적해 온 국내외 학자들과 학술교류를 추진할 것이다. 이러한 연구들은 일방성보다는 상호 이해와 소통을 중시하는 통합적인 결과물의 산출로 이어질 것이다.

근대한국학총서는 이런 연구 결과물을 집약적으로 정리하기 위해 마련하였다. 여러 한국학 연구 분야 가운데 우리 연구소가 맡아야 할 특성화된 분야의 기초 자료를 수집ㆍ출판하고 연구 성과를 기획ㆍ발간할 수 있다면, 우리 시대 연구자들뿐만 아니라 학문 후속세대들에게도 편리함과 유용함을 줄 수 있을 것이다. 새롭게 시작한 근대 한국학 총서가 맡은 바 역할을 충분히 할 수 있도록 주변의 관심과 협조를 기대하는 바이다.

연세대학교 원주캠퍼스 근대한국학연구소

편자

왕현종 | 연세대학교 역사문화학과 교수로 재직 중이다. 연세대학교 사학과를 졸업하고 동대학원에서 한국 근대사를 전공했다. 갑오개혁에 관한 박사논문을 썼으며, 한말 일제하 토지제도와 근대국가 형성에 관해 연구하고 있다. 주요 저서로는『한국 근대 국가의 형성과 갑오개혁』,『한국 근대 토지제도의 형성과 양안-지주와 농민의 등재기록과 변화』등이 있다.

이승일 | 강릉원주대학교 조교수로 재직 중이다. 한양대 사학과를 졸업하고 동대학원에서 한국 근대사를 전공했다. 한국 근대 법제사, 기록관리제도에 관한 연구를 진행해 왔다. 주요 저서로는『조선총독부 법제 정책』,『기록의 역사 : 한국의 국가기록관리와 아카이브즈』등이 있다.

채관식 | 연세대학교 역사문화학과 강사로 재직 중이다. 연세대학교 원주캠퍼스 사학과를 졸업하고 동대학원에서 한국근대사 박사과정을 수료했다. 한국 근대 사상사, 조선학에 관한 연구를 진행하고 있다. 저서로는『식민지 조선의 근대학문과 조선학 연구』(공저)가 있다.

연세근대한국학총서 112 (H-025)
근대 한국 관습조사 자료집 3

일제의 조선 관습조사 자료 해제 I
부동산법조사회·법전조사국 관련 자료

왕현종/이승일/채관식 편

초판 1쇄 발행 2016년 12월 31일

펴낸이 오일주
펴낸곳 도서출판 혜안

등록번호 제22-471호
등록일자 1993년 7월 30일

주소 04052 서울시 마포구 와우산로 35길 3(서교동) 102호
전화 02-3141-3711~2 / 팩스 02-3141-3710
이메일 hyeanpub@hanmail.net

ISBN 978-89-8494-582-1 93910

값 38,000 원